W0024190

Irma Hildebrandt

Große Frauen

Inhalt

Zur Einstimmung	9
Gefährlicher als sechs Jesuiten *Maria Ward* und die Englischen Fräulein *(1585 – 1645)*	15
Eine Getto-Jüdin sprengt Konventionen *Glückel von Hameln (1645 – 1742)*	33
Zauberwort Surinam *Maria Sibylla Merian (1647 – 1717)*	49
»Verbannt den Hanswurst von der Bühne!« *Caroline Neuber (1697 – 1760)*	65
Nachruf auf eine Almosenfrau *Anna Magdalena Bach (1701 – 1760)*	75
Heiratspolitik im Hause Habsburg *Kaiserin Maria Theresia (1717 – 1780)*	89
»Ich stelle mein Licht nicht unter den Scheffel« *Katharina Elisabeth Goethe(1731 – 1808)*	105
Denkmal ohne Goldverzierung *Königin Luise von Preußen (1776 – 1810)*	123
Quasi una fantasia *Bettine von Arnim (1785 – 1859)*	133
Ist Komponieren Männersache? *Fanny Mendelssohn (1805 – 1847)*	151

Ruhm und Glanz um welchen Preis?
Clara Schumann (1819 – 1896) 161

Heidi oder Die Sehnsucht nach dem einfachen Leben
Johanna Spyri (1827 – 1901) 181

Rebellin in einer Klassengesellschaft
Bertha von Suttner (1843 – 1914) 201

Die Provokation der Gelben Broschüre
Helene Lange (1848 – 1930) 215

Leben aus dem Koffer
Else Lasker-Schüler (1869 – 1945) 223

Der Traum von der Herrschaft des Proletariats
Rosa Luxemburg (1871 – 1919) 245

»Ich will wirken in dieser Zeit ...«
Käthe Kollwitz (1867 – 1945) 267

Anteil am Nobelpreis?
Mileva Einstein-Marić (1875 – 1948) 277

Acht Jahrzehnte Theater
Tilla Durieux (1880 –1971) 299

Morgens Schule, abends Boheme
Sophie Taeuber-Arp (1889 – 1943) 309

Vatertochter
Anna Freud (1895 – 1982) 325

Zeit-Zeugin eines wirren Jahrhunderts
Marion Gräfin Dönhoff (1909 – 2002) 345

Ist die Zukunft weiblich?
Margarete Mitscherlich (*1917) 367

Antigone im Dritten Reich
Sophie Scholl (1921 – 1943) 383

Mitten im Ozean meines Zimmers
Friederike Mayröcker (*1924) 397

Chronik eines kurzen Lebens
Anne Frank (1929 – 1945) 415

Das Eis der Seele spalten
Dorothee Sölle (1929 – 2003) 437

Der geteilte Himmel
Christa Wolf (*1929) 455

Das Abenteuer Leipzig – Karachi
Ruth Pfau (*1929) 469

In gefährlicher Mission
Carla del Ponte (*1947) 485

Die Autorin 499
Bildnachweis 501

Zur Einstimmung

Kann man sich vorstellen, dass die Geschichte Europas im 18. Jahrhundert entscheidend von einer Frau geprägt wurde? Dass eine Frau, *Kaiserin Maria Theresia*, das weiträumige Habsburgerreich zusammenhielt, Kriege führte und nebenher 16 Kinder zur Welt brachte? Dass ein halbes Jahrhundert später die junge *Königin Luise von Preußen* dem Erzfeind Napoleon die Stirn bot und er sie achtungsvoll eine »große Feindin« nannte?

Ohne Thron und Staatsamt, nur durch ihre Überzeugungskraft hat *Rosa Luxemburg* Macht und Einfluss gewonnen – und für ihre revolutionäre Agitation 1919 mit dem Leben bezahlt. Im politischen Geschäft wird mit harten Bandagen gekämpft, das bekam *Carla del Ponte* als UNO-Chefanklägerin in Den Haag zu spüren. Sie konfrontierte den früheren jugoslawischen Staatschef Milošević mit seinen Verbrechen und Gräueltaten wider die Menschlichkeit und ruht auch nach ihrem Ausscheiden aus dem Amt nicht, bis alle für das Srebrenica-Massaker Verantwortlichen gefasst und verurteilt sind. Dass solche Kriegsverbrechen im 21. Jahrhundert noch geschehen können, hätte *Bertha von Suttner*, die 1905 als erste Frau mit dem Friedensnobelpreis ausgezeichnet wurde, nie für möglich gehalten. Ihr Buch *Die Waffen nieder!* ist ein eindrücklicher Friedensappell, wie dies auch die nach dem Ersten Weltkrieg entstandenen Plakate und Holzschnitte von *Käthe Kollwitz* sind.

Im Dritten Reich war Frieden kein Thema mehr. Vergeblich die mutigen Flugblattaktionen von Hans und *Sophie Scholl*, die Geschwister wurden 1943 »wegen Hochverrats« hingerichtet. Die jüdische Dichterin *Else Lasker-Schüler* – nach Gottfried Benn »die größte Lyrikerin, die Deutschland je hatte« – ist nach Zürich geflohen, nachdem SA-Männer sie in Berlin auf offener Straße zusammengeschlagen haben. Die große Schauspielerin *Tilla Durieux* konnte als Frau eines Juden im »Reich« nicht mehr spielen und bemühte sich von Jugoslawien aus verzweifelt um Pässe für Honduras. Die Wiener Kinderanalytikerin *Anna Freud* ging mit ihrem Vater Sigmund Freud im letzten Augenblick nach London ins Exil. In einem Amsterdamer Versteck führte *Anne Frank*, das jüdische Mädchen aus Frankfurt, Tagebuch und ließ so nach ihrem Tod im KZ die Nachwelt teilhaben an ihrem Schicksal. Vom gescheiterten Widerstand gegen das NS-Regime am 20. Juli 1944 berichtet die langjährige ZEIT-Chefin *Marion Gräfin Dönhoff*, die selbst Kurierdienste zu Widerstandsgruppen im Ausland geleistet hat, in ihren Aufzeichnungen.

Aufbegehren gegen Unrecht, Einsatz für Schwache und Geächtete hat zu allen Zeiten Mut erfordert. *Bettine von Arnims* Berliner Wohnung ist während der 1848er-Revolution Treffpunkt konspirativer Geister. Ihre Anprangerung sozialer Missstände in Preußen verpackt sie, um der Zensur ein Schnippchen zu schlagen, raffiniert in einer Schrift, die sie »Seiner Königlichen Majestät Friedrich Wilhelm IV.« widmet. Die Schriftstellerin *Christa Wolf* befasst sich nicht von ungefähr mit Bettine von Arnim. Sie sieht die Parallelen zu ihren eigenen Zensurerfahrungen in der DDR.

Ebenfalls mit einer spektakulären Schrift macht die Pädagogin und Frauenrechtlerin *Helene Lange* 1889 von sich reden. Die Forderungen in ihrer berüchtigten »Gelben Broschüre« nach besserer Mädchenbildung und Hochschulzugang für Frauen bringen ihr statt Unterstützung nur Schikanen aus der preußischen Verwaltung ein. Auch die Zürcher Stadtschreibersgattin *Johanna Spyri* löst mit ihrer eigenständigen Schriftstellerei in den Honoratiorenkreisen der Stadt Befremden aus, erst durch den Welterfolg ihrer Heidi-Bücher schlägt die Kritik an der unordentlichen Hausfrau in Bewunderung um. Die Dada-Künstlerin *Sophie Taeuber-Arp*, tagsüber brave Kunstlehrerin, hält ihre nächtlichen Auftritte im avantgardistischen Zürcher Cabaret Voltaire der Schulbehörde gegenüber vorsichtshalber geheim. Mit kühnen Wortexperimenten, aber nicht so schrill wie die Dadaisten und nicht so spielerisch wie ihr langjähriger Gefährte Ernst Jandl arbeitet die 1924 geborene Wiener Lyrikerin *Friederike Mayröcker* in ihrer vertrauten »Schreibhöhle«.

Musik hat das Leben zweier Frauen im 19. Jahrhundert bestimmt: *Fanny Mendelssohn* in Berlin, *Clara Schumann* in Leipzig. Beide genießen als Pianistinnen hohes Ansehen, tun sich aber mit ihren eigenen Kompositionen schwer, Fanny Mendelssohn im Schatten ihres Bruders Felix, Clara Schumann an der Seite des genialen, aber labilen Ehemannes Robert. Für Bachs zweite Frau *Anna Magdalena* steht der Verzicht auf eine Karriere als Sängerin von Anfang an fest, sie ist mit dem Kantorenhaushalt und der Erziehung einer großen Kinderschar voll ausgelastet.

Unter mangelnder Zusammenarbeit mit ihrem Kommilitonen und Ehemann Albert Einstein hat die hochbegabte Mathematikerin *Mileva Einstein-Marić* stets gelitten – bei Alexander und Margarete Mitscherlich klappte die gemeinsame Arbeit besser. Doch die 1917 geborene Psychoanalytikerin legte auch großen Wert auf eigene berufliche Entfaltung, während es ein paar Generationen früher für Goethes Mutter *Katharina Elisabeth* ganz selbstverständlich war, nur für ihren Sohn da zu sein und ihren Mann, den Kaiserlichen Rat, zu umsorgen. Erstaunliches gelingt im 17. Jahrhundert einer Getto-Jüdin in Hamburg: *Glückel von Hameln* führt nach dem Tod ihres Mannes dessen Handels- und Börsengeschäfte selbstständig weiter und zieht ohne fremde Hilfe ein Dutzend Kinder groß. Von Leipzig aus geht die Komödiantin *Caroline Neuber*, die berühmte Neuberin, um 1750 mit einer eigenen Theatertruppe auf Tournee, und von Amsterdam aus bricht 1699 die Kupferstecherin und Naturforscherin *Maria Sibylla Merian* mit 52 zu ihrem Traumparadies Surinam auf, um die farbenprächtigen tropischen Schmetterlinge zu erforschen und im Bild festzuhalten … Abenteuerlust, gepaart mit beruflichem Engagement.

Die Kirche bot Frauen von jeher wenig Entfaltungsmöglichkeit, und doch gelang es einzelnen Ordensfrauen seit dem Mittelalter, sich Freiräume zu schaffen. In München gründet *Maria Ward* 1627 eine Niederlassung der »Englischen Fräulein«, setzt sich selbstbewusst über kirchliche Hierarchien hinweg und landet erstaunlicherweise nicht als Hexe auf dem Scheiterhaufen. In unseren Tagen zeigt das Beispiel der furchtlosen, charismatischen Ärztin und Nonne *Ruth Pfau*, wie es einer Frau gelungen ist, gegen alle Widerstände ein Hospital für verstoßene Leprakranke in den Elendsvierteln von Pakistan aufzubauen. In Südamerika hat die Theologin *Dorothee Sölle* mit Energie und Fantasie zahlreiche Hilfsprojekte auf den Weg gebracht. Ihre meditativen, weltoffenen Texte haben vielen Menschen Halt und Hoffnung gegeben.

Dreißig Porträts aus fünf Jahrhunderten: Frauen mit ganz unterschiedlichem Lebenszuschnitt, doch alles eigenwillige, starke Persönlichkeiten, geprägt von Gestaltungskraft, Mut und Durchhaltewillen auch unter schwierigen Umständen.

Irma Hildebrandt

Maria Ward

Gefährlicher als sechs Jesuiten

Maria Ward
und die Englischen Fräulein

(1585–1645)

Nach Maria Ward ist in München eine Straße benannt. Sie
führt zum Nymphenburger Schloss. Unter dem Straßen-
schild am nördlichen Schlossrondell Frage an die Passanten:
Kennen Sie Maria Ward? – Kopfschütteln, Achselzucken,
Nachdenken. Eine Engländerin war das, eine Nonne, sagt
ein älterer Mann. Und eine Frau erinnert sich undeutlich:
Hat die nicht etwas mit den Englischen Fräulein zu tun?
 Im 17. Jahrhundert kannten die Münchner Maria Ward
besser, da wurde sie verehrt oder verabscheut, da sah man
sie als gottesfürchtige Ordensfrau oder als Ketzerin. Nicht
nur in München. In Kreisen der römischen Kurie galt sie als
»Unkraut aus dem Garten der Kirche«. Und im anderen
Lager, dem der Anglikaner, warnte der Erzbischof von
Canterbury, George Abbot, seine Amtsbrüder: »Diese Frau
ist gefährlicher als sechs Jesuiten.«
 Was flößt den kirchlichen Würdenträgern solches Misstrauen, solche Angst ein? Ihr Selbstbewusstsein? Ihre Un-
erschrockenheit? Ihr logischer Verstand? Maria Ward hat es
sich in den Kopf gesetzt, bestärkt durch eine »göttliche
Vision« in jungen Jahren, einen Frauenorden nach den Regeln des von ihr verehrten Ignatius von Loyola zu gründen.
Von heute aus gesehen sind es keine unbilligen Forderungen, die sie an Rom stellt: Sie bittet um kirchliche Anerkennung einer solchen Frauengemeinschaft, die – ähnlich

wie die Jesuiten – nicht in Klausur hinter klösterlichen Mauern lebt. Mit ihren Gefährtinnen will sie, wo immer sich Gelegenheit bietet, apostolisch wirken und sich besonders der vernachlässigten Mädchenerziehung annehmen. Dies möchte sie jedoch nicht unter der Obhut eines geistlichen Würdenträgers tun, der ihre Interessen beim Heiligen Stuhl vertritt, wie das bei Frauenorden üblich ist; alle ihre Niederlassungen sollten unter weiblicher Führung einer Generaloberin stehen.

So harmlos und einsichtig diese Bitten klingen – sie bergen Sprengstoff. Beim Klerus sitzt die biblische Prägung vom Weib, das in der Gemeinde zu schweigen hat, tief. Die Vorstellung, eine Frau könne in theologischen Fragen ohnehin nicht mitreden, zieht sich von Thomas von Aquin bis zum Reformator Luther durch die gelehrten Schriften. Die Jesuiten, sonst in Vielem fortschrittlich und weltaufgeschlossen, stellen sich gegen Maria Ward, sie wünschen keinen selbstständigen weiblichen Ordenszweig – und das hat handfeste Gründe. Die Berater in Frauenklöstern und an Fürstenhöfen fürchten Machtverlust über Seelen und Latifundien.

Die selbstbewusste Landadlige aus England reibt sich am Ausspruch eines Priesters: »… alles in allem, sie sind doch nur Frauen«, und sie setzt dagegen: »Es heißt nicht Veritas hominis, die Wahrheit der Männer oder die der Frauen, sondern Veritas Domini, die Wahrheit Gottes, des Herrn, und diese Wahrheit können Frauen ebenso gut besitzen wie die Männer.«

Maria Wards späterer Biograf Jakob Leitner führt Gedanken solcher Art auf »mangelnde Seelenführung« zurück, fromme Frauen sollten sich nur unter »kirchlicher Autorität und Direktion« ihren Studien widmen, meint er und schreibt damit 1869, mehr als 200 Jahre nach dem Tod der unbotmäßig Selbstdenkenden ein klerikales Postulat erneut fest.

Eine Aufrührerin. Als Maria Ward Anfang Januar 1627 nach München kommt, um hier eine Niederlassung der »Englischen Fräulein« zu gründen, ist sie kein unbeschriebenes Blatt mehr, da hat sie schon eine ganze Odyssee und ein halbes Leben in der Verteidigung hinter sich. Viele Erfolge und noch mehr Misserfolge. Im Rückblick lässt sich an ihrem Schicksal ein Kapitel Glaubensgeschichte, auch Frauengeschichte aufblättern:

Es ist eine unruhige, gewaltreiche Zeit, in die Maria Ward – am 23. Januar 1585 in Old Mulwith in Yorkshire geboren – hineinwächst. Glaubenskämpfe überall als Folge von Reformation und Gegenreformation. Hexenprozesse, Fanatismus, Streit um Ländereien. Europa treibt auf den Dreißigjährigen Krieg zu. Die Hexenverfolgungen nehmen sich auf den ersten Blick im Zeitalter des Humanismus und der sich anbahnenden Aufklärung wie ein Rückfall ins Mittelalter aus. Aber der Wahnsinn hat Methode. Denunziert und verurteilt wird, wer sich nicht willig in die von Kirche und Staat vorgegebenen Ordnungen fügt: Außenseiter, Eigendenker, Widerborstige. Und es trifft vornehmlich Frauen. Keine, die aufbegehrt oder ihre eigenen Wege geht, kann sicher sein, nicht auf dem Scheiterhaufen zu enden. Man braucht Sündenböcke, auf die sich der Zorn des Volkes bei Missernten und Misswirtschaft, bei Kriegsgräueln und Unterdrückung entlädt.

Vor diesem Hintergrund ist es kein ungefährliches Unterfangen, wenn die junge englische Katholikin beschließt, auf dem Festland ein Ordenshaus für Engländerinnen zu eröffnen, die aus dem Machtbereich Elisabeths I. und der anglikanischen Kirche geflüchtet sind. Zuvor hatte sie schon Erfahrungen in einem Klarissenkloster gesammelt, aber bald gemerkt, dass die strenge Weltabgeschiedenheit ihren Vorstellungen von Missionierung und pädagogischem Einsatz nicht entsprach.

In St. Omer melden sich so viele englische Novizinnen bei ihr, dass sie weitere Hausgründungen in Lüttich, Köln und Trier in die Wege leitet, bald spricht man im Volksmund respektvoll von den »Englischen Fräulein«. Aber denen mangelt es an Geld, um geplante Schulen ausbauen zu können. Maria fährt deshalb mehrmals unter größten Gefahren – sie steht auf einer schwarzen Liste – nach England, um die Mitgiften der adligen Töchter ihrer Gemeinschaft von den Angehörigen einzufordern. Doch diese verhalten sich abweisend, weigern sich, einen unbekannten Orden zu unterstützen, der vom Papst nicht anerkannt ist. So ist es für Maria Ward nicht die Erfüllung eines innigen religiösen Wunsches oder eines ehrgeizigen Höhenfluges, wenn sie beschließt, Papst Gregor XV. persönlich um die Approbation ihrer Ordensgemeinschaft zu bitten, sondern eine nackte Überlebensfrage. Im Herbst 1621 bricht sie mit einigen Gefährtinnen von Lüttich aus zu dem beschwerlichen Fußmarsch durch die Alpen auf und erreicht wie geplant am Heiligen Abend die heilige Stadt. Papst Gregor empfängt sie in Privataudienz, und auch der Jesuitengeneral findet sich bereit, sie anzuhören. Ihre Zähigkeit und ihre Zivilcourage haben sich ausgezahlt. Wer hätte das einer Frau zugetraut? Frauen genießen zwar hohe Verehrung, können sogar heiliggesprochen werden, aber eigenmächtiges Handeln steht ihnen nicht zu.

Dem Papst imponiert ihre Selbstsicherheit und ihr mit Nüchternheit gepaartes Sendungsbewusstsein. Ihre Bitte um Anerkennung der mitgebrachten Institutsregeln erfüllt er allerdings nicht, ist sie doch ihrerseits nicht bereit, das vom Tridentinischen Konzil geforderte Leben in Klausur für ihre Gemeinschaft anzunehmen. Warum sollte Frauen verwehrt werden, was den Jesuiten zugestanden wurde: in Verbindung mit der Welt zu leben und externe Schulen zu unterhalten? An den überkommenen Ordensgelübden, Gehorsam – Keuschheit – Armut, will sie nicht rütteln. Wichtig sind ihr auch die jesuitischen Erziehungsziele der asketischen Selbstheiligung, der Klarheit des Denkens und der Stärkung des Willens. Zum eigenen Lebensziel hat sie »die Pflege des Glaubens und der christlichen Erziehung bei dem weiblichen Geschlechte« gemacht.

Sie hat ein Tagesschulprojekt für Mädchen aus dem Volke ausgearbeitet und dem Papst unterbreitet. Da es in Rom an Mädchenhäusern, die mehr als Bewahranstalten sind, mangelt, und da die Beschäftigung mit dem gemeinen Volke, Mädchen zumal, ohne Prestigeverlust in weibliche Hände gegeben werden kann, untersagt die mächtige römische Kongregation den Englischen Fräulein die Schulgründung an der Via Monserrato nicht. Sie bespitzelt aber argwöhnisch den Fortgang und Ausbau des Lehrbetriebs. Schon bald sind es mehr als hundert Mädchen, die unentgeltlich in Lesen und Schreiben, sittlicher Unterweisung und Handarbeit unterrichtet werden. 1632 wird eine weitere Schulniederlassung in Neapel eröffnet, ein Jahr darauf eine in Perugia.

Der Erfolg bringt Neider. Eine junge Frau aus dem fernen England, auf sich selbst gestellt, keines männlichen Schutzes und Beraters bedürftig, eine Frau, die hartnäckig eine Audienz beim Papst erzwingt, kann das gut gehen?

Es geht nicht gut. Aus England, genauer, vom englischen Klerus, liegen die ersten Beschwerden vor: Die Englischen

Fräulein maßten sich an, überall zu missionieren und auch in Gegenwart von Priestern geistige Belehrungen zu geben. Sie hätten sich Eingang in adlige Familien verschafft, um an die Mitgiften der Töchter zu kommen. Selbst Männer, mit denen sie allein zusammenträfen, würden von ihnen im Katechismus unterrichtet. Die besorgten Geistlichen sehen die Keuschheit der Englischen Fräulein aufs Höchste gefährdet bei dem unsteten Umherschweifen auf dem Kontinent.

Die Anschuldigungen fallen in Rom, wo die Umtriebe und die mangelnde Demut der »Jesuitinnen« längst ein Ärgernis sind, auf fruchtbaren Boden. Misstrauen wird geschürt, Verleumdungen kursieren, gegen die sich die Frauen nicht wehren können, da man ihnen die Denunzianten nicht nennt.

Papst Urban VIII., der Nachfolger Gregors XV., ordnet 1625 die Schließung der Schulen in Rom, Neapel und Perugia an. »Da war es mir, als wäre ich zum Tode verurteilt worden«, schreibt Maria. Sie muss sich nun ein neues Betätigungsfeld suchen. Am 10. November 1625, zwei Wochen vor der Einweihung des Jahrhundertbauwerks Petersdom verlässt sie mit ihrem kleinen Gefolge bei eisig kaltem Wetter Rom in nördlicher Richtung.

Flandern gibt sie als Reiseziel an, aber in ihrer Brusttasche verwahrt sie Empfehlungsbriefe ihr wohlgesonnener Kleriker nach Wien und München. Einer ist an Pater Adam Contzen, den Beichtvater des bayerischen Kurfürsten Maximilian I. adressiert. Darin wird Maximilian gebeten, der Bittstellerin die Einrichtung eines geistlichen Hauses nach dem Orden des heiligen Ignatius zu genehmigen.

Dem Kurfürsten muss der Name Maria Ward geläufig sein. Sein Bruder Ferdinand, Bischof von Lüttich und Erzbischof von Köln, unterstützt seit Langem die dortigen Häuser der Englischen Fräulein. Maria hofft nun, auch am bayerischen Hofe Gehör zu finden, obgleich Maximilian mit Kriegshändeln beschäftigt ist.

Unterwegs, in Parma und Castiglione, kehrt sie bei Frauengemeinschaften ein, die apostolisch tätig sind und wie sie ein Leben in Klausur ablehnen. Das macht ihr Mut, ihren eigenen Weg unbeirrt weiterzugehen. Sie hat, vor allem in Rom, gelernt, mit Anfeindungen und Verleumdungen, mit Intrigen und willkürlichen Sanktionen umzugehen. All diese Widrigkeiten haben sie im Glauben an ihre Mission nur bestärkt. Sie wird sich nicht unterkriegen lassen, komme, was wolle. Schon fünf Jahrhunderte vor ihr ist die Äbtissin Hildegard von Bingen mit demselben Wagemut durch das Land gezogen, um zu predigen, zu heilen und Menschen zu bekehren.

Maria Wards Zuversicht zahlt sich aus. Kurfürst Maximilian und seine Gemahlin Elisabeth Renata nehmen sie freudig auf, die Gründung eines Instituts wird ihr in Aussicht gestellt. Dies ist in doppelter Hinsicht erstaunlich: Zum einen müssen auch dem bayerischen Kurfürsten die Gerüchte über die »Umtriebe« der Englischen Fräulein zu Ohren gekommen sein, zum andern herrscht in München, dem Zentrum der Gegenreformation, kein einladendes Klima für Frauen, die kirchliche Autorität missachten.

Weiß Maria Ward nichts über die Hexenverfolgungen, die hier stattgefunden haben? Über den berüchtigten Prozess gegen die Landfahrerfamilie Pappenheimer? Oder den spektakulären Zauberprozess gegen Magdalena Khepserin, den Dr. Cosmas Vagh 1608 führte? Jener Jurist, der drei Jahre später ein einzigartiges Gesetzeswerk verfasst, das *Landtgebott wider die Aberglauben, Zauberey, Hexerey und andere sträffliche Teufelskünste,* das von Maximilian I. unterzeichnet und an alle Regierungen und Landgerichte in Bayern geschickt, für Unruhe und Angst sorgte.

Anstifter und Schürer jener Hexenhysterie, die in den Zwanzigerjahren des 17. Jahrhunderts in Süddeutschland herrscht, sind in entscheidendem Maße die Jesuiten, der Orden, den sich Maria Ward zum Vorbild genommen hat, von dem aber auch die schweren Vorbehalte gegen die »Jesuitinnen« ausgegangen sind. Schon im 16. Jahrhundert hatte der wortgewaltige Jesuitenprovinzial Petrus Canisius in seinen Predigten zur Hexenverfolgung aufgerufen und in Bayern aufsehenerregende Teufelsaustreibungen vorgenommen. Später führte der Jesuit Jeremias Drexel, Hofprediger in München, diesen Fanatismus fort: »… brennen sollen die Aufrührer Gottes!« Und am Hofe des Kurfürsten Maximilian wirkte seit 1624 Adam Contzen als politischer Berater, auch er ein Jesuit und Eiferer. Aus seinen Kreisen kam der Anstoß zum Bayerischen Hexenmandat – und ihm ausgerechnet hat Maria Ward ihr Empfehlungsschreiben aus Rom übergeben.

Gibt ihr das nicht zu denken? Sie weiß doch, dass man ihr eine außerordentliche – und damit gefährliche – »Gewalt über die Herzen« zuschreibt, dass ihr Charisma und ihre rhetorische Überzeugungskraft mit Argwohn beobachtet werden. – Möglich, dass gerade dieses Spiel mit dem Feuer sie reizte. Zeitgenossen schildern sie als furchtlos, willensstark und Widerständen trotzend.

Sie bleibt in München und nimmt das Angebot des frommen und weltmächtigen Kurfürsten, der seine Residenz zu einem Angelpunkt katholischer Gesinnung und Staatsmacht ausgebaut hat, dankbar und ohne Zögern an: die Bereitstellung eines Hauses, das genügend Platz für eine Mädchenschule bietet. Es ist ein Pakt in gegenseitigem

Interesse. Maria erhofft sich von der Protektion durch Maximilian eine enge Bindung an das Haus Wittelsbach und somit an einflussreiche Fürsten, die ihre Pläne unterstützen könnten. Maximilian will mit der Niederlassung der Englischen Fräulein endlich eine Bildungsstätte für die weibliche Jugend in München schaffen, die längst geplant war – man hatte deswegen schon mit Ursulinen in der Schweiz verhandelt –, nun aber in den Wirren des Dreißigjährigen Krieges doppelt nötig erscheint.

Er stellt Maria Ward und ihren Gefährtinnen das Paradeiserhaus in der Weinstraße, unweit der nördlichen Stadtgrenze, zur Verfügung. Ein geräumiges, aber baufälliges Anwesen mit mehreren verwinkelten Häusern und einem verwilderten Garten, das sie unentgeltlich bewohnen können. Er sorgt für die rasche Renovierung und Einrichtung des Hauses, sodass schon im April 1627 die Schule eröffnet werden kann. Vierzehn Schülerinnen finden im Hause Unterkunft, die übrigen kommen als »Externe« aus der ganzen Stadt. Maximilian hat zur Bedingung gemacht, dass das Pensions- und Schulgeld niedrig gehalten wird und dass genügend Freiplätze für arme Schülerinnen zur Verfügung stehen. Dafür übernimmt er die Besoldung für zehn Englische Fräulein als Lehrerinnen: Jeweils 200 Gulden jährlich, auf Widerruf. Ein gutes Gehalt. Auch ein Jesuit bekommt für seine Lehrtätigkeit 200 Gulden im Jahr, eine Gleichstellung, die der in Rom nicht anerkannten »Jesuitin« Genugtuung geben muss.

Als Schulpräfektin wird die junge, tüchtige Winefrid Bedingfield eingesetzt, erste Oberin des Hauses wird die erst 23-jährige Maria Poyntz, eine enge Vertraute Maria Wards. Der Schule wird auch ein Noviziat angeschlossen, ein halbes Dutzend Anwärterinnen möchten aufgenommen werden. Anna Röhrlin ist die erste deutsche Novizin – für die Verwurzelung der Englischen Fräulein in Bayern ein wichtiger Schritt.

Der Andrang auf die »Freischule«, die erste Mädchenvolksschule in München, ist groß. Katechismus, Lesen, Schreiben, Rechnen und Handarbeit stehen auf dem Stundenplan, vor allem aber fremde Sprachen: Französisch, Italienisch und das für das kirchliche Leben nötige Latein. Alles scheint in bester Ordnung, Maria sieht zum ersten Mal eine finanziell abgesicherte Zukunft für ihre Gemeinschaft vor sich. Aber sie hat die Macht der Jesuiten in dieser Stadt und deren weitreichende Verbindungen unterschätzt. Ihnen sind die selbstbewussten Damen aus England, die sich ohne Vermittlung gleich an den Kurfürsten oder gar an den Papst wenden, ein Dorn im Auge. Aus Lüttich trifft ein gezielter Brief bei Maximilian ein, der die dortigen Englischen Fräulein der Verschwendungssucht und Habgier bezichtigt.

Maria hat inzwischen – etwas übereilt vielleicht – weitere Niederlassungen in Wien und Pressburg (heute Bratislava) gegründet. In Wien hat ihr Maximilians Empfehlung an seinen Schwager, Kaiser Ferdinand II., den Weg geebnet. Sie nimmt die Anschuldigungen aus Lüttich gelassen hin. Aber in München treffen weitere Warnungen ein, aus Rom diesmal, wegen des »illegalen Treibens« der Damen.

Maximilian reagiert darauf nicht, er hat andere Sorgen. Noch sind die blutigen Glaubenskämpfe nicht zu Ende. Im katholischen Lager gibt es Unstimmigkeiten, der störrische Wallenstein macht ihm zu schaffen. Die Kriegskosten leeren die Staatskasse.

Als Maria Ward hört, dass es um ihre Sache beim Heiligen Stuhl nicht gut steht, macht sich die gesundheitlich schwer Angeschlagene zu Beginn des Jahres 1629 zum zweiten Mal auf den Weg nach Rom, um sich dort zu rechtfertigen. Noch ist sie guten Mutes, noch hat sie Vertrauen in Papst Urban VIII., der ihr eine Audienz gewährt. Sie hat ihre Rechtfertigung und die erneute Bitte um Anerkennung ihrer Ordensgemeinschaft in einem langen Schreiben dargelegt, Urban VIII. reagiert huldvoll zurückhaltend, weist ihr Anliegen nicht schroff zurück – schon das lässt Maria hoffen. Bei einer Befragung durch die Glaubenskommission sieht sie sich vier Kardinälen gegenüber, denen sie eine Dreiviertelstunde lang Rede und Antwort steht. Sie weicht von ihren Grundsätzen nicht ab, sie weiß nicht, dass die Kardinäle zum Inquisitionstribunal gehören. Ein Protokoll dieser Sitzung existiert nicht.

Anfang Mai 1630 trifft sie mit vier ihrer Gefährtinnen wieder in München ein, noch immer zuversichtlich. Doch dann überbringt man ihr die Nachricht von der Auflösung ihrer Häuser in St. Omer, Lüttich und Köln – der lange Arm der römischen Kurie, die Bestrafung einer Störrischen. Noch glaubt sie, dass alles ein Irrtum sein muss, wieder richtet sie ein erklärendes Schreiben an den Papst. Diesmal ist sie sogar bereit, ihre bisherige Lebensweise aufzugeben, wenn Seine Heiligkeit es befehle …

Doch das Inquisitionstribunal hat eine Gefangennahme Maria Wards bereits beschlossen. Die Anklage lautet: Häretikerin, Schismatikerin, Rebellin gegen den Heiligen Stuhl. Papst Urban besiegelt das Dekret im Januar 1631. Kein endgültiges und rechtskräftiges Urteil – ein Prozess hat ja noch nicht stattgefunden –, aber doch eine so schwerwiegende Anschuldigung, dass dies öffentliche Verfemung und Ächtung bedeutet.

Der als unnachsichtig und pflichtversessen bekannte Dekan der Münchner Liebfrauenkirche, Jakob Golla, der auch Präsident im Geistlichen Rat des Kurfürsten Maximilian ist, überbringt das Dokument der bettlägerigen Maria Ward am 7. Februar. Einkerkerung im Klarissenkloster am Anger, lautet der kirchliche Beschluss. Sollte sie sich weigern, müsse der »weltliche Arm« zu Hilfe gerufen werden. Was das bedeutet, weiß die Angeklagte genau: Einzelhaft, Folter, Schuldbekenntnis, Scheiterhaufen oder Galgen.

Mitten im Dreißigjährigen Krieg, als ob des Mordens noch nicht genug wäre, gehören Hexenverbrennungen zur Tagesordnung. Das Volk braucht Schuldige an der ganzen Misere, die Kirche Abschreckung für Dissidenten. Im selben Jahr 1631 beschreibt Graf Friedrich von Spee – anonym verständlicherweise – in einer Broschüre die grausamen Foltermethoden, mit denen man »Hexen« zu Geständnissen zwingt. Er hat als Beichtvater 200 Hexen zum Scheiterhaufen begleitet, alle wurden, davon ist er überzeugt, zu Unrecht verbrannt.

Maria Ward hat die Gefahr unterschätzt. Stolz, Sendungsbewusstsein, Vertrauen auf den Beistand ihrer Gönner mögen sie dazu bewogen haben. Nun nimmt sie das Unabwendbare äußerlich gefasst zur Kenntnis, schmerzlich berührt nur, dass sie sich von den dreißig Schwestern im Paradeiserhaus nicht verabschieden darf. Und betroffen vor allem vom Schweigen Maximilians und seiner Gemahlin, die ihr früher so oft Dienste erwiesen haben. Warum spricht Maximilian kein Machtwort? Ist er so von der Unfehlbarkeit des Inquisitionsgerichts überzeugt? Glaubt er nicht mehr an ihren Auftrag? Oder hat er Angst, sich für eine Ketzerin einzusetzen? Vielleicht halten ihn nur Staatsgeschäfte ab, tröstet sich Maria.

Den Nonnen im Klarissenkloster ist jeder Kontakt mit der Angeklagten untersagt, sie wird streng bewacht: »… zwei kleine Fenster, fast ganz zugemauert und mit Holz vergittert. Die Tür ist mit einem Doppelschloss und einer Kette verriegelt«, so beschreibt die Gefangene ihre Zelle. Aber ihre Gefährtinnen, die ihr das Essen aus dem Paradeiserhaus bringen, verstehen auch Botschaften einzuschmuggeln. Sie haben in ihrer Jugend in England im katholischen Untergrund gelebt, sie wissen, wie man Papier mit Zitronensaft beschreibt und das unsichtbar Geschriebene später über einer Kerzenflamme wieder entziffert. 23 solche Limonenbriefe fertigt Maria Ward in ihrer Zelle an in den unbewachten Stunden, wenn die Klarissen zum Chorgebet in der Kirche zusammenkommen.

Trotz der heimlichen Kontakte zu ihren Gefährtinnen fühlt sie sich verlassen. Papst Urban wird zur Überfigur, auf die sich ihre Gedanken konzentrieren: Er kann von der Bulle der Inquisition, von ihrer Einkerkerung nichts wissen, davon ist sie überzeugt. Sie entwirft Briefe an ihn, die vom Paradeiserhaus aus nach Rom gehen sollen. In all den Limonenbriefen wird mit Decknamen und Verschlüsselungen gearbeitet, falls doch jemand sie abfangen und entziffern sollte.

Maria Ward darf in ihrer Haft, wie alle Gefangenen der Inquisition, weder die Messe hören noch beichten und kommunizieren. Die Englischen Fräulein suchen deshalb Hilfe bei Kurfürst Maximilian, aber der ist nicht bereit, sich in die Angelegenheiten der Inquisition einzumischen. Auch als die Gefangene lebensgefährlich erkrankt und die Schwestern sie ins Paradeiserhaus zurückholen wollen, erklärt er sich als nicht zuständig. Dekan Golla versucht, die Todkranke zu erpressen: Nur wenn sie ein von ihm verfasstes Schuldbekenntnis unterschreibt, erhält sie die Sterbesakramente. Sie verweigert die Unterschrift, verfasst mit schwacher Hand ein eigenes Bekenntnis, das aber keine Schuldanerkennung ist.

Sie übersteht – wider Erwarten – die schwere Krankheit und macht sich nun umso mehr Sorgen um die Zukunft ihrer Gemeinschaft. Die Gefährtinnen haben mit all ihren Briefen und Bittschriften nach Rom tatsächlich die Befreiung ihrer geistigen Mutter erreicht, aber die Freude ist kurz: Am 18. August wird den im Paradeiserhaus versammelten Englischen Fräulein die päpstliche Bulle, die für alle gilt, verlesen. Von ihnen wird gefordert, die Ordenskleidung abzulegen, ihre apostolische Arbeit aufzugeben und unter Androhung von Exkommunikation ihre Wohngemeinschaft aufzulösen. Man wirft ihnen vor, sich »Jesuitinnen« zu nennen, ihre Gelübde bei einer Generaloberin abzulegen und ein Leben in Klausur abzulehnen. Keine neuen Anklagepunkte, Maria hatte sich deswegen ja schon zweimal nach Rom bemüht. Nun reist sie im Spätherbst 1631 zum dritten Mal Richtung Süden, wieder zu Fuß und mit nur wenigen Begleiterinnen.

Von München nimmt sie voller Wehmut Abschied, ahnend, dass sie das Paradeiserhaus nie wieder sehen wird, auch wenn sie sich nach außen zuversichtlich gibt. Sicher ist es eine Genugtuung für sie, dass auch Maximilian und seine Frau Elisabeth Renata vor den Truppen Gustav Adolfs, die München besetzten, nach Salzburg fliehen mussten.

Maria Ward und ihre Gefährtinnen erleben in Rom einen mild gestimmten Papst. Vom Vorwurf der Häresie ist nicht mehr die Rede. Er verspricht die Freilassung der in Lüttich eingekerkerten Engländerin Winefrid Wigmore. Ja, er setzt den Englischen Fräulein sogar eine Rente aus, mit deren Hilfe sie in Rom in weltlicher Gemeinschaft weiter zusammenleben können, allerdings ohne Schulen zu unterhalten und in der Öffentlichkeit tätig zu werden.

Maria wäre am liebsten nach München zurückgekehrt, auch wenn dort die Pest wütet und Hungersnot herrscht, doch ihre schwache Gesundheit lässt eine Reise nicht zu. Außerdem hofft sie noch immer auf die päpstliche Anerkennung ihrer aufgelösten Ordensgemeinschaft.

Im Paradeiserhaus in München lebt, ganz zurückgezogen, nur noch ein kleiner Rest der Englischen Fräulein, unter ihnen jedoch die ungebrochene Winefrid Bedingfield, die im März vom zurückgekehrten Kurfürsten die Wiederaufnahme des Unterrichts erbittet. Zwar bleibt die päpstliche Bulle in Kraft, aber von Unterrichtsverbot ist darin nicht die Rede.

So können die Englischen Fräulein – nun in weltlicher Gemeinschaft – weiter nach den Erziehungszielen ihrer Gründerin unterrichten, und der Kurfürst unterstützt sie wie früher durch Geldzuwendungen.

Anna Röhrlin, die erste Deutsche unter den Englischen Fräulein, kümmert sich um die Kinder, die durch Krieg oder Pest ihre Familie verloren haben, und fügt dem Institut ein »Armenmädchenhaus« an, in dem über vierzig Kinder Aufnahme und schulische Betreuung finden. Viel später, 1861, wird den Englischen Fräulein auch die Leitung des Städtischen Waisenhauses übertragen. Sie wirken dort erfolgreich, bis ihnen 1935 der nationalsozialistische Stadtrat die pädagogische Führung der Kinder entzieht »mit Rücksicht auf das neu angebrochene Zeitalter ausgesprochener Männlichkeit«, wie dem Schriftverkehr mit der Stadtbehörde zu entnehmen ist.

Das Institut selbst erlebt eine wechselvolle Geschichte, Kurfürst Max Emanuel, ein großer Förderer der Englischen Fräulein, ermöglicht 1653 den Bau eines großzügig angelegten Schulgebäudes. Von hier aus entfaltet sich das Institut weit über Bayerns Grenzen hinaus mit Tagesschulen, Pensionaten und Waisenhäusern für Kinder aller Stände. Mit der Säkularisation unter Montgelas hat diese Lehrtätigkeit zu Beginn des 19. Jahrhunderts ein Ende. Doch König Ludwig I. leistet Wiedergutmachung. Er überlässt den Enteigneten 1853 den Nordflügel des Nymphenburger Schlosses. Hier wird nun das »Königliche Erziehungsinstitut München Nymphenburg« eingerichtet.

Unter den Nationalsozialisten verlieren die Englischen Fräulein ihre Lehrbefugnis wieder. Sie dürfen keine Mädchen mehr aufnehmen, ihre Häuser werden geschlossen, enteignet oder in Lazarette umgewandelt. Im Krieg fällt vieles den Bomben zum Opfer.

Über den Wiederaufbau nach Kriegsende berichtet eine Zeitzeugin: »Schon im Mai 1945, als die Münchner ihre Kinder aus der Evakuierung zurückholten, kamen Mädchen und Buben in Scharen zu uns und wollten Unterricht haben, Erwachsene kamen, um Englisch zu lernen. So eifrige Schüler wie damals in der Bretterhütte, die die Mannschaft eines Flugabwehrgeschützes im Botanischen Garten auf unserer Spielwiese hinterlassen hatte, habe ich seither nie mehr gefunden.«

Heute sind die Englischen Fräulein aus dem Münchner Leben nicht wegzudenken. Sie unterhalten Schulen und Studentinnenwohnheime und engagieren sich in weltweiten Missionsprojekten. 1978, nach mehr als 350 Jahren, wurde ihnen in Rom endlich erlaubt, nach den Konstitutionen des heiligen Ignatius von Loyola zu leben.

Wenn das die Gründerin erlebt hätte. Sie, die von ihrem Auftrag so erfüllt und vom Sinn ihrer Arbeit so überzeugt war und doch sehen musste, wie ihr immer wieder Hindernisse in den Weg gelegt wurden.

Sie hat die letzten Jahre – wie die ersten ihres Lebens – wieder in England verbracht. In London hat sie noch einmal versucht, eine Schule zu gründen, zog sich dann aber 1642 wegen der Bürgerkriegswirren mit ihren wenigen Gefährtinnen in ihre Heimat Yorkshire zurück. Hier, in Hewarth, starb sie am 30. Januar 1645 im Alter von sechzig Jahren eines natürlichen Todes.

Man hat Maria Ward, die von der Inquisition so unnachgiebig Verfolgte, nicht als Hexe verbrannt – das ist beinahe ein Wunder. Aber die Kirche hat die unerschrockene Glaubensschwester auch nicht heiliggesprochen – und das ist durchaus kein Wunder.

Bertha Pappenheim in der Tracht der Glückel von Hameln

Eine Getto-Jüdin sprengt Konventionen

Glückel von Hameln

(1645–1724)

> Kinder sollten nur Mütter haben und
> deren Namen tragen; und die Mütter das
> Vermögen und die Macht der Familien:
> so bestellt es die Natur.
> *Rahel Varnhagen*

Kann man sich vorstellen, dass eine Frau im 17. Jahrhundert ganz selbstverständlich praktiziert, was die Frauenbewegung 200 Jahre später einfordert? Kann man sich vorstellen, dass es damals einer Getto-Jüdin gelingt, trotz doppelter Diskriminierung als Frau und als Jüdin erfolgreich Handel und Börsengeschäfte zu treiben? Und kann man sich vorstellen, dass eine Witwe ohne fremde Hilfe ein Dutzend Kinder großzieht?

Glückel von Hameln hat dies alles geschafft. Nach dem Tod ihres Mannes führt sie nicht nur dessen Handelsgeschäfte weiter, sie erledigt auch die umfangreiche Korrespondenz und kontrolliert die Kontenbücher. Nur nachts findet sie für diese Schreibtischarbeit die nötige Ruhe. Im Schein einer flackernden Kerze zieht sie Bilanz über ihre geschäftlichen Erfolge – und immer häufiger auch über ihr Leben, über das Gedeihen ihrer Kinder und deren Einbindung in die jüdische Gemeinde. Diese Aufzeichnungen geben uns heute in ihrer Mischung aus privatem Tagebuch und Chronik der aktuellen Geschehnisse wertvolle Hinweise auf die Lebensbedingungen der Hamburger Juden im ausgehenden 17. Jahrhundert.

»Von was für Leuten ihr her seid«

Mit dem Niederschreiben und Reflektieren ihres Alltags bringt Glückel Ordnung in ihre Gedanken; doch wichtiger noch ist ihr die Weitergabe der eigenen Erlebnisse und Erkenntnisse an die Nachkommen. Sie hält auf Familientradition: »Meine lieben Kinder, ich schreib euch dieses, damit, wenn heut oder morgen eure lieben Kinder und Enkel kommen und sie ihre liebe Familie nicht kennen, ich dieses in Kürze aufgestellt habe, damit ihr wisst, von was für Leuten ihr her seid.«

Insgesamt sieben Bücher hat sie vollgeschrieben. Die ersten Aufzeichnungen entstehen 1691, zwei Jahre nach dem Tod ihres Mannes. Da ist sie 45, für damalige Verhältnisse schon eine ziemlich alte Frau, doch eine Frau von erstaunlicher Vitalität.

Sie hat die Geschäfte und den Haushalt – acht der Kinder sind noch unter ihrer Obhut – voll im Griff, aber sie verschweigt oder beschönigt auch die Schwierigkeiten nicht, mit denen sie zu kämpfen hat, die schweren Sorgen, die sie bedrücken, da sie »eine Herde ohne Hirt« sind, seitdem sie ihren »getreuen Hirten verloren haben«. Unbedingtes Gottvertrauen hilft ihr über manche Klippe hinweg.

So leitet sie das erste Buch mit den Worten ein: »Im Jahre 1691 beginne ich dieses zu schreiben, aus vielen Sorgen und Nöten und Herzeleid, wie weiter folgen wird. Gott aber erfreue uns so lange Zeit, als er uns plagte, und schicke

34

unseren Messias und Erlöser bald. Amen.« Und das siebte Buch endet mit der Bitte: »Gott – er sei gelobt – soll geben, dass es zum Guten sein soll. Amen.« Dazwischen liegt ein Stapel eng beschriebener Seiten, liegt ein reiches Frauenleben. Die Berufung auf Gott, sei's dem inneren Bedürfnis oder den Konventionen der Zeit entsprechend, bedeutet nicht unbedingte Ergebenheit in seinen Willen, Glückel geht als selbstbewusste Frau ihre eigenen Wege.

Jüdische Familientradition

Das Selbstbewusstsein hat Glückel wohl von ihrem Vater geerbt, dem Hamburger Diamantenhändler Löb Pinkerle. Trotz der Einschränkungen, die jüdischen Kaufleuten auferlegt sind, hat er es zu großem Wohlstand gebracht. In der jüdischen Gemeinde versieht er das Amt des Gemeindevorstehers. So wächst die 1645 geborene Tochter früh in jüdische Traditionen und jüdisches Gemeindeleben hinein. Sie sei, schreibt sie, »in allem Wohlbehagen auferzogen, von meinen Eltern sowohl, als von Freunden und Bekannten«.

Dem Vater ist es als einem der ersten Juden gelungen, in Hamburg das Niederlassungs- und Aufenthaltsrecht zu erwerben – ein teuer erkauftes Privileg in der nicht gerade judenfreundlichen lutherischen Reichsstadt. 1000 Mark »Schutzgeld« hat er dafür jährlich zu bezahlen – das kann sich nur ein wohlhabender Kaufmann wie Löb Pinkerle leisten. Eine Gleichstellung mit den Hamburger Bürgern ist damit allerdings nicht verbunden, die Gettobestimmungen gelten weiter. So sind jüdische Gottesdienste und religiöse Rituale, etwa die Beschneidung, verboten und Bestattungen nur auf dem jüdischen Friedhof in Altona erlaubt.

Glückel gibt in ihren Aufzeichnungen ein anschauliches Beispiel für die Haltung des Rates und der Kirche den Juden gegenüber: »Aber wir haben in Hamburg kein Bethaus gehabt ... Doch sind die Juden zusammengekommen in ihren Wohnungen zum Beten, so gut sie nebbich gekonnt haben. Wenn solches die Räte der Stadt vielleicht schon gewusst haben, haben sie doch gern durch die Finger gesehen. Aber als es Geistliche gewahr worden sind, haben sie es nicht leiden wollen und uns nebbich verjagt ...«

Als der auf Sondereinnahmen bedachte Rat das jährliche Schutzgeld um ein Vielfaches auf 6000 Mark erhöht, wandert eine Reihe jüdischer Familien nach Amsterdam ab; Zahlungsunfähige werden ausgewiesen. Löb Pinkerle bleibt in der vom Dreißigjährigen Krieg zwar verschonten, aber durch den zusammengebrochenen Fernhandel schwer gebeutelten Stadt. Seine Diamantengeschäfte scheinen weiter zu florieren, denn Edelsteine lassen sich selbst in unsicheren Zeiten unauffällig transportieren und sind ein begehrtes Vermögensobjekt.

Glückel erhält Unterricht in allem, was dem Vater dienlich scheint für ihr späteres Leben. Während im 17. Jahrhundert Mädchenbildung noch kein Thema ist, sind jüdische Familien darin ihrer Zeit voraus: Sie lassen, wenn sie es sich leisten können, auch den Töchtern eine gute Bildung zukommen. Auch passende Ehepartner werden von den Eltern schon frühzeitig ausgesucht. Für eine Eheschließung sind Liebe oder Sympathie weit weniger ausschlaggebend als vorteilhafte Geschäftsverbindungen mit den zukünftigen Schwiegereltern.

Gerade zwölf Jahre alt, ein Kind noch, ist Glückel, als der Vater ihre Verlobung mit dem Kaufmann Chajm Hameln bekannt gibt. Nach ihren Wünschen wird sie nicht gefragt

– sie hätte auch gar keine Gelegenheit gehabt, als behütete Tochter junge Männer außerhalb des Familien- und Freundeskreises kennenzulernen.

Zwei Jahre später, die Braut ist nun 14, findet die Hochzeit statt. Sie wird in Hameln gefeiert, dem Wohnsitz des Bräutigams, der den Ortsnamen als Familiennamen trägt. Glückel heißt jetzt nicht mehr Pinkerle, sondern nach dem Ehemann Glückel von Hameln.

Hameln ist zwar als Umschlagplatz für Waren der Hanse nicht abgeschottet von der Welt, aber verglichen mit der Hafenstadt Hamburg empfindet Glückel das überschaubare Weserstädtchen als Provinz. Die dicht aneinander gebauten Fachwerkhäuser engen sie ein, sie vermisst Menschen, mit denen sie reden kann. Im Tagebuch beklagt sie, dass es sie an einen Platz verschlagen hat, an dem es nur zwei jüdische Familien gibt. Für sie steht fest: »Hameln an sich ist ein lumpiger, unlustiger Ort.«

Ihr Schwiegervater hat sich Sabbatai Zewi angeschlossen, einem charismatischen Heilsverkünder aus Smyrna, der sich als Messias ausgibt und von seinen Anhängern als Vorbereitung auf das messianische Zeitalter Askese und die strikte Einhaltung der Gebote verlangt. Der strenggläubige Schwiegervater verkauft sein Haus und seine Besitztümer in Hameln, um nach Palästina auszuwandern und dort den verheißenen Tag der Erlösung zu erwarten.

Glückel hält es auch nicht länger an der Weser, sie ist froh, nach einem Jahr der beengenden Kleinstadtatmosphäre entkommen zu können. Es zieht sie zurück in ihre Heimatstadt Hamburg, die im 17. Jahrhundert immerhin schon über 40 000 Einwohner zählt. Die Juden gehören, wie erwähnt, auch hier zu den Außenseitern, geduldet, nicht geliebt, beneidet um ihre geschäftliche Tüchtigkeit und ihr

37

sich rasch mehrendes Vermögen. Die Gettosituation wirkt sich in der weltläufigen Hafenstadt jedoch weniger bedrückend aus als in kleinen Städten.

Gemeinsam mit ihrem Mann findet Glückel erst einmal bei ihren Eltern Unterschlupf, doch es drängt sie nach Selbstständigkeit und Unabhängigkeit. Schon bald kann das junge Paar ein eigenes Haus beziehen. Glückel ist schwanger und bringt mit knapp 16 ihr erstes Kind zur Welt. 13 weitere Geburten werden folgen, manche in Zeitabständen von nicht einmal einem Jahr. Offenbar ist Glückel mit einer außergewöhnlich robusten Gesundheit ausgestattet und gefeit gegen das gefürchtete Kindbettfieber, das so viele junge Frauen dahinrafft.

Doch vom Unglück verschont bleibt die junge Familie nicht. Eines der Kinder stirbt mit vier Jahren, ein anderes gleich nach der Geburt. Glückel nimmt die Schicksalsschläge gottergeben hin und lässt sich vom Schmerz nicht niederdrücken. Obwohl sie den Haushalt und eine zwölfköpfige Kinderschar zu versorgen hat, unterstützt sie ihren Mann tatkräftig bei seinen Handelsgeschäften. Chajm ist, wie sein Schwiegervater, ein erfolgreicher Kaufmann. Mit praktischem Sinn bezieht er nicht nur seine Frau, sondern auch die Kinder in seine vielfältigen geschäftlichen Aktionen ein und überträgt ihnen verantwortungsvolle Aufgaben. Er schafft es mit seinen über Hamburg hinaus reichenden Beziehungen, die Ältesten früh und zum Wohle der Familienreputation zu verheiraten.

Acht der Kinder leben noch unversorgt im elterlichen Haus, als er 1689 an den Folgen eines Sturzes ganz unerwartet stirbt. Wieder, wie schon beim Tod der beiden Kinder, trägt Glückel die harte und plötzliche Veränderung in ihrem Leben mit Fassung. Während ihrer Ehe hat sie mit ihrem Mann gemeinsam die Geschäfte geführt, nun aber liegt die ganze Verantwortung auf ihren Schultern, dazu die Sorge für die unmündigen Kinder. Es ist keineswegs selbstverständlich, dass sie das alleinige Sorgerecht erhält – sie muss darum kämpfen. Da Witwen als hilflose, unmündige Geschöpfe angesehen werden, gibt man sie in die Obhut eines männlichen Vormunds, der alle Entscheidungen für sie trifft. Dass Glückel diese Bevormundung abwehren kann, hat sie der weisen Voraussicht ihres Mannes und ihrer eigenen Energie zu verdanken.

Chajm Hameln hat vor seinem Tod dem zuständigen Rabbi sehr deutlich gemacht, dass er seiner Frau die kundige Weiterführung seiner Geschäfte und die Erziehung der Kinder zutraut. In der Niederschrift heißt es: »Meine Frau, die weiß von allem. Lasst sie tun, wie sie vordem zu tun gepflegt.« Der Rabbi beherzigt den letzten Wunsch Chajms, und so wird die 43-jährige Witwe von einem Tag auf den anderen zur selbstständigen Unternehmerin – ein bemerkenswertes Beispiel weiblicher Emanzipation inmitten einer von Männern geprägten Geschäftswelt und einer von bürgerlichen und religiösen Konventionen bestimmten Gesellschaft.

Eine Witwe im Börsengeschäft

Glückel steigt voll in die Geschäfte ihres verstorbenen Mannes ein – ja, es gelingt ihr durch ihren Spürsinn, ihre Beharrlichkeit und ihr geschicktes Taktieren, die Handelsbeziehungen auch auf Nichtjuden auszuweiten, was allerdings nie eine Gleichstellung mit den Hamburger Bürgern bedeutet. Für die häuslichen Geschäfte sind die heranwachsenden Kinder verantwortlich: Sie hat ihre Familie wie einen Betrieb organisiert, in dem die älteren Söhne und Töchter die Fürsorge für die jüngeren Geschwister übernehmen.

Alle, auch die Mädchen, haben wie Glückel selbst die Schule besucht. Im Cheder, der von Rabbinern geleiteten jüdischen Elementarschule, haben sie lesen, schreiben und rechnen gelernt. Das bringt ihnen Vorteile im Geschäftsleben und stärkt das Selbstbewusstsein vor allem der Mädchen, die den meisten Hamburger Bürgertöchtern an Wissen und Wendigkeit weit überlegen sind. Das schürt aber auch Neid und das von jeher bestehende Misstrauen gegen die »Familienverbändelung der Gettojuden«.

Gleich in ihrem ersten Buch berichtet Glückel über die unsichere Lage der Hamburger Juden: »Also ist es gewesen, dass wir zeitweilig Ruhe gehabt und zeitweilig wieder verjagt worden sind bis zum heutigen Tag. Ich fürchte, dass solches so währen wird, solange wir in Hamburg sind und solange die Bürgerei in Hamburg regiert.«

Doch auch mit der Hilfsbereitschaft der Glaubensgenossen und der Großfamilie ist es nicht weit her. Glückel vermerkt über die erste Zeit nach dem Tod des Mannes: »Nach den dreißig Trauertagen ist kein Bruder, keine Schwester, kein naher Verwandter zu uns gekommen, der uns gefragt hätte, was macht ihr oder wie kommt ihr zurecht. Sind wir zusammengekommen, bevor die dreißig Trauertage aus gewesen sind, so ist ihr Reden eitel Nichtigkeit gewesen. Es hat mir oder meinen Waisen zu unserm Zweck wenig helfen können.« Hat vielleicht das selbstbewusste Auftreten Glückels Verwandte und Freunde daran gehindert, ihr Hilfe anzubieten?

Trotz der fehlenden Unterstützung durch Angehörige, trotz des minderen Status als Frau und als Jüdin und trotz der Willkür der Hamburger Behörden gelingt es Glückel, ihr kleines Imperium zu festigen. Sie passt sich flexibel den jeweiligen Marktbedingungen an und nutzt die Schlupflöcher, die das Gesetz bietet. Sie handelt mit allem, was nicht einem ausdrücklichen Verbot für Juden unterliegt, mit Wolle und Seide, mit Tabak und Zucker, selbst mit Gold und Juwelen. Der binnendeutsche Fernhandel blüht seit dem Ausbau der Wasserstraßen, die das Hinterland bis nach Schlesien erschließen.

Glückel fährt zu allen wichtigen Messen, nach Frankfurt am Main und Frankfurt an der Oder, nach Leipzig und selbst nach Wien. Sie besitzt eine Strumpffabrik und lagert die gefertigten oder angekauften Waren in einem eigenen Gewölbe. Dass sie bei den Hamburger Banken »für 20 000 Reichsthaler« kreditwürdig ist, erfüllt sie mit Stolz. Sie treibt »guten Schacher«, das heißt, sie verleiht Geld gegen Zinsen, die aber nicht so hoch sind, dass man es als Wucher bezeichnen könnte. Ganz selbstverständlich tätigt sie Börsengeschäfte, offenbar mit großer Sachkenntnis und sicherem Gespür für gewinnträchtige Anlagen. Das nötigt den Hamburger »Pfeffersäcken« Hochachtung ab: Wo hat es so etwas schon gegeben – eine Frau, die sich in den Börsenusancen auskennt?

Ein Jahrhundert später kann in Frankfurt am Main Gudula Rothschild, die Mutter der fünf tonangebenden Bankiers in Europa, selbstbewusst sagen: »Wenn mei Söhn nit wolle, gibt's kein Kriech!« Sie hat all ihre Söhne zu tüchtigen Bankiers erzogen, sich aber selbst nie in deren Geschäfte eingemischt. Glückel von Hameln jedoch, auch sie Mutter einer Reihe tüchtiger Söhne, tätigt ihre Bankgeschäfte selbst und auf eigenes Risiko.

Alle Einnahmen und Ausgaben trägt sie in ihr »Sichronoth«, ihr Erinnerungsbuch, ein. Doch sie schreibt nicht nur nackte Zahlen auf, sie erzählt auch die Geschichte, die dazugehört. Oft ist es Familiengeschichte, wobei das Materielle einen hohen Stellenwert besitzt: »Mein Vater ist ein Mann gewesen von 8000 Reichsthalern. Der reichste Mann in derselben Zeit ist gewesen Chajm Fürst, er ruhe in Frieden. Er ist ein Mann gewesen von 10 000 Reichsthalern.«

Auch bei der Heirat der Kinder spielt Geld eine gewichtige Rolle. Glückel berichtet über die Hochzeit der ältesten Tochter Zippora noch zu Lebzeiten ihres Mannes: »Also hat mein Mann – das Andenken des Gerechten gesegnet – sich verschwägert mit dem reichen Reb Elia Cleve.« Die Eheschließung und die Verbindung der beiden Familien wird in Amsterdam prunkvoll gefeiert. Die Braut erhält als Mitgift 22 000 Reichsthaler holländisches Geld – eine stattliche Summe, die durch neue Geschäftsverbindungen rasch wieder hereingeholt wird, »denn in den drei Wochen vor der Hochzeit in Amsterdam hat mein Mann die halbe Mitgift wieder verdient gehabt«.

Glückel sucht auch für die anderen Kinder – wie später die Rothschilds – Ehepartner an wichtigen Handelsplätzen: in Berlin, Wien oder Amsterdam. So entsteht ein solides Familiengeflecht, das manche Krise überdauert. Doch nicht alles hat die Mutter im Griff. Einer der Söhne, Löb, ist ein Versager. Er macht ständig Schulden und borgt sich Geld von den Geschwistern. Glückel schließt ihn jedoch nicht aus der Familiengemeinschaft aus, sondern macht ihn zum Geschäftsführer in ihrem eigenen Kontor. So hat sie ihn stets unter Kontrolle und kann sein weiteres Abgleiten verhindern – ein weiser Schachzug, wobei sie nicht nur aus Mutterliebe so großzügig handelt, sondern auch, um keinen Schatten auf die Familienehre fallen zu lassen.

Übersiedlung nach Metz

Sohn Löb ist nicht der einzige Kummer, der Glückel bedrückt. Nach elf anstrengenden, aber geschäftlich äußerst erfolgreichen Witwenjahren geht sie wieder eine Ehe ein. Sie heiratet den aus dem Elsass stammenden angesehenen Bankier Levy und zieht mit ihm in dessen Vaterstadt Metz. Damit kappt sie ihre Hamburger Geschäftsbeziehungen und auch ihre persönlichen Bindungen an diese Stadt.

In Metz findet sie nicht den erhofften Anschluss, was nicht zuletzt an ihren marginalen Sprachkenntnissen liegt. Sie schreibt kurz nach der Hochzeit: »Ich habe mir nichts mehr gewünscht, als dass ich Französisch gekonnt hätte, damit ich jedem hätte Red und Antwort geben können. Nun, mein Mann hat für mich geredet.« Welch bittere Zurücknahme an Selbstbestimmtheit für die erfolgsgewohnte Unternehmerin!

Die Geschäfte des Ehemannes laufen nicht gut, er macht Schulden. Glückel springt mit ihrem Vermögen ein, kann aber den Bankrott seines Bankhauses nicht mehr abwenden. Und auch ihr Geld geht in die Konkursmasse ein. Levy stirbt als gebrochener Mann einige Jahre später. Glückel kommt bei ihrer in Metz verheirateten Tochter Esther unter. Sie hat trotz allen Kummers ihren Lebensmut nicht verloren und versteht es, aus jeder Situation das Beste zu machen. Sie ist dankbar für die Zeit, die ihr nun zum Schreiben bleibt.

Ein Zeitgemälde aus Worten

Glückels Aufzeichnungen sind für ihre Kinder und Enkel bestimmt, doch lassen einige Formulierungen vermuten, dass sie auch an einen weiteren Leserkreis gedacht hat. Die zahlreichen eingestreuten Erzählungen, Bibelzitate und moralischen Exempel sollen ihre Gedanken und Erlebnisse untermauern und anreichern. Ganz unverblümt gesteht sie: »Für die Langeweile muss ich einen hübschen Spaß schreiben, was uns geschehen ist, um das Buch damit ein bisselchen zu verlängern.«

Sie untertreibt. Ihre Geschichten sind mehr als ein hübscher Spaß, vor allem wenn sie von unrühmlichen Begebenheiten an heiligen Stätten handeln. So beschreibt sie einen handfesten Synagogenstreit »am Freudenfest der Thora 1714«:

»Als, wie es Sitte ist, alle Thorarollen aus der heiligen Lade genommen waren und gleich danach die sieben Thorarollen auf dem Tisch gestanden sind, da hat eine Schlägerei zwischen den Weibern angefangen, und leider hat eine der anderen die Schleier vom Kopf gerissen, so dass sie barhäuptig in der Weibersynagoge gestanden sind. Daher haben dann auch die Männer in der Männersynagoge zusammen angefangen sich zu zanken und zu schlagen. Wenn auch der Gaon, der große Rabbiner Abraham, mit lauter Stimme geschrien und mit dem Bann gedroht hat, dass man still sein soll und den Feiertag nicht weiter entweihen, aber das hat alles nichts geholfen.«

Wie hätte der große Rabbi Abraham reagiert, wären ihm diese Zeilen Glückels unter die Augen gekommen? Ziemt es sich für eine Frau, so etwas aufzuschreiben? Überhaupt etwas aufzuschreiben? Dafür sind die Schriftgelehrten zuständig, und Schriftgelehrte sind, wie auch in den christlichen Kirchen, immer Männer.

Auch Familiengeschichte wird üblicherweise von Männern geschrieben. Eine Chronik für die Nachkommen zu führen, ist Sache des Familienoberhauptes. Da Glückel zwei Männer überlebt hat, übernimmt sie als Witwe diese Aufgabe. Ihre Zeitrechnung richtet sich nach dem jüdischen Kalender. Damit stellt sie sich in die Tradition ihrer Vorfahren: »Meine Geburt, mein' ich, ist gewesen im Jahre 5047 in der heiligen Gemeinde Hamburg, wo mich meine fromme Mutter hat zur Welt gebracht ...«

Glückels Aufzeichnungen halten nicht nur akribisch alle Familien- und Gemeindedaten fest – sie helfen ihr auch, das eigene turbulente Leben zu ordnen, Schmerz und Trauer schreibend zu verarbeiten. So notiert sie in einer der schlaflosen Nächte: »Ich habe manche Nacht schlaflos zugebracht und ich habe besorgt, dass ich nicht, Gott bewahre, in melancholische Gedanken sollte kommen ...« Wenn Melancholie sie überfällt, steht sie auf und greift zur Feder: Schreiben als selbst verordnete Therapie.

Glückel hat, wenn sie auf ihr Leben zurückblickt, wenig Grund zur Melancholie. Sie hat Außerordentliches geleistet: als Mutter, als Ehegefährtin, als Geschäftsfrau, als Chronistin – und als Jüdin, für die das Getto nicht Stigma, sondern Herausforderung war. Alles, was sie erreicht hat – das betont sie immer wieder –, hat sie mit Gottes Hilfe erreicht. Ihr letztes, siebtes Buch endet mit einer Vision:

»Im Monat Nissan 1719 ist eine Frau an der Mosel gestanden und hat Geräte gesäubert, in der Nacht ungefähr um 10 Uhr. Da ist es hell wie bei Tag geworden und die Frau hat in den Himmel gesehn. Der Himmel ist offen gewesen ... und Funken sind davongesprungen, und danach ist der

45

Himmel wieder zugegangen, als wenn einer einen Vorhang zugezogen hätte und es ist wieder ganz finster geworden.« Die Hoffnung, dass dies »zum Guten sein soll«, schließt sich an. Es erstaunt, wie diese sonst so nüchterne und der Realität verhaftete Frau gegen Ende ihres Lebens Bilder vom Jenseits in ihre Schilderungen einflicht: Wunschbilder, Hoffnungsbilder.

Glückel hat einen friedlichen Tod. Sie stirbt im September 1724, fast 80-jährig, in Metz im Hause ihrer Tochter Esther.

Eine beinahe verlorene Geschichte

Die originalen Aufzeichnungen Glückels gibt es nicht mehr, sie sind verschollen oder vernichtet worden. Doch ihr Sohn Moses Hameln, ein Rabbiner, fertigt, wie es damals häufig geschah, eine getreuliche Abschrift der Memoiren an.

Die Kopie bleibt über Generationen hinweg unbeachtet, bis sie eines Tages einer entfernten Verwandten in Budapest in die Hände fällt. Deren Mann, der jüdische Literaturwissenschaftler David Kaufmann, ist von dem Fund fasziniert: Dieses einzigartige Zeugnis jüdischen Alltagslebens aus dem 17. und dem frühen 18. Jahrhundert – geschrieben von einer Frau – muss veröffentlicht werden!

Der Professor macht sich an die mühsame Entzifferung des umfangreichen Manuskripts. Es ist in sogenanntem Judendeutsch geschrieben, das nicht identisch ist mit dem Jiddischen. 1896 bringt er die *Memoiren der Glückel von Hameln* im Originalwortlaut heraus. Er hofft, dass viele jüdische Leser diese Altvätersprache noch beherrschen oder sie sich wieder aneignen. Und er hofft auch, dass durch dieses Dokument jüdischer Lebensentfaltung assimilierte und dem Glauben entfremdete Juden wieder zu ihren Quellen zurückfinden, sich auf ihr Jüdisch-Sein besinnen. Aber diese Hoffnung an der Schwelle des 19. zum 20. Jahrhundert, einer Zeit neu aufkommender Judenfeindlichkeit, ist wohl zu idealistisch.

Die Feministin Bertha Pappenheim zäumt das Pferd von einer anderen Seite auf: Sie überträgt Glückels Memoiren in eine allgemein verständliche Sprache und veröffentlicht sie 1910 als Privatdruck, um »das Bild einer Frau neu zu beleben, die, tief in ihrer Zeit wurzelnd, durch ungewöhnliche Geistesgaben hervorragte«. Ihr ist klar, dass diese Aufzeichnungen, prall mit Leben gefüllt, Zeitgeschichte aus der Sicht einer Frau dokumentieren – wenn auch nicht literarisch ausgestaltet wie der aus Männersicht geschriebene *Abenteuerliche Simplicissimus* von Grimmelshausen.

Bertha Pappenheim ist als Vorsitzende des Jüdischen Frauenbundes mit seinen 50 000 Mitgliedern eine mächtige Frau. Sie hebt die politisch-emanzipatorische Bedeutung Glückels hervor, ihre Vorbildfunktion für die jüdische Frauenbewegung. Dabei kämpft sie an zwei Fronten: gegen den Antisemitismus in Teilen der bürgerlichen Frauenbewegung und gegen den Antifeminismus einflussreicher jüdischer Männer.

Mit ihrem großen Vorbild identifiziert sich Bertha Pappenheim so sehr, dass sie sich als Glückel in der Tracht des 17. Jahrhunderts porträtieren lässt. Da kein authentisches Bild von Glückel existiert, ziert das nachgestellte, falsche Porträt auch heutige Ausgaben der Memoiren. Doch Glückels wahres Bild bleibt ohnehin im Gedächtnis haften – auch ohne Originalgemälde.

Maria Sibylla Merian

Zauberwort Surinam

Maria Sibylla Merian

(1647–1717)

> Nichts folgt einem geregelten Lauf.
> Die Wege schlängeln sich durch
> Sümpfe und Abgründe …
> *Virginia Woolf*

Eine Aussteigerin, wenn man ihr Leben mit bürgerlicher Elle misst. Eine Pionierin weiblicher Selbstentfaltung, wenn ihr Wagemut zählt. Eine hochbegabte Malerin und Kupferstecherin, wenn man ihre Pflanzen- und Tierstudien unter künstlerischem Aspekt betrachtet. Eine präzise, kundige Naturbeobachterin, wenn man nach ihrem Beitrag zur Erforschung tropischer Flora und Fauna fragt. Alles in allem: eine außergewöhnliche Frau. Eine Frau, die sich eigenwillig über Schranken und Konventionen ihrer Zeit hinweggesetzt hat.

Familienprägung

Das handwerkliche Geschick und auch die Reiselust hat die im April 1647 in Frankfurt am Main geborene Maria Sibylla Merian von ihrem Vater geerbt, dem Basler Kupferstecher Matthäus Merian d. Ä., der durch seine genial komponierten Städteansichten berühmt geworden ist. Er hatte sich in vielen Gegenden Europas umgesehen, bevor er in Frankfurt sesshaft wurde und den Kunstverlag seines Schwiegervaters Theodor de Bry übernahm. Zwei Söhne wurden ebenfalls Kupferstecher. Dass auch die Tochter aus zweiter Ehe, Maria Sibylla, diesen für eine Frau ungewöhnlichen Beruf ergreifen würde, hätte er sich bestimmt gewünscht. Doch er starb früh, da war die Tochter gerade drei Jahre alt.

Die Mutter bleibt nicht lange Witwe. Sie heiratet den Witwer Jacob Morell, einen Blumenmaler und geschickten Kupferstecher. Als den Merians ebenbürtiger Künstler wird er von den Honoratioren der Stadt Frankfurt akzeptiert, obwohl er als Zugewanderter gilt. Seine Vorfahren kamen aus Frankreich, er selbst hat lange Jahre in Utrecht/Holland gelebt – daher vielleicht die rasche Verständigung mit Maria Sibyllas Mutter, die aus Wallonien stammt.

Eine kosmopolitische Familie, in die das Kind hineinwächst. Eine Atmosphäre, in der Kunst und Kommerz ganz selbstverständlich zusammengehören. Die Geschäftsbeziehungen reichen, trotz der Nachwirren des Dreißigjährigen Krieges, weit über die Grenzen Deutschlands hinaus. Die weltoffene Handelsstadt Frankfurt bietet Künstlern und Kunsthandwerkern, vornehmlich Emigranten, reiche Entfaltungsmöglichkeiten, auch wenn der Rat Ende des 16. Jahrhunderts den freien Zuzug und die Gewerbefreiheit eingeschränkt hat.

Einer der Schüler Morells, auch er ein Zugereister, ist der junge Nürnberger Maler und Kupferstecher Johann Andreas Graff, den es allerdings schon bald südwärts nach Italien zieht. Aber er wird wiederkommen, wird um die Tochter des Hauses werben, die 18-jährige Maria Sibylla, die er oft genug bei ihrer Arbeit in der Werkstatt beobachtet und bewundert hat: welcher Eifer, welche Hingabe, welche Könnerschaft …

50

Kupferstechen statt Sticken

Maria Sibylla hat Glück mit ihrem Elternhaus: künstlerische Anregungen in Hülle und Fülle, Besuche von Künstlern und Kunsthändlern, Gespräche über Malerei, eine reiche Bibliothek, überall aus der Natur zusammengetragenes Anschauungsmaterial, Blätter, Blüten, Insekten.

Natürlich lernt das junge Mädchen, das die Mutter sich hübscher und fügsamer gewünscht hätte, auch all das, was von einer Tochter aus gutem Hause erwartet wird und was auf das spätere Eheleben vorbereiten soll: ein bisschen Sprachen, ein bisschen Klavierspiel, ein bisschen Häkeln und Sticken. Doch Maria Sibyllas Interesse gilt mehr dem Pinsel und Stichel als dem Stickrahmen. Sie eignet sich aus eigenem Impuls, unter wohlwollender Anleitung des Stiefvaters, botanisches und zoologisches Wissen an und alle handwerklichen Kenntnisse, die ein Maler und Kupferstecher für sein Metier braucht. Noch ist Frauen der Zugang zu Kunstakademien und Universitäten verwehrt, sie können sich ihr Rüstzeug nur durch private Unterweisung holen. Künstlerinnen vergangener Jahrhunderte stammen denn auch fast ausschließlich aus Maler- und Bildhauerfamilien.

Die Umwelt verblüfft die aus der Familientradition erwachsene Berufswahl des jungen Mädchens weniger als die leidenschaftliche Beschäftigung der 13-Jährigen mit ihren selbst gezüchteten Raupen. Dem Stiefvater dienen Seidenraupen als Vorlage für seine naturgetreuen Zeichnungen. Für Maria Sibylla sind diese sich allmählich zum Schmetterling entwickelnden Wesen mehr, sie begreift in deren Verwandlung – erstaunlich lebensklug – das Werden und Vergehen in der Natur.

Sie bringt sich selbst Latein bei, um die Bücher über Botanik und Insektenkunde in der väterlichen Bibliothek lesen zu können. Mit Akribie notiert sie ihre Beobachtungen an Käfern und Raupen und fertigt Skizzen nach der Natur an. Sie habe sich von Jugend an mit der Erforschung von Insekten beschäftigt, schreibt sie: »Zunächst begann ich mit Seidenraupen in meiner Geburtsstadt Frankfurt am Main. Danach stellte ich fest, dass sich aus anderen Raupen viel schönere Tag- und Eulenfalter entwickelten als aus Seidenraupen. Das veranlasste mich, alle Raupen zu sammeln, die ich finden konnte, um ihre Verwandlung zu beobachten. Ich entzog mich deshalb aller menschlichen Gesellschaft und beschäftigte mich mit diesen Untersuchungen.« – Hier geht es nicht um ein Hobby, sondern um eine forschende Betrachtungsweise, um eine Passion.

Es ist das Geheimnis der Metamorphose, das die junge Forscherin umtreibt, ein, wie sie glaubt, noch kaum ergründetes und dargestelltes Naturphänomen. Tage und Nächte verbringt sie mit ihrer Raupensammlung. Dass Geselligkeit und jugendliche Vergnügungen sie nicht verlocken, beunruhigt die Mutter: Entgehen der vor sich hin forschenden Tochter nicht alle Heiratschancen? Die Sorge ist unbegründet, der aus Italien zurückgekehrte Meisterschüler Morells, Johann Andreas Graff, hält um die Hand Maria Sibyllas an.

Eingebunden, aber nicht gezähmt

Auch nach der Heirat mit dem um zehn Jahre älteren Nürnberger Maler und nach der Geburt der ersten Tochter Johanna Helena widmet sich Maria Sibylla weiter ihren

Insektenstudien und ihrer Raupenzucht – ein Grund für die zunehmende Entfremdung der Partner in dieser nach außen so harmonisch wirkenden Ehe?

Die Übersiedlung in Graffs Heimatstadt Nürnberg und die Geburt der zweiten Tochter Dorothea Maria bringen nur eine äußere Veränderung, die befremdliche Unrast der Gräffin, wie Graffs Ehefrau nun genannt wird, bleibt. Ihre Tage sind ausgefüllt mit Seiden- und Pergamentmalen, mit Kupferstechen, mit Malunterricht für eine »Jungfern Companey« und mit der Herausgabe ihres ersten Buches mit Blumenbildern »nach dem Leben gemahlet«. Der Band, der Kopisten und Stickerinnen als Mustervorlage dienen soll, ist in bester Familientradition signiert von »Maria Sibylla Gräffin Matth. Merians seel. des Ältern Tochter«. Keinerlei revolutionäre Eskapaden. Die Auflehnung gegen ein wohlgeordnet dahinplätscherndes Leben, gegen die Ehe mit dem lebensfrohen, eher oberflächlichen Graff wächst im Innern. Die junge Frau ist, angetrieben von ihren Beobachtungen und Entdeckungen in der Natur, auf der Suche nach einer größeren Ordnung, auf der Suche nach dem Sinn dieses Lebens.

1679 erscheint in Nürnberg der erste Band ihres umfangreichen Werkes über *Der Raupen wunderbare Verwandlung und sonderbare Blumennahrung* mit fünfzig kolorierten Kupferstichen und dem Hinweis auf »wohlgeleistete Hilfe meines Eheliebsten«. Der zweite Band kommt vier Jahre später in Frankfurt heraus. Dazwischen liegen gewaltige Umbrüche: die Ablösung von ihrem Mann und die Rückkehr zu ihrer Mutter ins Frankfurter Elternhaus, nachdem der Stiefvater gestorben ist. Morell hat der Familie eine große Kunstsammlung, aber noch größere Schulden hinterlassen.

53

Das Haus mit seiner aufwendigen Bewirtschaftung kann nach Erbstreitigkeiten nicht gehalten werden. Maria Sibylla fehlen die Mittel, ihren beiden Töchtern, für die sie nach der endgültigen Trennung von Graff allein verantwortlich ist, eine gute künstlerische Ausbildung zu ermöglichen.

Erleuchtung bei den Labadisten?

Ist es die finanzielle Unsicherheit, die Maria Sibylla mit Mutter und Töchtern nach Holland aufbrechen lässt, ins friesische Wieuwerd zu Stiefbruder Caspar, der sich dort der streng pietistischen Sekte der Labadisten angeschlossen hat? Ist es Aufbruchsdrang, Ausbruch aus dem bürgerlichen Alltag in ein gänzlich andersartiges Leben? Erlebnishunger, den sie als Frau nie durch Reisen und Wanderjahre stillen konnte? Oder ist es die Sehnsucht nach religiöser Einbindung, nach Unterwerfung unter eine Lichtgestalt, die ein besitzloses, asketisches Leben fordert und mit der Wiederkunft Christi himmlische Freuden verheißt?

Es mögen verschiedene Gründe zusammenkommen. Fest steht, dass die pietistische Erweckungsbewegung in der zweiten Hälfte des 17. Jahrhunderts unter Philipp Jakob Spener in Frankfurt großen Einfluss besaß und von hier aus Ableger dieser Heilsgemeinschaft in verschiedenen Gegenden Europas Wurzel schlugen. Die Lehre des französischen Jesuiten Labadie, der später zu den Calvinisten konvertierte und auf Schloss Waltha in Wieuwerd eine Gemeinde von Erleuchteten um sich sammelte, verheißt Neugeburt als Kind Gottes, erkauft nicht nur mit Unterwerfung unter eine himmlische Rangordnung und Trennung von allem persönlichen Besitz, sondern auch mit Kasteiung und Verleugnung eigener Wünsche. – Kann das der Wille dieser selbstbestimmten Frau gewesen sein?

Ihre Beziehungen zu den Frankfurter Labadisten hat sie aus eigenem Antrieb aufgenommen – sei's aus Neugier, angeregt durch Schilderungen ihres Stiefbruders Caspar, sei's aus dem Bedürfnis nach religiöser Verortung – nicht in einer der herkömmlichen Gemeinden, sondern wie es ihrem unangepassten Naturell entspricht, in einer extrem fremdartigen, ekstatischen Gemeinschaft.

Der Aufbruch aus Frankfurt, mag er überstürzt oder wohlüberlegt erfolgt sein, ist allein ihre Entscheidung. Ihren geschiedenen Mann, der nach Holland anreist, um sie aus den Fängen der ihm suspekt erscheinenden Lichtgestalten zu befreien und nach Nürnberg zurückzuholen, lässt sie kühl abblitzen. Sie lebt ihr Leben. Sie heißt nun nicht mehr Gräffin, sondern nennt sich nach ihrer Vatersfamilie Merianin.

Entspringt diese harte Entscheidung, die auch ihre Mutter und ihre Töchter trifft, innerer Überzeugung oder verletztem Stolz? Will sie einen selbst gewählten Irrweg nicht zugeben? Materiell ist sie, nachdem sie ihre persönliche Habe in die Gemeinschaft eingebracht hat, abgesichert. Die »Brüder und Schwestern« halten auch nach dem Tod Labadies an seinen Grundsätzen kollektiven Besitzes fest. Geistig gehört sie sogar zur »ersten Klasse« der Erwählten, deren Bewusstsein schon geläutert ist. Aber ihre Arbeitsbedingungen sind schlecht. Abgeschottet vom Kunstbetrieb und von Künstlern, die ihr Anregungen geben und Beziehungen knüpfen könnten, malt und zeichnet sie vor sich hin. Ob sie an den empathischen Abendmahlsfeiern der »Wiedergeborenen« teilnimmt, ob sie sich, wie gefordert, von allem hoffärtigen Schmuck befreit und in härene Gewänder hüllt?

Und wie fügen sich die Töchter in diese schwärmerische Gemeinschaft ein?

Verbürgt ist nur, dass die Merianin nach dem Tod ihres Stiefbruders und ihrer Mutter im Jahre 1691 Schloss Waltha verlässt und sich mit Töchtern, Bildern und Insektensammlung in Amsterdam ein neues Lebensumfeld sucht. Hat sie nur aus Rücksicht auf Familienbande mehr als ein halbes Jahrzehnt ihren Drang nach innerer und äußerer Freiheit verleugnet?

Amsterdam – ein neues Leben

Maria Sibylla Merian hat ihre deutschen Bürgerrechte aufgegeben und steht – wieder einmal – vor einem Neuanfang. Amsterdam ist für jemanden, der aus der weltfremden Abgeschiedenheit von Wieuwerd kommt, eine aufreizende, laute Stadt mit ungeahnten Möglichkeiten und ungeahnten Stolperfallen – zumal für Frauen ohne männlichen Schutz, die gezwungen sind, ihren Lebensunterhalt selbst zu verdienen. Doch Mutter und Töchter fassen in der neuen Umgebung erstaunlich rasch Fuß. Sie geben Zeichenunterricht, bemühen sich um Malaufträge, handeln mit kolorierten Blättern, mit Farben und sogar mit lebendem Kleingetier. Die holländische Sprache haben sie bei den Labadisten gelernt, wie auch viele handwerkliche Fertigkeiten.

Das Leben ist für Maria Sibylla Merian nun zwar freier und befreiter, aber auch härter geworden. Wie empfindet sie diesen radikalen Wechsel aus dem behüteten Glaubensgetto in die Anonymität einer Großstadt? Kann sie rückblickend den Eindruck nachvollziehen, den der Aufklärer John

Locke nach seinem Besuch in Wieuwerd, dem »Neuen Jerusalem«, im Jahre 1685 gewonnen hat? Die Labadisten dort führten gewiss ein mustergültiges Leben, schreibt er, allerdings schwinge »in allen ihren Reden die Behauptung mit, sie seien reiner als gewöhnliche Menschen, und niemand befände sich wie sie auf dem geraden Weg in den Himmel«. Frömmelei und Aufgeblasenheit wirft er ihnen vor. Könnte sich die Merianin auch zu so einem nüchternen Urteil durchringen? Sie hat sich über ihren Aufenthalt und ihre Erlebnisse auf Schloss Waltha nie geäußert.

Allerdings muss ihre geheime Sehnsucht nach der bunten Welt der Tropen mit ihren bizarren Blüten und Faltern in Wieuwerd neu und verstärkt geweckt worden sein. Es gab dort Briefe, gepresste Blumen und eine Sammlung konservierter Käfer und Schmetterlinge, die labadistische Missionare aus Surinam mitgebracht hatten. Surinam – ein Zauberwort.

Warum nicht Surinam? In dem Maße, in dem sich das Leben in Amsterdam zu konsolidieren beginnt, wächst auch der Drang, diese Wohlordnung hinter sich zu lassen und zu unbekannten Ufern aufzubrechen. Das neu eingerichtete Haus in der Kerkstraat engt die Freiheitsdurstige ein, die Blumenaquarelle, die sie für die noble Amsterdamer Gesellschaft malt, langweilen sie. Warum also nicht Surinam?

Es trifft sich gut, dass ihre ältere Tochter Johanna Helena einen ehemaligen Labadisten heiratet, der allerdings von der Besitzlosigkeit nicht mehr viel hält. Er treibt Handel mit Westindien und Surinam. Das ferne Wunschziel ist auf einmal in greifbare Nähe gerückt: Surinam.

Ihre Umgebung nimmt die Reisepläne mit Skepsis auf. Sie ist 52, eine alte Frau nach damaligem Empfinden. Und

überhaupt: Eine Frau ohne männlichen Schutz auf For-
schungsreise im tropischen Dschungel – undenkbar. Die
Strapazen würde sie nie durchhalten, ihr angespartes Geld
würde nicht ausreichen für die kostspielige Expedition ...

Maria Sibylla Merian lässt sich nicht beirren, ihr Plan
steht fest. Sie trifft alle Reisevorbereitungen mit großer
Umsicht. Die jüngere Tochter wird sie begleiten. Der von
ihrem Vorhaben nicht überzeugte Bürgermeister der Stadt
gewährt nur ein kleines Darlehen, der größte Teil der
Reisekosten muss durch den Verkauf von Bildern und
Sammelstücken finanziert werden, die für eine Tropenrei-
se unerlässliche Ausrüstung verschlingt beträchtliche Sum-
men. Die Merianin bemüht sich um Empfehlungsschreiben an Kaufleute, Regierungsbeamte und Missionare in
der holländischen Kolonie, sie studiert Reiserouten und
sucht nach Beschreibungen der Vegetation und Fauna Su-
rinams.

Es gibt noch keine systematische Aufarbeitung des Pflan-
zen- und Tierbestandes dieser so artenreichen Region – ein
weiterer Ansporn für die Forscherin. Sie plant einen langen
Aufenthalt ein und macht ihr Testament für den Fall, dass
ihr etwas zustoßen sollte. Sie sieht sich in der Tradition
ihres Vaters Matthäus Merian, der die *Großen Reisen,* einen
berühmten Band mit Kupferstichen aus der Neuen Welt,
herausgebracht hat.

Aufbruch ins Paradies

Im Juni 1699 beginnt das große Abenteuer. Maria Sibylla
Merian schifft sich mit ihrer jüngeren Tochter Dorothea
Maria und mit gewaltigem Gepäck – Malutensilien, Bota-

nisiertrommeln, Schmetterlingsnetzen, Herbarien und Zuchtkäfigen – auf einem holländischen Segler nach Niederländisch-Guayana ein. Nie zuvor hat es etwas ähnlich Spektakuläres gegeben: zwei Frauen, allein, auf dem Weg zu den »Wilden« in Südamerika. Ein Jahrhundert bevor Alexander von Humboldt mit großem Tross zu seinen berühmten Südamerika-Expeditionen aufgebrochen ist. Zwei Jahrhunderte bevor Prinzessin Therese von Bayern mit männlichem Begleitschutz die Anden durchquert hat, um Raritäten, vom Gürteltier bis zu indianischen Schrumpfköpfen, für Münchner Museen zu sammeln.

Die Merianin und Therese von Bayern verbindet, neben ihrem Forscherdrang und Wagemut, eines: sie sind, im Gegensatz zu Alexander von Humboldt, wissenschaftliche Autodidaktinnen. Therese von Bayerns Lebenswerk wurde durch die Ehrendoktorwürde der Universität München trotzdem gebührend anerkannt, während Maria Sibylla Merians Forschungen mit keiner wissenschaftlichen Auszeichnung gewürdigt worden sind.

Surinam also. Die Überfahrt auf dem Segelschiff dauert beinahe drei Monate – Zeit, sich auf den neuen, gemächlicheren Lebensrhythmus, auf fremde Essgewohnheiten und tropisches Klima allmählich einzustellen. Auch auf die Mentalität der Menschen, mit denen sie auf dem Schiff zusammentrifft und mit denen sie es in Surinam zu tun haben wird: neben der farbigen Schiffsbesatzung vor allem holländische Handelsleute und Kolonialbeamte, aber auch deutsch- und portugiesischstämmige Siedler und hugenottische Religionsflüchtlinge. In der Hafenstadt Paramaribo, dem Ziel ihrer Reise, wird sie noch auf eine andere Bevölkerungsschicht stoßen: die schwarzen Sklaven, die man wie ein Stück Vieh kauft und verkauft, schuften lässt und züchtigt.

In Paramaribo sind den Ankömmlingen die Empfehlungsschreiben aus Amsterdam sehr hilfreich. Die beiden Frauen können schon im Spätsommer ein Haus beziehen, das ihnen ausreichend Platz für ihre Sammlungen und ihre Arbeit bietet. Sie gewöhnen sich an die indianischen Sklaven, mit denen sie sich in kreolischer Sprache zu verständigen suchen. Im Gegensatz zu den Kolonialherren sind sie neugierig auf die Lebensweise und Kultur der indianischen Bevölkerung und bemühen sich um Kontakte.

Maria Sibylla Merian fühlt sich im Paradies. Auch wenn ihr die feuchtschwüle Hitze zusetzt. Auch wenn Moskitos, beißende Ameisen, Spinnen und Schlangen sie belästigen. Sie nimmt als Beobachtungsobjekt, was anderen schlimme Plage ist. So beschreibt sie wilde Wespen, die ihr Lehmnest neben ihrem Farbkasten bauen: »Es stand auf einem kleinen Fuß. Darumherum machten sie einen Deckel aus Lehm, um das Innere von allem Ungemach zu beschützen. Sie ließen darin ein kleines Loch, um hinein- und herauszukriechen. Danach sah ich sie täglich kleine Raupen hineintragen, zweifellos als Nahrung für sich und ihre Jungen ...«

Sie beobachtet – ein für sie beglückendes Erlebnis – die erste Metamorphose einer Raupe und macht Notizen und Skizzen dazu. Bald schon weitet sie den Radius ihrer Streifzüge aus und dringt in den von Europäern gemiedenen Regenwald vor, der so undurchdringlich ist, dass sie, wie sie schreibt, »meine Sklaven mit Beilen in der Hand vorwegschicken musste, damit sie für mich eine Öffnung hackten«. Sie baut ihre Staffelei mitten im Dschungel auf, entdeckt unbekannte tropische Pflanzen und aufregende Insekten, die oft so gut getarnt sind, dass man sie nur mit der Lupe aufspüren kann.

Allmählich füllen sich ihre Behältnisse mit getrockneten Pflanzen, mit Zwiebeln und Knollen, mit Vogeleiern und Insekten, die sie in Branntwein konserviert. Sie beschriftet und katalogisiert alles sorgfältig, skizziert das Umfeld der Fundstelle und gerät in Verzückung, wenn sie besonders farbenprächtige und seltene Blüten oder Schmetterlinge in ihre Sammlung einordnen kann. Besonders fasziniert ist sie von einem aus der Verpuppung schlüpfenden prachtvollen Caligo-Tagfalter.

Jeder Tag bringt neue Entdeckungen und Begegnungen. Zu den naturverbundenen Indianern und den schwarzen Sklaven entwickelt sich dabei eine viel engere Beziehung als zu den weißen Siedlern, die nur den schmalen Küstenstreifen bevölkern und niemals ins Innere des Tropenwaldes vordringen. Sie belächeln die Sammelwut der beiden Frauen und können nicht verstehen, dass man sich unter großen Anstrengungen mit etwas beschäftigt, was keine Rendite abwirft. Sie lassen Sklaven auf ihren einträglichen Zuckerrohrplantagen arbeiten und nehmen die Umgebung nur mit kaufmännischen Augen wahr; »sie verspotten mich, dass ich in dem Land etwas anderes suche als Zucker«, notiert die Merian.

Wie anders die Indianer. Sie staunen über die weißen Frauen, die alle Strapazen auf sich nehmen, um tiefer in die Geheimnisse des Dschungels einzudringen, die mit ihnen auf Kanufahrten das Brot aus Cassava-Wurzeln teilen und die unbekannte Ananasfrucht, an der scharfe Härchen sitzen, »die beim Essen in die Zunge eindringen und viele Schmerzen verursachen«. Die Frauen lernen von den Indianern Erstaunliches über die Heilkraft von Kräutern, auch über die Wirkung der Pavonis-Pflanze, mit der Kinder abgetrieben werden, damit ihnen ein Sklavendasein erspart bleibt.

Die mühseligen Dschungel-Expeditionen und die nächtliche Arbeit an Schreibtisch und Staffelei ruinieren die Gesundheit der Forscherin. Ein Malaria-Anfall schwächt sie vollends. Nach zwei Jahren muss sie ihr Paradies aufgeben und nach Holland zurückkehren. Trotz reicher Sammelschätze eine traurige Heimfahrt. Nur der Gedanke, eines Tages wiederzukommen, hält die nun 54-Jährige aufrecht.

Ertrag eines Lebens

Amsterdam. Maria Sibylla Merian, von Natur aus zäh und widerstandsfähig, erholt sich zwar von der schweren Malaria, aber an eine Rückkehr in die Tropen, ins geliebte Surinam, ist nicht zu denken. So stürzt sie sich umso leidenschaftlicher in die Aufarbeitung ihrer Schätze. 1705 erscheint ihr wichtigstes und prächtigstes Werk unter dem Titel, der ihre lebenslange Passion verrät: *Metamorphosis insectorum Surinamensium.* Es enthält 60 von ihr eigenhändig kolorierte Kupferstiche. Um die Drucklegung zu ermöglichen, hat sie wie früher Auftragsarbeiten übernommen und sogar das Buch eines anderen Autors in dessen Stil illustriert.

Ihr großartiges Insektenbuch findet unter Naturwissenschaftlern, Künstlern und Laien viel Anerkennung, aber wenig Käufer. Aus dem Erlös kann sie nicht einmal ihre Reise- und Druckkosten decken. Eine geplante deutsche Ausgabe kommt trotz ihrer und ihrer Töchter Bemühungen nicht zustande.

Die jüngere Tochter hat nach der Rückkehr aus Surinam einen Arzt aus Heidelberg geheiratet, der in Amsterdam eine chirurgische Praxis führt. Beide Töchter und Schwiegersöhne haben sich vom Reise- und Sammelfieber der

Mutter anstecken lassen, sie unternehmen ausgedehnte Reisen in entfernte Kontinente, auch nach Surinam. Briefe der Mutter an die Töchter sind leider nicht erhalten, so wissen wir wenig über die inneren Familienbeziehungen. Warum hat Maria Sibylla Merian die Mitarbeit ihrer jüngeren Tochter und Reisebegleiterin an dem Insektenbuch nirgends erwähnt? Sie hält doch viel auf die Familientradition der Merians und könnte auf eine Fortführung dieser Tradition durch die Töchter stolz sein. Warum ist sie nie nach Frankfurt zurückgekehrt, in ihre Heimatstadt, die Stadt der Merians?

Fragen. Vielleicht lässt sich einiges mit ihrem schlechten Gesundheitszustand in den beiden letzten Lebensjahren begründen. Vielleicht spielt Stolz eine Rolle. Zwar finden ihre Blumen- und Tierbilder viele Bewunderer, auch ihre Raupen- und Insektenbücher, aber Reichtum und gesellschaftliches Renommee haben sie ihr nicht gebracht.

Sie hat ein abenteuerliches Leben geführt, selbstbestimmt und wagemutig. Ob sie befriedigt auf dieses Leben zurückblickt oder ob die Sehnsucht nach Surinam sie weiter verzehrt? Im Januar 1717 ist sie in Amsterdam, wahrscheinlich an einem Schlaganfall, gestorben, im Totenregister eingetragen unter den »Unvermögenden«.

Die Töchter haben aus ihrem Nachlass ein weiteres Raupenbuch herausgebracht – wohl nicht nur aus Pietät oder Geschäftssinn, sondern im Wissen um die Bedeutung des Werkes ihrer Mutter. Der Band enthält ein Altersporträt der Verstorbenen mit dem Wappen der Merian: Auch Frauen können einen berühmten Familiennamen weiter tragen.

Selbst wenn die wissenschaftlichen Erkenntnisse Maria Sibylla Merians heute überholt sind, so haben doch ihre Bilder über die Jahrhunderte nichts an Faszination und Leuchtkraft eingebüßt. Tropische Pflanzen und Insekten wurden nach ihr benannt. In Hessen trägt ein Preis für bildende Künstlerinnen ihren Namen. Ihr Leben und ihr Werk wecken Sehnsüchte, Fernweh.

Surinam
Fluchtküste
hinter Horizonten
Fäden gekappt
zur graustrichigen Welt
Im Skizzenbuch
oszillierende Falter
Wollust der Farben
Das Auge süchtig
nach Überfluss …

»Verbannt den Hanswurst von der Bühne!«

Caroline Neuber

(1697–1760)

> Sie tändelte ungemein gerne auf dem Theater.
> Alle Schauspiele von ihrer Erfindung
> sind voller Verkleidung, voller Festivitäten,
> wunderbar und schimmernd.
> *G. E. Lessing*

Ja, sie war eine Vollblutkomödiantin. Wenn sie spielte und wenn sie schrieb. Bunt und fantasiesprühend, volkstümlich derb und doch von hohem Sprachgespür, burlesk komisch, aber nie obszön. Sie organisierte und improvisierte mit leichter Hand, sah zu, dass die Kasse stimmte und die Schauspielertruppe nicht über die Stränge schlug, verhandelte selbstbewusst mit Honorationen und Behörden und rührte geschickt die Werbetrommel – kurz: eine geborene Prinzipalin. Eine Frau, die gesellschaftliche Schranken durchbrach, sich männliche Privilegien anmaßte. Eine Provokateurin.

Selbst in unserem Jahrhundert ist es nur wenigen Frauen gelungen – Helene Weigel oder Ida Ehre gehören zu den Ausnahmen –, sich über längere Zeit an der Spitze eines Ensembles zu behaupten. Im 18. Jahrhundert war ein weiblicher Prinzipal einer Theatertruppe, von kleinen Wanderbühnen abgesehen, noch völlig undenkbar. Auf der Bühne wurden in der Regel sogar die Frauenrollen von Männern

Caroline Neuber

gespielt, Schauspielerei war ein anrüchiges Gewerbe, jungen Mädchen aus ehrbarem Hause nicht zuzumuten. Das wollte die Neuberin, die auch eine ausgeprägt pädagogische Ader hatte, ändern.

Doch Theater musste eine Sache des Pöbels und der Volksbelustigung auf Marktplätzen bleiben, wenn undisziplinierte, nicht ausgebildete Schauspieler das Publikum nur mit plumpen Possen und Jahrmarktssensationen unterhielten. Caroline Neuber hatte in Straßburg erlebt, dass es auch anders ging, dass die Darsteller ein Stück ohne improvisierten Klamauk über die Runden bringen konnten und nach festgeschriebenen Rollen agierten. Denn dort wurden anspruchsvolle Stücke von Corneille und Racine gespielt und vom Publikum angenommen, Schauspielerei galt als ordentlicher und geachteter Berufsstand. Kleine Bühnen wurden an Fürstenhöfe eingeladen, Schauspieler als Hofkomödianten protegiert. Warum sollte das nicht auch in Deutschland möglich sein? Warum sollte *ihr* das nicht gelingen?

Freilich brauchte sie dazu eine lernwillige, zuverlässige Truppe, keine hergelaufenen Gelegenheitsspieler. Deshalb hielt sie auf straffe Ordnung, auch im privaten Leben: Junge Schauspielerinnen nahm sie als Ziehtöchter unter ihre Fittiche, die unverheirateten Schauspieler wurden an ihrem Tisch verköstigt, damit sie nicht im Wirtshaus in schlechte Gesellschaft gerieten. So hoffte sie, Vertrauen in bürgerlichen Kreisen zu gewinnen und Bühnennachwuchs auch aus »soliden« Familien heranziehen zu können. Leicht war das nicht, sah sie sich doch dem Misstrauen der Bürgerschaft und vor allem der Kirche ausgesetzt. Das Pamphlet eines Magdeburger Predigers warnte vor den »buhlerischen Vorstellungen der Komödianten, voll reitzender Brunst«, die

sich einem solchen Beruf »entweder aus Faulheit oder lie-
derlichem Hertzen« verschrieben. Dass diese Vorwürfe
nicht ganz unberechtigt waren, ärgerte die Neuberin, sie
nahm ihre Schauspieler deshalb gehörig in die Zucht, setzte
regelmäßige Proben an und verlangte etwas völlig Unge-
wohntes: Auswendiglernen von Texten. Auch Sprechweise
und Gebärden wurden eingeübt und von pathetischem
Schwulst befreit. Um Kostüme und Requisiten kümmerte
sie sich selbst, vor allem aber um die Beschaffung neuer Stücke – und da sah es finster aus. Auf die von religiösen Vorstellungen geprägten Barockvorlagen mit Himmelsflügen
und Höllenszenario konnte sie im Zeitalter der Frühaufklä-
rung nicht zurückgreifen, und die Rüpelstücke und Steg-
reifkomödien der Wanderbühnen waren ihr zu drastisch für
das bürgerliche Publikum, das sie ins Theater locken wollte.
Sie brauchte neuen »Stoff«.

So traf es sich gut, dass der Leipziger »Literaturpapst« Johann Christoph Gottsched diesen Stoff liefern konnte und
seinerseits nach Schauspielern suchte, die seine Bühnenthe-
orien in die Praxis umsetzten. Er hatte die Neuberin schon
früher in einer ihrer glanzvollen »Hosenrollen« als Ver-
wandlungskünstlerin bewundert und 1725 in seiner Zeitschrift *Die vernünftigen Tadlerinnen* geschrieben, sie habe
»vier Burschen … so unvergleichlich characterisirt, dass ich
mein Lebtag nichts schöneres gesehen habe«. Von ihren
Bemühungen, der Schauspielerei einen seriösen Anstrich zu
geben, war er sehr angetan. Wäre sie nicht die geeignete
Partnerin, seine Vorstellungen über eine neue Bühnenkunst unters Volk zu bringen?

Beide, der Theoretiker und die Praktikerin, glauben sie
an die gesellschaftliche Funktion des Theaters, beide sind sie
von der Erziehbarkeit des Menschen überzeugt. Wem fie-

len da nicht Brechts Lehrstücke aus unseren Tagen ein? Professor Gottsched sieht die Bühne als »weltliche Kanzel«, das Theater als »moralische Anstalt« wie später Schiller. »Die Tragödie erbauet, indem sie vergnüget, und schicket ihre Zuschauer allezeit klüger, vorsichtiger und standhafter nach Hause«, schreibt er in seiner *Critischen Dichtkunst*. Seine aus Beispielen entwickelten Belehrungen hält er für wirksamer als Kanzelpredigten. Aber sie sind akademisch spröde und blutleer. Wer anders als die Neuberin könnte ihnen Leben einhauchen? Die Neuberin, die versichert, »in unseren Vorstellungen die strengste Moral beizubehalten, alle leeren Possen und unehrbare Zweideutigkeiten zu vermeiden und … die Zuschauer nicht sowohl zum Lachen zu reizen als solche zu verbessern«.

1727 beginnt die gemeinsame Arbeit, die sich für beide Seiten – und auch für die Zukunft der deutschen Bühne – als äußerst fruchtbar erweist. Die neu gegründete Neuber'sche Truppe ist zum ersten Mal zur Leipziger Ostermesse aufgetreten und hat kurz darauf durch geschicktes Taktieren der Prinzipalin vom Dresdner Hof das Privileg erhalten, als *Königlich polnische und Kurfürstlich sächsische Hofkomödianten* auftreten zu dürfen. Das bedeutet Spielmöglichkeiten auch an Höfen und sichert vor allem zu Messezeiten ein festes Standquartier in Leipzig: zuerst über den Fleischbänken, später in Lokalitäten vor dem Grimmai'schen Tor, in Zotens Hof und am Brühl.

Die von Gottsched und der Neuberin mit missionarischem Eifer betriebene Reinigung des Theaters von trivial Possenhaftem gipfelt in der Verbannung des »Hanswurst« von der Bühne, jener im Volk beliebten Ulkfigur, die sich alle Freiheiten herausnehmen kann, willkürlich in eine Szene platzt und die Handlung durch eingestreute Späße und

Zoten beherrscht. Doch das Publikum vermag sich mit den von Gottsched ausgewählten lupenreinen Klassikern nicht so richtig anzufreunden, auch wenn die Neuberin ihnen selbstverfaßte witzige Vor- oder Nachspiele beifügt. Deutsche Stücke gibt es kaum, Gottscheds eigene Tragödie *Der sterbende Cato* ist langweilig gestelzt, seine Forderung, in Originalkostümen zu spielen, nimmt das Publikum als Gaudi und lacht den Helden in römischer Toga kräftig aus.

Stücke von Gottscheds Frau, Lustspiele vor allem, erweisen sich als weit geschmeidiger und spielbarer als die ihres gelehrten Gatten. Aber die Gottschedin – für Kaiserin Maria Theresia die »gelehrteste Frau Deutschlands« – kann oder mag nie so richtig aus seinem Schatten treten und sich als eigenständige Persönlichkeit profilieren, obwohl sie als exzellente Übersetzerin gilt. Bei der Neuberin verhält es sich umgekehrt. Johann Neuber, offiziell der Theaterprinzipal, da Frauen keine Geschäfte abschließen dürfen, fühlt sich im Schatten seiner umtriebigen Ehegefährtin keineswegs unwohl. Bei den Proben geht er ihr zur Hand, spielt, wie es sich gerade ergibt, kleinere oder größere Rollen und erscheint auf den Theaterzetteln nur beim Kleingedruckten. Er ist froh, nicht in Amtsstuben und an Höfen antichambrieren zu müssen, das kann seine charmant resolute Gemahlin besser. Die hat den Theaterfundus mit abgetragenen Prachtgewändern der Dresdner Hofgesellschaft gefüllt, während er durch ungeschicktes Verhandeln das Privileg, regelmäßig zu den Leipziger Messen in den Räumen »über dem Fleisch-Hausse« spielen zu dürfen, an einen gerissenen Konkurrenten abtreten muss.

Durch diesen Verlust einer festen Spielstätte sind die Bemühungen der Neuberin um Aufführungen in Hamburg und Hannover, in Braunschweig und Nürnberg umso wichtiger. Sie hat es sogar fertiggebracht, sich von Zarin Anna Iwanowna an den Petersburger Hof einladen zu lassen. Doch diese so spektakuläre Reise wird ein finanzielles Fiasko – der Anfang des unaufhaltsamen Abstiegs der Neuber'schen Truppe. Durch den plötzlichen Tod der Zarin waren Aufführungen am Hof unmöglich geworden, die hohen Reisekosten wurden der Neuberin nicht ersetzt, sodass sie zum ersten Mal Gagen nicht mehr bezahlen kann und gute Schauspieler an andere Truppen verliert.

Nach der Rückkehr aus St. Petersburg muss sie erfahren, dass der weit über Leipzig hinaus berühmte Gottsched fortan nicht mehr mit ihr, sondern mit ihrem Konkurrenten und früheren Schüler Schönemann zusammenarbeiten will. Ein harter Schlag, für den sie sich mit ihren Mitteln rächt: mit einer scharfzüngigen Satire gegen den eitlen Wortpedanten. Schon seit Längerem hat es mit Gottsched und der Neuberin, dem Theoretiker und der Praktikerin, nicht mehr richtig geklappt. Die Prinzipalin konnte mit den vom Publikum als langweilig empfundenen französischen Stücken in gebundener Sprache das Haus nicht füllen. Sie hatte an Gottsched geschrieben: »Vielleicht würden wir etliche Taler mehr erobert haben, wenn wir lauter abgeschmackte Modestücke aufführten.« Doch der Hanswurst, der üblicherweise für Stimmung und Applaus sorgte, war von der Bühne verbannt, die von Gottsched geforderte strenge Einheit von Ort, Zeit und Handlung empfand sie als Fessel, sodass sie – erfahrene Komödiantin und Geschäftsfrau – seine reine Lehre mehr und mehr verwässerte.

Ihre Intentionen sind dieselben geblieben: die Anhebung des Niveaus der deutschen Bühnenkunst, das Theater als Bildungsstätte des Volkes. Nur dass sie es mit den Alexandrinern nicht so genau nimmt, wie es der »pedantische Olympier«

gern sähe – und dass sie aus Erbarmen mit dem possensüchtigen Publikum den verstoßenen Hanswurst als sittsameren Harlekin oder als »Hänschen« wieder auftreten lässt. Lessing schreibt dazu später in seiner *Hamburgischen Dramaturgie*: »Im Grunde hatten sie nur das bunte Jäckchen und den Namen abgeschafft, aber den Narren behalten. Die Neuberin selbst spielte eine Menge Stücke, in welchen Harlekin die Hauptperson war. Aber Harlekin hieß bei ihr Hänschen und war ganz weiß, anstatt scheckigt gekleidet … Die Neuberin ist tot, Gottsched ist auch tot: ich dächte, wir zögen ihm das Jäckchen wieder an.« Und er fragt provozierend, auf die deutsche Belehrsucht anspielend: »Warum wollen wir ekler, in unseren Vergnügungen wähliger und gegen hohle Vernünfteleien nachgebender sein, als – ich will nicht sagen, die Franzosen und Italiener sind – sondern, als es selbst die Römer und Griechen waren?« – Gottscheds Grenzen: Nie hätte er etwa Shakespeare in seinen engen Bühnenkäfig sperren können.

Den äußeren Anlass zum Zerwürfnis mit Gottsched gibt ein Bühnenstreit: die Weigerung der Neuber'schen Truppe, ein Stück von Voltaire in der Übersetzung der Gottschedin zu spielen, da es in einer anderen Übersetzung schon eingeübt war. Gottsched ist tief gekränkt, ihm einen Wunsch abzuschlagen, empfindet er als Undankbarkeit. Womit hätte er die Neuberin mehr bestrafen können als mit seiner Hinwendung zu ihrem Erzrivalen Schönemann? Aber so einfach lässt sie sich nicht aus dem Feld schlagen.

Immer auf der Suche nach spielbaren deutschen Stücken und mit einem Gespür für theatralische Begabungen bringt sie 1748 in Zotens Hof eine Uraufführung auf die Bretter: das Lustspiel *Der junge Gelehrte* des 19-jährigen, noch unbekannten Gotthold Ephraim Lessing, der mit seiner *Minna von Barnhelm* später das verwirklicht hat, was ihr vorschwebt: Belehrung und gleichzeitig geistreiche Unterhaltung. Zu einer weiteren Zusammenarbeit kommt es nicht mehr. Lessing, in ständigen Geldnöten, ist aus Leipzig geflohen, obwohl er glaubt, dass nur in dieser Stadt »ein Sprößling der bürgerlichen Klassen eine Handvoll Lebensluft atmen konnte«.

Mit der Neuber'schen Truppe geht es stetig abwärts. Sie kann sich gegen die mächtige Konkurrenz ehemaliger Schüler, die in Leipzig feste Spielstätten besitzen, nicht mehr behaupten. 1750 verliert sie das von der Neuberin mühsam wiedereroberte »Hofkomödianten«-Privileg, August der Starke, der sie protegiert hat, lebt nicht mehr. Wild plündernde Soldatenhorden, die nach den Schlesischen Kriegen durchs Land ziehen, machen Tourneen mit Wanderbühnen zu riskanten Unternehmen. Dazu kommen persönliche Belastungen der Prinzipalin: Verleumdungen durch missgünstige Konkurrenten, die schwere Erkrankung ihres Mannes, die sie ans Haus bindet, finanzielle Sorgen und die Ansprüche eines Publikums, das selbstgezimmerte Holzbühnen und Versatzkulissen als primitiv ablehnt: Der Wandel des Zeitgeschmacks – weg von typisierten Figuren, hin zur Darstellung individueller Charaktere – lässt das lehrhafte Holzschnitt-Theater altmodisch erscheinen. Lauter schwerwiegende Gründe, die für eine Auflösung der Neuber'schen Truppe sprechen.

Schon zu lange hat die Theaterbesessene ihre Bühne über Wasser zu halten versucht. 1757 gibt sie auf. In den drei Jahrzehnten ihrer Prinzipalinnenzeit hat sich die Theaterlandschaft – nicht zuletzt durch ihre Impulse – verändert. Die Neuberin hat ihre Schuldigkeit getan, wird, wie auch der literaturgewaltige Gottsched, dem Lessing und die Schweizer Bodmer und Breitinger mit ihrer Kritik schwer zusetzen, als überholt ausgemustert. Erst spätere Generationen werden ihre Verdienste um die deutsche Bühne wieder zu würdigen wissen. Sie könnte sich mit Goethe trösten, der Jahrzehnte später an Eckermann schreibt: »Ich hatte wirklich einmal den Wahn, als sei es möglich, ein deutsches Theater zu bilden. Ja, ich hatte den Wahn, als könne ich selber dazu beitragen und als könne ich zu einem solchen Bau einige Grundsteine legen.«

Die erfolgsgewohnte und stets in eigener Verantwortung handelnde Prinzipalin verdingt sich nun aus blanker Not in Wien als Schauspielerin. Das kann nicht gut gehen. Verstört und enttäuscht zieht sie sich schon nach kurzer Zeit mit ihrem schwer kranken Mann nach Dresden zurück und muss, selbst völlig entkräftet, während eines preußischen Angriffs im Siebenjährigen Krieg aus der Stadt fliehen. Im Dörfchen Laubegast kommt sie in einem Gasthaus unter, doch als der Wirt ihren elenden Zustand bemerkt, setzt er sie vor die Tür. Den Tod einer Frau, die zur zwielichtigen Schauspielerzunft gehört, kann er sich in seinem ehrbaren Haus nicht leisten.

Ein Bauer nimmt die Todkranke aus Mitleid auf. In dessen Haus stirbt sie am 30. November 1760, ein Jahr nach ihrem Mann. Ein christliches Begräbnis verweigert der Dorfgeistliche aus moralischen Gründen. Und das bei einer Frau, die zeitlebens in treuer Ehegemeinschaft gelebt hat, die bei ihrer Schauspieltruppe gewissenhaft auf »Sittsamkeit, Zucht und eine christliche Lebensart« achtete. Stoff für ein Drama, leider nicht für eine Komödie.

Nachruf auf eine Almosenfrau

Anna Magdalena Bach

(1701–1760)

> Schlummert ein, ihr matten Augen
> fallet sanft und selig zu.
> *Notenbuch für A. M. Bach*

Anna Magdalena Bach, die zweite Ehefrau Johann Sebastian Bachs, starb am 27. Februar 1760 als »Almosenfrau« der Stadt Leipzig im Alter von 59 Jahren. Sie hat ihren Mann um ein Jahrzehnt überlebt – ein Jahrzehnt der Armut und Erniedrigung. Die Frau des weit über Leipzig hinaus angesehenen Thomaskantors, Mutter und Stiefmutter berühmter Söhne, angewiesen auf das Gnadenbrot einer kleinlichen Behörde. Ein Armenbegräbnis der traurigsten Art, die Grabstätte blieb unbekannt. Warum haben die Nachkommen, die drei noch lebenden Stiefkinder aus Bachs erster Ehe und die sechs eigenen, die ihr von 13 geblieben sind, nicht für eine würdige Bestattung der Mutter gesorgt? Unbegreiflich aus heutiger Sicht, auch wenn man bedenkt, dass ihr Tod mitten in die Wirren des Siebenjährigen Krieges fiel und der Tod damals ein alltägliches Ereignis war. Wie viele Frauen starben im Kindbett, wie viele Kinder an Seuchen, wie viele Männer auf dem Schlachtfeld! Für Emotionen blieb da wenig Raum, das Leben musste weitergehen.

Trotzdem: Glaubt man den wenigen authentischen Quellen, muss Anna Magdalena – das einzige zeitgenössi-

Anna Magdalena Bach im Kreis der Familie

sche Bildnis von ihr ist leider verschollen – eine liebenswerte und tüchtige Person gewesen sein, verständnisvolle Ehegefährtin, aufopfernde Mutter, großzügige Gastgeberin. Und diese intensive, von Musik begleitete Familiengemeinschaft, die die Kinder erlebten, soll keine Spuren, kein dankbares Erinnern hinterlassen haben? Möglich, dass zwei oder drei der Töchter, selbst mittellos, dem Sarg gefolgt sind. Die Söhne und Stiefsöhne – alle in der Tradition des Vaters Musiker – waren anderweitig beschäftigt, Wilhelm Friedemann in Halle, Carl Philipp Emanuel in Berlin, Johann Christoph Friedrich in Bückeburg, Johann Christian in Mailand. Der Schwiegersohn Altnikol in Naumburg, in dessen Familie der geistig zurückgebliebene Sohn Gottfried Heinrich betreut wurde, war kurz zuvor gestorben. Die Beziehungen nach Naumburg wie auch die musikalische Ausbildung des jüngsten Sohnes Johann Christian bei seinem Stiefbruder in Berlin zeigen, dass Familienbindungen und berufliche Kontakte durchaus bestanden haben, man wusste voneinander, auch wenn das Post- und Kurierwesen nicht zuverlässig funktionierte. Aber kein Briefwechsel zum Tod der Mutter. Keine nachträgliche Gedächtnisfeier. Kein Nachruf auf die Almosenfrau.

Ob sich nicht das eine oder andere der Kinder in späterer Zeit Gedanken gemacht hat über das sorgenbelastete Leben und den unbeachteten Tod der Mutter? – Am ehesten vielleicht der jüngste der Söhne, Bachs große Hoffnung Johann Christian, der nach der Ausbildung in Berlin als Hauskapellmeister eines Grafen nach Mailand ging, in Bologna ein Studium absolvierte und im Todesjahr der Mutter Organist am Mailänder Dom wurde. Ein äußerst erfolgreicher Opernkomponist, der auch Sinfonien, Kammermusik und Kantaten schrieb und den jungen Mozart beeinflusst hat. Er wurde später als *Saxon Master of Music* in London berühmt und ging als »Mailänder« oder »Londoner« Bach in die Musikgeschichte ein. Ob die Mutter noch von seinem Übertritt zur katholischen Kirche erfahren hat? Er liebte als Bonvivant die italienische Lebensart, und zu dieser Lebensart gehörten auch stärker gefühlsbetonte Familienbindungen. Vielleicht ist ihm dabei bewusst geworden, wie wenig in der Bach-Familie, in der musikalische Leistung zählte, von der Mutter die Rede war, die ihre Karriere als Sängerin um der Kinder willen aufgegeben hatte. Wäre es nicht wichtig, ihr Andenken den Kindern und Kindeskindern, der Nachwelt zu erhalten?

So könnte sich Johann Christian hingesetzt und, nachdem er Einzelheiten über den jammervollen Tod seiner Mutter aus Leipzig erfahren hatte, einen langen Brief an seine Geschwister in Deutschland geschrieben haben. Einen Brief der Erinnerung und der Dankbarkeit. Einen Brief gegen das Vergessen (in der Schreibweise unserer Tage):

Mailand, im Dezember 1760

An meine Geschwister in Halle und Berlin,
in Bückeburg, Naumburg und Leipzig

Ihr werdet euch gewiss wundern über meinen Brief aus dem fernen Mailand, der euch noch zu Weihnachten erreichen sollte, wenn es mit der Kurierpost klappt. Den Anlass könnt ihr euch denken. Es ist nun beinahe ein Jahr vergangen seit dem Tod unserer lieben Mamma, von dem ich erst Wochen später erfahren habe, da meine Anschrift – ich bin jetzt Organist am Dom – sich geändert hat. Ob keiner von euch mir seither geschrieben hat oder ob Briefe fehlgeleitet wurden, weiß ich nicht. Vor Kurzem erst hat mir ein Freund von St. Thomae Genaueres über das traurige Ende unserer Mamma berichtet, das mich erschüttert hat. Sie soll völlig verarmt in einem Haus an der Hainstraße als Almosenfrau gestorben sein. Ihr, der mit den Thomanern so Vertrauten, hätten zur Beerdigung nur drei der schlechtesten Diskantisten für elf Groschen ein paar ärmliche Choräle gesungen, und dem Sarg sei lediglich die Viertelschule wie bei ganz armen Leuten gefolgt.

Wenn ich da an die solenne Beerdigung unseres Papas denke, wie die ganze Schule an jenem Julitag vor zehn Jahren den Leichenwagen unter großem Geläute zum Johannisfriedhof begleitet hat, wie die musikalische Societät, Freund Telemann und Magister Kriegel ihn gewürdigt haben … Nur der Rat wusste nicht, was er an Bach verloren hatte, bemängelte, er sei zwar ein großer Musikus, doch kein Schulmann gewesen, die Schule hätte aber einen Kantor, keinen Kapellmeister gebraucht. Diese Missachtung hat dann wohl unsere Mamma zu spüren bekommen, als es um das Gnadengehalt für, wenn ich mich recht erinnere, die Quartale Crucis und Luciae ging und der Rat sich beschämend knauserig zeigte. Die 40 Taler Unterstützung, die sie wegen ihrer Bedürftigkeit ein oder zwei Jahre später erhielt, wurden ihr nicht ohne Gegenleistung gewährt, wer weiß, was für Musikalien sie dafür hat abtreten müssen. Es ist ein Jammer, wie der Bach'sche Nachlass durch Not und – von uns Kindern – auch durch Schludrigkeit und Eigennutz auseinandergerissen wurde.

Unsere Mamma, deren Leben Mühe und Arbeit war, die dreizehn Kinder zur Welt gebracht hat, das letzte noch mit 42 Jahren, hätte einen sorgenfreieren Witwenstand verdient. Aber konnten wir, die wir fern von Leipzig lebten, von ihrem Elend wissen? Von ihrer Not unterzukommen, nachdem sie die große Wohung in der Thomasschule hatte räumen müssen? Sie hat, wenn sie uns eine Nachricht zukommen ließ – was höchst selten geschah –, nie geklagt, uns nie um Hilfe gebeten. Es waren ja nicht nur die Geldsorgen, die sie plagten. Was hat sie in den 29 Ehejahren und der harten Witwenzeit nicht alles erdulden müssen – Geburt und Tod lagen immer nah beisammen: sieben Kinder gleich in den ersten Lebenstagen oder im ersten Lebensjahrzehnt verloren. Stiefsohn Gottfried Bernhards liederliches Organistenleben, seine Schulden in Sangerhausen, sein Verschwinden und früher Tod ... Dann Gottfried Heinrich, das Sorgenkind, so beschränkt, dass er in ständiger Obhut leben muss – und sein Betreuer, Schwager Altnikol, kurz vor Mamma gestorben, unserer Schwester Liesgen die Last alleine überlassend. Wenn ich ihr helfen kann, will ich es gerne tun, es wäre eine kleine Abbitte dafür, dass ich mich um das Wohlergehen unserer verstorbenen Mamma nicht mehr gekümmert habe. Auf die Leipziger Geschwister, die beiden jüngsten vor allem, Johanne Carolina und Regine Susanna, deren Anschrift ich nicht kenne, wird man hoffentlich aus Berlin und Bückeburg ein Auge werfen. Auf Friedemann in Halle darf man wohl nicht zählen. Seine Kapriolen haben die Mamma, auch wenn sie nur Stiefmamma war, sicher sehr betrübt.

Aber es gab auch Erfreulicheres in ihrem Leben. Wie stolz war sie über die Berufung Philipp Emanuels zum Kammercembalisten an den Hof nach Potsdam, über Christoph Friedrichs Stellung als Kapellmeister am Bückeburger Hof. Wie glücklich war sie über die Enkel in Naumburg und Berlin, die ihr, bis in die Namen hinein, Garant schienen für eine

Fortsetzung der langen Bach'schen Familientradition. Eine Musikergeneration folgt der andern. Wie lange es so weitergehen wird? Auch unsere Mamma stammte ja aus einer Musikerfamilie, und Hoftrompeter Wilcken hatte auf eine gute musikalische Ausbildung seiner Tochter großen Wert gelegt, bevor sie als Sängerin an den Hof in Köthen kam. Hier wurde unser Papa auf ihren »sauberen Soprano« aufmerksam. Das war wohl nicht das Einzige, was ihm, dem 36-jährigen Witwer, an der 20-Jährigen gefiel. Die Hochzeit, ihr wisst es aus den Familienschriften, fand im Dezember 1721 statt, nur eineinhalb Jahre nach dem frühen Tod seiner Maria Barbara. Das junge Paar muss eine glückliche Zeit verlebt haben in Köthen, Papa als fürstlicher Kapellmeister in der Gunst Fürst Leopolds – bis ihm dessen junge Frau, die für Hofmusik nichts übrig hatte, das Leben schwer machte.

Der Entschluss, nach Leipzig zu ziehen, fiel ihm – er hat es oft erzählt – nicht leicht. Er bedeutete Abstieg vom Hofkapellmeister zum gewöhnlichen Kantor, bedeutete Einbuße an Ansehen und auch an Gehalt. Trostlos müssen die Bedingungen gewesen sein bei seinem Antritt: nur einhundert Taler feste Einkünfte im Jahr, das andere unsicherer Zuverdienst durch Trauungen und Begräbnisse. Täglich drei Unterrichtsstunden, die er hasste. Für die Musik an St. Thomae und St. Nicolai 55 teils musikalisch völlig ungebildete Alumnen und ein Berufsorchester aus vier Stadtpfeifern, drei Kunstgeigern und einem Gesellen. Wie er mit diesem Bestand die *Matthäus-Passion* oder das *Weihnachtsoratorium* aufführen konnte, bleibt unbegreiflich. Wahrscheinlich wäre er verzweifelt, hätte man ihm nicht später das Collegium Musicum anvertraut und hätte er nicht auf seinen vielen Reisen Gelegenheit gehabt, mit wohl geordneten Orchestern zu spielen.

Auf diese Reisen hat er übrigens unsere Mamma nur höchst selten mitgenommen, obwohl sie mit ihrer ausgezeichneten Sopranstimme hätte glänzen können. Das würde hier in Mailand niemand verstehen. Hängt es mit dem lutherischen Glauben zusammen, dass man in deutschen Landen Frauen Auftritte in der Kirche verbietet? Aber wo hätte eine Sängerin sonst die Möglichkeit, öffentlich aufzutreten – außer bei Hofe, den es in Leipzig nicht gibt? Die Oper hat man 1720 geschlossen, ein großer Konzertsaal ist meines Wissens – bis auf den ungünstigen *Drey Schwanen* auf dem Brühl – nicht vorhanden. Bleiben also kleine Winkelaufführungen oder Hauskonzerte – welcher Abstieg für eine fürstliche Hofsängerin! – Doch: Habt ihr sie jemals darüber klagen hören?

Immer war von Papas Opfern die Rede: dem Verzicht auf das fürstliche Kapellmeisteramt in Köthen, der Übersiedlung nach Leipzig, damit die Söhne an der Universität studieren können. Aber wer fragte nach dem Verzicht, den seine Ehefrau geleistet hat? Immerhin verlor sie mit dem Wegzug aus Köthen ihre selbstständige Stellung und ihr eigenes Einkommen als Sängerin – auch wenn sie nur halb so viel verdiente wie Papa als Hofkapellmeister, war das für eine Frau schon eine beachtliche Anerkennung und für die Familienkasse ein hilfreiches Zubrot. Dazu kam die öffentliche Achtung, die sie als Hofsopranistin genoss. Und nun in Leipzig eingesperrt in die Kantorenwohnung der Thomasschule, Wand an Wand mit den lärmigen, ungezügelten Alumnen im Singesaal und in den Schlafstuben, ständig von ihrer eigenen Kinderschar umgeben, von Bittstellern behelligt oder für durchreisende Musiker sorgend, Noten kopierend, sich um Hausgeschäfte kümmernd, statt auf der Bühne zu stehen ... Später dann als Witwe das amtlich festgehaltene Gelöbnis, niemals wieder zu heiraten, um die Vormundschaft über uns unmündige Kinder nicht zu verlieren …

Von Opfern hat sie nie gesprochen, wohl aber von den kleinen Freuden, die man ihr bereitet hat und die sie wie ein kostbares Geschenk entgegennahm. Besonders angenehm müssen für sie die Jahre gewesen sein, in denen Vetter Elias als unser Hauslehrer mit in der Familie wohnte. Er besaß wohl eine feinere und rücksichtsvollere Lebensart, als sie in unserem Hause üblich war, und so konnte er Mamma immer wieder mit kleinen Aufmerksamkeiten erfreuen. Ich war erst fünf oder sechs damals, aber ich habe ihr Entzücken noch vor Augen, als der Vetter ihr, der leidenschaftlichen Gärtnerin, seltene gelbe Nelkenpflanzen für ihr Gärtlein besorgt hat. Oder wie er sich ein andermal um einen prachtvoll singenden Hänfling bemühte, den er in einem kleinen Käfig eigens aus Glaucha heranschaffte. Er hat wohl auch etliche Briefe für die nicht besonders schreibgewandte »Frau Mama«, wie er sie nannte, verfasst, und er war es auch, der Papa in eindringlichen Briefen von ihrer ernsthaften Erkrankung berichtete und ihn bat, seine Berliner Reise abzubrechen und schnellstens nach Leipzig zurückzukehren.

Papa konnte sich, ihr wisst es, bei seinen vielen Tätigkeiten und Verpflichtungen nur wenig Zeit für die Familie nehmen. Dass dabei das gemeinsame Musizieren nie zu kurz kam, wird unsere Mamma, die ja seine gelehrigste Schülerin war, über vieles hinweggetröstet haben, worum er sich nicht gekümmert hat. Aber die musikalische Unterweisung seiner Kinder wurde, oft zu unserem Leidwesen, nie vernachlässigt, obwohl er in jenen Jahren über großen Werken saß. Ich erinnere mich lebhaft an unsere Hausmusiken in der guten Stube oder auch an Konzerte, bei denen uns Gäste akkompagnierten, in Nachbar Boses Sommersaal. Wie unsere Mamma dann auflebte beim Spiel am Clavecin oder wenn wir sie bei Arien begleiteten. Unsere Eltern waren, sicher zu Recht, stolz auf diese Hauskonzerte. Vom alten Familienfreund Erdmann hörte ich, dass Papa uns Kinder als geborene Musici gerühmt hat, mit denen er ohne Mühe ein Konzert vocaliter und instrumentaliter formieren könne …

Da fällt mir ein: Wo sind eigentlich die beiden Noten-büchlein geblieben, nach denen wir oft musiziert haben? An das zweite vor allem erinnere ich mich genau. Es war grün, mit vergoldetem Randschnitt, hatte zwei Schließen und trug die Initialen unserer Mamma A. M. B. 1725. Papa hatte Klavierpartiten hineingeschrieben, Mamma alles Mögliche, was ihr, auch von anderen Komponisten, gerade gefallen haben mag und was ihr musizierenswert schien, Suiten, Choräle, Arien und, wenn ich mich richtig besinne, ein Präludium aus dem *Wohltemperierten Klavier.* Dabei, wisst ihr's noch, haben wir manchmal gerätselt, ob die Ein-tragungen von Papa oder Mamma stammten, so ähnlich waren die Notenschriften. Nur wenn wir Fehler entdeck-ten, auch Schreibfehler in den Texten, wussten wir, dass es Aufzeichnungen von Mamma waren, ihr fehlten doch die letzten Kenntnisse – oder einfach Zeit und Ruhe.

Ich habe sie blass und übernächtigt in Erinnerung, mor-gens um sieben, bei unseren musikalischen Hausandachten, während Papa mir mit frisch gepuderter Perücke und schwarzem Schultermantel im Gedächtnis ist oder im dun-kelgrünen Staatsrock mit den goldgetriebenen Knöpfen. Ein stattlicher Mann. Leutselig und liebenswert, aber ab und zu auch unbeherrscht aufbrausend. Mamma wird in

ihrer sanften Art manch unbedacht hitziges Wort bei Kollegen und Honoratioren ausgebügelt haben. Um die Disziplin der Thomaner stand es schlecht. Aber konnte man von
ihm erwarten, den ungeordneten Haufen über Nacht in
den Griff zu bekommen? Nicht einmal die Auswahl geeig-
neter Kandidaten überließ man ihm. Waren da seine Zor-
nesausbrüche nicht verständlich? Und ist es ihm nicht
gelungen, trotz aller Anwürfe des Rates wegen Vernachlässigung seiner Schulpflichten, den Thomanern und ihrem
Kantor nach und nach Ansehen zu verschaffen? Nicht hoch
genug schätzen können wir dabei den Einfluss unserer
Mamma auf sein störrisches, aufbegehrendes Wesen, mit
dem er sich, besonders im engstirnigen Rat, Feinde machte.

Manchmal kommt mir von der Weltstadt Mailand aus
Leipzig mit seinen 30 000 Einwohnern wie ein Provinznest
vor, voller Intrigen und Eifersüchteleien. Die gibt es auch
hier, aber sie werden offener und temperamentvoller ausgetragen, das wäre Papa gemäßer gewesen als Anfeindungen
aus dem Hinterhalt, die auch Mamma zusetzten. Er hätte
sich gewiss wohlgefühlt in Mailand, hätte sich begeistert an
die prachtvollen Orgeln in den kleinen und großen Kirchen
gesetzt. Ihr macht euch kaum eine Vorstellung von der
Größe des Doms und vom Klangvolumen der Hauptorgel –
herrlich. Und doch überkommt mich manchmal, wenn ich
an der Orgelbank sitze, eine leise Sehnsucht nach der guten
Thomaskirche mit ihren hölzernen Galerien, den bemalten
Tribünen und Logen und der wunderlichen Kanzel, die wir
Schnupftabaksdose nannten. Und ich denke daran, wie oft
ich mit Mamma oder mit Liesgen den Papa, als er schon fast
blind war, zur Empore geleitet habe, wie er in sich versun-
ken saß, wie er dann in brausendem Spiel die Welt hinter
sich ließ, als ob er sein Ende ahnte.

Das Ende kam so schnell – und hat sich doch so lange hingezogen. Schon seit dem Mai 49 machte sich Mamma, ihr wisst es, große Sorgen wegen seines rasch fortschreitenden Augenleidens. Dazu kam seine plötzlich einsetzende Gebrechlichkeit, vielleicht von einem Schlaganfall herrührend, die er sich nicht eingestehen wollte. Er war in die *Kunst der Fuge* versenkt, vergaß alles um sich, arbeitete fieberhaft und brauchte Mammas Hilfe dringender denn je. Dass die Nachricht von seiner Hinfälligkeit am Hof in Dresden nicht mit Bedauern oder zumindest Pietät aufgenommen wurde, sondern Graf Brühl dem Leipziger Rat umgehend einen Nachfolger präsentierte, muss Mamma tiefer getroffen haben, als wir alle ahnten. Mit anzusehen, wie der Minister-Protegé Gottlob Harrer in Leipzig sein Probekonzert gibt, während der noch amtierende Thomaskantor krank und hilflos daniederliegt … Welche Demütigung. Welches Aufbegehren. Ein letzter Versuch, durch den umstrittenen englischen Okulisten – hieß er nicht John Taylor? – das Augenlicht wiederzuerlangen. Beide Operationen, ihr erinnert euch, sind misslungen, ja, haben den Kranken so geschwächt, dass er sich von diesen Eingriffen kaum mehr erholen konnte. Mamma hat ihn im abgedunkelten Zimmer versorgt und umhegt, Altnikol saß an seinem Bett und ließ sich Änderungen einiger Orgelkompositionen diktieren.

Dann, Mitte Juli so plötzlich das Wunder – wir konnten es gar nicht fassen: Papa sah wieder Licht. Aber die Hoffnung war trügerisch. Ein Schlaganfall machte ihn bewusstlos, hohes Fieber stellte sich ein, die beiden herbeigerufenen Ärzte konnten ihm nicht mehr helfen. In seiner Todesstunde, am 28. Juli, abends gegen neun, waren wir bei ihm. Wir haben einen strengen und doch gütigen Vater verloren. Mamma hat mehr verloren.

Eine Arie, die Papa für sie gesetzt hat und die sie selbst in ihr Notenbüchlein schrieb, möchte ich euch am Schluss meines Briefes in Erinnerung rufen – vielleicht haben die Worte sie in dieser schweren Stunde getröstet:

Bist du bei mir, geh' ich mit Freuden
zum Sterben und zu meiner Ruh'.
Ach, wie vergnügt wär so mein Ende,
es drückten deine schönen Hände
mir die getreuen Augen zu.

Lebt wohl und nehmt diesen Brief als Andenken an unsere Eltern, besonders an unsere Mamma, die in allem so bescheiden war, dass man ihre Kraft darüber vergessen könnte.

Ich gebe das Schreiben und Kopien an euch alle dem Kurier nach Berlin mit. Philipp Emanuel wird am ehesten wissen, wo ihr zu erreichen seid. Schreibt mir, wenn ich euch helfen kann. Man kennt mich hier als Signor Giovanni Bacchi, wie man Johann Sebastian Bach in Leipzig kennt – und hoffentlich noch lange kennen wird.

Weihnachten wünschte ich mir in Leipzig zu sein, das *Weihnachtsoratorium* zu hören in der Kirche St. Thomae, die meine Kirche geblieben ist, auch wenn ich nun in einem katholischen Dom an der Orgel sitze.

In weihnachtlichem Gedenken euer Johann Christian

Nachsatz aus unserer Zeit:

Bachs Gebeine ruhen heute in der Thomaskirche. Anna Magdalenas Grab blieb unbekannt, ihr einziges Bildnis verschollen. Die jüngste Tochter Regine Susanna starb 1809 als Letztes der Bach-Kinder. Der letzte Enkel, Wilhelm Friedrich Ernst, Cembalist Königin Luisens, erlebte 1843 noch die Enthüllung des von Mendelssohn gestifteten Bach-Denkmals beim Thomaskirchhof. Mit dem Tod dieses Enkels im Jahre 1845 endete die lange Bach'sche Musiker-Dynastie, in der die Frauen – stets im Hintergrund geblieben – nicht vergessen werden sollten.

Heiratspolitik im Hause Habsburg

Kaiserin Maria Theresia

(1717–1780)

Bei der Verlobung ihrer Lieblingstochter Marie Christine fehlt Maria Theresia an der Festtafel. Sie hat sich in ihre schwarz ausgeschlagenen Gemächer zurückgezogen, um mit ihrem unerwartet früh verstorbenen Gatten Franz Stephan Zwiesprache zu halten und ihm Rechenschaft zu geben über ihr Tun.

Wie ein gewaltiges Epos rollen die vergangenen Jahrzehnte vor ihr ab. Geschichte, die sie selbst geschrieben hat. Geschichte eines mächtigen, aber verwundbaren Herrscherhauses. Sie ist ein Glied in der langen Kette der habsburgischen Dynastie. Und diese Dynastie, das ist ihr eiserner Vorsatz, darf nicht untergehen. Für dieses Reich, nicht zur Mehrung ihres eigenen Ruhms, führt sie Kriege, verheiratet sie ihre Kinder nach den Gesetzen der Staatsräson.

Ihr Vater, Kaiser Karl VI., hatte in kluger Voraussicht schon 1713 eine sogenannte »Pragmatische Sanktion« erlassen, die festlegte, dass bei Fehlen eines männlichen Thronerben auch Töchter dem Hause Habsburg vorstehen können.

Dies ermöglicht es der jungen Maria Theresia, nach dem Tod des Vaters im Oktober 1740 ohne rechtliche Komplikationen die Thronfolge anzutreten – eine Aufgabe, auf die sie als Mädchen und Lückenbüßerin allerdings nie richtig vorbereitet wurde.

Kaiserin Maria Theresia

Mit 23 steht sie nun an der Spitze eines zerbröckelnden Großreiches, zu dem die verschiedenartigsten und schwer zusammenzuhaltenden Völker gehören. Durch ihre Herzlichkeit und Beherztheit gewinnt die junge Monarchin zwar überall Sympathien, aber politische Kompetenz traut man ihr nicht zu. Wie sollte auch eine unerfahrene Frau dieses durch Heiraten und Erbschaften immer unübersichtlicher gewordene Staatengebilde in den Griff bekommen? Dieses bunte Völkergemisch slawischer, germanischer, madjarischer und romanischer Stämme regieren? Wie sollte sie bei den verrotteten Strukturen dringend notwendige Reformen durchsetzen?

Karl VI. hat seiner Tochter nicht nur ehrenvolle Titel und Kronen hinterlassen, sondern auch leere Staatskassen, marode Behörden und eine verwilderte Armee. Können Arbeitsenergie, Temperament, Durchsetzungswillen und Zähigkeit, wie man sie Maria Theresia nachsagt, politischen Durchblick und Regierungserfahrung ersetzen? Nicht nur die besorgten Wiener fragen sich, ob eine 23-Jährige, die ihr viertes Kind erwartet, solchen Belastungen gewachsen ist.

Maria Theresia sieht sich plötzlich von Armeen umstellt, die leichte Beute wittern und das Habsburgerreich insgeheim schon unter sich aufgeteilt haben. Mehr als der Kurfürst von Bayern, mehr als Franzosen und Spanier macht ihr der Preußenkönig Friedrich II. zu schaffen. Dieser hat, wie sie, vor Kurzem die Regierungsgeschäfte von seinem Vater übernommen – im Gegensatz zu ihr aber mit gefüllten Staatskassen und einem schlagkräftigen Heer. Er will der Habsburgerin Schlesien entreißen und legt unverfroren seine Gründe offen: »Der Ehrgeiz, mein Vorteil, der Wunsch, mir einen Namen zu machen, gaben den Ausschlag, und der Krieg ward beschlossen.«

Friedrich sieht in der Eroberung Schlesiens eine staats-
notwendige Arrondierung des zerstückelten Preußen,
Maria Theresia sieht darin einen infamen Überfall auf ein
nicht gerüstetes, friedliches Land. Ihr Rechtsbewusstsein ist
tief verletzt – weniger durch den Landverlust als durch das
rücksichtslose Vorgehen des Preußenkönigs. Dieser hat
»dem schwachen Weib« listig angeboten, sich in England,
Holland und Russland für die Wahl ihres Gatten Franz Stephan zum Kaiser einzusetzen. Als Lohn für die Risiken dieses Freundschaftsdienstes hält er die Abtretung Schlesiens
für angemessen.

Maria Theresia, die sich in den wenigen Monaten ihrer
Regierungszeit erstaunlich rasch in eine schwierige politische Rolle hineingefunden hat, lässt den Preußen wissen:
»So lange er noch einen einzigen Mann in Schlesien stehen
hat, werden wir lieber untergehen als mit ihm verhandeln.«
Ist dies die Drohung einer selbstbewussten Herrscherin
oder einer mit dem Machtkalkül der großen Politik noch
unerfahrenen Frau? Hätte sie nicht voraussehen müssen,
dass sich Bayerns Kurfürst, der die Pragmatische Sanktion
und damit ihren Herrschaftsanspruch nie anerkannt hat,
sich mit Friedrich verbünden und Anspruch auf das Habsburgerreich erheben könnte? In München finden Geheim-
verhandlungen mit Frankreich und Spanien statt, der
Österreichische Erbfolgekrieg nimmt seinen für Habsburg
unglücklichen Lauf, Preußen schlägt das österreichische
Heer bei Mollwitz in Niederschlesien.

Die besiegte Habsburgerin hat nicht nur diese Niederlage
zu verkraften, sondern auch Schicksalsschläge in der Familie. Die älteste Tochter stirbt mit drei Jahren, die letztgeborene mit einem Jahr. Maria Theresia ist wieder schwanger
und betet inständig um einen Sohn. Nicht dass ihr Töchter

weniger lieb wären, doch nur ein Sohn kann die österreichische Erbfolge zuverlässig sichern.

Während im Lande Missmut über den Kriegsverlauf herrscht und man von ihr politisch diffizile Entscheidungen erwartet, setzt sie sich zum vierten Mal in den Gebärstuhl und bringt am 13. März 1741 – endlich – den ersehnten Thronfolger zur Welt, Joseph, der später als Kaiser Joseph II. regieren wird. Böllerschüsse verkünden das frohe Ereignis. In der Hofburg, in ganz Wien herrscht unbeschreiblicher Jubel. Die Stimmung im Lande schlägt von Resignation in Begeisterung um.

Maria Theresia dankt Gott für seine Gnade, lässt sich aber vom Überschwang der Bevölkerung nicht betören, sondern sondiert kritisch die militärische Lage. In ihren späteren Aufzeichnungen schreibt sie über diese von Kriegen geprägte Zeit: »Eine üble Nachricht folgte der anderen. Franzosen, Bayern und Sachsen überschwemmten ganz Böhmen und bemächtigten sich der Hauptstadt Prag, während gleichzeitig Preußen fast ganz Schlesien innehatte. Auf der anderen Seite besetzten jene auch Oberösterreich und rückten fast bis Wien vor. Keiner meiner Verbündeten getraute sich oder hatte Lust, mir zu helfen.«

In dieser hoffnungslosen Situation wächst Maria Theresia über sich hinaus. Sie fühlt sich verantwortlich für den Erhalt des Habsburgerreiches. Mit politischem Instinkt sucht sie nach neuen Verbündeten und findet sie in Ungarn. In Pressburg, der damaligen ungarischen Hauptstadt, lässt sie sich im Sommer 1741 nach altem Ritual und mit großer Prachtentfaltung zur Königin von Ungarn krönen. Geschickt nutzt sie die Begeisterung von Adel und Volk, sich des Beistands durch die ungarische Armee zu versichern und ihren Gemahl Franz Stephan als Mitregenten einzusetzen. Nicht, dass Franz Stephan sich in dieses Amt gedrängt hätte, er bleibt lieber der Mann an Maria Theresias Seite. Aber diese möchte in taktisch kluger Voraussicht Weichen stellen für seine spätere Wahl zum deutschen Kaiser.

Erst einmal zieht Franz Stephan jedoch ins Feld – der Österreichische Erbfolgekrieg ist in vollem Gange –, und Kaiser wird Maria Theresias früherer Gegenspieler Karl Albrecht von Bayern. Seit über dreihundert Jahren zum ersten Mal ein Nichthabsburger!

Immer gehen Politik und Familienleben Hand in Hand, Schwangerschaften begleiten Kriege. An Maria Theresias Geburtstag, dem 13. Mai 1742, setzen mitten in der Gratulationsfeier der Hochschwangeren die Wehen ein. Die Geburtstagsgäste versammeln sich statt um die Festtafel in der Hofkapelle zum Gebet. Dass wieder ein Mädchen geboren wird, das vierte, und nicht ein zweiter Thronfolger, nimmt man als Gottesfügung. Die am Geburtstag der Mutter zur Welt gekommene Tochter wird auf den Namen Marie Christine getauft – Maria Theresias geliebtes Mimerl.

Die Monarchin ist nun nicht nur stolze Mutter, sondern auch immer gewieftere Politikerin. Um die Kampfkraft ihrer Truppen in Bayern zu stärken, hatte sie ein Bildnis, das sie mit dem kleinen Thronfolger Joseph auf dem Arm zeigt, an Feldmarschall Khevenhüller geschickt. Ob das rührende Bild seine Wirkung getan hat oder die ärgerliche Krönung Karl Albrechts zum deutschen Kaiser Karl VII. – Graf Khevenhüllers Truppen eroberten am Krönungstag des Bayern, am 13. Februar 1742, dessen Hauptstadt München.

Ein großer Erfolg für Maria Theresia, aber nur ein Etappensieg. Friedrich II. bedrängt sie von der anderen Seite, im Frieden zu Berlin muss sie ihm Schlesien überlassen. Dafür gelingt ihr die Rückeroberung Prags und Böhmens und die Besetzung Bayerns. Im Gegensatz zu ihrem militärisch glücklosen Mann verabscheut sie das Kriegshandwerk nicht, wenn sie auch mehr auf Verhandlungen als auf Schlachten baut. Nur bei ihrem Erzfeind Friedrich setzt ihr nüchtern kalkulierender Verstand aus, da überkommen die tiefgläubige Katholikin ganz unchristliche Rachegefühle. Den Verlust Schlesiens wird sie Friedrich, den sie nur *le monstre* nennt, nie verzeihen. Auch ihre Krönung zur böhmischen Königin 1743 in Prag kann diese Schmach nicht wettmachen. Die Wenzelskrone kommt ihr vor wie ein »Narrenhäubel«.

In Europa stehen sich Ende 1743 zwei Blöcke gegenüber: Österreich, England und Holland auf der einen, Frankreich, Spanien und Preußen auf der anderen Seite. Die Kriegshandlungen ziehen sich mit wechselseitigen Erfolgen und Niederlagen hin. Der Österreichische Erbfolgekrieg endet 1748 mit dem Aachener Frieden und einem Kompromiss: Die Pragmatische Sanktion des Hauses Habsburg wird allseitig anerkannt, Schlesien endgültig Friedrich von Preußen zugesprochen.

Diesem Friedensschluss vorausgegangen sind zähe Verhandlungen Maria Theresias mit den Kurfürsten um die Nachfolge auf dem Kaiserthron. Nach dem Tod Karls VII. im Jahre 1745 möchte sie ihren Mann Franz Stephan mit dieser höchsten Würde betraut sehen. Ihre nach der Geburt des siebten Kindes vom Wochenbett aus geführten Gespräche müssen besonders erfolgreich verlaufen sein: Ihr größter Wunsch erfüllt sich, Franz Stephan wird in Frankfurt zum Kaiser Franz I. gekrönt. Sie ist damit Kaiserin – ein Titel, auf den sie keinen besonderen Wert legt, die »selbst erworbenen« Königskronen sind ihr wichtiger. In den

habsburgischen Erblanden wird sie ohnehin weiter die
Hauptrolle spielen, da bleibt Franz Stephan der Mitregent
an ihrer Seite, im Bewusstsein der Öffentlichkeit ist sie
längst Kaiserin und Landesmutter.

Landesmutter mit 28. Sie füllt ihre Rolle mit selbstver-
ständlicher Autorität und Gestaltungskraft aus – und erwartet nebenher ihr achtes Kind. Die jährlichen Schwangerschaften erschöpfen sie weniger als die Kriege, an deren
Ende sie nie Genugtuung empfindet, auch wenn sich
Österreich redlich geschlagen hat und das Habsburgerreich
sich als europäische Großmacht halten kann. Aber um welchen Preis? Die Faszination, die Feldherren angesichts einer
reibungslos funktionierenden Kriegsmaschinerie empfinden, geht ihr ab. Sie kann das Elend, das jeder Krieg über
Länder und Völker bringt, nicht beiseitewischen, sie sieht
die bedrückenden Lebensbedingungen der Menschen,
wenn sie in ihrer Kalesche durch die Dörfer fährt. Vor Gott
fühlt sie sich verantwortlich für die ihr anvertrauten Untertanen, und sie weiß, dass Reformen überfällig sind.

Mit ihrem Namen verbinden sich mutige Neuerungen
wie Abschaffung der Folter und Befreiung der Bauern von
Leibeigenschaft. Weniger spektakulär, aber für die gesamte
Bevölkerung von Bedeutung sind die Reformen in der
Administration, die sie mit ihrem Berater Graf von Haug-
witz gegen den Widerstand der betroffenen Stände durchsetzt: Straffung des Beamtenapparates und des Militärs
durch eine zentralistische, von Wien ausgehende Führung.
Neuregelung der Einkünfte und Steuern, zu denen auch
Adel und Klerus herangezogen werden. Schaffung einer
unabhängigen obersten Gerichtsstelle und klare Gliederung
der Kompetenzen – damit ist der erste Schritt zu einer
Gewaltenteilung getan.

Die praktische Durchführung der Reformen scheitert vielerorts an unfähigen, schlecht ausgebildeten Beamten. Ohne Bildungsreform keine Verwaltungsreform – das wird Maria Theresia deutlich, und sie macht sich umgehend daran, im Wiener Favorita-Palais eine hohe Schule zur Ausbildung zukünftiger Staatsdiener einzurichten: das Theresianum. Auch eine Militärakademie, in der die Prügelstrafe verpönt ist, gehört zu ihren Gründungen. Die Wiener Universität öffnet sich internationalen Einflüssen, besonders die medizinische Fakultät gelangt zu hohem Ansehen. Aber nicht nur die Eliten, auch die unteren Stände sollen gefördert werden. Mit der Einrichtung von Volksschulen für Kinder vom sechsten bis zum zwölften Lebensjahr setzt Maria Theresia Normen, die auch in anderen Ländern Anerkennung finden.

Während sie fremden Sprachen und religiöser Unterweisung einen hohen Stellenwert beimisst, liegen ihr Literatur und Musik ferner, auch wenn sie Gluck zum Hofkapellmeister berufen hat und italienischen Opern, wie es dem Zeitgeschmack entspricht, zugetan ist. Bezeichnend die Antwort, die sie ihrem Sohn Ferdinand zukommen lässt, der aus Mailand anfragt, ob er den jungen Mozart an seinem Hof in Dienst nehmen könne: »Ich weiß nicht wieso, denn ich glaube nicht, dass Sie sich um einen Compositeur oder sonst unnütze Leute zu bekümmern haben ... Es entwertet den Dienst, wenn sie wie Bettler in der Welt umherziehen; außerdem hat er eine große Familie.« Der letzte Satz erstaunt bei der sonst fürsorglichen und familienbewussten Monarchin. Typischer für sie ein Ausspruch, den sie Lessing gegenüber getan hat. Die Literatur stehe ihr fern, lässt sie den Dichter wissen, da dort Frauenzimmer nicht viel ausrichten könnten. – Eine zweifellos für ihre Zeit zutreffende Feststellung.

Mehr als Musik und Literatur beeindrucken sie Malerei und Architektur. Für die Ausgestaltung und Modernisierung ihrer Stadt holt sie die ersten Künstler und Baumeister Europas an ihren Hof. Der italienische Maler Canaletto, der für seine Stadtansichten berühmt ist, soll das aufblühende Wien in Monumentalgemälden festhalten. Und es gibt viel aufzuzeichnen: nicht nur den Ring von zwölf Basteien, eine der gewaltigsten Festungsanlagen der Zeit, auch jede Menge Kirchen und Klöster, Paläste und Parkanlagen für die 200 000 Bewohner der Stadt. Am markantesten der Stephansdom, aber auch das Hofburgviertel mit Burgkapelle und Augustinerkirche, Hofbibliothek und Winterreitschule, Burgtheater und Reichskanzlei. Mehrstöckige Bürgerhäuser mit hohen Fenstern und wohlproportionierten Fassaden verkörpern die beschwingte Bauweise des Rokoko. Gepflasterte Straßen mit Kanalisation und Laternenbeleuchtung zeugen von fortschrittlicher Planung. Bunte Märkte lassen etwas von der Vielfalt des Völkergemisches und der Kulturen ahnen, die im Zentrum Wien aufeinandertreffen.

Canalettos Bilder sind bevölkert von zierlichen Damen in Reifröcken und Herren im Halbfrack mit gepuderter Perücke. Prozessionen und Schlittenfahrten, Illuminationen und Maskeraden bieten reizvolle Sujets. Noch erinnert das Hofzeremoniell an spanisch barocke Würde, aber zunehmend wird diese Strenge durchbrochen von spielerisch leichten Rokoko-Elementen, vom Einfluss französischer Salonkultur. Die ersten öffentlichen Kaffeehäuser mit Zeitungen und Billardtischen sind dagegen eine typisch wienerische Eigenart.

Höfische Privilegien werden mehr und mehr abgeschafft. Weite Grünanlagen wie Augarten und Prater dürfen nun

auch vom Volk betreten werden. Schloss Schönbrunn, das
größte Projekt der theresianischen Zeit, wird im Stil von
Versailles zu einem Gesamtkunstwerk ausgebaut, behält
aber seine menschlichen Maße. Ein Einfluss Maria Theresias? Sie liebt das Übersichtliche, Harmonische, die Kriegsge-
schäfte sind unübersichtlich genug. Aber sie meistert auch
diese. Wenn Friedrich II., dem die Geschichte den Beina-
men *der Große* gegeben hat, spöttisch den 1. Timotherbrief
zitiert: »Einem Weib aber gestatte ich nicht, dass sie lehre,
auch nicht, dass sie des Mannes Herr sei«, so muss er sich
daran gewöhnen, dass in Wien alles anders ist, dass hier
durchaus ein Weib das Regiment führen kann.

In der Art des Regierens unterscheiden sich die beiden
gar nicht so sehr. Die katholische Habsburgerin und den
preußisch protestantischen Freigeist verbindet ein absolutis-
tischer Herrschaftsstil. Beide sehen sich als Vertreter einer
sittlichen Staatsauffassung, voller Verantwortungsgefühl für
die Untertanen und in rastloser Hingabe tätig: Diener, nicht
Herrscher wollen sie sein, aber in der Praxis herrschen sie
sehr wohl autoritär.

Was sie trennt, sind die geistigen Dimensionen. Friedrich, der flötespielende Schöngeist und Philosoph, Maria
Theresia, die tiefgläubige, fern aller Theorie dem praktischen Leben zugewandte Frau und Landesmutter. Macht-
willen, Kalkül und Zähigkeit in der Verfolgung gesteckter
Ziele zeichnen beide aus. Dass Maria Theresias heran-
wachsender Sohn Joseph, dem sie als künftigem Thronfolger eine sorgfältige Erziehung angedeihen lässt, Friedrich
bewundert und zum Vorbild nimmt, erfüllt sie mit Bitterkeit.

Der Siebenjährige Krieg, der 1763 mit dem Frieden von
Hubertusburg endet, lässt die alte Rivalität der Habsburge-

rin und des Preußen noch einmal in krassem Licht aufleuchten. Zwar wahren beide Parteien nach endlosen und unnötigen Siegen und Niederlagen das Gesicht, aber, was für Maria Theresia bereits zum Trauma geworden ist: Schlesien bleibt preußisch. Und Friedrich, der Feldherr und Aufklärer, findet gerade unter jungen Menschen überall auch Bewunderer. Wie mag Maria Theresia die Versicherung des verhassten Rivalen aufgenommen haben, ihrem Sohn Joseph seine Kurstimme bei der bevorstehenden römischen Königswahl zu geben?

Natürlich setzt die Mutter alles daran, ihrem Ältesten die römische Krone zu sichern. Aber mit der Stimme des Erzfeindes? Joseph, von Ideen der Aufklärung durchdrungen, hochbegabt und hochfahrend, kann an einer Unterstützung durch Friedrich nichts Verwerfliches finden. Er wird tatsächlich im April 1764 in Frankfurt zum römischen König gekrönt.

Maria Theresia verfolgt die ersten öffentlichen Auftritte ihres Sohnes mit einer Mischung aus Stolz und Unmut. Sie tadelt wiederholt seinen Hang, »sich nichts zu versagen, gegen andere aber leicht ohne Gefälligkeit und rüde zu handeln«. Ihr missfällt seine Spottsucht, seine geringe Ehrfurcht vor Tradition und Glaubensritualen. Dass sie den 24-Jährigen nach dem plötzlichen Tod ihres Gatten zum Mitregenten bestimmt hat, wird ihr noch schwer zu schaffen machen. Joseph ist kein gutmütiger, anpassungswilliger Partner wie der verstorbene Kaiser, der sich um die Staatsfinanzen gekümmert hatte und im Übrigen seine Frau regieren ließ. Joseph steht seiner Mutter an Eigenwilligkeit nicht nach – und fügt sich doch überraschend oft in ihre Anordnungen, sei es aus anerzogenem Gehorsam, aus Sohnesliebe oder in Anerkennung ihres politischen Weitblicks.

Maria Theresia hält die Geschicke des »Heiligen Römischen Reiches Deutscher Nation« fest in der Hand, auch wenn ihr Joseph als Mitregent zur Seite steht. Und ihr Reich ist ungemein schwerer zu regieren als das preußisch-deutsch geprägte ihres Gegenspielers Friedrich. Es ist bunt gemischt und vielsprachig – multikulturell, wie der heutige Ausdruck heißt. Ein Bewusstsein der Zusammengehörigkeit gibt es kaum, auch keine allgemeine Ausrichtung auf Wien, obwohl Maria Theresia und Joseph hoffen, durch strikten Zentralismus dieses widerspenstige Gebilde zusammenhalten zu können.

Mit politischer Aktivität versucht die Kaiserin, ihre persönliche Einsamkeit zu überdecken. Bei ihrem Schwiegersohn Albert beklagt sie sich: »Binnen acht Monaten verliere ich den besten Gatten, ein Sohn geht fort, dem meine ganze Liebe und Sorgfalt galt, und eine Tochter heiratet, die nach dem Tode ihres Vaters mein ganzer Trost und meine Freundin war.«

Warum hat sie nie erwogen, eine der anderen Töchter zu ihrer Vertrauten zu machen? Neun Kinder leben nach Mimis Weggang noch in der Hofburg, sechs davon Mädchen. Gewiss, Josepha, Marie Caroline und Marie Antoinette sind noch zu kindlich für ernsthafte Gespräche. Aber die 22-jährige Maria Elisabeth? Die drei Jahre jüngere Maria Amalia? Oder Marianna, die vernünftige und geistig regsame Älteste, die später als Äbtissin das Adelige Damenstift in Prag übernehmen wird?

Maria Theresia, die sich eine Familie nicht ohne große Kinderschar vorstellen kann und diese Einstellung auch an ihre Kinder weitergibt, wartet mit Ungeduld auf Mimis erste Schwangerschaft. Als die Tochter nach dem zweiten Ehejahr endlich das ersehnte Kind zur Welt bringt, ist dieses nicht lebensfähig und stirbt noch am selben Tag. Auch Mimi schwebt in Lebensgefahr.

Dieses Katastrophenjahr 1767 hinterlässt in der Familiengeschichte Spuren: Josephs Frau und die drittjüngste Tochter Maria Theresias sterben an Pocken. Die 24-jährige Maria Elisabeth übersteht die Krankheit zwar, doch ihr Gesicht bleibt von den schwarzen Blattern gezeichnet. Auch Maria Theresia und Schwiegersohn Albert erkranken, besitzen aber genügend Widerstandskräfte gegen die heimtückische Seuche. Mimi, wie die Mutter sie noch immer nennt, kommt nach der schweren Geburt langsam wieder zu Kräften, sie wird jedoch Maria Theresia keine Enkel mehr schenken können.

Marie Christine nutzt die kommenden Jahre, die Residenz Pressburg zu einem kulturellen Zentrum auszubauen. Und sie knüpft durch ihre Reisen die Familienbande wieder enger. Weit verstreut im großen Reich leben die Kinder, die Maria Theresia in frühem Alter und zum Nutzen des Staates verheiratet hat. Die Töchter haben ihre Mutter nach der Hochzeit nie wiedergesehen.

Marie Antoinette, die Zweitjüngste, wird mit knapp 15 zur Bekräftigung der bourbonisch-habsburgischen Freundschaft an den gleichaltrigen Dauphin in Paris verschachert. Im Reglement, das Maria Theresia ihrer Tochter nach Paris mitgibt, ermahnt sie die kokett Leichtsinnige zur gewissenhaften Erfüllung religiöser Pflichten und verlangt außerdem von ihr Rechenschaft über ihren Lebenswandel am französischen Hof.

Als Marie Antoinette nach dem Tod Ludwigs XV. im Mai 1774 an der Seite des Thronfolgers Königin von Frankreich wird, verstärken sich die Einmischungsversuche der Mutter noch. Sie fordert von der Tochter zum Wohle beider Staaten, »dass wir in unseren Interessen ebenso eng verbunden bleiben wie in der Familie«. Regierungsanweisungen vermischen sich mit privaten Belehrungen über angemessenen Kopfputz und der Rüge, dass die Tochter getrennt von ihrem Gemahl schläft.

Ihre Ermahnungen nutzen wenig. Es erstaunt und betrübt die sonst so realistisch denkende Herrscherin immer wieder, dass die mit Sorgfalt und in der Familientradition erzogenen Kinder ihre eigenen Wege gehen und nicht auf die mütterlichen Ratschläge hören. Das grausame Ende Marie Antoinettes auf dem Schafott erlebt die Mutter nicht mehr. Sie hätte sich vielleicht damit getröstet, mit welch stolzer, tapferer Haltung die Habsburgerin – »l'Autrichienne«, wie die Franzosen sie nennen – das Henkergerüst erstiegen hat.

Das letzte Lebensjahrzehnt Maria Theresias wird nicht mehr von großen Kriegen, sondern von zermürbenden Erbhändeln geprägt.

Nach zähen Verhandlungen und der Vermittlung durch Frankreich und Russland kommt es am 13. Mai 1779, ihrem 62. Geburtstag, endlich zum Friedensschluss von Teschen. Dass er für Habsburg ohne herben Gesichtsverlust ausgeht, ist allein Maria Theresias Verdienst. Ihr Ansehen in Europa ist so groß, dass man ihren Rückzug und den Verzicht auf Bayern nicht als Schwäche, sondern als altersweise Versöhnungsbereitschaft auslegt.

Sie hat gelernt, sich zu bescheiden, aber sie weiß auch, was sie geleistet hat. Das Reich, das sie ihrem Sohn hinterlässt, ist sicherer gefügt und besser verwaltet als zu Beginn ihrer Regierungszeit. Ihre Kinder sind – wenn auch nicht unbedingt glücklich – gut versorgt.

Ihre Gebrechen, ihre schwere Atemnot spielt sie bis zum Schluss herunter. Noch im Spätherbst 1780 besteht sie darauf, an einer Fasanenjagd, die Schwiegersohn Albert in Schönbrunn veranstaltet, teilzunehmen. Am Arm ihrer Tochter Mimi durchmisst sie ein letztes Mal all die Räume im Schloss, mit denen sich so viel Familienerinnerungen verbinden. Eine schlimme Erkältung, die sie sich dabei geholt hat, schwächt sie zusehends. Doch das Angebot Mimis, sie zu pflegen, weist sie zurück, sie will keine hilflose Patientin sein. In einem letzten Brief an ihre Lieblingstochter schreibt sie am 22. November 1780: »Ihr wisst, dass ich eine ungeduldige Kranke und am besten allein bin. Wenn Ihr mich auf eine kurze Weile besuchen wollt, ohne dass Ihr deswegen andere Pläne ändern müsst, werde ich mich sehr, sehr freuen …« Eine Woche später stirbt sie, ohne Mimi noch einmal gesehen zu haben, in den Armen ihres ältesten Sohnes Joseph.

Die verstorbene Landesmutter wird in der Kapuzinergruft, der letzten Ruhestätte der Habsburger, in einem Doppelsarkophag an der Seite ihres geliebten Mannes, Kaiser Franz Stephan, beigesetzt. Nicht nur in Wien, an allen europäischen Höfen, beim Adel und beim Volk herrscht Trauer. Mit Maria Theresia, das wird den Zeitgenossen bewusst, ist eine Epoche zu Ende gegangen.

»Wer den Namen Maria Theresia ausspricht, der beruft mehr als nur eine vergangene geschichtliche Gestalt, mehr als eine gewesene große Herrscherin und mehr als eine in der Fülle ihres Lebens und ihrer Taten unvergleichbaren Frau«, schreibt der Historiker Carl Jacob Burckhardt 1932 in einem ihr zugedachten Essay.

Knapp und nüchtern – vielleicht mit Zähneknirschen – die Huldigung ihres großen Gegenspielers Friedrichs II. von Preußen: »Sie hat ihrem Thron und ihrem Geschlecht Ehre gemacht.«

»Ich stelle mein Licht
nicht unter den Scheffel«

Katharina Elisabeth Goethe

(1731–1808)

> So entfernt du von ihr warst,
> so lange Zeit auch: du warst nie
> besser verstanden als von ihr …
> *Bettine Brentano*
> *an Goethe*

Wie wir uns Frau Rat Goethe vorzustellen haben, wissen
wir: humorvoll, häuslich, immer frohen Sinns. Eine rundum positive, Harmonie verbreitende Person – so wünscht
es ihr Sohn, und so beschreibt er sie in *Dichtung und
Wahrheit:* »Meine Mutter, stets heiter und froh, und andern
das gleiche gönnend« oder: »Wenn meine Mutter, in
jüngern Jahren, sich in reinlicher Kleidung bei einer zierlichen weiblichen Arbeit oder im Lesen eines Buches gefiel …«

Ein Idealbild, hochstilisiert, langweilig. Aber so langweilig kann die Frau Rat nicht gewesen sein. Zeugnisse von
Zeitgenossen und ihre Briefe sprechen dagegen. Doch
Goethe, der zu seiner Schwester Cornelia eine viel engere
Beziehung hatte als zur Mutter, stützt sich in seinem weitgehend autobiografischen Alterswerk nur zu gern auf das
gefällige Bild, das Bettine Brentano, die jugendliche Vertraute seiner Mutter, ihm übermittelt hat.

Katharina Elisabeth Goethe

Mit den Augen der »kleinen Brentano«

Bettine, spätere von Arnim, besucht Goethes Mutter häufig und nicht ganz uneigennützig. Sie hofft, über die Frau Rat den Kontakt zu ihrem Idol Goethe enger knüpfen zu können. Regelmäßig berichtet sie dem Sohn nach Weimar, was sich in der Frankfurter Nobelgesellschaft und im Hause des Kaiserlichen Rats Johann Caspar Goethe am Großen Hirschgraben ereignet. Die junge Briefschreiberin, ausgestattet mit einem einfühlsamen Wesen und blühender Fantasie, schildert in ihren Briefen die Mutter so, wie es dem Göttersohn behagt, »immer gar zu vergnügt und freundlich«.

Sie malt ihm Begegnungen und Gespräche aus, auch das Zusammentreffen der Frau Rat mit der angesehenen und gefürchteten Madame de Staël im Hause des Bankiers Bethmann. Im Spitzenkleid, mit Glacéhandschuhen, Federschmuck und Goldgeschmeide habe die Mutter ihren großen Auftritt gehabt: »Ich bemerkte das Erstaunen der Staël über den wunderbaren Putz und das Ansehen Deiner Mutter, bei der sich ein mächtiger Stolz entwickelte. Sie breitete mit der linken Hand ihr Gewand aus, mit der rechten salutierte sie, mit dem Fächer spielend, und indem sie das Haupt mehrmals sehr herablassend neigte, sagte sie mit erhabener Stimme, dass man es durchs ganze Zimmer hören konnte: ›Je suis la mère de Goethe!‹ ... ich glaube«, fährt Bettine fort, »die Audienz war vollkommen und gab einen schönen Beweis von der deutschen Grandezza.«

Eine Frau von Welt. Diese Vorstellung müsste dem auf Etikette und Ansehen bedachten Sohn gefallen haben – wenn er denn der fantasiesprühenden Bettine Glauben schenkte. Mit dieser Mutter ließe sich Staat machen. Seltsam nur, dass Goethe sie in all den Jahren seiner Amtszeit als Legationsrat und Staatsminister nicht ein einziges Mal nach Weimar eingeladen hat. Befremdlich auch, dass der von der Mutter innig geliebte »Hätschelhans« nur in Frankfurt auftaucht, wenn er auf der Durchreise ist oder Geschäfte zu erledigen hat. Im letzten Jahrzehnt ihres Lebens wird sie ihn überhaupt nicht mehr zu Gesicht bekommen, selbst ihrer Beerdigung bleibt er fern.

Weiß er nicht, wie die Mutter jeder Nachricht von ihm entgegenfiebert? Wie sie sich Sorgen macht um seine Gesundheit, seinen Lebenswandel, seine plötzliche Flucht nach Italien? Er muss es wissen, sie hat ihm im Laufe der Zeit unzählige Briefe geschrieben. Die meisten davon, an die 200 sollen es gewesen sein, hat der Sohn vernichtet, nur die Altersbriefe der über 60-Jährigen blieben erhalten.

Verbrannt all die lästigen Dokumente eines wohl doch nicht ganz stimmigen Familienlebens. Verbrannt die Zeugnisse einer Mutter-Sohn-Beziehung, die der Sohn nicht der Nachwelt überliefert wissen möchte, zumal die Orthografie der Frau Rat eine höchst eigenwillige war.

Ein nicht glattgeschriebenes Leben

Verbrannte Briefe löschen ein Leben nicht aus, sie erschweren nur den Zugang. An den Lebensdaten der 1731 geborenen Katharina Elisabeth Textor lässt sich ablesen, dass ihr Weg kein unbeschwert sonniger gewesen sein kann. An ihre Jugend allerdings denkt die Tochter des angesehenen Frankfurter Schultheißen gerne zurück. Sie ist den Eltern dankbar, »daß meine Seele von Jugend auf keine Schnürbrust angekriegt hat«.

Mit 17 wird sie mit dem mehr als zwei Jahrzehnte älteren Kaiserlichen Rat Johann Caspar Goethe verheiratet. Ein wohlhabender Mann, eine gute Partie. Sie steht nun, fast noch Kind, einem großen Haushalt mit Dienstboten vor. Die Geburt des Sohnes Johann Wolfgang am 28. August 1749 mittags »mit dem Glockenschlage zwölf« erfolgt unter dramatischen Umständen: »durch Ungeschicklichkeit der Hebamme kam ich für tot auf die Welt«, schreibt Goethe in *Dichtung und Wahrheit*. Bezeichnenderweise ist dabei mit keinem Wort von den Ängsten der Mutter die Rede, sondern nur von der großen Not »der Meinigen«.

Die Mutter, die alles tut für ihren Hätschelhans, nimmt in Goethes Aufzeichnungen kaum mehr als eine Statistenrolle ein. In den Schilderungen über seine lebensbedrohende Pockenerkrankung etwa, die ihn für Tage erblinden ließ, kommt die Mutter nicht vor, ebenso wenig in der Beschreibung des Verlustes der nicht lebensfähigen fünf jüngeren Geschwister: des kleinen Bruders, der an Pocken starb, oder der »sehr schönen und angenehmen« Schwester, »die aber auch bald verschwand«. Wie hat die Mutter all diese Heimsuchungen verkraftet? Und wie ist sie damit fertiggeworden, dass die beiden übrig gebliebenen Geschwister sich »nur um so inniger und liebevoller verbanden«?

Eine Verbindung, die von Goetheforschern als inzestuös gedeutet wird und die Goethe verklausuliert umschreibt: »Jenes Interesse der Jugend, jenes Erstaunen beim Erwachen sinnlicher Triebe, die sich in geistige Formen, geistige Bedürfnisse, die sich in sinnliche Gestalten einkleiden … manche Irrungen und Verirrungen, die daraus entspringen, teilten und bestanden die Geschwister Hand in Hand …« Hätte die Mutter eingreifen müssen, eingreifen können? Diese Mutter, die Goethe wahrnimmt als »fast noch Kind, welche erst mit und in ihren beiden Ältesten zum Bewusstsein heranwuchs«.

Die Mutter wird nicht als eigenständiges Wesen, sondern als Objekt väterlicher Belehrung gesehen. Goethe schreibt über seine Beobachtungen im Elternhaus und über den Vater, der viel Zeit in die Erziehung seiner beiden Kinder und auch seiner jungen Ehefrau investiert: »So hatte er meine Mutter in den ersten Jahren ihrer Verheiratung zum fleißigen Schreiben angehalten, wie zum Klavierspielen und Singen; wobei sie sich genötigt sah, auch in der italienischen Sprache einige Kenntnis und notdürftige Fertigkeit zu erwerben.« Der Hinweis, dass sie sich genötigt sah, deutet nicht auf beflissene Lernlust der Ehefrau hin.

Vom Vater, dem lehrhaften und streng pedantischen, ist in Goethes Aufzeichnungen viel häufiger die Rede als von der Mutter. Auch von den Großeltern und natürlich von der Schwester Cornelia, der innig vertrauten und von ihm dominierten, der er nie verzeiht, dass sie, wenn auch nicht aus glühender Liebe, den elf Jahre älteren Juristen Johann Georg Schlosser heiratet. Die Schwester ist in dieser Ehe unglücklich, innerlich zerrissen, ohne Lebenswillen. Sie stirbt mit 27 in schwerer Depression nach der Geburt ihrer zweiten Tochter.

Ein harter Schicksalsschlag für die Familie. Auch für die Mutter, obwohl ihr der Sohn, der mit 16 Jahren das Elternhaus ohne Wehmut verlassen hat, stets näher stand als die verschlossene Tochter Cornelia.

Wo kann sie Trost finden? Nicht bei ihrem kränkelnden, engstirnig gewordenen Ehemann. Nicht bei ihrem Sohn, dem fernen, viel beschäftigten. Sie verarbeitet ihre Trauer, indem sie Briefe schreibt. Einer der Briefpartner ist der Prediger und Physiognom Johann Kaspar Lavater in Zürich.

Von ihm erhofft sie auch Beistand im Glauben, nachdem sie ihre ganz aus pietistischer Gesinnung lebende Jugendfreundin Susanne von Klettenberg verloren hat.

»daß ich dem Schmertz nicht erlag«

Am 23. Juni 1777 schreibt Frau Aja, wie sie von Freunden genannt wird, an Lavater: »O lieber Lavater! die arme Mutter hatte viel viel zu tragen, mein Mann war den gantzen Winter kranck, das harte zuschlagen einer Stubenthüre erschröckte ihn, und dem Mann muste ich der Todesbote seyn von seiner Tochter die er über alles liebte – mein Hertz war wie zermahlt«, und sie schildert ihm, wie sie Tröstung sucht in dem Gedanken, »daß über den Gräbern unsterblichkeit wohnet, und daß unser spannenlanges Leben auch gar bald am Ziel seyn kan«. Der lange Brief mündet in das traurige, aber nicht verbitterte Bekenntnis: »wißt es ist jetzt eins meiner liebsten Beschäftigungen an die Freunde so meinen Hertzen nahe sind die Schmertz u Vergnügen mit mir theilen Briefe zu schreiben, ich lebe in dieser großen Stadt wie in einer Wüste.«

Sie fühlt sich einsam in Frankfurt. Nicht die gesellschaftlichen Kontakte fehlen ihr, sie verkehrt in den besten Häusern, geht bei Bankier Bethmann zum Tee, besucht die »Montags Gesellschaft« und die »Mittwochs Concerte«, versäumt keine Theaterpremiere. Was sie vermisst, sind die geistigen Anregungen, die tiefer gehenden Gespräche. An Lavater schreibt sie: »Es mögen wohl noch gute Menschen in Franckfurth seyn, villeicht verwundre ich mich einmahl in der Ewigkeit dass ich sie hir verkandt habe – aber vor der Hand, geht doch Frau Aja ihren pfad allein fort ...«

Auf diesem Pfad fühlt sie sich zwar geborgen in der Hand Gottes, aber nicht in den Mauern der Kirche und nicht bei den Gemeindepastoren, deren »Gemeinplätze und Wiedergeburten« ihr das warme Bett sonntags früh nicht ersetzen können: »Manchmal ging ich denn auch in die Kirch den Nachbarsleut zu Gefallen – aber weil ich den Herrn Prediger auswendig konnt, so hielt ich am heiligen Ruhetag während der Predigt immer mein Ruhestündchen.« Doch geruht hat sie nicht, sondern überlegt, was zu Hause noch alles zu tun sei, um »durch dem Prediger seine unendliche Lüneburger Heide zu kommen«. Die silbernen Leuchter wird sie mit Kreide und Branntwein blank putzen, ein Bügeleisen ins Feuer legen, um die Manschetten aufzubügeln, den Dachboden wird sie untersuchen, ob die Mäuse neue Löcher gebohrt haben, und in der Bodenkammer muss sie die schönen Borsdorfer Äpfel auf dem Stroh umlegen und im Keller die Weinbouteillen ... »Nun, dann war auch der Herr Pfarrer gewöhnlich fertig mit seiner Red, die nicht weniger unbedeutend war von dem studierten Mann als was ich derbei überlegt hatte ...«

Sie ist eine praktisch veranlagte Frau und gute Hausmutter, aber kein Hausmütterchen, das nicht über den Herdrand hinaussieht. Auch wenn sie zeitlebens keine größeren Reisen gemacht hat, so nimmt sie doch Anteil an allem, was um sie herum und in der Welt geschieht, und sagt sich in ihrer pragmatischen Art: »Das Schicksal hat von jeher vor gut gefunden, mich etwas kurtz, und die Flügel unter der Schere zu halten, mag auch bey dem allem so gar unrecht nicht haben.« Sie freut sich über die Freude anderer, begleitet in Gedanken ihren Hätschelhans auf den Reisen nach Italien und in die Schweiz, und wenn der Sohn sie nur äußerst spärlich mit Nachrichten versorgt, so malt sie sich »alle die herrlichen

Gegenden« aus, klettert mit auf die Felsen und freut sich »von ganzer Seele über der Reissenden Glückseligkeit und Wohlbefinden«. Und sie schreibt dem Sohn voller Bewunderung: »Einen Menschen wie du bist, mit deinen Kentnüßen, mit dem reinen großen Blick vor alles was gut, groß und schön ist, der so ein Adlerauge hat, muß so eine Reiße auf sein gantzes übriges Leben vergnügt und glücklich machen …«

Ein Leben in Briefen

Frau Aja war eine leidenschaftliche, wort- und bildmächtige Briefeschreiberin. Ungefähr 400 ihrer Briefe sind erhalten geblieben: die späten an den Sohn, an dessen Freunde, an ihre Enkelkinder und an berühmte Zeitgenossen, Lavater oder den königlichen Leibarzt Johann Georg Zimmermann, mit denen sie ohne jede Befangenheit korrespondierte. Vor allem aber Briefe an ihre jugendliche Freundin Bettine Brentano und an die von ihr hoch verehrte Herzogin Anna Amalia von Sachsen-Weimar.

Man kann sich die eifrige Schreiberin gut vorstellen an ihrem Sekretär oder am Tisch im Salon der Beletage mit Blick auf das geschäftige Treiben am Großen Hirschgraben. Ihr Mann hat das alte Doppelhaus großzügig im Stil des Rokoko umbauen lassen, doch von der früheren Ausstattung ist kaum etwas erhalten geblieben. Im Zimmer der Frau Rat stammen nur ein Intarsien-Nähkästchen, das Sonntagsgeschirr in der Vitrine und ihr berühmtes Porträt mit dem Spitzenhäubchen aus den Originalbeständen. Im Zweiten Weltkrieg wurde das Haus völlig zerstört.

Heute drängen sich tagtäglich Scharen von Besuchern durch die originalgetreu nachgebildeten Räume. Alle wollen dem Genius Goethe ihre Referenz erweisen, sind bildungsbeflissen oder einfach neugierig, wie es bei Goethens so zuging. Frau Rat Goethe wäre dieser Andrang gewiss nicht unlieb gewesen, sie genoss es, im Glanz des großen Sohnes auch ein bisschen illuminiert zu werden. Im Oktober 1807, nach der Frankfurter Messe, schreibt sie ihm selbstbewusst von all den Professoren, die bei ihr eingekehrt waren: »Da nun ein großer theil deines Ruhmes und Rufens auf mich zurück fält, und die Menschen sich einbilden ich hätte was zu dem großen Talendt beygetragen; so kommen sie denn um mich zu beschauen – da stelle ich denn mein Licht nicht unter den Scheffel sondern auf den Leuchter versichre zwar die Menschen daß ich zu dem was dich zum großen Mann und Tichter gemacht hat nicht das aller mindeßte beygetragen hätte«, und sie schließt kokett bescheiden: »Denn das Lob das mir nicht gebühret nehme ich nie an …«

Bei aller Bescheidenheit weiß sie um ihr Erzähltalent. Die Gabe, die ihr Gott gegeben habe, sei eine lebendige Darstellung aller Dinge, schreibt sie: »So wie ich in einen Circul komme wird alles heiter und froh weil ich erzähle. Also erzählte ich den Profeßoren und sie gingen und gehen vergnügt weg – das ist das gantze Kunstück …«

Sie hat nicht den Drang, die Welt zu bereisen, sie holt sich die Welt in ihre Kammer. Das Brunnenhöfchen neben dem Haus ist ihr Schlossgarten. Im Giebelzimmer unter dem Dach hat ihr Hätschelhans an seinem *Götz von Berlichingen* und den *Leiden des jungen Werther* geschrieben, jeder Winkel birgt Erinnerung, freudige und traurige.

An diesen Erinnerungen lässt sie in langen Briefen die Herzogin Anna Amalia teilhaben, die Mutter Carl Augusts, in dessen Gunst und Anstellung ihr Sohn in Weimar steht.

Die Herzogin hat sie im Herbst 1778 mit einem ganz besonderen Geschenk überrascht: einem Bildnis ihres Hätschelhanses. So kann die Mutter ihn wenigstens im Goldrahmen betrachten, wenn sie ihn leibhaftig kaum zu Gesicht bekommt. Seit mehr als drei Jahren hat er sich in Frankfurt nicht mehr blicken lassen. Frau Aja nimmt es dem viel Beschäftigten nicht übel – oder sie tarnt ihr Verletztsein hinter Mutterstolz über das gefällige Bild, das ihn im Frack zeigt, »worin ich ihn immer am liebsten um mich herum hatte«.

Nie ein Vorwurf an den Sohn, den säumigen, nur ab und zu eine leise Bitte, die auch gleich wieder zurückgenommen wird: »Freylich wäre es hübsch wenn du auf die Herbstmeße kommen könstes … doch auch das überlaß ich dir.« Und der Sohn liest nicht die Not hinter den Zeilen, wenn sie ihm vom Vater berichtet: »Ein armer Mann Cörpperliche Kräffte noch so zimmlich – aber am Geiste sehr schwach.«

Im Mai 1782 stirbt der seit Langem bettlägerige Mann – eine Erleichterung für Katharina Elisabeth Goethe und eine Befreiung von ständiger fürsorglicher Kontrolle. Doch auch das ungewohnte Alleinsein bedrückt die Witwe, sie flieht aus dem leeren Haus, sooft es geht: »Den da ists so still und öde, wie auf dem Kirchhoff.« Aber Resignation ist ihre Sache nicht.

Sie schreibt gegen die Einsamkeit an. Schreibt an ihre Enkel, die Kinder der früh verstorbenen Cornelia: »Wenn ich bei euch wäre, lernte ich euch allerlei Spiele, als Vögel verkaufen – Tuchdiebes – Potz schimper potz schemper und noch viele andre … ihr wißt ja daß die Großmutter gern lustig ist und gerne lustig macht.« Immer wieder stellt sie, auch vor sich selbst, ihren Frohmut heraus und verdrängt oder überlistet so die depressiven Stimmungen, die sie heimsuchen.

> *»Sind die Thüren niedrig so bücke*
> *ich mich«*

Der Ausspruch ist bezeichnend für die praktische und kluge
Lebenseinstellung Katharina Elisabeth Goethes. Nach dem
Tod ihres Mannes hat sie an die Herzogin Anna Amalia
geschrieben: »Nur das gegenwärtige gut gebraucht und gar
nicht dran gedacht das es anders seyn könte; so komt mann
am besten durch die Welt – und das durchkommen ist doch
/: alles wohl überlegt :/ die Hauptsache.«

Im November 1786 geht ein Brief an ihren Sohn nach
Rom. Sich selbst und ihn beschwichtigend schreibt sie:
»Mein Leben fließt still dahin wie ein klahrer Bach – Unruhe und Getümmel war von jeher meine sache nicht, und
ich dancke der Vorsehung vor meine Lage – Tausend würde so ein Leben zu einförmig vorkommen mir nicht, so
ruhig mein Cörpper ist; so thätig ist das was in mir denckt –
da kan ich so einen gantzen geschlagenen Tag gantz alleine
zubringen, erstaune daß es Abend ist, und bin vergnügt wie
eine Göttin – und mehr als vergnügt und zufrieden seyn,
braucht mann doch wohl in dieser Welt nicht …«

Doch Frau Rat bringt ihre Tage durchaus nicht nur im
stillen Kämmerlein zu. Die Theaterbegeisterte lässt sich keine Premiere entgehen, und Schauspieldirektor Großmann
muss sich manch harsche Kritik aus ihrem Munde anhören.

Das Frankfurter Publikum freilich behagt der Frau Rat
auch nicht: »etliche wenige ausgenommen resoniren sie wie
die Pferde«, urteilt sie. Sie berichtet Großmann von einer
Dame »der so genandten großen Welt«, die Hamlet für eine
Farce hält, und sie empört sich: »Gevatter! Hamlet eine Far-
se!!! Ich dachte ich kriegte auf der stelle eine Ohnmacht –
Ein anderer behaubtete … Daß ihn der Teufel holen solte,

wo er nicht eben so ein Ding voll unsinn schreiben kön,
und das war ein Dicker vierschröderischer Weinhändler.«

Über eine bevorstehende Aufführung von Goethes *Clavigo* schreibt sie der Herzogin Anna Amalia aufgeregt und
voller Stolz – diesmal kommt das Frankfurter Publikum
nicht mehr so schlecht weg –: »da geht gantz Frankfurth
hinein, alle Logen sind schon bestelt – Das ist vor so eine
Reichsstadt, allemahl ein großer spaß.«

Späte Leidenschaft

»Mir ist nur immer vor dem Verrosten bange« – eine beinahe kokette Äußerung der Frau Rat. Von Rost keine Spur.
Mit zunehmendem Alter scheint ihre Vitalität sich eher zu
steigern oder sie lässt ihren Emotionen unbedenklicher
freien Lauf. Sie ist Mitte fünfzig, als sie sich in den zwanzig
Jahre jüngeren Schauspieler Unzelmann verliebt, der zur
Großmann'schen Truppe gehört. Sie weiß selbst nicht, wie
ihr geschieht, als glücklichste Zeit ihres Lebens sieht sie
rückblickend die drei Jahre, in denen sie Unzelmann mit
leidenschaftlichen Briefen überschüttet hat. Ihren ganzen
Einfluss hat sie daran gesetzt, ihn in Frankfurt zu halten, sie
hat dem Labilen Geld geborgt, wenn die Gläubiger vor der
Tür standen. Unzelmann lohnt es ihr nicht. Er verschwindet heimlich, ohne sich von ihr zu verabschieden, aus der
Stadt und nimmt ein Engagement in Berlin an.

Ihre Welt bricht zusammen, sie ist fassungslos vor
Schmerz und Enttäuschung. In ihren Briefen klingt Bitterkeit an, verletzter Stolz, Rachegefühl – Abgründiges in
ihrem sonst so ausgeglichenen Wesen. »Die Quall die ich
jetzt leide ist unaussprechlich«, schreibt sie dem Treulosen

im März 1788. Und: »Ich weiß warrlich nicht, ob ich nach
so vielem vorhergegangenen Täuschungen, fehlgeschlage-
nen Erwartungen, mein Hertz der Hoffnung die mich so
offte, so unendlich offte hintergangen hat, ob ich dieser
Betrügerin es je wieder öffnen soll ...« Unzelmann hat,
nach fehlendem Erfolg in Berlin, die Absicht, nach Frankfurt zurückzukehren, möglichst als Theaterdirektor, und sie
schreibt ihm, in Panik ob dieser Vorstellung: »Vor Ihrem
Herkommen fürchte ich mich – Sie können leicht begreifen warum!!!« Gleichzeitig aber bewahrt sie ihren kühlen
Kopf, der auf Rache sinnt, und droht dem Liederlichen:
»Morgen laße ich Brandbriefe an all meine saumseelige
Schuldner ergehen – und dann wird Ihrer gedencken Ihre
Elisabeth.«

Da die Drohung Unzelmann offenbar nicht von seinen
Plänen abbringt, legt Frau Aja nach, schildert ihm die mie-
sen Theaterperspektiven in Frankfurt und den Zorn, den
seine betrogenen Kollegen noch immer gegen ihn hegen:
»Ich weiß von sicherer Hand daß Sie mögten wieder kommen über lang oder kurtz Ihnen die Strafe noch bevor
steht.«

»Bomppen – Kuglen – Pulver Wägen«

Der 1792 ausgebrochene Krieg mit Frankreich reißt Frau
Aja aus ihrem Liebeskummer und ihren schmerzbetören-
den Beschäftigungen, dem Spitzenklöppeln, Klavierspielen
und den Schachpartien mit der Gräfin von Isenburg. Sie
schwebten, solange Mainz nicht wieder in deutscher Hand
sei, in ständiger Furcht und Unruhe, schreibt sie ihrem
Sohn am 14. Dezember. Im Juni des folgenden Jahres hat

sich die Lage noch immer nicht entspannt: »Wir sehen und hören aber Tag-täglich nichts als Bomppen – Kuglen – Pulver Wägen – Blesirte – Krancke – Gefangne u.d.g. Tag und besonders Nachts gehts Canoniren beynahe an einem fort.«

Dies schreibt Katharina Elisabeth Goethe an Christiane Vulpius nach Weimar. Es ist ihr erster Brief an Christiane. Goethe hat der Mutter bei seinem Frankfurter Aufenthalt im August 1792 seine »Gewissensehe« mit der jungen Geliebten und die Existenz seines schon dreijährigen Sohnes August gestanden. Warum erst so spät? Er musste doch wissen, dass er bei seiner Mutter auf Verständnis und Toleranz hoffen kann. Frau Aja hegt, im Gegensatz zur Weimarer Gesellschaft, keine Vorurteile gegen die naturwüchsige Schwiegertochter, die Goethe erst mehr als ein Jahrzehnt später unter dem Druck seines Mäzens Carl August heiratet.

Der Krieg zieht sich hin. Viele Frankfurter verlassen die Stadt. Frau Rat, furchtlos und nervenstark auch in bedrohlichen Situationen, denkt nicht ans Weggehen, auch wenn ihr die ständigen Einquartierungen lästig sind, der preußische Oberst mit seinen vier Leuten zum Beispiel: »Die glauben nun wenigstens im Paradieß zu seyn – Aber was die auch freßen!! die waren so ausgehungert daß es ein jammer war!«

Der Sohn rät ihr, das große, mühsam zu bewirtschaftende Haus zu verkaufen und sich nach etwas Bequemerem umzusehen. Sie wird schnell fündig, eine Wohnung am Roßmarkt im Goldenen Brunnen entspricht genau ihren Vorstellungen: »Nein eine solche Aussicht – eine solche Lage ist in der gantzen Stadt nicht mehr anzutrefen – die Küche ist hell und schön – eine große Speißekammer – großer Holtzplatz Summa Summarum mein gantzes Ideal.«

Das Haus am Großen Hirschgraben muss geräumt werden, und sie geht zupackend und ohne Sentimentalität ans Werk: die Bouteillen im Weinkeller werden verkauft, die Bücher katalogisiert, die Möbel geschätzt. 15 Carolin bringt die gute rote Stube ohne Lüster und Wandleuchter. »Meine 3 Zimmer im Neuen Hauß Möblire ich hübsch und ordendtlich aber aller kling klang wird verkauft«, schreibt sie dem Sohn. Zum kling klang gehört auch dessen berühmtes Puppenspiel und ein »Fammilien Portrait wovon wenigstens die Rahme – und das Bret zum übermahlen noch tauglich sind …« Ob diese praktischen, aber nicht sehr pietätvollen Überlegungen im Sinne ihres Hätschelhanses sind, auf dessen Wünsche sie sonst so bereitwillig eingeht?

»Im fünften Akt soll applaudirt
und nicht gepfiffen werden«

Katharina Elisabeth Goethe kann – alles in allem genommen – mit Genugtuung auf ihr Leben zurückblicken. Sie hat viel geschafft, vieles mit ihrer unkomplizierten Art und mit Humor gemeistert, was andere umgeworfen hätte. Im März 1801 schreibt sie – nach der Genesung ihres Sohnes von schwerer Krankheit – an Christiane: »Wäre ich eine Regirende Fürstin, so machte ich es wie Julius Cäsar lauter fröliche Gesichter müßten an meinem Hof zu sehen seyn denn das sind der Regel nach gute Menschen«, und sie ermuntert ihre Schwiegertochter: »Tantzen Sie immer liebes Weibgen Tantzen Sie – frölige Menschen die mag ich gar zu gern – und wenn sie zu meiner Familie gehören habe ich sie doppelt und dreyfach lieb.« Frau Aja – doch die sprichwörtliche Frohnatur?

Ihren Humor und ihr im Theater geschliffener Sinn für Tragikomik behält sie bis an ihr Lebensende. Noch in ihrer Todesstunde soll sie einen Boten, der ihr eine Einladung überbringen wollte, mit den Worten abgewiesen haben: »Die Frau Rat hat jetzt kei' Zeit, sie muss sterbe.«

Der Tod kommt sanft und erwartet. Am 13. September 1808 schlummert sie ins Jenseits hinüber, das ihr christliche Gewissheit und Hoffnung ist.

Ihr Grab auf dem Petersfriedhof wurde zum Goethejahr würdig wieder hergerichtet. Aber mehr als in diesen wuchtigen Steinquadern wird sie in ihren Briefen weiterleben. Nicht – nicht nur – als Mutter eines großen Sohnes, sondern als ganz eigenständige Persönlichkeit, die mit Überzeugung sagen konnte: »Originaliter zu seyn, das ist erst wirklich seyn.«

Königin Luise von Preußen

Denkmal ohne Goldverzierung

Königin Luise von Preußen

(1776–1810)

Vielleicht war Luise, Königin von Preußen, die märchenhafteste Figur, die je als Berlinerin in die Geschichte einging. Porträts ihrer Zeitgenossen, von Tischbein bis Schadow, zeigen wohl ihren außergewöhnlichen Liebreiz, nicht aber die Tragik, die über ihrem kurzen Leben lag. Sie war 34 Jahre alt, als sie starb, und gehörte so zu den Frühvollendeten, die man in besonderer Weise verehrt. Zehn Geburten hat sie hinter sich gebracht, dabei alle Honneurs und Pflichten des Hofes wahrgenommen, und als das Ausgreifen Napoleons ihre Umgebung mutlos machte, lebte sie in ihrer Schwäche Standhaftigkeit vor. Selbstmitleid kannte sie nicht, obgleich sie fast immerzu Krankheiten ausgesetzt war und ihre seelischen wie körperlichen Kräfte ständig überbeansprucht wurden. Sie war und wirkte wie ein Kind – und nahm doch interessiert Anteil am politischen Geschehen. Wo sie konnte, versuchte sie, ihren Mann zu stützen.

So war sie wie geschaffen, die Neugier wie auch die Bewunderung ihrer Mitmenschen zu wecken, ein Hauch von Verklärung legte sich von Anfang an über ihre Person, und sie blieb die ehrfürchtig verehrte und doch volksnahe Königin – auch nach ihrem Tod – bis in die Weimarer Zeit hinein, als die Republik ausgerufen war und man so ganz ohne Glanz zu leben hatte, nachdem die Dynastie Preußen gestürzt war und nur noch der alte Hindenburg an vergangene monarchische Zeiten erinnerte. Ein reichliches Jahrhundert war Luise Vorbildfigur der zusammenwachsenden deutschen Nation: häusliche, mütterlich sich aufopfernde Frau und zugleich anmutige Repräsentantin des preußischen Staates. Goethe war einer der ersten, der sich über den Liebreiz Luisens äußerte, und zwar am 29. Mai 1793 in seiner autobiografischen Betrachtung *Belagerung von Mainz*: »Gegen Abend war uns, mir aber besonders, ein liebenswürdiges Schauspiel bereitet; die Prinzessinnen von Mecklenburg hatten im Hauptquartier zu Bodenheim bei Ihro Majestäth dem König gespeist und besuchten nach der Tafel das Lager. Ich heftelte mich in mein Zelt ein und durfte so die hohen Herrschaften, welche unmittelbar davor ganz vertraulich auf und nieder gingen, auf das genauste beobachten. Und wirklich konnte man in diesem Kriegsgetümmel die beiden jungen Damen für himmlische Erscheinungen halten, deren Eindruck auch mir niemals verlöschen wird.«

Auch wenn der Voyeur aus Weimar den Himmel bemühte, in Wahrheit ging es um eine recht weltliche Sache. Der König von Preußen suchte für seine beiden Söhne, Kronprinz Friedrich Wilhelm und Prinz Louis standesgemäße Gemahlinnen. Da stieß er auf die beiden Schwestern Luise und Friederike aus dem Hause Mecklenburg-Strelitz. Am 13. März hatte sie der König begutachtet, dann konnte der Kronprinz wählen, und er entschied sich nach einigem Zögern für Luise, die pflichtschuldigst in Liebe entbrannte. In den etwa achtzig Briefen während der Brautzeit versicherte sie immer wieder, wie glücklich sie sei und wie sie sich bemühen werde, ihrem Verlobten eine gute Gefährtin zu sein. Angst hatte sie freilich auch, denn sie war gerade 17 Jahre alt und fühlte sich als Letzte unter den Töchtern der deutschen Dynastien. In einem Brief bat sie den Kronprin-

zen: »Sie kennen mich noch recht wenig, deshalb bitte ich
Sie im voraus, haben Sie viel Nachsicht mit mir, verlangen
Sie nicht zu viel von mir, ich bin sehr unvollkommen, sehr
jung, ich kann mich oft irren ...«

Besonders ängstigte sie ihre Übersiedlung nach Berlin,
das fremd und groß vor ihr lag »wie ein böses unbekanntes
Etwas«. In Hannover-Herrenhausen und bei ihrer Großmutter am Hofe in Darmstadt großgezogen, war für sie die
Hauptstadt mit ihren damals 150 000 Einwohnern ein Albtraum, obgleich Berlin viel kleiner und übersichtlicher war
als etwa London oder Paris. Luise dachte in bescheidenen
Verhältnissen; so schreibt sie in einem Brief kurz vor ihrer
Abreise: »Werden Sie es wohl glauben, meine Verlegenheit
wegen der Ankunft in Berlin wächst mit jedem Augenblick; deshalb sage ich es Ihnen vorher und bitte Sie, es allen
Leuten zu sagen, dass ich ganz einfach bin.« Später äußert
sie sich schon selbstbewusster und zeigt eigene Konturen:
»Denn unter uns gesagt, soviel ich von den Berliner Frauen
habe reden hören, verdienen sie meine Freundschaft nicht.
Die meisten von ihnen sind kokett und Sie wissen, lieber
Prinz, wie ich die Koketterie verabscheue.« Die Koketterie
sei die Quelle der abscheulichsten Laster und sie wage es
auszusprechen: ihr Herz sei zu tugendhaft, um sich jemals
zu ändern. Sie könne sich nicht dazu erniedrigen, »derartige
Personen« zu lieben.

Der Empfang in Berlin war dann allerdings überwältigend. Schon die triumphale Fahrt quer durch Deutschland,
die herzliche Begrüßung in Potsdam. Ein ungeheurer
Zulauf von Menschen, schrieb Luises jüngerer Bruder in
sein Tagebuch. In Berlin dann Einzug durch das Potsdamer
Tor, wo die künftige Königin vom Magistrat willkommen
geheißen wurde. Die Bürgerwehr war mit ihren Kompa-

nien aufmarschiert; Glanzpunkt war eine Ehrenpforte Unter den Linden, 20 Meter hoch, alles geschmückt mit Myrten, Blumen und Inschriften. Die französische Kolonie vertraten 30 festlich gekleidete Schüler, die Bürger hatten zwei Dutzend weiß gewandete Mädchen entsandt. Luise überstrahlte alles durch ihre Anmut und Herzlichkeit, so wurde schon in dieser Stunde klar, dass die Bevölkerung sie als eine der ihren annahm. Zwei Jahre später schrieb Luise an ihren Bruder Georg: »Ja, bester Freund, es war eine feierliche Stunde für mich, in der ich Berlins Einwohnerin ward...« Kurz nach der Ankunft, am 24. Dezember 1793, fand die Vermählung statt, anschließend bezog das junge Paar das Kronprinzenpalais Unter den Linden.

Die nun folgenden 13 Berliner Jahre bis zur Flucht vor Napoleon, 1806, sind gekennzeichnet durch die Sympathie, welche die Bevölkerung ihrer Königin entgegenbrachte, und Luises Hineinwachsen in die Pflichten des Hofes. Sie beobachtete Staatsaffären und Machtkämpfe, lernte die Mühsal des politischen Geschäfts kennen und größere Zusammenhänge begreifen. Manche Missstände weckten ihre Kritik, so fanden die Reformbestrebungen und Pläne des Grafen Hardenberg und des Freiherrn vom Stein bei ihr ein offenes Ohr.

Ständig blieb ihr Leben von Kummer überschattet: die Enttäuschung über ihren Mann, seine bloße Redlichkeit und formale Korrektheit, ohne inneres Format und wirkliche Größe, war wohl die eigentliche Quelle ihrer Resignation. Auch mit dem Hof, dem die Etikette so viel galt, hatte sie Schwierigkeiten. Sich inmitten dieses äußerst betriebsamen Lebens- und Pflichtkreises einsam zu fühlen, war eine Last, die sie durch Zuwendung zu ihrer eigenen Familie zu mildern versuchte. So füllte der Briefwechsel mit

126

ihrer Großmutter, ihrem Vater, ihren Schwestern und dem drei Jahre jüngeren Bruder Georg viele Stunden aus. Schwer traf es sie, dass ihre Schwester Friederike, mit der sie eine Doppelhochzeit gefeiert hatte, vom Unglück verfolgt wurde: Ihr Gemahl, Prinz Louis, starb wenige Jahre nach der Verheiratung; als Witwe hatte sie eine Liaison mit einem Adligen, wurde schwanger und musste vom preußischen Hofe verschwinden. Am 11. Januar 1799 klagt Luise in einem Brief: »Sie ist fort! Ja, sie ist auf ewig von mir getrennt. Sie wird nun nicht mehr die Gefährtin meines Leben sein. Dieser Gedanke, diese Gewissheit umhüllen dermaßen meine Sinne, dass ich auch gar nichts anderes denke und fühle ...« Zu diesem Schmerz gesellte sich noch die Enttäuschung über ihren Bruder. Der über alles geliebte Georg, mit dem sie ständig sehnsüchtige, fröhliche und vertrauliche Briefe gewechselt hatte, stellte sich als Versager heraus. Schließlich liest die 23-Jährige ihm im Juli 1799 schriftlich die Leviten. Der lange, beschwörende Brief gipfelt in der resoluten, für Luise bezeichnenden Feststellung: »So wie es jetzt ist, kann es nicht bleiben, denn du nützest niemandem und hängst an nichts. Beschäftigung, diese muss dir werden, diese muss ein jedes denkende Wesen sich machen, um nicht ohne Nutzen in der Welt zu stehen, wo doch jedes Ding seine Bestimmung hat.«

Es sagt nichts gegen die Berliner, aber alles gegen den Hof, dass zwei ausgedehnte Reisen den eigentlichen Höhepunkt ihrer Berliner Jahre darstellen. Die eine führt sie zusammen mit ihrem Mann zu den vielen Verwandten ins westliche und südliche Deutschland, die andere war eine sogenannte Huldigungsreise.

Nachdem König Friedrich Wilhelm II. im November 1797 gestorben war und das Kronprinzenpaar den Thron bestiegen hatte, besuchte es von Ende Mai bis Ende Juni 1798 die alte Krönungsstadt Königsberg, auch Danzig, Warschau und Breslau, und überall waren die Ovationen der Bevölkerung überwältigend, wobei besonders die Königin die Aufmerksamkeit auf sich zog. Das wiederholte sich dann noch einmal während der Huldigungsfeiern in Berlin am 6. Juli 1798. Luise war damals hochschwanger, eine Woche später wurde ihre Tochter Charlotte (die spätere Zarin Alexandra Feodorowna) geboren. Diese Belastungen muss man sich vor Augen halten, um die kleine, bezeichnende Notiz aus Warschau vom 17. Juni 1798 zu verstehen: »Meine Gesundheit hält wunderbarerweise den zahl- und namenlosen Anstrengungen stand, die ich durchmache. Am 29. bin ich in Charlottenburg, und der Gedanke daran ist mehr wert als alle Beruhigungsmittel der Welt.«

Die dauernde körperliche Überbeanspruchung setzt Luise schwer zu, doch versucht sie, heroisch durchzuhalten: fast jedes Jahr eine Geburt, dazwischen all die höfischen Verpflichtungen, dazu kommen Fieber und Erkältungen, die auch in dem geliebten Bad Pyrmont nicht auskuriert werden können. Rheumatische Zahnleiden und Masern, alle Krankheiten der Epoche suchen sie heim, und immer muss sie Haltung bewahren. Nur in den Briefen deckt sie ihre Bedrängnisse auf. Hier wurde ein Leben verbraucht, dem Frohsinn und Unbeschwertheit viel eher angestanden hätten. Was sich in den 13 Berliner Jahren andeutete, wurde später, in den vier Jahren auf der Flucht vor Napoleon bis zu ihrem Tode 1810, zum Höhepunkt fortgetrieben. Am 27. April 1808 schreibt sie von Königsberg aus an ihren Bruder, mit dem sie nach wie vor in großer Liebe verbunden ist: »Ach, lieber Georg, ich will Dich nicht traurig stimmen, aber Du kannst es Dir schon selbst sagen, ich bin weit entfernt, glücklich zu sein! Das Unglück anderer ist das meine, die Unmöglichkeit, der leidenden Menschheit zu helfen, ist wirklich ein solches für mich ... Die seelischen Leiden übertragen sich auf den Körper, und so verringern sich die Kräfte allmählich. Wenn nur Schlesien geräumt wäre ...«

So verbinden sich bei Luise die persönlichen Leiden mit dem Unglück der Menschen und dem Schicksal Preußens, das sie unaufhörlich beschäftigt. Napoleon ist der große Feind. Ihn beginnt sie zu hassen. Ihre vertraulichen Verbindungen zu Freiherr vom Stein sind unter diesen Aspekten zu sehen. Sie ist immer wieder von dessen starker, temperamentvoller Persönlichkeit beeindruckt, die ihrem Manne ganz und gar fehlt. Auch ihre vertrauteste Freundin Caroline von Berg war eine glühende Anhängerin Steins; das politische Interesse Luises bekam so streckenweise einen Zug des Konspirativen. Das Zeitgeschehen empfand sie zutiefst aufwühlend, fast zerstörerisch intensiv – eine Affinität zu Heinrich von Kleist, der, wie so viele Zeitgenossen, ein emphatisches Gedicht auf die Königin schrieb.

Die Tragik ihrer Situation kommt unverhüllt in einem Brief an Caroline von Berg zum Ausdruck, den sie am 12. März 1809 in Königsberg schrieb: »Ich erlebe heute einen Tag, wo die Welt mit allen ihren Sünden auf mir liegt. Ich bin krank an einem Flussfieber, und ich glaube, solange die Dinge so gehen wie jetzt, werde ich nicht wieder genesen. Der Krieg mit Österreich wird losbrechen, wie jedermann weiß, das ist im Grunde das Hindernis für unsere Rückkehr nach Berlin; dieses allein betrübt mich bis zum Tod, aber was Sie nicht wissen: Russland wird Frankreich helfen, Österreich auszuplündern, und das wird mich noch um meinen Verstand bringen. Ich bin in einem unbeschreib-

lichen Zustand ... Nein, ich kann es nicht aussprechen, was
ich fühle, wie es in mir tobt, die Brust zerspringt mir fast.
Und wir hier in diesem Klima, in Preußen, wo Stürme seit
14 Tagen wüten, entfernt von allen Lieben. Ach Gott, ist es
der Prüfungen noch nicht genug?« Anfang August schreibt
sie an dieselbe Adressatin: »Ging ich nur nach Berlin, dahin,
dahin möcht ich jetzt gleich ziehen; es ist ordentlich ein
Heimweh, was mich dahin ziehet. Und mein Charlottenburg! Und alles mein, sogar mein lieber, tiefer Sand den
lieb' ich.«

Und noch einmal an Frau von Berg, Anfang Dezember,
kurz vor der Heimkehr, schon Todesschatten fühlend: »Ich
werde also bald Berlin wiedergegeben sein und wiedergegeben so viel ehrlichen Herzen, die mich lieben und achten. Mir wird es alle Augenblicke ganz miserabel für Seligkeit, und ich vergieße schon so viel Tränen hier, wenn ich
daran denke, dass ich alles auf demselben Platz finde, und
doch alles, alles so ganz anders, dass ich nicht begreife, wie
es wird. Es ist eine Schwermut in mir, die ich beinah' nicht
begreife. Schwarze Ahnungen, Beklommenheit, mit einem
Worte: mehr traurig als froh. Ich möchte immer vor der
Welt fliehen, allein sein ...«

Am 15. Dezember 1809 verließen der König und Luise
Königsberg, am 23. Dezember trafen sie in Berlin ein. Der
feierliche Einzug war der Beginn großer Anstrengungen in
der neuen politischen und sozialen Lage. Dies alles war für
ihre labile Gesundheit zu viel. Am 19. Juli starb sie an einer
Lungenentzündung, während eines Besuches bei ihrem
Vater in Hohenzieritz, umgeben von ihrer Familie. Auch
die Oberhofmeisterin Gräfin Voss und die Freundin Caroline von Berg waren bei ihr. Im Mausoleum des Schlosses
Charlottenburg wurde sie beigesetzt.

Dichter haben Königin Luise gehuldigt, das Volk hat sie verehrt, Legendenbildungen haben sie einseitig idealisiert. Heute entdeckt man neue Konturen an ihr: die selbstständig denkende und handelnde, die mutig entschlossene Königin. Napoleon nannte sie eine »große Feindin«. Das trifft die Bedeutung dieser Frau eher als die harmlos lieblichen Goldverzierungen vergangener Zeit. Goethe sprach von ihr als einer höchst vollkommenen, angebeteten Königin. Sie war groß in ihrer Schwäche, das ist es wohl, was der Sinnierer unter Vollkommenheit verstand. Das kurze, nur 34 Jahre währende Leben Luises, das mitten in die lange Lebenszeit des Dichters eingebettet war, könnte als eine Art Kontrapunkt zu dieser gesehen werden.

Bettine von Arnim

Quasi una fantasia

Bettine von Arnim

(1785–1859)

Es ist ein wunderliches kleines Wesen, eine
wahre Bettine an körperlicher Schmieg- und
Biegsamkeit, innerlich verständig, aber
äußerlich ganz töricht ...
Caroline Schlegel-Schelling

Liebe Bettine,

Sie haben sicher nichts gegen die vertrauliche Anrede,
schlagen Sie selbst doch bei Ihren vielen Briefwechseln
meist sehr persönliche Töne an. Es wird Sie auch nicht stören, dass dieser Brief aus einer Zeit kommt, die Sie nicht
erlebt haben, in die Sie aber gut hineinpassen würden. Ihre
Aufgeschlossenheit und Neugier, Ihre Spontaneität und Ihr
Drang, auf Menschen zuzugehen und sie in Ihr weites
Beziehungsgeflecht einzubauen – all diese Fähigkeiten sind
gefragt im Zeitalter weltweiter Kommunikation und Ver-
netzung. Unbekannte Worte für Sie? Keineswegs. Sie prak-
tizierten Ihr Leben lang, worauf es heute ankommt: extra-
ordinär zu sein, mit möglichst originellen Gedanken sich
einzubringen in den Kulturbetrieb, Verbindungen zu schaffen und zu nutzen, aber auch: furchtlos einzustehen für seine Ideen, zu kämpfen gegen Ungerechtigkeit und jegliche
Beschneidung der Freiheit.

Sie haben die Meinungen stets polarisiert: Man mochte und bewunderte Sie oder man fand Sie exaltiert und aufdringlich. Das haben Sie oft genug erfahren, und es wird Sie interessieren, dass dies bis heute so geblieben ist. Unendlich viel ist über Sie geschrieben worden, das müsste Ihrem Selbstgefühl schmeicheln, Sie wohl manchmal auch ärgern, wenn Sie schnoddrig Mokantes lesen und sich nicht mit Ihrer berühmten Schlagfertigkeit verteidigen können.

Vielleicht mögen Sie auch die Stimmen nicht, die Sie in andächtiger Verehrung zur Ikone überhöhen oder die Sie ungefragt vereinnahmen für gesellschaftspolitische, feministische, romantisch-utopische oder freidenkerische Vorstellungen. Sie wollten stets nur Sie selbst sein, niemals Abbild, niemals Nachbeterin kluger Gedanken, niemals abhängig von dem, was Damen der Gesellschaft geziemt. Das hat Sie viel Kraft gekostet, auch wenn es Ihnen gleichgültig war, dass böse Zungen Sie der eitlen Selbstüberschätzung bezichtigten, Ihr Sich-Querstellen als Wichtigtuerei abtaten. Mochten andere dafür Ihre Eigenwilligkeit bewundern, Ihr furchtloses Engagement, Ihr mildtätiges Herz.

Ob Ihnen aufgefallen ist, dass Männer mit Ihnen meist härter ins Gericht gehen als Ihre Geschlechtsgenossinnen? Keine Frau – es sei denn eine Rivalin – hätte Sie, wie Goethe es tat, eine »leidige Bremse« genannt oder Sie so barsch zurechtgewiesen wie Fürst Pückler. Der hielt, Sie erinnern sich sicher, nichts von Ihrer »Gehirnsinnlichkeit«, die nur künstlich heraufgeschraubt sei und beliebig beiseitegelegt oder auf einem anderen Instrument abgespielt werden könne. – Ein Verdacht, den offenbar auch andere hegten, die sich von Ihrer impulsiv vereinnahmenden Art bedrängt fühlten und die mit Fürst Pückler hätten sagen mögen: »nicht überspannt, wenn ich bitten darf!«

Wenn Frauen sich über Ihre – Sie müssen zugeben – oft pubertär anmutenden Gefühlsausbrüche ärgern, über Ihr Flunkern und Funkeln, so würdigen sie doch gleichzeitig Ihre Lebensleistung, Ihren Einsatz für die Familie, für Benachteiligte und der Hilfe Bedürftige, auch das hohe Maß an Selbstzurücknahme, das damit einhergeht. Wie viel lieber hätten Sie sich ans Klavier gesetzt, als den Kindern Bohnensuppe zu kochen. Wie viel lieber hätten Sie am Schreibtisch gesessen und Ihre Brieffreundschaften gepflegt, als unter Ihren Bekannten die Butter von Gut Wiepersdorf zu verscheuern …

Sie haben früh gelernt, hart gegen sich selbst zu sein, Überlebensstrategien zu entwickeln und Ihre Fähigkeiten voll auszuspielen – wer könnte Ihnen das verübeln? Welcher Energie bedurfte es, sich als siebtes Kind inmitten einer vitalen zwölfköpfigen Geschwisterschar durchzusetzen und ein völlig unangepasstes Eigenleben zu führen. Mit acht die Mutter verloren, vier Jahre später den geliebten Vater, ins klösterliche Internat abgeschoben, dann reihum zu Verwandten. Immer auf der Suche nach Geborgenheit, Verstehen.

Dass Karoline von Günderode, die einzig vertraute Freundin, sich von Ihnen zurückzog und aus dem Leben schied, dass Goethe, Ihre alles überstrahlende große Liebe, diese Liebe eher beiläufig wahrnahm, wie muss Sie das geschmerzt haben. Aber nie fallen Sie in die Opferrolle, nie lassen Sie sich bemitleiden, auch nicht in Ihrer Ehe mit Achim von Arnim, dem genialisch weltfernen Gutsherrn von Wiepersdorf. Auch nicht mit Ihren sieben Kindern, die Sie weitgehend alleine erzogen haben. Geldnöte überspielen Sie mit Grandezza. Gesellschaftliche Konventionen ignorieren Sie, Klatsch ebenfalls.

Später die politischen Anfeindungen. »Communistin« schimpft man Sie, hält Sie für gottlos, weil Sie, obwohl katholisch getauft und bei den Nonnen erzogen, nicht kirchenfromm sind. Mit den gesellschaftlichen Kreisen Ihres Standes haben Sie es sich ohnehin verdorben, seit man Sie vor dem Haus eines Judenmädchens in einer zwielichtigen Gegend den Bürgersteig fegen sah. Ihre »sozialen Schrullen« sieht man Ihnen nicht nach, schon gar nicht Ihre Anklage gegen das Weberelend im Vogtland: Was haben Sie sich in die Angelegenheiten der Proletarier einzumischen? Gar dem König Vorwürfe zu machen?

Immer eine Provokateurin. Eine Rolle, die Ihnen gut zu Gesicht steht und die Ihnen, vor allem bei der rebellischen Jugend, viel Sympathie einbringt – wenn da nicht noch die andere Rolle wäre, die Sie mit ebensolcher Bravour spielen: die der kindlich koketten Schwärmerin, der verzückten Anbeterin großer Geister, deren vertrauliche Nähe Sie suchen. Diese Inszenierungen – wenn es denn Inszenierungen sind und nicht echte Aufwallungen Ihres Gemüts – sind zu Ihrer Zeit schon auf Befremden gestoßen, denken Sie an Marianne von Willemer, die nicht nur Sie, sondern gleich Ihre ganze Brentano'sche Familie der »Coquetterie« und hemmungslosen Eitelkeit zeiht. Oder an Goethes Verdikt gegen die »Tollhäusler«, nachdem Sie seine Christiane als »toll gewordene Blutwurst« verunglimpft hatten. Erinnern Sie sich? Es war in Weimar, ausgerechnet auf Ihrer Hochzeitsreise, Christiane hatte Ihnen wegen Ihrer kessen Bemerkungen die Brille von der Nase geschlagen und zertreten …

Sie liebten es, Ihren Charme und Ihre Fantasie spielen zu lassen, um Rivalinnen eifersüchtig zu machen. Dabei tut es wenig zur Sache, ob Goethe tatsächlich seine Hand auf

Ihren Busen gelegt hat oder ob Sie sich die Szene wirkungsvoll zurechtgeschrieben haben. (Heute könnte der Meister
übrigens wegen Busengrabscherei gerichtlich belangt werden, während – paradox – die erotischen Anspielungen in
Ihren Tagebüchern und Briefen niemanden mehr aufre-
gen.)

Stets waren Sie auf der Suche nach väterlichen Freunden
– verständlich, nachdem Sie Ihren Vater, auf dessen südlän-
disches Blut Sie stolz sind, so früh verloren haben. Sie suchten nicht Liebesabenteuer, Sie suchten den überlegenen
Geist, aber wenn es dabei verführerisch knisterte, umso besser. Sie wussten mit Ihren dunklen staunenden Augen und
Ihrem kleinen Wuchs Ihre Kindlichkeit noch auszuspielen,
als Sie längst kein Kind mehr waren. Als 22-Jährige kauern
Sie auf einem Schemelchen zu Goethes Füßen. Auch als
Schleiermacher Ihnen ein häusliches Privatkolleg hält,
rücken Sie das Schemelchen ehrfurchtsvoll vor seine Knie.
Und was für Mühe hat es Sie gekostet, bei Ihrem Wiener
Aufenthalt zu Beethoven vorzudringen und den Wider-
spenstigen handzahm zu machen!

Die Liste Ihrer illustren Brief- und Gesprächspartner ist
lang, und immer geht die Initiative von Ihnen aus, ob bei
den Schlegels, den Grimms oder den Humboldts, ob bei der
Frau Rat Goethe oder den politischen Köpfen des Jungen
Deutschland. Sie lassen sich auch von Zelebritäten nicht
einschüchtern, verkehren in vertraulichem Ton selbst mit
Friedrich Wilhelm IV., der Ihnen als Ihr »Quasi-Fantasie-
Gebilde« seine Gunst gewährt.

Es muss Sie mit Genugtuung erfüllen, mit den Großen
Ihrer Zeit korrespondiert zu haben, auch wenn viele Ihrer
Briefe nicht oder mit Distanz beantwortet wurden. Wissen
Sie, dass Sie auch in die Literatur Ihrer Nachwelt eingegan-

gen sind, in Musils Tagebücher beispielsweise oder in Hesses Essays? Den Anreiz, sich mit Ihnen zu beschäftigen, hat Walter Jens, ein heutiger Kritiker und Literat, auf den Nenner gebracht: »Eine Frau in ihrem Widerspruch.« Und Ihr Dichter-Bruder Clemens, der Sie wie niemand sonst in Ihren Stärken und Schwächen kennt, hebt Ihre Entschlossenheit hervor, »alles in Beschlag zu nehmen und jede platte Umgebung zurecht zu gewalttätigen«. Nehmen Sie's als Kompliment!

Dass jedes noch so objektiv angelegte Porträt immer auch subjektive Fragestellungen und Gewichtungen enthält – wer wüsste das besser als Sie. So mag es reizvoll sein für Sie zu erfahren, wie heutige Schriftstellerinnen sich Ihrer Person nähern, wo deren Beweggründe liegen, sich mit Ihrem Leben und Ihrem, nimmt man alles zusammen, stattlichen Werk zu beschäftigen.

Katja Behrens zum Beispiel. Eine Autorin, die Außenseitern nachspürt und die auch in Ihrem Leben, genauer in Ihrer Jugend, das Gegen-den-Strich-Gebürstete sucht, den Grund, warum Sie, trotz Ihrer vielen Kontakte, Außenstehende geblieben sind. Liegt es an den unübersichtlichen Familienverhältnissen im Haus Ihrer Kindheit in der Frankfurter Sandgasse, die Ihnen nie die Gewissheit sicherer Verortung gegeben haben? Ihr Vater, der italienische Kaufmann Pietro Brentano, hatte zwar das Frankfurter Bürgerrecht, sprach aber nur gebrochen Deutsch. Nach dem Tod Ihrer Mutter hatte er – man stelle sich das vor – 18 Kinder aus zwei Ehen zu versorgen. Sie vermissten ihn, den viel Beschäftigten und stets Abwesenden, schon vor seinem frühen Tod schmerzlich.

Er hat Sie und zwei Ihrer Schwestern in einer Klosterschule, bei den Ursulinen in Fritzlar, untergebracht. Vier

Jahre, wie Katja Behrens es sieht, »dem christlichen Kloster-leben innewohnende Verlogenheit und Prüderie«. Ob Sie das so negativ erlebt haben? Ihr Eigenwille, Ihre innere Auflehnung gegen Unterwerfungsriten sind in dieser Zeit gewachsen – und Ihre Einsamkeit: »Ich habe keinen andern Freund gehabt als mich selber, ich habe nicht um mich, aber oft mit mir geweint«, schreiben Sie. Sie hatten in den vier Jahren nicht einmal Ihr Spiegelbild, Spiegel waren verpönt im Kloster, erst nach Ihrer Internatszeit haben Sie mit Befremden Ihr Äußeres wahrgenommen: »Ich erkannte alle, aber die eine nicht, mit feurigen Augen, glühenden Wangen, mit schwarzem, fein gekräuseltem Haar.«

Der klösterlich spartanischen Gleichförmigkeit folgt eine Zeit der Turbulenz, die Ihrem quirligen Wesen entsprochen haben müsste, die aber auch Ihre Sehnsucht nach fester Ver-ankerung wachsen lässt. Sie kommen bei Ihrem Halbbruder Franz, Ihrem Vormund, unter, vertragen sich nicht mit der Stiefmutter, werden zur Großmutter, Sophie von La Roche, nach Offenbach weitergereicht, die als erfolgreiche Schrift-stellerin einen der ersten literarischen Salons führt. Auf dem großmütterlichen Dachboden machen Sie einen aufregen-den, Ihr weiteres Leben prägenden Fund: Sie entdecken dort einen Packen Briefe von Goethe, Briefe an Ihre Großmutter, seine Jugendfreundin, aber auch Liebesbriefe, die er an Ihre Mutter Maximiliane geschrieben hat … Darum also hatte Goethe nach der Heirat Ihrer Mutter Hausverbot bei den Brentanos!

Sie sehen sich nun – darf man das so interpretieren? – als Sachwalterin Ihrer Mutter und setzen alles daran, den Absender der Briefe persönlich kennenzulernen. Mit Ihrer charmant berechnenden Art gelingt es Ihnen, Goethes Mutter manche Erinnerung aus der Jugend des »Hätschelhanses« zu entlocken, die Sie dann – mit Sinn für Spannung und Komik aufbereitet – an den Sohn in Weimar weiterreichen und so erste Kontakte knüpfen. Frau Rat Goethe schließt Sie in ihr Herz, und der große Sohn in Weimar wird Ihre Aufzeichnungen später seinem autobiografischen Werk *Dichtung und Wahrheit* einverleiben.

Die Begegnung mit ihm wird zum Angelpunkt Ihres Lebens. Sie identifizieren sich mit der Gestalt der Mignon, fühlen sich als Goethes »Psyche« – und der Meister sieht's mit Wohlgefallen, ist geschmeichelt. Später allerdings genervt. Ihre vereinnahmende Zuneigung, mit der Sie sein Leben begleiten, wird ihm zunehmend lästig. Er ist 39 Jahre älter als Sie, könnte Ihr Vater sein, aber er gefällt sich nicht in Vaterrollen, spielt lieber den Charmeur, den jugendlichen Liebhaber. Sie aber suchen den Übervater.

»Auch wo sie liebte, liebte sie durch den anderen hindurch nur den Geist«, schreibt Margarete Susman, eine andere Ihrer Biografinnen. Und: »Vor allen Bindungen, allen Gefühlen, selbst vor der Freundschaft schreckt sie zurück.« Können Sie sich in diesem Zitat wiederfinden, wenn Sie an Ihre Goethe-Annäherung denken? Sie seien, glaubt Susman, von der Liebe anderer immer erstaunlich unabhängig gewesen, nie gefesselt von leidenschaftlichem Verlangen. – Also reines Geistwesen oder kalkulierende Rollenspielerin? Wahrscheinlich behagen Ihnen beide Auslegungen nicht.

Sie machen es, bewusst oder unbewusst, Biografen schier unmöglich, Ihr Wesen einzufangen und in ein Kästchen zu sperren. Und der Band *Goethes Briefwechsel mit einem Kinde,* den Sie mit fünfzig, drei Jahre nach Goethes Tod, herausgebracht haben, macht das Verwirrspiel für Uneingeweihte noch verwirrender: Welche der abgedruckten Briefe von

Goethe, von seiner Mutter, seiner Frau Christiane, von Ihnen selbst, sind echt? Welche von Ihrer Hand frei ergänzt oder verändert? Welche entspringen ganz Ihrer Fantasie? Gewiss, es zeugt von Ihrem sprachlichen Geschick und Ihrem subtilen Einfühlungsvermögen, wenn Original und Nachdichtung nicht zu unterscheiden sind, und etliche Rezensenten, das ist Ihnen sicher bekannt, billigen dem Buch gerade wegen dieser fantasievollen Mischung aus Fiktion und Wahrheit eine besondere literarische Qualität zu. Sie haben den Band Fürst Pückler gewidmet, er hatte Sie angeregt, Ihren Briefwechsel mit Goethe zu veröffentlichen, als Sie nach dessen Tod Ihre an ihn gerichteten Briefe zurückerhielten. Dass Sie damit so frei umgehen würden, damit hat der Fürst wohl nicht gerechnet.

Es mit der Urheberschaft nicht so genau zu nehmen, das haben Sie Ihrem Genius Goethe abgeschaut. Hat er nicht in den Sonetten an Minchen Herzlieb Stellen aus Ihren Briefen wörtlich übernommen? Obendrein Ihnen eine Sonett-Scharade geschickt, die Sie auf sich beziehen mussten, die aber seiner neuen Flamme Minchen Herzlieb zugedacht war? Sie nehmen es ihm nicht übel, Sie nehmen ihm nichts übel, er bleibt Ihr verklärter Held. – Dies ist ein Grund, weshalb Frauenrechtlerinnen, Feministinnen nennt man sie heute, sich eigentlich nicht auf Sie berufen können. Sie sind zwar eigenwillig, aber nicht in dem Sinne eigenmächtig, emanzipiert, wie Frauenbewegte es für sich in Anspruch nehmen.

Obwohl Ihr Leben ganz auf Goethe ausgerichtet ist, sind Sie nur erstaunlich selten mit ihm zusammengetroffen. Bei Ihrem ersten Besuch in Weimar, durch Wieland vermittelt, sitzen Sie ihm verzückt gegenüber, schreiben später: »Ich wundre mich, dass ich so ruhig war bei ihm, bei ihm allein, dass ich auf seiner Schulter lag und beinah schlief, so still war die Welt um mich her ...« Ist's Traum? Ist's erlebt? Fließend gleiten bei Ihnen Wunsch und Wirklichkeit ineinander. Wie damals – erinnern Sie sich? –, als Sie ihn in Ihr Haus führen wollen, drei Stiegen hoch in Ihr Zimmer. Auf Ihren blauen Sessel soll er sich setzen, Ihnen gegenüber, und Sie weisen ihn liebevoll an: »So, nun reich mir die Hand herüber und lass mich meinen Mund drauf drücken ... Dann musst Du die unwandelbarste Liebe in meinen Augen erkennen, musst jetzt liebreich mich in Deine Arme ziehen ... – siehst Du, und musst mich küssen.«

Ganz selbstverständlich duzen Sie ihn, während er nur gelegentlich seinen diktierten förmlichen Briefen einen handschriftlichen Zusatz in der vertraulichen Du-Form anfügt. Sie können nicht ahnen, dass er – war's im August 1830? – in sein Tagebuch einträgt: »Frau von Arnims Zudringlichkeit abgewiesen.«

Harter Entschluss eines Mannes, der weiblichen Annäherungen durchaus nicht abgeneigt ist. Vielleicht haben Sie verkannt, dass er bei aller Anfälligkeit für Huldbezeugungen doch stets der Handelnde, der Bestimmende bleiben will? Vielleicht auch fehlte ihm bei Ihren Gesprächen der innere Tiefgang? Zu seiner eigentlichen Gedankendimension, seinen philosophischen und naturwissenschaftlichen Fragestellungen sind Sie niemals vorgedrungen, wollten es auch nicht. Ihre instinktive Abneigung gegen Philosophie, gegen theoretische und theologische Spekulationen äußerte sich schon früh. Erinnern Sie sich, wie Sie Ihre Freundin Karoline, die Sie mit der Lektüre Schellings bedrängte, abblitzen ließen: »Dein Schelling und Dein Fichte und Dein Kant sind mir ganz unmögliche Kerle.«

Sie mochten keine Belehrung, weder vom Stiftsfräulein Günderode noch von Freund Varnhagen oder von Ihrem älteren Ihnen seelenverwandten Bruder Clemens, dem Sie ein barsches »Halts Maul!« entgegenschleudern konnten. – Von Goethe hätten Sie sich belehren lassen. Warum eigentlich haben Sie nie versucht, ihm statt als kindlich Bewundernde als ernsthaft Fragende gegenüberzutreten?

Genug von Goethe. Ihr Leben hatte, auch wenn der Genius Mittelpunkt blieb, noch andere Facetten. Immerhin sind Sie die einzige Frauengestalt um Goethe, der die Literaturgeschichte über diese Beziehung hinaus Interesse entgegenbringt. Sie sind eine Brentano, und das Haus Brentano, mit Ihrer Großmutter Sophie, Ihrer Mutter Maximiliane, Ihrem Bruder Clemens und Ihnen selbst, mit Ihren reichen Verbindungen zu den Geistesgrößen Ihrer Zeit, gilt als eine Wiege und als ein späterer Mittelpunkt der deutschen Romantik.

Zu diesem Beziehungsgeflecht gehört natürlich auch Clemens' Studienfreund aus Heidelberg, Achim von Arnim, den Sie lange vor Ihrer recht zögerlichen Eheschließung im Jahre 1811 kennengelernt haben. Wieder ist es, und das ist wohl kein Zufall, eine Frau, Hildegard Baumgart, die Ihr allmähliches Zusammenfinden einfühlsam nachzeichnet: Die heimliche Heirat – Sie haben die Szene in der Bibliothek des Berliner Predigers bestimmt noch vor Augen – mit vergessenem Aufgebotsschein und geborgtem Myrthenkranz nimmt sich wie der Prolog zu Ihrer 20-jährigen, nach bürgerlichen Maßstäben doch ziemlich ungewöhnlichen Ehe aus.

Aus heutiger Sicht gäbe Ihre Beziehung kaum mehr Anlass zu Klatsch und Missbilligung. Zwei ausgeprägte Singles, die sich in ihrer Gegensätzlichkeit respektieren, sich lieben auf eine Art, die Ihrer sonstigen Emphase nicht entspricht, tun sich zusammen, reiben sich aneinander, versöhnen sich, gehen schließlich, durch praktische Gründe gerechtfertigt, getrennte Wege: Ihr Mann, der Landmensch und Einsiedler, bleibt auf Gut Wiepersdorf, Sie, die Urbane, leben mit den Kindern, die ja vernünftige Schulen besuchen sollen, in Berlin. Eine Spagatehe nennt man das heutzutage. Sie bekommt Ihnen beiden offensichtlich gut. Sie blühen auf in der kulturgesättigten Großstadtluft, und Ihr Mann braucht sich nicht mehr durch Sie eingeengt zu fühlen. Erinnern Sie sich seiner bitteren Worte: »Du übst Dein altes Kunststück, mich in allem, was ich tue, auf irgendeine frappante Art zu stören, dass ich wochenlang nach Luft schnappen muss ...«

Die Trennung macht Ihre Ehe nicht nur erträglich, sondern beflügelt sie, Ihre lebhaft getauschten Briefe sind Zeugnis dafür. Beide führen sie ein tapferes Leben: Sie im Alltagskampf mit Kindern und Haushalt, mit Geldsorgen und Wohnproblemen, Ihr Mann im hoffnungslosen Einsatz für das marode Gut, das keine Rendite abwirft. Und nachts führen Sie beide Ihr anderes Leben, sitzen am Schreibtisch über Ihren Büchern und Briefen. Durch die doppelte und dreifache Belastung wachsen Ihnen Kräfte zu – Ihr Mann reibt sich auf. Er stirbt, ein Jahr vor Goethe, im Januar 1831 an einem Schlaganfall. Nicht einmal fünfzig Jahre alt. Sie überleben ihn um 28 Jahre.

Für Sie beginnt, mit 46, ein neues Leben. Ihre soziale, politische Zeit. Ihre Zeit als Schriftstellerin, als die Sie bislang nicht hervorgetreten sind. In der Berliner Gesellschaft kennt man Sie als wunderliche Dilettantin, nimmt Sie nicht ganz ernst. Vielleicht neidet man Ihnen auch Ihre Vitalität, Ihre vielseitigen Talente. Sie komponieren, singen, zeichnen, bildhauern, Sie haben ein Goethe-Denkmal entworfen, und

doch gelten Sie nicht als Künstlerin, die Rolle im gesellschaftlichen Leben ist Ihnen längst zugewiesen: Frau eines
Dichters, Gutsherrin, Mutter von sieben Kindern – sollte das
nicht genügen?

Es genügt Ihnen nicht. Sie ignorieren die anklagenden
Stimmen, die sich um das Wohl Ihrer Kinder sorgen und
Sie lieber am häuslichen Herd sähen, die Ihre freie Erziehung missbilligen. Sie denken nicht daran, »den Genuss dieser widerwärtigen Bekanntschaften zu pflegen, wo ich
jeden Augenblick riskiere, zu beleidigen und mich ihrer
Herablassung unwürdig zu machen«. Lieber Wanzen als
solche Freundinnen wünschen Sie sich.

Sie kümmern sich um die Herausgabe der Werke Achim
von Arnims – aus Pietät? Aus schlechtem Gewissen? Egal,
Sie verschaffen ihm, mithilfe Ihrer Freunde Varnhagen und
Grimm, nun die Anerkennung, die er zu Lebzeiten nicht
fand und die Sie ihm auch nicht zollten. Seine letzten Entwürfe hat er Ihnen gar nicht mehr gezeigt.

Wenige Monate nach seinem Tod bricht in Berlin – Sie
werden's in schrecklicher Erinnerung haben – die Cholera-
epidemie aus. Sie leisten Hilfe – nicht mit Almosen und
guten Worten, sondern mit dem Einsatz Ihrer Person. Und
Sie erleben hautnah, dass soziales Elend mit gesellschaftlichen
Bedingungen zusammenhängt und dass diese Bedingungen
im Proletariat menschenunwürdig sind. Ihr rebellischer Geist
bricht wieder durch, der Weg von der mildtätig mitfühlen-
den Bettine zur politischen Aufrührerin ist gebahnt.

Diesen Weg zeichnet die Berliner Schriftstellerin Ingeborg Drewitz eindrucksvoll nach. Eine Frau, die Ihnen gefallen hätte, eine Frau, die sich zeitlebens eingesetzt hat für
Benachteiligte, für Strafgefangene, die »mit Sätzen Mauern
eindrücken« wollte und die wie keine andere Ihr Aufbegeh-

ren und Ihre Wut angesichts der Berliner Hinterhöfe, der Armenkolonie vor dem Hamburger Tor und des schlesischen Weberelends nachvollziehen konnte. »Den Hungrigen helfen heißt jetzt Aufruhr predigen« überschreibt sie ein Kapitel, das ganz im Sinne Ihres *Armenbuches* abgefasst ist. Dieses Armenbuch mit der Liste der hungernden Weber – wissen Sie, dass Sie damit die erste soziologische Untersuchung über die Lebensbedingungen des vierten Standes geliefert haben? – Brisanter Zündstoff, selbst wenn er in der Schublade bleiben muss!

Ingeborg Drewitz weiß Ihren Mut zu würdigen, mit dem Sie ins soziale und politische Geschehen eingreifen und sich einsetzen für Verfolgte und Verfemte: für den Maler Blechen, für die aus Göttingen vertriebenen Brüder Grimm und für Hoffmann von Fallersleben, für die zum Tode verurteilten polnischen Freiheitskämpfer, für den verhafteten Kommunisten Schloeffel – Ihnen werden noch viel mehr Namen einfallen. Immer wieder appellieren Sie furchtlos an den »allergnädigsten König« Friedrich Wilhelm IV., erinnern ihn an sein Versprechen, als Volkskönig zu regieren, soziale Reformen durchzuführen, Geistesfreiheit zu gewähren und Minderheiten unter seinen Schutz zu nehmen. Als »untertänigste Bettine Arnim« gehen Sie dabei mit erstaunlicher List und Raffinesse zu Werk.

Welch geschickter Schachzug, Ihre Anklage gegen die sozialen Missstände in Preußen in einer Schrift niederzulegen, die Sie Seiner Königlichen Majestät Friedrich Wilhelm IV. widmen und der Sie den Titel geben *Dies Buch gehört dem König*. Wie muss sich die Zensurbehörde ausgetrickst fühlen bei dieser provozierenden Zueignung. Und wie elegant legen Sie die Vorwürfe in einem fiktiven Gespräch der honorigen Frau Rat Goethe in den Mund. Da soll noch einer sagen, Sie seien nur impulsiv und unberechenbar: Selbst der dem Buch vorangestellte Ausspruch der Frau Rat: »Freiheit allein bringt Geist, Geist allein bringt Freiheit«, zeugt von Ihrer präzisen Berechnung.

Sie haben beim Regierungsantritt Friedrich Wilhelm IV. große Hoffnung auf den »Volkskönig« gesetzt, haben ihm vorgeschlagen, statt des Berliner Domes doch tausend Hütten in Schlesien zu bauen. Das war 1840. 1843 erschien Ihr Königsbuch, dessen zweiter Teil, die *Gespräche mit Dämonen,* ein knappes Jahrzehnt später. Dazwischen lag die 48er Revolution, die Ernüchterung. Ihre Berliner Wohnung war Treffpunkt konspirativer Geister, hier haben Sie versucht, Sozialutopien in reale Politik umzusetzen. Sie sind gescheitert, aber Sie haben nicht resigniert.

Sie haben nie resigniert, »sich niemals für unglücklich halten« war eine Ihrer Lebensmaximen. »Es weissagt etwas in mir, dass eine Kraft in dieser Welt sei, die mit Leidenschaft mich liebt.« Von dieser Kraft, die Sie nicht genauer definieren, lassen Sie sich tragen. Sie gibt Ihnen das Urvertrauen, das Sie nie verloren haben. Daneben setzen Sie auf die Vernunft, auf die menschliche Einsicht, auf das Wort, hoffen mit Ihren Büchern die Welt oder wenigstens das preußische Staatswesen zu verändern, wie Ingeborg Drewitz mit Sätzen Mauern eindrücken wollte.

Wie die Staatsmacht auf Ihre Anmaßungen reagiert, das hat eine andere Berliner Schriftstellerin unserer Tage aufs Genaueste verfolgt: Christa Wolf. Und ihr Interesse an Ihren Kollisionen mit Bürokratie und Justiz, mit Polizei und Zensur ist nicht zufällig. Auch sie hat Gunst und Missgunst in einem Obrigkeitsstaat erlebt, auch sie wurde hofiert und observiert. Sie kann den Balanceakt – vielleicht mit leisem Neid – nachvollziehen, den Sie ohne Netz und doppelten Boden auf dem Hochseil ausführten. An der Zensur vorbeizuschreiben, auszuloten, was machbar ist, Zugeständnisse zu machen, ohne das Gesicht zu verlieren, das sind Strategien, die Diktaturen überleben.

Christa Wolf, die sich in einem Bändchen fragt: »Was bleibt?«, registriert mit kollegialer Anteilnahme, wie Ihr Buch mit dem harmlosen Titel *Clemens Brentanos Frühlingskranz* wegen »respektwidrigen Inhalts der Zueignung« beschlagnahmt wurde. Sie rollt Ihre Verurteilung zu zwei Monaten Gefängnis wegen des läppischen Scheinarguments »Steuerhinterziehung« auf, die, nach Fürsprache Ihres Schwagers Savigny, zur Bewährung ausgesetzt wurde. Ihr Kommentar wird Sie interessieren: »Bettine aber hat begriffen, dass ein Formfehler zum Vorwand genommen wurde, ihr die Instrumente zu zeigen … Aber wie unzuverlässig die Schonung war, die sie, kraft ihres Ansehens in weitesten Kreisen, durch Polizei und Zensur genoss, war ihr natürlich überscharf bewusst.«

Sie scherten sich nicht um Bespitzelung, Postzensur und Observierung. War's Leichtsinn oder verwegene Zivilcourage, Turgenjew und Bakunin in Ihrer Wohnung zu empfangen, sich mit Karl Marx in Bad Kreuznach zu treffen? Ihr Buch *Die Günderode* haben Sie den rebellischen Berliner Studenten gewidmet, sie danken es Ihnen mit einem Fackelzug. Eine »Vordenkerin« hat Karl Gutzkow Sie genannt, der Begriff wird Ihnen gefallen haben.

Mit Ihren politischen Büchern und Schriften haben Sie sich in die Berliner Revolutionsgeschichte eingeschrieben, kühn und eigenständig. Die Zeit Ihres ekstatischen Goethekultes schien weit hinter Ihnen zu liegen. Und doch: Nach Ihrem Tod wollten Sie zu Füßen Ihres Goethedenkmals aufgebahrt werden.

Obgleich Ihr Buch *Goethes Briefwechsel mit einem Kinde* Sie berühmt gemacht hat, bleiben Sie der Nachwelt doch eher als die sozial tätige, die politische Bettine in Erinnerung, die Bettine, die – im harten Winter 1859 – an der Seite Achim von Arnims auf Gut Wiepersdorf die letzte Ruhestätte fand.

Frankfurt, Berlin, Wiepersdorf: Wegmarken Ihrer kleinkreisigen und doch weiten Welt. Gut Wiepersdorf, das wird Sie freuen, ist zu einem literarischen Zentrum ausgebaut worden, und ab und zu liegt auf Ihrer Grabplatte eine Rose oder ein Feldblumenstrauß mit Mohn und Margeriten, die Sie besonders gern mochten – Zeichen der Verbundenheit über Zeiten und Grenzen hinweg, so, wie Sie es sich immer gewünscht hatten …

Fanny Mendelssohn

Ist Komponieren Männersache?

Fanny Mendelssohn

(1805–1847)

Im Großen Brockhaus (1971) ist dem Komponisten Felix Mendelssohn-Bartholdy eine ganze Spalte gewidmet, samt Bild und Werkverzeichnis. Die ebenfalls komponierende Schwester Fanny wird nur in einem Nebensatz als »musikalisch begabt« und Gattin des märkischen Malers Wilhelm Hensel erwähnt. Kein Wort von ihren Kompositionen, einem immerhin beachtlichen Œuvre, kein Wort auch davon, dass Bruder Felix sechs ihrer Lieder seinem eigenen Werk einverleibte. Meyers Konversationslexikon von 1895 war da schon gerechter und registriert Fanny als »begabte Komponistin, deren Arbeiten teils unter ihres Bruders, teils (nach ihrem Tode) unter ihrem eigenen Namen erschienen sind«. Auch auf ihr »Trio für Klavier, Violine und Violoncell« wird hingewiesen. Während die Staatsbibliothek Preußischer Kulturbesitz die Komponistin mit einer Ausstellung zum 125. Todestag ehrte, ist sie in der umfassenden, seit 1947 erscheinenden Enzyklopädie »Die Musik in Geschichte und Gegenwart« gar nicht vertreten. – Reichte ihre musikalische Begabung doch nicht aus, sie an der Seite ihres Bruders unter die namhaften Komponisten einzureihen? Hätten dann aber die von ihr komponierten, von Felix unter op. 8 und op. 9 vereinnahmten Lieder nicht durch geringere Qualität herausstechen müssen? – Es bleiben Fragen.

   Eva Weissweiler, die Fannys aufschlussreiche Briefe und ihr »Italienisches Tagebuch« herausgebracht hat, glaubt, den

Grund für Fannys geringen Bekanntheitsgrad – neben der allgemein üblichen Unterschätzung weiblicher Komponisten – bei der Familie Mendelssohn-Bartholdy auszumachen: Eine professionelle Komponistin im Hause hätte dem als Wunderkind geltenden Felix den Rang ablaufen können, es musste deshalb alles vermieden werden, was seinen Ruhm beeinträchtigte. Außerdem hatten die Mendelssohns schon einmal Ärger mit einem unbotmäßig emanzipatorischen Frauenzimmer gehabt, mit Dorothea Mendelssohn, die ihren Mann verließ, um Friedrich Schlegel zu heiraten, und mit ihm auch noch zum katholischen Glauben übertrat.

Felix Mendelssohn selbst hat das Komponieren seiner Schwester in keiner Weise gefördert, ja, alles darangesetzt, ihr den Weg in die Öffentlichkeit zu verbauen. Das beeinträchtigte aber das herzliche, geradezu innige Verhältnis der Geschwister nicht, in das auch die jüngere Schwester Rebecka und der Bruder Paul einbezogen wurden. Von klein auf erlebten sie diese enge, nach außen abgeschirmte Familiengemeinschaft, die begünstigt wurde durch den Entschluss der Eltern, die Geschwister statt in einer allgemeinen Schule zu Hause durch ausgesuchte Privatlehrer unterrichten zu lassen. So erhielten Fanny und der vier Jahre jüngere Felix nicht nur eine sorgfältige musikalische Früherziehung, sondern auch eine fundierte Unterweisung in Mathematik und Sprachen, in Zeichnen und Tanz, wie dies in jüdisch-liberalen Häusern üblich war.

Dass der Vater Abraham Mendelssohn, der sein Hamburger Bankhaus unter der Napoleonischen Besatzung hatte aufgeben müssen und mit seiner Familie nach Berlin übergesiedelt war, seine vier Kinder 1816 in der Neuen Kirche evangelisch taufen ließ, geschah wohl mehr, um ihnen eine erfolgreiche Zukunft nicht zu verbauen. Hieß es doch in einem Votum des preußischen Finanzministeriums aus demselben Jahr: »Der Übertritt der Juden zur christlichen Religion muss erleichtert werden, und mit dem sind alle staatsbürgerlichen Rechte verknüpft. Solange der Jude aber Jude bleibt, kann er keine Stellung im Staate einnehmen.« – Sechs Jahre später trat auch der Vater zum Christentum über und nahm den Familiennamen Bartholdy an – ein Schritt, den die Kinder später als opportunistisch auslegten und der ausgeprägt jüdischen Familientradition nicht würdig fanden. Mutter Lea war eine Enkelin Daniel Itzigs, des Bankiers Friedrichs des Großen, und gleichzeitig Oberlandesältesten der preußischen Juden. Nicht weniger imponierend der Großvater väterlicherseits, der Philosoph und Kaufmann Moses Mendelssohn, ein Freund Lessings und der Toleranz, dessen Haus Treffpunkt der Berliner Künstler und Intellektuellen war.

Mit diesen Vorbildern vor Augen wuchsen die Kinder auf. Fanny und Felix erhielten gemeinsam Klavierunterricht bei Ludwig Berger, einem strengen Lehrmeister, der ihnen so viel abforderte, dass für Spiel und Zerstreuung keine Zeit blieb. Alle vier Geschwister sangen außerdem in der Chorschule der Berliner Singakademie mit, hier wurde Fannys Liebe zur Musik Bachs und Händels geweckt. Komposition lernten Fanny und Felix bei Carl Friedrich Zelter, dem Brieffreund Goethes, der allerdings nur ein mäßiger Pädagoge war. So beklagte denn Fanny später immer wieder ihre mangelhafte kompositorische Ausbildung. Während die Eltern in Bruder Felix alle Hoffnungen setzten und er sich bei besten Lehrern auch im Ausland weiterbilden konnte, nützten ihr die »Bach'schen Fugenfinger«, die der Mutter früh auffielen, wenig. Dass sie die

153

meisten Beethoven-Sonaten und Bach'schen Klavierwerke auswendig spielte und im Alter von zwölf Jahren das ganze »Wohltemperierte Klavier« beherrschte, zählte nicht. Sie war ein Mädchen und sollte sich nach dem Willen des Vaters zu ihrem »eigentlichen Beruf, zum einzigen Beruf eines Weibes, zur Hausfrau bilden«. Nicht dass Vater Abraham ihr das Klavierspiel und auch das Komponieren verboten hätte, aber es durfte stets »nur eine Zierde, niemals Grundbass« ihres Tuns sein.

Für Fanny aber, die schon mit 14 ihr erstes Lied komponiert hat, ist die Musik mehr als eine Zierde. Immer weitere Lieder entstehen nach Texten klassischer und romantischer Autoren – Goethe bedankt sich bei »dem lieben Kinde« für ein vertontes Gedicht mit den Versen »Wenn ich mir in stiller Seele/ Singe leise Lieder vor …«. Die junge Komponistin wagt sich nun auch an Stücke für Violine und Violoncello, zwei Klaviersonaten und ein Klavierquartett. Den wachsenden Erfolg ihres Bruders nimmt sie stolz und ohne Neid zur Kenntnis, kopiert zu Hause seine Noten, während er auf Konzerttournee ist, und berichtet ihm in langen Briefen nach Paris oder London von Familienalltag und Freizeitvergnügen – wozu auch das Baden in der Spree gehört –, vom Musikleben Berlins und den von ihr eingerichteten »Sonntagsmusiken«. Sie finden im elterlichen Haus, dem Palais von der Recke in der Leipziger Straße 3, statt. Fanny spielt Zeitgenössisches, das sie nicht selten als matt und lahm empfindet und »im Durchspielen fast verschimmelte«, aber dann erholt sie sich bei den Motetten ihres geliebten Meisters. Sie kenne keinen eindringlicheren Prediger als den alten Bach, schreibt sie, »wenn er so in einer Arie die Kanzel besteigt und sein Thema nicht eher wieder verlässt, bis er seine Gemeinde durch und durch erschüttert oder erbaut und überzeugt hat«. Schon 1829 hatte sie sich zu der Wiederentdeckung und Aufführung der Matthäus-Passion durch ihren Bruder begeistert geäußert: »Wie alle Sänger schon von den ersten Proben ergriffen waren und mit ganzer Seele an das Werk gingen, wie sich die Liebe und Lust bei jeder Probe steigerte und wie jedes neu hinzutretende Element, Sologesang, dann Orchester, immer von Neuem entzückte und erstaunte, wie herrlich Felix einstudierte und die Proben von einem Ende zum andern auswendig akkompagnierte, das sind lauter unvergessliche Momente.«

Trotz ihrer grenzenlosen Bewunderung für den Bruder entwickelt Fanny auch ein waches und zunehmend kritischeres Bewusstsein für die Schwachstellen seiner Kompositionen. Sie lebt in seinen Werken wie in ihren eigenen; so schreibt sie ihm am 17.2.1835 nach Düsseldorf, sie fände in seinen kleinen geistlichen Musiken eine Art von Gewohnheit, die sie »nicht gern Manier nennen möchte«, etwas Übereinfaches, aber nicht Natürliches. Im selben Brief misst sie ihre eigene Kompositionstätigkeit mit nüchterner Selbsterkenntnis an der des Bruders: »Ich habe nachgedacht, wie ich eigentlich gar nicht excentrische oder hypersentimentale Person zu der weichlichen Schreibart komme? Ich glaube, es kommt daher, dass wir gerade mit Beethovens letzter Zeit jung waren, u. dessen Art u. Weise, wie billig, sehr in uns aufgenommen haben, u. die ist doch gar zu rührend u. eindringlich. Du hast das durchgelebt u. durchgeschrieben, u. ich bin drin stecken geblieben, aber ohne die Kraft, durch die Weichheit allein bestehn kann u. soll ... Es ist nicht sowohl die Schreibart, an der es fehlt, als ein gewisses Lebensprinzip, u. diesem Mangel zufolge sterben meine längern Sachen in ihrer Jugend an Altersschwäche, es fehlt mir die Kraft, die Gedanken gehörig festzuhalten, ihnen die nötige Consistenz zu geben. Daher gelingen mir am besten Lieder, wozu nur allenfalls ein hübscher Einfall ohne viel Kraft der Durchführung gehört.«

Nicht mangelnde Begabung zeigt sich in dieser selbstkritischen Beobachtung und dem Bekenntnis zur »kleinen Form«, sondern Unerfahrenheit und Unsicherheit. Typisch ein Schreiben Fannys an einen Freund und Musikverleger, der sie um eine Komposition gebeten hatte: »Hierbei erfolgt das Musikstück ... Verzeihen und rügen Sie alle darin vorkommenden weiblichen u. dilettantischen Pferdefüße, ein Dilettant ist schon ein schreckliches Geschöpf, ein weiblicher Autor ein noch schrecklicheres, wenn aber beides sich in einer Person vereinige, wird natürlich das allerschrecklichste Wesen entstehn.« – Eine Demut, die fast schon kokett klingt, wenn man Umfang und Vielseitigkeit Fannys bisheriger Kompositionen betrachtet, die aber verständlich wird, wenn man bedenkt, wie wenig davon publiziert werden konnte. Erst kurz vor ihrem Tod gelingt es Fanny, einen Teil ihrer Lieder beim Berliner Musikverlag Bote & Bock zu veröffentlichen. Und wie leicht hätte sich Felix, inzwischen Leiter des Gewandhauses und des Konservatoriums in Leipzig, für sie einsetzen können!

Sie nimmt ihm die Zurückhaltung nicht übel. Sie nimmt ihm nichts übel, liebt ihn, so wie er ist, von Kindheit an, und daran ändert ihre Ehe mit dem zum königlichen Hofmaler avancierten Künstler Wilhelm Hensel nichts, den sie auch aufrichtig liebt. Kurz vor ihrer Heirat bekennt sie Felix, sie sei »glücklicher als ich je es zu werden dachte, denn ich träumte und fürchtete, eine solche Verbindung würde mich von Dir losreissen, oder doch entfernen, u. es ist, womöglich, gerade das Gegenteil ...« Selbst an ihrem Hochzeitsmorgen, dem 3. Oktober 1829, sind ihre Gedanken bei Felix in London, und sie beteuert ihm in einem Brief ihre immerwährende Verbundenheit: »… ich werde Dir morgen, und in jedem Moment meines Lebens dasselbe wiederholen können, und glaube nicht, Hensel damit Unrecht zu thun.« Auch die Musik solle in ihrer Ehe nicht zu kurz kommen, versichert sie Felix: »Habe ich nun erst ein gutes Stück im Ehestande gemacht, dann bin ich durch, und ich glaube an ein ferneres Fortschreiten.«

Zum Komponieren bleibt ihr nun allerdings wenig Zeit. Die Gartenwohnung im elterlichen Palais muss eingerichtet werden, der Sohn Sebastian wird nach einer schwierigen Schwangerschaft geboren, später folgen zwei Fehlgeburten. Aber statt seiner Schwester Mut zu machen, schreibt ihr Felix vorwurfsvoll: »Wenn ich mein Kind zu päppeln hätte, so wollte ich keine Partitur schreiben … Aber im Ernst, das Kind ist noch kein halbes Jahr alt, und Du willst schon andere Ideen haben als Sebastian?« – Sie hat andere Ideen. Geradezu euphorisch wagt sie sich nun auch an große Werke. Während ihr Mann in seinem Atelier malt und seine Schüler unterrichtet, schreibt sie einen Reigen für achtstimmigen Chor a cappella, eine Orchesterouvertüre, die Kantate »Hiob« und ein biblisches Oratorium. All diese Werke kommen bei den »Sonntagsmusiken« im elterlichen Palais unter ihrer Leitung zur Aufführung. Eine Notlösung zwar – Ersatz für öffentliche Konzerte –, aber keine schlechte, Bettine von Arnim und Heinrich Heine, Franz Liszt und Clara Schumann sitzen im Publikum, und die Komponistin Johanna Kinkel bescheinigt Fanny nicht nur die Qualität der Kompositionen, sondern vor allem eine ungewöhnliche Intensität des Dirigierens.

1839 bricht Fanny gemeinsam mit Mann und Sohn für ein Jahr nach Italien auf, ins Land der Sehnsucht deutscher

Künstler und ihrer eigenen Kinderträume. Doch sie fällt angesichts der antiken Ruinen und üppigen Vatikankirchen nicht in die übliche romantische Schwärmerei, davor bewahrt sie ihr nüchterner Verstand und das Heimweh nach dem ordentlichen Berlin. Trotzdem löst sie sich unter dem Einfluss französischer Freunde, ihres Verehrers Charles Gounod vor allem, langsam von ihren preußischen Wertvorstellungen, genießt die freiere Luft und Ungezwungenheit des Umgangs und die Komplimente, die man ihr und ihrem Werk macht. Von dieser Wertschätzung lässt sie sich auch nach ihrer Rückkehr ins herbstlich trübe, politisch unruhige Berlin weiter beflügeln. Im eigenwilligen Zyklus »Das Jahr« schlägt sich Erinnerung an römische Lieblingsplätze und mediterrane Landschaft nieder, während das Italienjahr bei ihrem Mann keine Spuren hinterlässt. Er bleibt der königstreue Preuße mit konservativer Kunstauffassung, den Fontane in den »Wanderungen durch die Mark Brandenburg« so trefflich charakterisiert als »eine Verquickung von Derbheit und Schönheit, von Gamaschentum und Faltenwurf, von preußischem Militarismus und klassischem Idealismus … die Seele griechisch, der Geist altenfritzisch, der Charakter märkisch«.

Fanny hat sich damit abgefunden, dass von Hensel und seinem Kreis keine Impulse ausgehen, sie lebt die letzten Jahre zurückgezogen in der Leipziger Straße und komponiert noch einige Arbeiten für Klavier. Am 14. Mai 1846 erleidet sie während der Probe zu einer Sonntagsmusik einen Gehirnschlag.

41 Jahre alt ist sie nur geworden. Mit ihrem plötzlichen Tod fällt das Familiengefüge auseinander, erst jetzt wird allen bewusst, wie sehr sie Mittelpunkt, Herz war. Wilhelm Hensel ist zu keiner Arbeit mehr fähig, vernachlässigt seinen

Sohn und macht Schulden. Felix, vom Verlust der Schwester tief verstört, stirbt wenige Monate später und wird neben ihr auf dem Dreifaltigkeitsfriedhof bestattet. Er hinterließ ein schwermütiges Streichquartett in f-Moll für Fanny, der er in einem Brief an seinen Schwager Wilhelm späte Abbitte leistet:

»Du hast meine Schwester sehr glücklich gemacht, ihr ganzes Leben hindurch, so wie sie es verdiente. Das danke ich Dir heut, und so lange ich atme, und wohl noch darüber hinaus – nicht mit bloßen Worten, sondern mit bitterer Reue darüber, dass ich nicht mehr für ihr Glück getan habe, dass ich sie nicht mehr gesehen, nicht mehr bei ihr gewesen bin … vielleicht können wir hier auf Erden, und dann immer mehr, derer würdig werden, die das beste Herz und den besten Geist hatte, den wir je gekannt und geliebt haben.«

Clara Schumann

Ruhm und Glanz um welchen Preis?

Clara Schumann

(1819–1896)

> Die Nachwelt soll uns ganz wie
> ein Herz und eine Seele betrachten.
> *Robert Schumann*

Spätestens seit ihr Bildnis Briefmarken und Geldscheine schmückt und ein Intercityzug ihren Namen trägt, ist Clara Schumann auch jenen ein Begriff, die nichts mit Musik und schon gar nichts mit Frauenmusik zu tun haben. Ein Wunderkind. Eine virtuose Pianistin. Aber mehr noch als ihre musikalische Begabung weckt ihr provozierend zwiespältiges Leben Interesse: die Abhängigkeit vom ehrgeizigen, omnipotenten Vater, die ertrotzte und spannungsgeladene Ehe mit Robert Schumann, die durch ständige Schwangerschaften erschwerte Karriere, die nie völlig ausgeleuchtete Beziehung zu Johannes Brahms …

Stoff für Illustriertenstories, für Romane und wissenschaftliche Aufarbeitungen. Ein durch Tagebücher und Briefwechsel, durch Presseunterlagen und Äußerungen von Zeitgenossen außergewöhnlich gut dokumentiertes Leben – und doch lässt sich aus all den authentischen Zeugnissen kein einheitliches Clara-Schumann-Porträt zeichnen. Gerade an diesem Beispiel zeigt sich, wie sehr subjektiv empfundene Sympathie oder Antipathie ein Persönlichkeitsbild bestimmen, selbst wenn die Darstellungen auf »objektiven« Zitatenquellen beruhen. In den Biografien von Nancy Reich, Eva Weissweiler oder Dieter Kühn tritt uns eine andere Clara Schumann entgegen, als wir sie aus dem alten dreibändigen Werk von Berthold Litzmann oder – aus unseren Tagen – von Beatrix Borchards »biografischer Collage« kennen, und die Lektüre der verschiedenen Biografien kann zu einer eigenen »Collage«, einer eigenen spannenden Annäherung an die Musikerin führen.

Zweifellos erweist sich schon das so idealistisch begonnene gemeinsame Ehetagebuch der Schumanns mit den edlen, aber im Alltag nicht durchgehaltenen Vorsätzen als Interpretationsklippe, und es stellt sich die grundsätzliche Frage: Nehmen wir Clara Schumanns Eintragungen, auch ihre Briefe, als Schlüssel zu ihrer Persönlichkeit, oder misstrauen wir den wirkungsvoll gesetzten Worten? Fest steht: zur Ikone oder – anderes Extrem – zur seelenlosen Klaviermaschine hochstilisiert hat sie erst die Nachwelt. Kein weibliches Klischee, das man ihr nicht angedichtet hätte: die treu sorgende Gattin und sich verausgabende Künstlerin mit den Kindern am Rockzipfel auf der einen Seite und auf der anderen, der feministischen, die Musikerin, die Männerbastionen stürmt und ein emanzipiertes, unabhängiges Leben führt – aufopfernde Entsagung hier, Triumph weiblichen Durchsetzungsvermögens dort – Wunschvorstellungen, Idealbilder beides. Da kann der Gegenschlag nicht ausbleiben. Eva Weissweiler, die Herausgeberin des Briefwechsels von Clara und Robert Schumann, führt ihn mit sezierender Schärfe. Kann man den von ihr vorgezeichneten Linien einer gefühlskalten, ichbezogenen Clara Schumann folgen? Wo liegt die Wahrheit?

Einig sind sich die Biografen über die starke Kindheitsprägung durch den übermächtigen Vater. Ob Friedrich

Wieck durch seine harten Drillmethoden und seinen Herrschaftsanspruch die kleine Clara lebenslang geschädigt hat
oder ob die frühe, fast unmenschliche Disziplinierung für
ihre späteren Erfolge unabdingbar war, darüber gehen die
Meinungen weiter auseinander.

Wunderkind oder Marionette?

Robert Schumann sieht – in Peter Härtlings Roman *Schumanns Schatten* – bei seiner ersten Begegnung mit Clara diese als »ein Automatenmädchen, aufgezogen von einer
bösen, harten Hand«. Die böse, harte Hand gehört dem
Vater. Der geschäftstüchtige Impresario und Inhaber eines
Pianofortegeschäfts in Leipzig weiß schon bei der Geburt
der kleinen Clara Josephine im September 1819, was aus
dem Kind einmal werden soll: eine Konzertpianistin.
Geschäftsinteressen mögen ihn bei diesem Wunsch geleitet
haben. Denn in seinem Haus verkehren, wenn sie in Leipzig gastieren, die berühmten Klaviervirtuosen der Zeit,
sodass Clara sehr früh in den Musikbetrieb hineinwächst
und Musik nicht als beschaulich häusliches Musizieren ken-
nenlernt, sondern als Geschäft. Mit knapp fünf erhält sie
ersten Klavierunterricht bei ihrer Mutter, einer Pianistin
und Sängerin. Ihre Fingerfertigkeit fällt auf, ihr musikalisches Interesse, obwohl sie, da sie kaum spricht, als schwer-
hörig gilt. Heute würde ihre Sprachverweigerung wohl
mehr psychologisch als autistisches Einkapseln und Selbst-
schutz gesehen.

Die Mutter ist nach acht spannungsreichen Jahren aus der
Ehe ausgebrochen und hat die älteste Tochter Clara und
den jüngsten Sohn mitgenommen, während die beiden

mittleren Söhne beim Vater bleiben. Nach kurzer Zeit wird jedoch auch Clara dem Vater in Obhut gegeben, der die Kinder bis zu seiner problematischen Wiederverheiratung alleine erzieht, während die Mutter in Berlin eine neue Musikerehe eingegangen ist. Wieck, musikalischer Autodidakt, aber gefragter Lehrmeister, entwickelt für seine Tochter eine eigene Lernmethode. Er lässt sie Lieder und kleine Stücke nach dem Gehör spielen und zwingt sie so zum genauen Hinhören. Notenlesen lernt sie erst später. Von der öffentlichen Schule hält Wieck nichts, als ehemaliger Hauslehrer nimmt er die Ausbildung der Tochter selbst in die Hand. Nur für Fremdsprachen und vor allem für die vielseitige musikalische Unterweisung werden kompetente Lehrer hinzugezogen. Drei Stunden täglich sitzt das Kind am Klavier, für kindliche Spiele bleibt kein Raum, seine Clara habe, argumentiert er, nicht Zeit, mit kleinen Kindern zu spielen, »sie soll den Genuss der freien Luft dem Puppenspiel vorziehen«.

Wieck hat für seine Tochter ein Tagebuch angelegt, das in ständigem Dialog von beiden geführt werden soll – ein pädagogisch geschickt ausgedachtes Beeinflussungsmittel, doch die »stumme« Clara findet ihre Ausdrucksmöglichkeit nicht in der Sprache, sondern in der Musik, am Flügel. Auch später wird sie sich in existenziell belastenden Situationen immer wieder in sich selbst und in die Musik zurückziehen, wird sich abschotten gegen die Umwelt. Das lässt sie kühl und hart erscheinen.

Mit neun tritt sie zum ersten Mal im Leipziger Gewandhaus auf, ein musikalisches Wunderkind, äußerlich auf noch jünger und kindlicher getrimmt. Robert Schumann, der zu dieser Zeit als Student im Hause Wieck wohnt, ist empört über die geschäftstüchtige Präsentation – heute würden wir dies »Vermarktung« nennen. Mit zehn hat Clara ihren ersten auswärtigen Erfolg am Hof in Dresden. Im Jahr darauf bestreitet sie mit Bravour ihr erstes selbstständiges Konzert im Gewandhaus mit virtuosen Stücken von Kalkbrenner, Herz, Czerny und – eine Sensation – Variationen über ein eigenes Thema. Die *Leipziger Zeitung* schreibt am 10. November 1830: »Die ausgezeichneten, sowohl in ihrem Spiele, als in ihren Compositionen bemerkbaren Leistungen der jungen Künstlerin rissen zu allgemeiner Bewunderung hin, und errangen ihr den größten Beifall.«

Wieck fühlt sich bestätigt, zumal der berühmte Paganini die »musikalische Empfindung« seiner Tochter gelobt hat. Im Herbst 1831 bricht er mit Clara zu einer ersten großen Konzertreise auf, über Weimar, wo Goethe der »kunstreichen Clara Wieck« ein Medaillon mit seinem Bildnis schenkt, über Kassel, Frankfurt und Darmstadt nach Paris – eine ungeheure Anstrengung für die 13-Jährige, die früh gelernt hat, sich selbst und den Flügel zu beherrschen, jede Gefühlsregung zu verdrängen. Dient diese Selbstdisziplin der Sublimierung ihres Spiels, oder funktioniert sie wie eine gut gewartete Maschine? Schumann, der neun Jahre ältere Bewunderer Claras, nimmt eine Veränderung in ihrem Wesen wahr. Bei Peter Härtling heißt es: »So kennt er Clara nicht. Alles dreht sich um sie. Sie wünscht, fragt, weist an. Ihre Kinderstimme bekommt einen scharfen Rand.« Bei seinem Leipzig-Besuch erkundigt sich Chopin nach der berühmten Demoiselle Clara. Sie spielt ihm Schumanns Klaviersonate in fis-Moll vor. Muss es Schumann nicht kränken, dass sich der Meister aus Paris mehr für die junge Pianistin als für seine Komposition interessiert?

Claras Ruhm wächst. Höhepunkt der zahlreichen finanziell einträglichen Konzertreisen, die Wieck für seine

Tochter arrangiert, ist der Aufenthalt in Wien im Jahre 1838. Man weiß hier, dass Clara schon mit zwölf Chopins für unspielbar gehaltene *Don-Juan-Variationen* beherrschte. Stürmischer Applaus für ihre Virtuosität in den öffentlichen Konzerten, Lob von Musikkennern für ihre in kleinerem Kreis vorgetragenen Werke der zeitgenössischen Komponisten Mendelssohn, Schumann und Beethoven. Grillparzer widmet ihr ein Gedicht, der Hofkonditor kreiert eine *Torte à la Clara Wieck*, »eine zart hingehauchte Mehlspeise«. Das habsburgische Kaiserhaus verleiht ihr das Wiener Bürgerrecht und ernennt sie zur Kaiserlich-Königlichen Kammervirtuosin. Eine 19-Jährige, eine Ausländerin, eine Protestantin … Hat es so etwas je gegeben? Friedrich Wieck sieht sich am Ziel seiner Erwartungen: Der internationale Erfolg seiner Tochter wird auch in Leipzig das Wieck'sche Renommee und seine Geschäfte beflügeln.

Ist Clara dieser Ruhm zu Kopf gestiegen, wenn sie in einem Brief nach Leipzig schreibt: »Im Süden bin ich durch Wien bekannt genug und im Norden, bei Euch in Leipzig, Berlin etc. da liegt mir nicht viel daran. Man hat mich, besonders in Leipzig, nicht erkannt, und mir keine Aufmerksamkeit geschenkt.« Sie muss selber wissen, dass dies nicht stimmt. Leipzig hat dem Wunderkind eine Entfaltungsbühne geboten, wie es kaum anderswo möglich gewesen wäre. Äußert sich in dieser schroff arroganten Abneigung gegen die Stadt vielleicht auch die geheime Angst, den dortigen Ansprüchen nicht zu genügen?

Neben Paris hat sich Leipzig den Ruf einer zweiten Musikmetropole geschaffen. Während Paris mit Liszt und Chopin Virtuosentum auf höchstem Niveau pflegt, sieht sich Leipzig mit dem Schumann-Mendelssohn-Kreis mehr in der Tradition Bachs und Beethovens. Wie sehr man sich hier über brillante Salonmusik erhaben fühlt, belegt ein Brief Schumanns vom April 1838 an Clara Wieck, seine noch immer heimliche Geliebte, in dem er schreibt: »Darum genügen mir auch so wenig Compositionen, weil sie abgesehen von allen Mängeln des Handwerks sich auch in den musikalischen Empfindungen der niedrigsten Gattung, in gewöhnlichen lyrischen Ausrufungen pp. herumtreiben; das Höchste, was hier geleistet werden kann, reicht doch nicht bis zum Anfang der Welt meiner Musik.« – Vermag der selbstbewusste Anspruch des 28-Jährigen noch wenig bekannten Komponisten die berühmte 19-Jährige Virtuosin zu verunsichern? Wird durch die Beziehung der beiden die von Wieck sorgfältig geplante Laufbahn Claras durchkreuzt?

Schwierige Ablösung

Wieck ist es gewohnt, für seine Tochter zu denken und zu handeln, sie ist sein Geschöpf, er hat sie zu den Höhen geführt, auf denen sie ihm nun zu entgleiten droht. Was er für einen freundschaftlichen Musikwettstreit seines ehemaligen Schülers mit seiner für ihn noch kindlichen Tochter gehalten hat, ist längst zu einem heimlichen Liebesverhältnis geworden. Der Vater fühlt sich hintergangen, fordert von Schumann alle Briefe Claras zurück, untersagt ihr jeden Kontakt mit dem »Habenichts«. Hat er nicht zehn Jahre seines Lebens ihrer Ausbildung gewidmet, all seine Hoffnungen auf sie gesetzt? Wie kann sie so undankbar sein? »Wenn Clara heiratet, ist sie nicht wert, meine Tochter zu heißen«, sagt er verbittert. Nutzlos der Versuch Schumanns, offiziell um die Hand der Tochter anzuhalten. Wieck reagiert mit wüsten Anschuldigungen, unterstellt dem Freier Trunksucht, undurchsichtige Liebschaften, Sprachstörungen, Unfähigkeit, den Ansprüchen seiner Tochter zu genügen. Er sieht Claras glanzvolle Karriere aufs Höchste bedroht.

Clara muss sich entscheiden: ruhmreiche Konzertreisen unter Wiecks Erfolg versprechender Regie oder ungewisse Zukunft an der Seite eines nicht sonderlich gut beleumundeten unbekannten Komponisten, der wegen einer Handverletzung die Pianistenlaufbahn aufgeben musste. Dass sie sich, trotz ihres beruflichen Ehrgeizes, für Schumann entscheidet, spricht für sie. Die Ablösung vom Vater gelingt jedoch nicht einmal dann ganz, als er sie, um sie zu erpressen, aus dem Haus weist. Clara kommt bei Verwandten und Freunden unter, schließlich bei der Mutter in Berlin. Mit Robert zusammenzuziehen ohne Trauring wäre höchst unschicklich, und Claras Verliebtheit geht nicht so weit, dass sie bereit wäre, aus der bürgerlichen Gesellschaft in die Boheme überzuwechseln. Bleibt nur eine gerichtliche Klage gegen den unbeugsamen Vater – was der Tochter wieder als Härte ausgelegt werden kann, hat der Vater doch nicht nur sie, sondern auch seine erste Frau an einen Musiker verloren …

Ertrotzte Heirat

Das ungewöhnliche Gerichtsverfahren zieht sich in die Länge, doch die Sympathie der Öffentlichkeit liegt auf der Seite des jungen Paares. Liszt schreibt zwei befördernde Gutachten, Mendelssohn bietet sich als Zeuge an. Am 1. August 1840 erhalten die beiden endlich die gerichtliche Heiratserlaubnis, und am 12. September, am Vorabend von Claras 21. Geburtstag, findet die mit Unterstützung der

Mutter ertrotzte Hochzeit statt. Schumann hat schon vorher – ganz modern – bei seiner berühmten Braut angefragt: »Apropos, wie wirst Du Dich nennen: Wieck-Schumann oder umgekehrt oder nur Clara Schumann?«

Eine Künstlergemeinschaft soll es werden. Zwei nebeneinander und miteinander Schaffende in einer geräumigen Neubauwohnung. Clara hat bei ihren Konzertreisen, an deren finanziellem Erfolg der Vater sie von Kind an beteiligt hat, gut verdient, sie kann sich das repräsentative Domizil in der Inselstraße – auf das heute eine Tafel hinweist – leisten. Das junge Paar hat sich alles so schön ausgedacht: »Nun, das wird ein rechtes Dichter- und Blütenleben geben – wie die Engel wollen wir zusammen spielen und dichten …«, hat Robert schon 1838 an seine zukünftige Frau geschrieben und sie getröstet: »Manches Gute hat unser langes Wartenmüssen auch; es wird so manches abgetan sein, was bei andren in die Ehe fällt.«

Nichts ist abgetan, die Schwierigkeiten fangen erst an. Normale Alltagsschwierigkeiten, die sich bei hochsensiblen Künstlern zur Katastrophe steigern können. Die beiden gehen sich, und das schon nach vierzehn Tagen, beim täglichen Klavierüben gegenseitig auf die Nerven. Da nützen auch die Beteuerungen im gemeinsam geführten Ehetagebuch wenig: »Alles, was uns gemeinsam berührt in unserem Haus- und Ehestand; unsere Wünsche, unsere Hoffnungen sollen darin aufgezeichnet werden; auch soll es sein ein Büchlein der Bitten, die wir aneinander zu richten haben, wo das Wort nicht ausreicht; auch eines der Vermittlung und Versöhnung, wenn wir uns etwa verkannt hatten …«

Das Tagebuch gibt Einblick in das Alltagsgeschehen, in das Leipziger Kulturleben, in gemeinsame Kompositionspläne – die wirklichen und im Laufe der Zeit zunehmenden

169

Schwierigkeiten dieser Ehe werden nicht angesprochen: seine Labilität und Gehemmtheit, seine Depressionen, seine Unduldsamkeit und Eifersucht auf ihren Erfolg. Claras mit jeder Schwangerschaft stärker spürbare Verhärtung diesen Kindern gegenüber, die ihrer Entfaltung im Wege stehen. Liebe hat sie in ihrer Kindheit nicht kennengelernt, Liebe kann sie auch ihren Kindern nicht geben. Den großen Haushalt finanziert sie überwiegend aus ihren Konzerteinnahmen. Kann man ihr da Vernachlässigung der Familienpflichten vorwerfen? Der äußere Rahmen stimmt zwar, aber das Klima im Schumann'schen Hause ist von Claras unterschwelligen Schuldzuweisungen belastet. Hat nicht ihr Vater genau diese Situation vorausgesehen? Der Vater, der sie ausgebeutet hat, von dem sie nicht loskommt, von dem Eva Weissweiler schreibt, er sei ihre einzige Lebensliebe gewesen.

Zwischen Flügel und Familie

»Es ist mir schrecklich, mir gar nicht mit meinem Talente nützen zu können, jetzt, wo ich die besten Kräfte dazu besitze«, trägt Clara ins Tagebuch ein. Von Robert die Eintragung: »Ja, es ist durchaus nöthig, daß wir Mittel finden, unsere Talente nebeneinander zu nützen und zu bilden.« Sie denkt an ausfallende Konzertreisen, er ans Komponieren. Als Reisebegleiter seiner Frau fühlt er sich äußerst unwohl – verständlich, wenn er sich fragen lassen muss, ob er denn auch musikalisch sei und welches Instrument er spiele. Der unbekannte Mann einer berühmten Frau. Von seinen Liedern, seinen Klavierkompositionen, seiner ersten Symphonie spricht niemand, auch nicht von seiner *Neuen*

Zeitschrift für Musik, die er seit Jahren redigiert. Clara steht im Mittelpunkt, er wird sich damit abfinden müssen.

Clara, die mit 15 ihr erstes Klavierkonzert geschrieben hat. Die mit 20 im Tagebuch verkündet: »Ein Frauenzimmer sollte nicht komponieren wollen – es konnte noch keine.« Die trotzdem weiter komponiert und nach der ersten Probe ihres Klaviertrios op. 17 begeistert notiert: »Es geht doch nichts über das Vergnügen, etwas selbst komponiert zu haben und es dann zu hören.« Die sich doch immer wieder – zumindest im Tagebuch – zurücknimmt und frauengebotene Einsicht zeigt: »Wenn ein Mann eine Symphonie componiert, da kann man wohl nicht verlangen, daß er sich mit anderen Dingen abgiebt – muß sich doch sogar die Frau hintan gesetzt sehen.«

Hintangesetzt fühlt sie sich nicht nur durch Roberts schubweise Arbeitsbesessenheit, sondern auch durch die wie Naturereignisse – Naturkatastrophen? – hereinbrechenden Schwangerschaften und Geburten: 1841 die Tochter Marie, 1843 Elise. Eine Kinderfrau muss eingestellt werden. Weitere Schwangerschaften werden folgen, acht Geburten in 14 Jahren. Geplante Konzerte müssen immer wieder verschoben werden, auch die von Mendelssohn eingefädelte große Russland-Tournee, die 1844 mit glanzvollen Auftritten in Moskau und St. Petersburg endlich zustande kommt. Clara als Managerin: Nie zeigen sich ihr Organisationstalent und ihr Geschäftssinn deutlicher als bei Auslandsreisen. Mit den Einkünften aus diesen Konzerten kann der aufwendige Haushalt in Leipzig fast ein Jahr lang finanziert werden. Abendgesellschaften, Gäste, Hauskonzerte – Clara hat alles im Griff. Sie ist ganz Tochter ihres Vaters. Robert, der unscheinbare Begleiter, schreibt verbittert: »Der Gedanke meiner unwürdigen Stellung in solchen Fällen ließ aber keine Freude in mir aufkommen.« Er trinkt. Träumt von Amerika.

Clara träumt von Dresden. Zwar ist Leipzig die deutsche Musikmetropole, hier hat Mendelssohn Schumanns *Frühlings-Symphonie* und andere seiner Werke uraufgeführt, hier sitzt die tonangebende Avantgarde – aber in Dresden sitzt Friedrich Wieck. Was bewegt Clara, die Verbindung zu ihrem Vater, der sie so schnöde und unmenschlich behandelt hat, wieder aufzunehmen? Braucht sie ihn als Impresario, als Gegenpart zu ihrem wenig lebenstüchtigen Mann? Ist er, so absurd das anmuten mag, tatsächlich ihre »einzige Lebensliebe«?

Schumann kann sich mit Dresden nicht anfreunden, vor allem nicht mit dem Gedanken, wieder in Wiecks Fänge zu geraten. Aber Leipzig hat ihn enttäuscht: Mendelssohns Nachfolger im Gewandhaus wäre er gerne geworden, doch Wilhelm Gade hat den Kapellmeisterposten bekommen. Nackenschläge, Depressionen – Mendelssohn fehlt ihm in der Runde der »Davidsbündler«, die sich regelmäßig im »Kaffeebaum« trifft. Was hält ihn noch in dieser Stadt? Seine *Neue Zeitschrift für Musik*, sein Standbein in Leipzig, verkauft er mit allen Rechten.

Dresden also. Clara erwartet das dritte Kind, Julie. Ein Jahr darauf wird Emil, der erste Junge, geboren. Mit Konzertreisen wird es schwierig. Aus dem Wunderkind, der jugendlichen Virtuosin ist eine überanstrengte, wenig Glanz ausstrahlende Pianistin geworden. Wieder schwanger. Dann Erleichterung über die Fehlgeburt. Eine Konzertreise nach Wien, 1847 mit Robert und dessen Kompositionen, soll den alten Glanz zurückbringen, aber das Publikum lässt sich nicht mehr begeistern. »Der Besuch war sehr mäßig, der Applaus kühl«, berichtet eine Wiener Zeitung, und der lauernde Wieck kommentiert: »Als Clara Wieck vergöttert, als Clara Schumann ignoriert.« Clara gibt Klavierstunden. Unter seiner Obhut wäre ihr diese Demütigung erspart geblieben.

Weg von Dresden, von den traumatischen Erfahrungen des Maiaufstandes 1849. Robert nimmt eine Stelle als städtischer Musikdirektor in Düsseldorf an. Clara unterstützt seinen Entschluss, obgleich sie wissen muss, dass ihr gesundheitlich höchst labiler, in Orchesterführung unerfahrener und introvertierter Mann diesen Anforderungen nicht gewachsen sein wird. Aber die ständig sich vergrößernde Familie – zwei Kinder, Ludwig und Ferdinand, sind noch dazugekommen – braucht ein festes Einkommen.

Düsseldorf. Die Geburt der Tochter Eugenie wird nicht mehr im Tagebuch vermerkt, auch die beiden vorangegangenen Geburten nicht, das Leben ist zu prosaisch für aufmunternde Durchhalteparolen. Roberts Gehalt reicht nicht aus für den Unterhalt der Familie, Clara muss wieder konzertieren. Demütigend für Robert, aber Clara sind die Gelegenheiten, häuslicher Tristesse zu entfliehen, nicht unlieb. Robert reibt sich bei den Orchesterproben auf, seine Ängste und Wahnvorstellungen wachsen. In seinem Ohr haben sich Töne festgesetzt, die ihn zur Verzweiflung treiben. Sind es nur die Ohrgeräusche, ist es nicht auch die abweisende Kälte Claras? Mit dem jungen Brahms, der nun häufig im Hause verkehrt, geht sie liebevoller um. Für Robert sind die Gespräche mit Brahms, der sich in seine Kompositionen hineinversetzen kann, ein Lichtblick. Ist er eifersüchtig auf Claras vertrauten Umgang mit dem um 23 Jahre jüngeren Kollegen? Keimt Misstrauen auf?

Robert Schumanns langsames Ende

Mitten im Karnevalstrubel des Jahres 1854 stürzt sich Robert in einem Anfall von Verzweiflung von einer Brücke in den Rhein. Er wird aus den Fluten gerettet, ins Leben zurückgeholt, in ein Leben hinter Anstaltsmauern. Clara hat die Einweisung in die Nervenheilanstalt Endenich veranlasst. Aus Fürsorge? Aus Angst vor den unberechenbaren Ausbrüchen Roberts? Aus kühlem Egoismus, wie kritische Biografen mutmaßen? Die Quellen geben keine eindeutige Antwort. Fest steht, dass Clara ihren Mann in den zweieinhalb Jahren seines Anstaltsaufenthaltes nicht besucht hat. Nicht nur, weil sie Angst vor den emotionalen Belastungen hat, vermutet Eva Weissweiler, sondern weil sie froh ist über die neuen Freiräume und Freiheiten, die sich ihr mit der Abschiebung Roberts bieten.

Im Juni wird das achte Kind geboren und nach Mendelssohn auf den Namen Felix getauft. Sieht es nicht Brahms, dem Freund der Familie, ähnlich? Mutmaßungen. Clara nimmt kurz nach der Geburt wieder eine umfangreiche Konzerttätigkeit auf – auch mit Werken Roberts: »Die Ausübung meiner Kunst ist ja ein großer Teil meines Ichs, es ist die Luft, in der ich athme!« Die Kinder werden bei Verwandten und Freunden untergebracht, in Pension gegeben. Sie muss die Familie ernähren, die Kosten in Endenich bezahlen. Sie muss sich freispielen von allem, was auf sie einstürmt. Schon immer hat sie sich bei belastenden Situationen in die Musik zurückgezogen, eingeigelt. Sie lässt sich von Freunden, die Robert besuchen, über seinen Zustand berichten. Von Brahms, vom Geiger Joseph Joachim, von der Dichterin Bettine von Arnim.

Diese schreibt am 15. Mai 1855 beschwörend an Clara, Robert sei »einzig angestrengt sich selbst zu beherrschen, allein wie schwer wird ihm dies wo er von allem was ihm heilsam und ermunternd sein könnte geschieden bleibt? Man erkennt deutlich daß sein überraschendes Übel nur ein nerveuser Anfall war der sich schneller hätte beenden lassen hätte man ihn besser verstanden, oder auch nur geahnt was sein Inneres berührt.« Ein deutlicher Brief. Clara kann sich darauf berufen, dass ihr der Anstaltsarzt Dr. Richarz den Besuch ihres Mannes verboten hat, um den Heilungsprozess nicht zu gefährden. Dieses von Biografen angezweifelte Verbot gab es tatsächlich, das geht aus dem seit 1994 zugänglichen Behandlungstagebuch des Endenicher Arztes hervor, das auch die bislang umstrittene Krankheitsdiagnose liefert: progressive luetische Paralyse.

Zu stimmen scheint, dass Clara über das Besuchsverbot nicht unglücklich ist, es nicht durchbricht. Die seltenen Briefe, die sie dem Kranken in die Anstalt schickt, verbrennt dieser in einem Anfall von Verzweiflung. Den ersten hat er sofort beantwortet: »Wie freute es mich, geliebte Clara, deine Schriftzüge zu erblicken … O könnt ich euch ein Mal sehen und sprechen; aber der Weg ist doch zu weit. So viel möchte ich von dir erfahren, wie dein Leben überhaupt ist, wo ihr wohnt und ob du noch so herrlich spielst wie sonst, ob Marie und Elise immer vorschreiten, ob noch auch singen – ob du noch den Klemmschen Flügel hast, wo meine Partituren-Sammlung und die Manuskripte hingekommen sind, wo unser Album …«

Sein Zustand schwankt zwischen Klarheit und Verwirrung, die wachsende Paranoia ist nicht aufzuhalten, seine Sprache verfällt langsam, er verweigert das Essen, das Leben. Drei Tage bevor er in den Tod hinüberdämmert, reist

Clara an. Endlich. Schumann stirbt am 29. Juli 1856, einem schwülen Sommertag. Clara schreibt – und ihre Zeilen nehmen sich zwiespältig aus: »Ich stand an seiner Leiche, des heißgeliebten Mannes, und war ruhig; all mein Empfinden ging auf in Dank zu Gott, daß er endlich befreit ...«

Eigenständige Entfaltung

Als Komponistin ist Clara Schumann nach dem Tod ihres Mannes verstummt. Als Pianistin und Interpretin seiner Werke hat sie umso mehr Aktivität entfaltet. Ihr eigenes kompositorisches Schaffen umfasst 23 Titel: virtuose Stücke für Klavier, Liederzyklen, Fugen, ein Klaviertrio und sogar ein Klavierkonzert, obwohl sie, nicht zuletzt aus zeitökonomischen Gründen, die kleine Form bevorzugte. Auch wenn sie in engem Schaffenskontakt mit Schumann stand, hat sie doch ihre eigene, von besonderer Sensibilität geprägte musikalische Sprache gefunden. Eine Sensibilität, die ihr im Umgang mit Menschen oft gefehlt hat. In ihrer Jugend hat ihr der Vater zwar brillante Klaviertechnik und Geschäftsgeschick beigebracht, nicht aber Rücksichtnahme und menschliches Einfühlungsvermögen. So hat sie auch ihrem Mann und ihren Kindern nicht die Wärme geben können, die gerade in schweren Zeiten Familienbande zusammenhält.

Am Schicksal der Kinder lassen sich die mütterlichen Defizite ablesen, aber das Familienbild mit den sieben Halbwaisen – die älteste 15, der jüngste zwei – zeigt auch, wie erdrückend die Last war, die Clara Schumann allein zu tragen hatte, neben der eisern durchgehaltenen Konzerttätigkeit. Da kann es nicht ausbleiben, dass aus der anmutigen jungen Pianistin eine respektheischende Heroine geworden ist. Eva Weissweiler sieht – mit dem Blick Bettine von Arnims – schon die jüngere Clara wenig vorteilhaft: »Claras Augen waren vom Schein der vielen Kerzen entzündet, ihre Fingernägel vom Spiel auf den harten Flügeln des Vaters gespalten, ihre Zähne in Folge der mangelhaften Ernährung, die Wieck ihr, aus Angst zu verarmen, zukommen ließ, lose und faul.« Das Maß der Ausbeutung durch den Vater wird Clara wahrscheinlich nie richtig bewusst, sie griffe sonst bei ihren Kindern und auch bei ihren Schülern nicht auf ähnlich harte Erziehungsmethoden zurück.

Hart ist sie auch mit sich selbst und mit ihren Gegnern, denen, die Robert Schumanns Intentionen in ihren Augen verfälschen oder verwässern. Sie fühlt sich als die Hüterin seines Werkes und als unfehlbare Autorität in Interpretationsfragen. Liszt nennt sie wegen ihres hohen Kunstanspruchs und ihres moralischen Sendungsbewusstseins »Priesterin der Kunst«. Bitter muss es für sie sein, dass bereits die nachfolgende Pianistengeneration ihr »klassisches«, vom nachromantischen Pathos befreites Spiel als überholt empfindet und sich weigert, »Schumann zu spielen wie diese alte Dame«. Leider ist ihr Spiel nie auf Tonträger aufgenommen worden, obwohl dies schon möglich gewesen wäre.

In der Musikgeschichte wird sie ihren Platz als überragende Pianistin behalten. Auch als Herausgeberin der Werke ihres Mannes sind ihre Verdienste bleibend – selbst wenn ihre beim Leipziger Verlag Breitkopf und Härtel herausgekommene Schumann-Gesamtausgabe wegen eigenwilliger Retuschen auf Kritik stößt. Ihr Rang als bedeutende Komponistin ist umstrittener. Seltenheitswert hat ihr kompositorisches Schaffen ohne Zweifel, sind doch im Handbuch des Deutschen Komponistenverbandes bis heute von den über achthundert eingetragenen deutschen Komponisten nur ein gutes Dutzend Frauen. Schon 1837 ist in der *Neuen Zeitschrift für Musik* zu lesen: »So mancherlei die Damen in neuester Zeit versucht haben, sich dem sogenannten starken Geschlecht nicht nur an die Seite, sondern dieses wo möglich sogar in den Schatten zu stellen, – wir finden schon eine Operncomponistin und bald vielleicht eine Directorin eines weiblichen Orchesters, – so hat es doch, so viel wir uns erinnern, noch keine vollbracht, was Fräulein Clara Wieck gelang, nämlich ein Concert für das Pianoforte zu componieren.« Das wohlgemeint joviale Fazit des Rezensenten lautet: »… fände sich nicht auf dem Titel der Name der Componistin oder hörte man das Werk, ohne dessen Schöpfer zu kennen, nie würde man dem Gedanken Raum geben, es sei von einer Dame geschrieben.«

»Männliche« Gestaltungskraft, »männliches« Durchsetzungsvermögen hat man Clara Schumann oft nachgesagt. Sind dies die Eigenschaften, die auch der schüchterne Brahms an ihr bewundert hat? Seine enge Bindung an Clara hält lebenslang, auch wenn die »herrliche Frau« zwischendurch ihre Gunst dem jungen Musiker Kirchner schenkt, den sie in ihrem Sommerhaus bei Baden-Baden unbefangen ins Familienleben einbezieht. Ein Familienleben, das immer nur kurze Wochen dauert, dann werden die Kinder wieder auseinandergerissen, in Internate oder in Pension gegeben. Vergeblich redet ihr Brahms zu, eine große Stadtwohnung zu mieten und die Kinder zu sich zu nehmen. Zu viel Unruhe, zu viel häusliche Bindung. Für Clara beginnt die Konzertsaison.

1878, 22 Jahre nach Schumanns Tod, feiert sie ein seltenes Jubiläum: 50 Jahre auf dem Konzertpodium. Doch ihre

Kräfte lassen nach, sie hört schlecht, der rechte Arm will nicht mehr. Die Professorenstelle an einem Konservatorium sichert ihr wenigstens ein regelmäßiges Einkommen. Noch als 71-Jährige spielt sie in einer Frankfurter Museumsaufführung Chopins f-Moll-Konzert.

Nach einem ersten Schlaganfall im März 1896 bittet Brahms die Töchter, ihn sofort zu verständigen, wenn sich Claras Zustand verschlechtert, »damit ich kommen kann, die lieben Augen noch offen zu sehen«. Doch als Clara am 20. Mai stirbt, ist er nicht anwesend. Er hat sich in der Aufregung in einen falschen Zug gesetzt und trifft erst nach vierzigstündiger Odyssee quer durch Deutschland in Frankfurt ein. Am Pfingstsonntag 1896 wird Clara Schumann an der Seite ihres Mannes auf dem Alten Friedhof in Bonn beigesetzt. »Der einzige Mensch, den ich wirklich geliebt habe, den habe ich heute begraben«, klagt Brahms und widmet ihr seine *Vier ernsten Gesänge*. Nicht einmal ein Jahr hat er sie überlebt.

An ihrem Grab standen nur drei ihrer Kinder, die Töchter Marie, Elise und Eugenie, die alle auf den Spuren der Mutter eine musikalisch-pädagogische Laufbahn eingeschlagen haben, ohne je deren Glanz zu erreichen. Ludwig dämmerte in einer geschlossenen Anstalt vor sich hin. Emil ist schon als Kleinkind gestorben, Ferdinand später als Kriegsinvalider elend zugrunde gegangen. Felix, der Hochbegabte, dem Clara eine Ausbildung als Geiger untersagte, starb wie seine Schwester Julie an Tuberkulose.

Wie hat die Mutter, auch wenn sie die Kinder auf Distanz hielt, all diese Schicksalsschläge verkraften können? Es war die Musik, die ihr die Kraft des Überlebens gab. Clara Schumann war eben doch nicht nur die seelenlose Klaviermaschine, das Produkt eines ehrgeizigen väterlichen Drills.

Wenn sie sich auch keinem Menschen je ganz geöffnet hat, so doch der Musik. Sie weiß, »wie sehr die Musik zu meinem Leben nöthig – müsste ich sie … entbehren, ginge ich bald zu Grunde«.

Heidi oder Die Sehnsucht
nach dem einfachen Leben

Johanna Spyri

(1827–1901)

Eine Dame der feinen Zürcher Gesellschaft mit streng um
den Kopf geflochtenen Zöpfen, in bauschigem, spitzenver-
zierten Taftkleid für den Fotografen posierend – nein, so
kann man sich die Erfinderin von Heidi, dem naturwüchsi-
gen Kind aus den Bündner Bergen, nicht vorstellen. Aber
Johanna Spyri, die als Stadtschreibersgattin in großbürgerli-
chem Ambiente lebte, hat es fertiggebracht, sich so stimmig
in die karge Alpenlandschaft und in den Kopf eines kleinen,
freiheitsliebenden Mädchens hineinzudenken, dass Kinder
aus aller Welt Heidis Abenteuer miterleben und sich mit
ihm identifizieren. Seit weit über hundert Jahren wird die
schlichte Geschichte – nicht nur von Kindern – gelesen und
geliebt, mögen Kritiker ihr auch Verklärung der rauen
Bergwelt und Zivilisationsfeindlichkeit vorwerfen.

Vielleicht ist gerade dies das Geheimnis des Erfolges: der
Traum vom einfachen Leben. Einem Leben, in dem alles
seine Ordnung hat, überschaubar und nachvollziehbar ist,
ohne Hektik, ohne ständig wechselnde Schauplätze.
Einem Leben auch, das Raum lässt für Gefühle: Freude,
Trauer, Zorn, Mitleid, Heimweh – Empfindungen, die
offenbar überall in der Welt ähnlich sind, wie ließen sich
sonst die Auflagehöhen der Heidi-Bücher von Japan bis
Australien, die Übersetzungen in fünfzig Sprachen erklären? 50 Millionen verkaufte Exemplare weltweit, nur von

Johanna Spyri

Harry Potter übertroffen, in der Schweiz das erfolgreichste Kinderbuch aller Zeiten. Heidi auf Kassette und Video, im Kino, als Oper und als Comic, Heidiland touristisch wirkungsvoll vermarktet … Nie hätte sich Johanna Spyri diesen Rummel träumen lassen.

Sie hat den ersten Teil der Geschichte, *Heidis Lehr- und Wanderjahre,* im Herbst 1879 innerhalb weniger Wochen niedergeschrieben, ohne genaue Ortskenntnis, ohne ein reales Waisenkindschicksal vor Augen zu haben. Beim Titel hat sie sich von ihrem verehrten Goethe inspirieren lassen. Das Buch wurde 1880 gedruckt, nicht unter ihrem vollen Namen, sondern nur mit den Initialen J. S., so hatte sie schon ihre früheren Erzählungen veröffentlicht, die meisten in einem deutschen Verlag, bei F. A. Perthes in Gotha – eine Vorsichtsmaßnahme. Ihr Mann hätte, da sie als Frau keine juristischen Rechte besaß, eine Veröffentlichung in der Schweiz verhindern können.

Das erste Heidi-Buch fand auf Anhieb so große Resonanz, dass Perthes rasch eine zweite Auflage nachschob und Johanna Spyri schon ein Jahr später den zweiten Band, *Heidi kann brauchen, was es gelernt hat*, folgen ließ, diesmal mit ihrem vollen Namen gezeichnet. Der Erfolg machte sie selbstsicherer und gelassener, stieg ihr aber nicht zu Kopf, das verhinderten ihre anerzogene pietistische Demut und ihre nüchterne Selbsteinschätzung. Sie hat sich nie als große Dichterin gefühlt oder als ebenbürtige Partnerin von Gottfried Keller und Conrad Ferdinand Meyer, die beide in ihrem Haus verkehrten. Dass ihre Mutter, die in Zürcher Kreisen bekannte pietistische Dichterin Meta Heusser-Schweizer, ihre frühen Erzählungen nicht zur Kenntnis genommen hat, mag mit Eifersucht oder den verklemmten Familienverhältnissen zusammenhängen.

Heile Welt auf dem Hirzel?

Ein idyllisches Dorf hoch über dem Zürichsee. Eine alte reformierte Kirche mit einem Pfarrhaus, in dem Johanna Spyris Großvater als Pfarrer fast drei Jahrzehnte lang gelebt und gewirkt hat. Oberhalb der Kirche das Geburtshaus der sechs Heusser-Kinder, Johanna ist das vierte in der Geschwisterreihe. In diesem »Doktorhaus« hat der Vater, Johann Jakob Heusser, als angesehener Landarzt und Chirurg seine Praxis und eine kleine Privatklinik eingerichtet. Im Schulhaus, einem behäbigen Fachwerkbau aus dem 17. Jahrhundert (der heute das Johanna-Spyri-Museum beherbergt), hat schon Johannas Mutter lesen und schreiben gelernt. – Rundum sichere, solide Verhältnisse, die eine unbeschwerte Jugendzeit erwarten ließen.

Doch wie sieht es hinter der heilen Fassade aus? Wie in vielen ländlichen Idyllen, wie in Dürrenmatts Güllen oder in Kellers Seldwyla. Räumliche Nähe schenkt nicht nur Geborgenheit, sie erschwert auch eigenwillige Entfaltung. Nichts bleibt den übrigen Familienmitgliedern und der Dorfgemeinschaft verborgen, auch nicht in Johanna Spyris Elternhaus. Die Ehe ist belastet durch übertriebene Sparzwänge und die Arbeitsbesessenheit des Vaters, der Praxis und Privatleben nicht trennen kann und sich für Frau und Kinder nur selten Zeit nimmt. So muss die Mutter mit ihren Sorgen allein fertig werden: mit dem Selbstmord des Schwagers, dem Tod der Nichte in einer Irrenanstalt und dem Verlust zweier Söhne im frühen Kindesalter. »Unsere Familiengeschichte führt über viele Gräber hin«, schreibt sie in ihrer *Hauschronik*. Die Religion ist ihre einzige Stütze und ihr Trost, den sie auch an andere Menschen weitergibt, die ihre erbaulichen Schriften lesen.

Den Kindern gibt diese pietistische Heilsgewissheit wenig Hilfe. Ihnen bleibt nicht verborgen, was sich in der väterlichen Praxis abspielt. Die Schreie der Patienten bei Amputationen oder Entfernung von Krebsgeschwüren dringen durch alle Wände. Der Vater betreut auch Geisteskranke in seinem Haus, die einer Einweisung ins Irrenhaus entgehen wollen und sich eine Privattherapie leisten können. So prägen sich Johanna schon früh Menschenschicksale auf der Schattenseite des Lebens ein. Nur selten sieht sie die Mutter lachen, die in ihrer Hauschronik vermerkt: »Familienfreuden und die Pflege unglücklich Verrückter passen einmal nicht zusammen.«

Nach dem Besuch der Dorfschule wird Johanna für zwei Jahre bei einer Tante in Zürich untergebracht. Sprachen soll sie hier lernen und Klavierunterricht bekommen, alles, was eine Tochter gehobenen Standes für eine spätere Ehe braucht. Diesem Ziel dient auch ein zweijähriger Aufenthalt in einem Internat in Yverdon am Neuenburgersee. Mit 18 kehrt sie, ehereif, nach Hause zurück. Diese Rückkehr ist für sie trotz bedrückender Erinnerungen kein Albtraum, sie hatte in der Fremde stets Heimweh nach dem vertrauten Hirzel. In ihren späteren Heidi-Büchern wird das Heimwehmotiv eine wichtige Rolle spielen.

Im Elternhaus unterrichtet sie nun ihre beiden jüngeren Schwestern und geht der Mutter im Haushalt zur Hand. Die Bekanntschaft mit dem jungen revolutionär gesinnten Dichter Heinrich Leuthold führt zu keiner festen Bindung, die Eltern haben andere Vorstellungen von einem passenden Schwiegersohn. Als »der Richtige« um ihre Hand anhält, ist sie 25, für die damalige Zeit schon keine jugendfrische Braut mehr. Ihr zukünftiger Mann, der Zürcher Rechtsanwalt Johann Bernhard Spyri, ist sechs Jahre älter

185

und – auch als Redaktor der *Eidgenössischen Zeitung* – beruflich schon gesattelt. Nach der Heirat beziehen die beiden eine Wohnung in Zürich, und die Ehefrau »vom Land« muss sich an die gesellschaftlichen Umgangsformen ihrer neuen, von Konventionen geprägten Umgebung gewöhnen. Dass Betsy Meyer-Ulrich, die Mutter des Dichters Conrad Ferdinand Meyer, ganz in der Nähe wohnt, macht ihr das Leben in Zürich erträglicher. Die Witwe war für sie schon beim ersten Zürcher Aufenthalt eine wichtige Bezugsperson. Johanna Spyri nimmt nun an den künstlerisch-literarischen Montagsgesellschaften im Hause Meyer teil. Mit der Tochter Betsy, die sie schon aus Kindertagen kennt, verbindet sie bald eine enge Freundschaft, während deren Bruder Conrad (den zweiten Vornamen Ferdinand legt er sich erst später zu) wegen seiner Depressionen und seinem Verfolgungswahn seit einiger Zeit in einer psychiatrischen Anstalt in Préfargier Heilung sucht.

Die starke Bindung an die Meyer'sche Familie gibt Johanna Spyri Halt, wirkt sich aber gleichzeitig niederdrückend auf ihr Lebensgefühl aus. »Oh, dass ich nicht mehr an mir tragen müsste«, schreibt sie an Betsy und lässt sich anstecken vom Leidensdruck, der in dieser Familie herrscht. Die Mutter wird sich später das Leben nehmen.

Die depressiven Anwandlungen, die auch Johanna Spyri nicht fremd sind, verstärken sich mit der Geburt des Sohnes Bernhard. Jahrelang schleppt sie Schuldgefühle mit sich herum. Mag sein, dass sie der unerfüllten Jugendliebe zu dem Literaten Heinrich Leuthold nachhängt, der dem Wunschbild eines Schwiegersohnes im gutbürgerlichen Elternhaus nicht entsprach, während ihr Ehemann, der strebsame, tüchtige Jurist alle Erwartungen erfüllte – nur sie nicht glücklich machte. 1868 wird er zum Stadtschreiber von Zürich berufen, dem höchsten Amt in der Verwaltung. Johanna Spyri ist nun »Frau Stadtschreiber«, wohnt in den repräsentativen Räumen des Stadthauses, pflegt gesellschaftlichen Umgang mit den Honoratioren und fühlt sich doch einsam. Sie beklagt sich, dass ihr Mann am Mittagstisch »so stramm seine Zeitung las, dass er das Essen vollständig vergaß«. Doch es sind nicht nur die beruflichen Pflichten und der Ehrgeiz ihres Mannes, die das Familienleben erschweren, es sind auch die unterschiedlichen Ansichten und kulturellen Interessen, die sich schwer zusammenfügen lassen.

Johann Bernhard Spyri ist ein Verehrer Richard Wagners, er ebnet dem aus Deutschland geflohenen und wegen aufrührerischer Gesinnung steckbrieflich gesuchten Kapellmeister die Wege im traditionsgeprägten Zürich. Vor Wagner-Abenden im vornehmen Hotel *Baur au Lac* graut ihr. Wagner verkehrt, wie auch Gottfried Keller, im Stadtschreiberhaus, und die Frau Stadtschreiber, die für häusliche Arbeit nicht viel übrig hat, muss die aufmerksame Gastgeberin spielen. Sie fühlt sich unwohl in ihrer Rolle, hat keine Lust, ihren Gästen »ein frohes Gesicht zu lügen«. Ein mit der Mutter befreundeter Pfarrer rät ihr, sich ihren Unmut von der Seele zu schreiben – Schreiben als Therapie, wie, viel später, ihr Landsmann Adolf Muschg eines seiner Bücher betiteln wird.

Johanna Spyri befolgt den Rat, das Schreiben geht ihr flüssig von der Hand, die ersten Erzählungen entstehen. Stoff hat sich in ihrem Kopf genug angesammelt, die Motive holt sie aus ihrer Umgebung: Gegensätze von Arm und Reich, Dorf und Stadt, Familienalltag, Krankheiten, religiöse Erfahrungen. In der Erzählung *Ein Blatt auf Vronys Grab* lässt sich ein naives Mädchen von einem glutäugigen Fremden verführen, der sich als brutaler Despot entpuppt. Vrony flieht vor ihm, will sich umbringen und wird von einem alten Pfarrer daran gehindert. Er rät ihr, zu ihrem gewalttätigen Mann zurückzukehren, ihr Schicksal in Demut anzunehmen und für den Unhold zu beten ... – Greift Johanna Spyri da auf ein gängiges Klischee zurück oder treibt sie religiöser Erweckungseifer an? Versucht sie in der Geschichte ihre eigene frühe Liebe zu verarbeiten? Wie dem auch sei – die anonyme Veröffentlichung der Erzählung stößt auf großen Widerhall, der ihr weiteres Schreiben beflügelt. Ihre Depressionen sind verschwunden. Conrad Ferdinand Meyer, der selbst immer wieder unter depressiven Schüben leidet, glaubt zu spüren, dass sie »etwas von der Frische und dem Glanz aus Wald und Feld, darin sie aufgewachsen war«, in die Stadt mitbringt.

Wie recht er hat, zeigen die Heidi-Geschichten, die sie ohne besondere literarische Ambitionen, aber mit großem Einfühlungsvermögen niederschreibt »für Kinder und solche, die Kinder lieb haben«. Dass sie zur Kinderliteratur überwechselt, hängt wahrscheinlich weniger mit besonderer Hinwendung zu Kindern zusammen – der eigene Sohn ist längst erwachsen – sondern eher mit pragmatischen Überlegungen: Texte für Kinder gehen leicht von der Hand und versprechen gute Absatzchancen. Es gibt noch keinen Kinderbuchmarkt, angeboten werden erbauliche und entsprechend langweilige Geschichten von tugendsamen und opferfreudigen Vorbildern, mit denen sich kein Kind identifizieren kann. Heidi aber, die kleine warmherzige Rebellin, bringt ein ganz neues Kinderbild in die Goldschnittlegenden, ähnlich wie Astrid Lindgrens *Pippi Langstrumpf* Generationen später.

Mit Heidi zum Welterfolg

Umgeben von großbürgerlichen Requisiten lässt Johanna Spyri ihre Fantasie spielen. Sie verlegt ihr Bühnenbild auf eine einsame Alp in die Hütte des knurrigen, menschenscheuen Alp-Öhis, des Großvaters, zu dem das elternlose Enkelkind abgeschoben wird. Dem fünfjährigen Heidi gelingt es, das Herz des Alten aufzuschließen. Auch der verträumte Geißenpeter und die Ziegen Bärli und Schwänli gehören zu den Alpbewohnern, und wenn realitätsbewusste Pädagogen vor der »verlogenen Heile-Welt-Kulisse« warnen und Heidi am liebsten aus dem Verkehr ziehen möchten, scheren sich die Kinder nicht um das Verdikt. Sie bangen und leiden mit dem Naturkind, das bei einer fernen Frankfurter Tante zivilisiert werden soll. Heidi ist in der Großstadt unglücklich, hat Heimweh und sucht an einem Turmfenster traurig nach den Bergen. Es bittet den lieben Gott inständig, er möge es doch auf die Alp zurückholen. Unter dem strengen Regiment von Gouvernanten verliert es seine Fröhlichkeit und Lebenslust, wird krank und vor lauter Sehnsucht nach den Bergen sogar mondsüchtig. »Zum Geripplein abgemagert« ist es der gelähmten Klara im Rollstuhl doch willkommene Spiel- und Lerngefährtin. In kürzester Zeit lernt es Lesen und gute Manieren, Großmama Sesemann bringt ihm Psalmen und biblische Geschichten bei.

Doch das Heimweh bleibt. Hartnäckig besteht Heidi auf der Rückkehr zum Alp-Öhi. Der mitfühlende Doktor weiß, dass nichts anderes als Heimweh das Kind krank gemacht hat. Und er sorgt dafür, dass sein Wunsch erfüllt wird. Auch die kranke Klara im Rollstuhl soll in den Genuss der gesunden Bergluft kommen. Sie lernt auf der

Alp, fürsorglich betreut und mit frischer Geißenmilch hochgepäppelt, allmählich wieder aus eigener Kraft zu gehen. Der missmutige Alp-Öhi wird aus Freude über Heidis Rückkehr zu einem umgänglichen, liebenswerten Menschen, und die blinde alte Frau im Tal freut sich, dass Heidi ihr nun all die spannenden Geschichten aus der Bibel vorlesen kann …

Zu unglaubwürdig die Ansammlung von lauter Gutmenschen? Zu kitschig die Naturbilder mit den rauschenden Tannen und der Nähe zum Sternenhimmel? Zu viel naive Unschuld und kindliche Frömmigkeit? – Zweifellos. Doch die Kritiker können noch so viel falsche Idyllen und rührselige Bilder aufspießen, Kinder haben andere Maßstäbe. Maßstäbe, die auch für Märchen und Comics gelten: Es gibt die Guten und die Bösen, holzschnittartig gezeichnet, und die Kinder wissen, wem sie vertrauen können und vor wem sie sich hüten müssen. Ein einfaches, einprägsames Weltbild. Geschadet hat die Heidi-Lektüre, entgegen den Befürchtungen fortschrittlicher Pädagogen, den Kindern nicht, das führte eine repräsentative Umfrage unter Erwachsenen zutage, denen Heidi ein frühes Idol war. Heidi als Kultfigur. Die Werbung hat diese Chance rasch begriffen, weltweit und den jeweiligen nationalen Sehnsüchten angepasst. Eine Barbie-Puppe mit Dirndl und langen blonden Zöpfen soll es schon geben …

Ein anderes, modern-emanzipatorisches Heidibild kam mit der Neuen Frauenbewegung auf: ein aufgewecktes Mädchen, das genau weiß, was es will, und seinen Willen ohne Ehrfurcht vor Autoritäten durchsetzt, neugierig Tabus hinterfragend, Gerechtigkeit einfordernd. Und die Autorin, das ist das Bahnbrechende, stellt sich auf die Seite des Kindes und tritt nicht als belehrende Erwachsene auf.

Sie sieht das Kind als Kind, mit ganz eigenen Bedürfnissen, nicht als kleinen, unfertigen Erwachsenen. Man könnte sie, auch bei ihrer sonstigen konservativen Einstellung, mit Fug und Recht als eine Pionierin der Reformpädagogik bezeichnen. Ein Tabu allerdings rührt sie nicht an: aufkeimende Sexualität, geheime Wünsche und Begierden, Körperentdeckung, all diese unschicklichen Peinlichkeiten kommen in den Heidi-Büchern nicht vor. Und das Verblüffende: die Kinder scheinen es nicht zu vermissen. Heidi ist clean. Das ermöglicht die Verbreitung der Bücher auch in ängstlich auf Sittsamkeit bedachten religiösen Kreisen und in Ländern und Kulturen mit rigiden Moralgesetzen.

Das Alpkind steht für gesundes Leben, für Licht und Luft, für Kräuter und Ziegenkäse. Ein Heidibild aus Deutschland, das in der Schweiz lange Zeit eher verpönt war. Schweizern war es peinlich, im Ausland womöglich als Hinterwäldler zu gelten, die im Heu schlafen, Geißen hüten und vom Fortschritt wenig halten. Die Heidibücher wurden denn auch in der Schweiz erst 1916, 35 Jahre nach dem Erscheinen in Deutschland, gedruckt.

Interessant ist die Rezeption in den nicht deutschsprachigen Ländern. In Italien muss sich Heidi gegen *Pinocchio,* den Liebling aller Kinder, behaupten – und schafft es ohne Mühe. In Amerika ist Heidi erst 1937 durch den Film *Poor little rich girl* mit dem berühmten Kinderstar Shirley Temple bekannt geworden – mit einem süßen, verniedlichenden Retuschenbild des bodenständigen Alpkindes. Ein offenbar sehr erfolgreiches Klischee, das später von den Japanern übernommen wurde. Takahata Isaos rührseliger Zeichentrickfilm begründete 1975 den japanischen Heidi-Kult. Kitschiger noch für europäischen Geschmack die Illustrationen von Igarashi Yumiko: auf dem Buchumschlag Heidi blond gelockt und niedlich kokett – »kawaii« – vor der Matterhorn-Kulisse!

Ins Russische wurde Heidi schon früh, schon vor der Revolution übersetzt und gelesen, kam dann aber bei der inquisitorischen Säuberung aller Schulbibliotheken unter Nadjeschda Krupskaja, Lenins Frau, auf die schwarze Liste. Die anarchische Freiheitsliebe des Mädchens aus den Schweizer Bergen war für sowjetische Kinder nicht vorbildhaft, gewünscht wurden tapfere kleine Parteisoldaten, Märtyrer für den Sozialismus, keine Rebellen, und schon gar nicht aus der Schweiz, dieser »bürgerlichen Lakaienrepublik«. Erst nach der Perestroika wurde Heidi aus der Verbannung geholt und konnte wieder frei verkauft werden.

Im Schweizer Film von Markus Imboden ist Heidi ein aufgewecktes, patentes Mädchen von heute, mit der Technik, selbst mit dem Traktor, vertraut und natürlich mit Handy und Internet. Ob diesem Heidi aus unserer Alltagswelt nicht der Zauber abgeht, von dem sich Kinder einhüllen lassen? Ob sie nicht lieber zu Tomi Ungerers altmodischem, liebevoll ausgemalten Heidibuch greifen und mit dem Alp-Öhi Käse über dem Feuer braten oder vom Türmer mit den vielen Katzen sich die Welt erklären lassen? Selbst Ungerer, der sich erst sträubte, ein Heidibuch zu illustrieren, weil ihm die Ansichten der Frau Stadtschreiber nicht geheuer waren, ließ sich schließlich vom Reiz der schlichten Geschichte einfangen: »Mich reizte der ketzerische Gedanke, gute Illustrationen zu einem Buch zu machen, das ich nicht mochte, denn mit Wut im Bauch habe ich schon immer am besten arbeiten können. Je größer meine Wut beim Lesen wurde, desto nachsichtiger und sanfter wurden meine visuellen Vorstellungen ...«

Bei einer repräsentativen Befragung von Kindern nach ihren Traumferien lagen nicht etwa Flüge in einer Raumkapsel oder Besuche im Disneyland vorn, sondern Ferien auf dem Bauernhof oder auf einer einsamen Insel. Der Münchner Psychologieprofessor Ernst Pöppel bestätigt, dass Kinder damit instinktiv richtig liegen: »Um ihre Identität zu entwickeln oder einfach zu suchen, brauchen die jungen Menschen Einsamkeit.« – Johanna Spyri also voll im Trend.

Schreiben als Therapie

Mit dem Erfolg der Heidibücher gerät die Autorin gegen ihren Willen ins Rampenlicht der Öffentlichkeit. Sie möchte ihr persönliches Leben jedoch abschirmen vor neugierigen Blicken. Deshalb lehnt sie auch den Vorschlag des Dichterfreundes Conrad Ferdinand Meyer ab, nach ihren Vorgaben eine Biografie zu schreiben. »Zu viel weibliche Scheu, um meine Seele vor der Welt zu sezieren« habe sie, und außerdem hält sie ihr Leben in ihrer nüchternen Selbsteinschätzung für uninteressant. Sie hat keinerlei Verständnis dafür, dass man Menschen schon zu ihren Lebzeiten in einer Biografie festschreibt und für die Ewigkeit präpariert. Alle Anfragen, die ihr persönliches Leben betreffen, beantwortet sie nicht oder erteilt eine Absage. Ihr Werk soll sprechen, nicht ihre Person. Eine Nachwirkung ihrer pietistischen Erziehung zur Demut und Selbstzurücknahme?

Mit Conrad Ferdinand Meyer, der sich aus den engen Familienbanden gelöst hat und nun mit Frau und Kind in Kilchberg am Zürichsee wohnt, steht sie in regem Briefwechsel. Er hat sich aus seinen lähmenden Gemütsdepressionen herausgearbeitet durch intensive Versenkung in historische Stoffe. Das angehäufte Wissen lässt er in sein rasch wachsendes Werk einfließen: in seine Gedichte – besonders eindringlich in Balladen wie *Die Füße im Feuer* – aber auch in Novellen und in seinen Roman *Jürg Jenatsch*. Wie in unseren Tagen Umberto Eco mit dem Roman *Der Name der Rose*, macht Meyer Geschichte lebendig und verarbeitet sie zu spannendem Lesestoff.

Johanna Spyri liest alles, was er geschrieben hat, mit wachem Interesse. Ihn werden bei der Lektüre ihrer Bücher eher freundschaftliche Gefühle als literarische Neugier bewegt haben. Heidi allerdings hat ihn beeindruckt und er schreibt seiner Briefpartnerin anerkennend: »Ihr Heidi hat mir einen jungen und frischen Eindruck gemacht, wie ich nicht sagen kann. Sie haben doch ein glückliches Naturell! Dabei erzählen Sie doch so resolut, dass die Kritik gar nicht dagegen aufkommt.« Er hat die Heidi-Geschichte seiner kleinen Tochter vorgelesen und die hat das wilde Alpkind sofort ins Herz geschlossen. Auch wenn er selbst nicht für Kinder schreibt, weiß er doch die kind-nahe, aber nie kindertümelnde Sprache der Spyri zu würdigen, die postwendend auf sein Lob reagiert: »Dass Ihre Tochter Milla nun zu meinen kleinen Freunden gehört, freut mich besonders.«

Zwischen den so unterschiedlichen und doch im Wissen um psychische Gefährdungen so übereinstimmenden Briefpartnern gehen Bücher und Rezensionen hin und her, und eines Tages macht Meyer seiner »verehrten Freundin« den Vorschlag, sich doch regelmäßig mit ihm zu literarischen Gesprächen zu treffen, da es ihm in seinem Umfeld an kompetenten Kritikern fehle. »Sie glauben nicht, welchen Wert ich darauf lege«, unterstreicht er seine Bitte. Die verehrte Freundin willigt gerne ein, in seinen depressiven Pha-

sen ist sie die einzige Außenstehende, die an ihn heran-
kommt.

Dass die für die literarische Arbeit so fruchtbaren Treffen
mit der Zeit seltener werden, liegt auch an Johanna Spyri.
Sie hat Sorgen, die sie nicht einfach wegschreiben kann. Ihr
einziger Sohn Bernhard, der vor dem Abschluss eines erfolgreichen Jurastudiums steht, leidet an Lungenschwind-
sucht, der verbreiteten Volkskrankheit, die damals noch
nicht heilbar ist. Alle ärztlichen Bemühungen, das Leben
des schon lange Kränkelnden zu verlängern, sind umsonst.
Der Sohn stirbt 1884, mit 29 Jahren. Der beruflich so erfolgreiche Vater kann den Verlust seines einzigen Nachkommen nicht verkraften und folgt ihm, gebrochen vor
Kummer, noch im selben Jahr in den Tod, während die
leiderfahrene Mutter erstaunliche Überlebenskräfte entwickelt.

Johanna Spyri findet, wie einst ihre Mutter, Trost in der
Religion – und Ablenkung im Schreiben. Es ist nicht das
erste Mal, dass die Niederschrift ihrer Gedanken und ihrer
»Geschichten aus dem Leben« ihr über Schmerz und Hader
mit dem Schicksal hinweghelfen. Berufliche Anerkennung
ist ihr nun weniger wichtig als die Erlangung der ewigen
Seligkeit. Während in ihren frühen Geschichten fromme
Gedanken oft aufgesetzt und dem Zeitgeist angepasst wirken, greifen ihre religiösen Gefühle nun tiefer. Schreiben
nicht nur als Selbsttherapie, Schreiben als Hilfsangebot für
Suchende. Auch wenn ihre Schriften nicht vordergründig
belehrend daherkommen, folgen sie doch einem pädagogischen Impetus.

Durch den Erfolg der Heidibücher fühlt sich Johanna
Spyri bestätigt in ihrer Hinwendung zur Kinderliteratur. Sie
bringt in ihren letzten zwei Lebensjahrzehnten fast in jedem

Jahr ein Buch für Kinder oder Jugendliche heraus, Erzählungen vom Rosenresli, von Gritli und Gritlis Kindern, von Lauris Krankheit und vom Geißbub Moni oder vom fröhlichen Heribli. Keine aber kommt an die Beliebtheit von Heidi heran.

Von Zwängen befreit

»All mein Thun und Leben ist mir Zwang«, hat Johanna Spyri 1856, vier Jahre nach ihrer Hochzeit und ihrer Übersiedlung nach Zürich, einer Freundin geschrieben. Wie viel mehr müssen sie die Zwänge in ihrer späteren Rolle als Frau Stadtschreiber bedrückt haben: einem Protokoll unterworfen, das ihr kaum eigenen Spielraum lässt, mit Menschen Umgang pflegen, die sie langweilen oder nerven, wie Richard Wagner mit seinem »mystisch hoch gespannten Wesen« ...

Das alles liegt weit hinter ihr. Mit dem Tod ihres Mannes und dem Auszug aus dem Stadthaus ist sie wieder Privatperson geworden und kann selbst über ihr Tun bestimmen. Befreit fühlt sie sich auch von ihrem fast krankhaften Sparzwang und von ihren Schuldgefühlen, die sie daran gehindert haben, die angenehmen Seiten des Daseins zu genießen. Sie ist nun eine wohlhabende Frau. Aus ihren von Jahr zu Jahr wachsenden Bucherlösen und dem Erbe ihres Mannes kann sie sich ein angenehmes und komfortables Leben leisten.

1886 zieht sie in eine Wohnung am Zeltweg in Hottingen, eine gute Gegend am Stadtrand, die mit dem Zentrum durch ein »Rösslitram« verbunden ist. Hier am sonnigen Fuß des Zürichbergs haben sich Professoren, Künstler,

Musiker und Dichter niedergelassen, eine Mischung aus Boheme und Behäbigkeit, etwas verwegen als »Quartier Latin« von Zürich bezeichnet. Gottfried Keller wohnt ebenfalls am Zeltweg, ganz in der Nähe seines Malerfreundes Arnold Böcklin. Neben den Sesshaften beherbergt das Quartier vielerlei Zugvögel wie den Architekten Gottfried Semper und die revolutionären Dichter Herwegh und Freiligrath, auch Ricarda Huch, die in Zürich als eine der ersten Frauen in Geschichte promovierte. Im Bändchen *Frühling in der Schweiz* beschreibt sie voller Begeisterung den Alltag und das Studentenleben im noch ländlich gemütlichen Hottingen. Dass Richard Wagner nicht mehr hier wohnt, wird Johanna Spyri nicht bedauern. Heute erinnern Gedenktafeln an zahlreichen Häusern an die illustren Gäste.

Die Witwe Spyri pflegt ihre alten Freundschaften weiter, schreibt Kindergeschichten und – häufiger als früher – Briefe. Der Freundeskreis ist enger geworden, seit sie allein lebt. Sie leidet darunter, dass die alte Freundin Betsy Meyer sich, wahrscheinlich aus Furcht vor einer zu starken Umklammerung, zurückgezogen hat. Im November 1887 schreibt sie ratlos an den Bruder: »Betsy in Zürich lebend und nie meine Schwelle betretend! Was habe ich denn gesündigt?«

Um der Einsamkeit zu entgehen, unternimmt sie ausgedehnte Reisen, an die italienische Riviera, den Lago Maggiore oder an den Genfer See. Montreux hat es ihr angetan, besonders im Herbst, wenn die tiefer stehende Sonne in die Weinberge fällt. Sie leistet sich nun auch kostspielige Kuraufenthalte in den Bergen. Und endlich hat sie Zeit zum ungestörten Lesen. Ihren Goethe holt sie wieder vor und Lessing, bei dem sie die »Klarheit, Kraft und Schärfe« schätzt. Pathos und hymnische Gedichte liegen ihr nicht, genauso wenig wie der Weltschmerz in den Gedichten

Lenaus. Sie ist Realistin, Gottfried Keller und Conrad Ferdinand Meyer näher als den Romantikern, auch wenn ihr fälschlicherweise ein Hang zur Sentimentalität angedichtet wurde.

Weltberühmt und doch unbekannt

Johanna Spyris Werk wächst und wächst, ihre Einsamkeit ebenfalls. Sie schreibt dagegen an, über dreißig Bücher sind von ihr erschienen mit fast fünfzig Erzählungen, die letzte, *Die Stauffer-Mühle*, in ihrem Todesjahr 1901. Gegen den Krebs ist sie machtlos. Sie lässt sich von Marie Heim-Vögtlin, der ersten Schweizer Ärztin, behandeln, obwohl sie Vorbehalte gegen studierte Frauen hat. Aber das zählt nun nicht mehr.

Kurz vor ihrem Tod verbrennt sie sämtliche Briefe und persönlichen Aufzeichnungen, die in ihrem Besitz sind, auch die Briefe, die sie von ihren Schreibpartnern zurückgefordert hat. Vieles in ihrer Biografie bleibt deshalb ungeklärt. Sie hat es so gewollt, hat persönliche Fragen stets abgewehrt: »Für den, der zu lesen versteht, ist die Geschichte meines Lebens und Wesens enthalten in allem, was ich geschrieben habe.«

Dieses verschlüsselte Leben endet am 7. Juli 1901, an einem sonnigen Sonntagnachmittag, unbeachtet von der Öffentlichkeit. Die Zürcher feiern an diesem Tag ihr Sommerfest auf dem See mit bunten Darbietungen und einem prächtigen Feuerwerk. Auch die Bestattung wenige Tage später geht in aller Stille vor sich. Klein ist der Kreis, der am Familiengrab auf dem Friedhof Sihlfeld von der schon zu Lebzeiten erfolgreichsten Dichterin der Schweiz Abschied nimmt. »Weltberühmt und doch unbekannt« lautet die Überschrift eines Nachrufs. In Zürich erinnern eine Straße und ein Platz an sie. Das Johanna-Spyri-Archiv am Zeltweg 11, benachbart ihrem letzten Wohnsitz, verwaltet den fragmentarischen Nachlass. Kein pompöses Denkmal, keine aufdringliche Präsenz in der Stadt, ganz im Sinne der Verstorbenen.

Ihr Werk soll leben. Und das Werk, das Generationen überdauert hat und weiter überdauern wird, heißt Heidi. Heidi ist unverwüstlich, auch wenn es verschandelt und vermarktet wird. Heidi ist eine Metapher für die Sehnsucht nach dem einfachen Leben. Wer möchte nicht hie und da aussteigen aus dem hektischen Alltag, auf weichem Moosboden liegen und in den Himmel träumen? Oder sich Augenblicke seligen Selbstvergessens aus der Kindheit zurückholen? Augenblicke, wie sie Heidi erlebt: »Dem Heidi war es so schön zumute wie in seinem Leben noch nie … und es begehrte gar nichts als so dazubleiben immerzu.«

Bertha von Suttner

Rebellin in einer Klassengesellschaft

Bertha von Suttner

(1843–1914)

Am 10. Dezember 1905 wurde zum ersten Mal eine Frau mit dem Friedensnobelpreis ausgezeichnet: Baronin Bertha von Suttner. Eine verdiente, wenn auch umstrittene Ehre. Durch ihren provozierenden Roman *Die Waffen nieder!* ist sie weit über Wien hinaus bekannt geworden, bei Umfragen in Berlin kam sie auf Platz eins der europäischen Frauen – vor den Bühnengrößen Eleonora Duse und Sarah Bernhardt.

Mit missionarischem Eifer sucht die »Friedensbertha« ihre Friedensgedanken in allen Bevölkerungsschichten zu verbreiten – und stößt auf den Widerstand ausgerechnet einer Gruppe, an der ihr viel liegt: der Arbeiterinnen. Wortführerin dieser Arbeiterinnen, für die sich die proletarische Frauenbewegung einsetzt, ist die junge Agitatorin Adelheid Popp. Sie stammt selbst aus dem Arbeitermilieu, spricht die Sprache der Hinterhöfe, kennt die Nöte der Proletarierinnen und weiß, dass deren Gedanken um den Arbeitsplatz und das tägliche Brot kreisen, dass »Weltfrieden« eine hohle Vokabel bleibt, wenn es ums Überleben nicht im Krieg, sondern im Alltag geht.

Diese realistische Lageeinschätzung hindert Adelheid Popp daran, auf Kooperationsangebote Bertha von Suttners und ihrer Mitarbeiterinnen einzugehen und das Amt einer Vorsitzenden in einem geplanten Frauen-Friedensbüro zu übernehmen. Ein weiterer Grund mag ausschlaggebend ge-

wesen sein, nicht enger mit den »bürgerlichen« Frauen zu-
sammenzuarbeiten: Sie haben den falschen Stallgeruch. Das
schmerzt Bertha von Suttner besonders. Sie ist zwar Baronin, sogar geborene Gräfin, fühlt sich dem Sozialismus aber
stärker verbunden als dem Adel und den bürgerlichen Parteien.

Die beiden Frauen kommen nicht zusammen, obwohl
Bertha von Suttner immer wieder Annäherungsversuche
macht. Noch 1911 zitiert sie in der *Friedenswarte* Adelheid
Popp, die sich auf einer Demonstration für das Frauenwahl-
recht auch zur Friedensfrage geäußert hat, mit den Worten:
»Wir wollen, dass die Mordrüstungen ihr Ende nehmen
und diese Millionen verwendet werden für die Bedürfnisse
des Volkes.« Die Bedürfnisse des Volkes sind für Adelheid
Popp die Bedürfnisse der Arbeiterklasse, und sie bezweifelt,
dass eine Baronin diese verstehen und unterstützen kann.
Zu groß ist die Kluft, die Adel und Proletariat trennt.

Dabei gibt es vieles, was beide Frauen verbinden und zu
gemeinsamer Arbeit motivieren könnte: Temperament
und Durchsetzungswillen, Charisma und Überzeugungskraft, mit der sie ihre Sache, ihre Botschaft vertreten. Bei
Bertha von Suttner heißt sie Weltfrieden, bei Adelheid
Popp Stärkung des Sozialismus und bessere Lebensbedingungen für Arbeiterinnen. Beide gehören sie nicht zu den
radikalen Frauenrechtlerinnen, die Männerherrschaft durch
Frauenherrschaft ersetzen wollen. Beiden liegt viel an
Zusammenarbeit mit aufgeschlossenen, weitsichtigen Männern, mögen sie August Bebel oder Alfred Nobel heißen.

Und noch eine Gemeinsamkeit: Beide Frauen haben
schon ein hartes Leben hinter sich. Ein Leben, das sie nicht
bejammern, sondern als Herausforderung genommen haben. Beide sind sie nicht auf dem durch Herkunft vorge-

zeichneten Weg geblieben, haben Grenzen ins Ungewisse überschritten. Ihre Erlebnisse und Erfahrungen haben sie niedergeschrieben, Bertha von Suttner in ihren *Memoiren*, Adelheid Popp in der *Jugendgeschichte einer Arbeiterin*. Beide Werke erscheinen im Jahre 1909 und geben Einblick in die Gesellschaftsstrukturen des ausgehenden 19. Jahrhunderts, die in Wien, dem Zentrum der k. u. k. Monarchie, noch stark klassengeprägt sind.

Bertha von Suttner, geborene Gräfin Kinsky, ist am 9. Juni 1843 in einem Prager Palais zur Welt gekommen, Adelheid Popp ein gutes Vierteljahrhundert später, am 11. Februar 1869, in einer Inzersdorfer Proletarierwohnung. Der Start ins Leben ist bei beiden beschwerlich. Bertha ist zwar die Tochter eines Grafen und hohen k. u. k. Militärs, aber ihre Mutter stammt nur aus niederem Adel und ist für Hofkreise keine standesgemäße Verbindung. Auch die Tochter ist daher nicht »hoffähig«, und die nicht besonders tugendsame, aber ehrgeizige Mutter sieht nur eine Möglichkeit, diesen Makel aus der Welt zu schaffen: eine baldige Heirat der hübschen und intelligenten Tochter mit einem reichen Spross aus dem Hochadel, um so Eingang in Wiener Hofburgkreise zu finden.

Das junge Mädchen erhält den üblichen Schliff höherer Töchter, Musik, Sprachen, Geistesbildung, soweit diese für Konversationen in gehobener Gesellschaft dienlich ist. Bertha meistert das Lernpensum spielend, liest daneben Kant und Schiller und befasst sich, ohne dies als Widerspruch zu empfinden, ausgiebig mit Schönheits- und Modefragen. Um so herber die Enttäuschung der ersten Ballnacht: Niemand beachtet sie, niemand tanzt mit ihr. Sie gehört nicht, das wird ihr schlagartig deutlich, zur ersten Wiener Gesellschaft.

Sei's Trotz, sei's Resignation – die 18-Jährige nimmt den Heiratsantrag eines um 34 Jahre älteren Zeitungsverlegers an, der zwar nicht zum Hochadel, aber zur Wiener Geldaristokratie gehört: Baron Gustav von Heine-Geldern, Bruder des Dichters Heinrich Heine. Doch beim Verlobungskuss ergreift sie Panik, sie reißt aus – ihre erste selbstständige Handlung. In Paris gerät sie in die Fänge eines englischen Heiratsschwindlers, doch schließlich scheint sich der Traum von Mutter und Tochter, Einheirat in den Hochadel, zu erfüllen: Adolph Prinz Sayn-Wittgenstein-Hohenstein hält um Berthas Hand an. Der von der eigenen Familie nicht für voll genommene Bonvivant will gemeinsam mit ihr in Amerika ein neues Leben aufbauen, Karriere als Sänger machen – doch bei der Überfahrt stirbt er unerwartet, und die Braut, die sich schon als gefeierte Sängerin sah, steht wieder vor dem Nichts. Sie geht nun auf die dreißig zu, der Schmelz der Jugend ist dahin, das Familienvermögen ebenfalls, die Mutter hat es in den mondänen Badeorten Italiens und in deutschen Spielcasinos durchgebracht.

Erstmals sieht sich die Dreißigjährige gezwungen, ihren Lebensunterhalt selbst zu verdienen. Gouvernante oder Lehrerin sind die einzigen Berufsmöglichkeiten, die sich einer Frau ihres Standes bieten. Dienen hat sie nie gelernt, aber ihre Sprach- und Musikkenntnisse, ihre gewandten Umgangsformen kommen ihr nun zugute. Im Hause des Freiherrn von Suttner findet sie eine Anstellung als Erzieherin der vier Töchter. – Ausgeträumt der Traum vom großen Leben, aber Beginn des, wie sie es später empfindet, »richtigen« Lebens.

Die Arbeit als Erzieherin im Hause Baron von Suttners geht ihr leicht von der Hand, sie hat die nötige Bildung und pädagogisches Geschick. Ist es ihr Glück oder ihr Unglück, dass sie sich in den jüngsten Sohn des Hauses verliebt? Der erst 23-jährige Arthur Gundaccar erwidert ihre Liebe, ein Familiendrama bahnt sich an. Baron von Suttner entlässt die Erzieherin seiner Töchter und setzt alles daran, seinen Sohn vor deren Einfluss zu bewahren. Vergeblich, wie sich herausstellen wird.

Bertha, auf der Suche nach einer neuen Stelle, meldet sich auf eine Zeitungsannonce aus Paris, in der eine sprachenkundige Sekretärin gesucht wird. Der Fortgang der Geschichte hört sich an wie eine Romanze aus einem Roman der *Gartenlaube:* Beim Vorstellungsgespräch in Paris verliebt sich der zukünftige Arbeitgeber, ein älterer, hochgebildeter Gentleman, in die adrette Wienerin. Ein Traum könnte sich erfüllen, denn der ältere, unverheiratete Herr ist der zu sagenhaftem Reichtum gekommene Dynamitfabrikant Alfred Nobel. Doch die Umworbene zieht ihren jugendlichen Liebhaber Arthur von Suttner vor, heiratet ihn heimlich und flüchtet mit ihm aus dem Bannkreis von dessen erzürnten Eltern in den Kaukasus.

Ein abenteuerliches Leben zwischen Armut und zaristischer Prachtentfaltung, zwischen bohemehaftem Nichtstun und harter Fronarbeit beginnt. Am Hof der Fürstin von Mingrellen, einer mütterlichen Freundin aus verflossenen Tagen, die das Paar nach Georgien eingeladen hat, fühlen sie sich wohl in der Rolle geheimnisumwitterter aristokratischer Emigranten. Daneben leben sie zurückgezogen und wenig standesgemäß in einer kleinen Holzdatscha auf dem Lande und schlagen sich – ungewohnt in Adelskreisen – mit eigener Arbeit durch, Arthur als Sekretär eines Fabrikanten, Bertha mit Musik– und Sprachunterricht. Derart auf sich gestellt, durch den Russisch-Türkischen Krieg abgeschnitten vom Kulturgeschehen in den europäischen Metropolen, entdecken sie eine neue Möglichkeit des Überlebens und der Entfaltung: das Schreiben.

Arthur verfasst journalistische Berichte über das Kriegsgeschehen und die Verhältnisse im Kaukasus, Bertha denkt sich gefällige Geschichten aus der Welt des Adels aus, in denen nichts von ihren schwierigen Lebensbedingungen durchscheint. Sie schickt die Texte an Wiener Redaktionen und erhält umgehend ihr erstes Honorar, zwanzig Gulden, und die Aufforderung, weiteren Lesestoff zu liefern. Sie versorgt nun die Wiener Presse und auch das viel gelesene Blatt *Gartenlaube* mit Fortsetzungsromanen wie *Blätter aus dem Tagebuch der Gräfin X,* die sie in breiten Kreisen bekannt machen und ihr gutes Geld einbringen. Sie erreicht damit einen Status, der in ihren Gesellschaftskreisen für eine Frau völlig unüblich ist: wirtschaftliche Unabhängigkeit.

Aber ihr spät erwachter Ehrgeiz gibt sich damit nicht zufrieden. Aus den philosophischen, historischen und auch naturwissenschaftlichen Büchern, die sie sich in ihre Einsamkeit schicken lässt, holt sie Anregung für ihre immer anspruchsvolleren Texte. Während nachts die Schakale um die abgelegene Behausung heulen, befasst sie sich mit den neuesten Evolutionstheorien Charles Darwins, der Weiter- und Höherentwicklung des Menschen, die durch Kriege nicht gefährdet werden darf. Ihre Reflexionen über Menschheitsentwicklung, sinnerfülltes Leben, Krieg und Frieden legt sie in der weltanschaulichen Bekenntnisschrift *Inventarium einer Seele* nieder. Sie lässt darin auch Gedanken des ihr nach wie vor in Freundschaft verbundenen Verehrers Alfred Nobel einfließen. Der Dynamitfabrikant Nobel, ein genialer Denker und Erfinder, will den Krieg durch »seine eigene höllische Entfaltung«, durch Perfektionierung der Waffentechnik ad absurdum führen – Frieden durch Abschreckung.

Im Frühjahr 1885, nach neun Jahren selbst gewählter Abschottung, kehrt das Ehepaar von Suttner nach Wien zurück, nun, angesichts des literarischen Erfolges, auch von der Familie akzeptiert. Bertha von Suttner, umgetrieben vom Friedensgedanken, sieht, dass sie als Einzelkämpferin, als Frau zumal, keine Möglichkeit hat, das Bewusstsein einer Öffentlichkeit zu verändern, die Krieg nie infrage gestellt, sondern fatalistisch als Schicksal hingenommen oder als einen Bewährungskampf für Mannesmut und Vasallentreue verherrlicht hat.

Sie sucht Verbündete. Hört von der Londoner *International Arbitration and Peace Association,* die ein internationales Schiedsgericht zur friedlichen Lösung von Konflikten fordert. Fährt im Winter 1886 nach Paris, um Alfred Nobel von ihrer neuen Sicht der Kriegsverhinderung zu überzeugen. Im Ziel sind sich die beiden einig, im Weg dorthin nicht, Nobel setzt weiter auf Abschreckung, Bertha von Suttner auf Verhandlung. Diese gegensätzliche Chancenbeurteilung hindert Nobel nicht daran, die Aktivitäten der »Friedensbertha« in Österreich und auch im Ausland großzügig zu unterstützen und ihr die Herausgabe einer pazifistischen Zeitschrift zu ermöglichen.

1891 gründet Bertha von Suttner die Österreichische Gesellschaft der Friedensfreunde, ähnliche Gründungen in Deutschland und Ungarn folgen. In Bern nimmt sie am IV. Weltfriedenskongress teil und überzeugt in einem anschließenden Gespräch in Zürich ihren Gönner Nobel von der Wirkung, die ein von ihm gestifteter Friedenspreis haben könnte. Dass sie bald zur zentralen Figur der europäischen Friedensbewegung wird, hängt nicht nur mit ihrem Redetalent und ihrer Überzeugungsgabe zusammen, sondern in erster Linie mit dem weltweiten Erfolg ihres 1889 erschienenen Romans mit dem zugkräftigen Titel *Die Waffen nieder!*. Das Buch trifft in seiner Mischung aus Antikriegs- und Liebesgeschichte den Nerv der Zeit. Die Autorin nutzt geschickt und in pädagogischer Absicht die Form des Unterhaltungsromans, um ihre Friedensideen unters Volk zu bringen und Pazifismus zu einem Gesellschaftsthema zu machen.

Eine ganze Frauengeneration kann sich mit der Hauptfigur Martha Althaus identifizieren. Diese Martha hat vier Kriege durchgemacht, zwei Männer verloren und beginnt – anders als Brechts Mutter Courage – über die sinnlose Grausamkeit des Krieges nachzudenken. Den ruhmreichen Heldenbildern, die den Krieg als den »Vater aller Dinge« verherrlichen, wird hier das realistische Bild von Not, Schrecken und Verrohung gegenübergestellt. Dass dieser erste erfolgreiche Antikriegsroman von einer Frau stammt, ist sicher kein Zufall. Frauen können sich in Schlachten keine Tapferkeitsorden verdienen, sie sind immer Verlierer, Opfer. In der Gestalt der geläuterten Martha hat sich Bertha von Suttner eine mit autobiografischen Zügen ausgestattete Wunschfigur geschaffen. Die Fragen der Romanheldin nach Ursachen und Triebkräften von Kriegen sind ihre Fragen, die Sehnsucht nach Weltfrieden und sinnerfülltem Leben ist ihre Sehnsucht.

Der Roman zieht Kreise weit über Wien und Österreich hinaus. Leo Tolstoj wünscht der Autorin den Erfolg, den eine andere schreibende Frau hatte: Harriet Beecher Stowes mit dem Buch *Onkel Toms Hütte,* das zur Abschaffung der Sklaverei in Nordamerika beitrug. Der Dichter Peter Rosegger urteilt über den Suttner-Roman mit ironischer Weitsicht: »Es gibt Gesellschaften zur Verbreitung der Bibel, möge sich auch eine Gesellschaft bilden zur Verbreitung dieses merkwürdigen Buches, welches ich geneigt bin, ein epochemachendes Werk zu nennen.«

Nicht viele Männer in Deutschland reagieren wie Tolstoj oder Rosegger, sie halten es eher mit dem Schriftsteller Felix Dahn, der auf Bertha von Suttners provozierenden Romantitel provozierend antwortet:

Die Waffen hoch!
Das Schwert ist Mannes eigen.
Wo Männer fechten,
hat das Weib zu schweigen.

Oder mit dem jungen Rilke, der den edlen Kämpfern vergangener Zeiten nachtrauert:

Doch heute sind verhallt die Kampfeslieder,
Herein bricht eine neue feige Zeit,
Erbärmlich murmeln sie ›Die Waffen nieder‹,
Genug, genug, wir wollen keinen Streit.

Auch wenn Bertha von Suttner die männliche Kriegsverherrlichung verabscheut, ist sie doch nicht der Meinung radikaler Pazifistinnen wie Lyda Gustava Heymann, Frauen seien an sich die friedfertigeren Menschen – eine These, die auch in Christa Wolfs *Kassandra* anklingt. Die Geschichte zeigt, dass Frauen zwar weniger der Faszination logistisch durchgeplanter Einsätze und perfekter Waffen erliegen, dass sie aber als leicht verführbare Masse Gladiatoren und Feldherren aller Zeiten zugejubelt haben.

Dass der Roman *Die Waffen nieder!* der pazifistischen Bewegung weit mehr Auftrieb gibt als Traktate und Flugschriften, ahnen die führenden Sozialisten eher als die stark in militärischen Traditionen der k. u. k. Monarchie verwurzelten Bürgerlichen. August Bebel rezensiert das Buch, Karl Liebknecht bietet der Autorin einen Nachdruck im *Vorwärts* an. Damit sind die Brücken der adeligen Rebellin zur Arbeiterbewegung, zur Basis, geschlagen – ein alter Wunschtraum Bertha von Suttners: Friedensarbeit, die Klassenschranken überwindet.

Umso schmerzlicher trifft sie die Weigerung der proletarischen Frauen zur Zusammenarbeit. Die führende Vertreterin der Arbeiterinnen, Adelheid Popp, treiben naheliegendere Fragen mehr um als Weltfriedensappelle: Abschaffung des Elfstundentages für Frauen, Verbot von Kinderarbeit, Gesundheitsfürsorge, bessere Wohnbedingungen. Nicht, dass sie für Friedensgedanken kein offenes Ohr hätte, aber sie misstraut der Richtung, aus der sie kommen, wittert eine Verflechtung von Bourgeoisie und Rüstungsindustrie.

Dass Bertha von Suttner 1905 der Friedensnobelpreis zugesprochen wird und sie damit weltweit Beachtung und Achtung findet, muss das Misstrauen im Proletariat noch schüren: Ist die Preisträgerin nicht dem Stifter des Preises, Alfred Nobel, freundschaftlich verbunden gewesen? Und wie kommt ein Dynamitfabrikant dazu, ausgerechnet einen Friedenspreis zu stiften? Verschleierungstaktik? Schlechtes Gewissen?

Als die »Friedensbertha« den Preis entgegennimmt, ist der menschenscheue und arbeitsbesessene Stifter, der auf Frieden durch Abschreckung setzte, lange bevor die Formel vom »Gleichgewicht des Schreckens« in die Politik eingeführt wird, seit neun Jahren tot. Von seinem Dynamitimperium vermachte er den verärgerten Erben nur zwei Millionen Kronen, 31 Millionen gingen an die Nobel-Stiftung, die hoch dotierte Preise für Physik, Chemie, Medizin, Literatur und – auf Anregung Bertha von Suttners – für den Frieden vergibt. Dass die Verleihung des Preises an sie damals im Nobel-Komitee umstrittener war als die Auszeichnung ihrer Vorgänger Frédéric Passy und Henri Dunant, den Gründer des Roten Kreuzes, belegen Briefe des norwegischen Dichters Björnson, der zur Jury gehörte.

Bertha von Suttner steht mit dieser Ehrung auf der Höhe ihres Ansehens als Friedenskämpferin. Weltweiter Ruhm – aber im engen Kreis der Wiener Friedensbewegung Anfechtungen von allen Seiten: Den Nationalgesinnten ist sie zu kosmopolitisch, den Kirchentreuen zu freidenkerisch, den Sozialisten zu blaublütig. Antisemiten missfällt ihr enger jüdischer Mitstreiter Alfred Hermann Fried, Männer tun sich schwer, eine Frau an der Spitze der Bewegung zu akzeptieren – Frauen ebenfalls. Vor allem die Basis wahrt Distanz, während führende österreichische Frauenrechtlerinnen wie Marianne Hainisch und Auguste Fickert die Friedensbestrebungen unterstützen. Dies tut in ihrer zurückhaltenden Art auch die Dichterin Marie von Ebner-Eschenbach, die erste Ehrendoktorin der Universität Wien.

Die *Wiener Arbeiterzeitung* indes hat nichts übrig für die »sanften Töne der Friedensschalmei« und für die Menschen, »die für den ewigen Weltfrieden schwärmen und für den täglichen Kampf von Millionen weder Verständnis noch Empfinden haben«. Die Suttner lässt sich trotz solcher gehässiger Äußerungen nicht von ihrer Sympathie für das Proletariat und die von ihr verehrte Rosa Luxemburg abbringen.

Obwohl sie – die Grausamkeiten des Russisch-Japanischen Krieges und der Revolution von 1905 im zaristischen Russland vor Augen – den Glauben verloren hat, mit Schiedsgerichten und einem internationalen Gerichtshof ließen sich Kriege dauerhaft verhindern, setzt sie ihre Friedensarbeit bis zum Jahre 1914 fort. Sie leitet die Friedenskommission des Bundes Österreichischer Frauenvereine und reist noch als 70-Jährige durch Europa und Nordamerika, um vor der Gefahr eines Weltkrieges zu warnen. Weder durch Drohungen noch durch Redeverbot lässt sie sich einschüchtern, auch nicht durch den markigen Satz Wilhelms II.: »Der Friede wird nie besser gewährleistet sein als durch ein schlagfestes, kampfbereites Heer.« In den Witzblättern wird aus der Friedensbertha eine Friedensfurie. Aber ihr ist nicht nach Witzen zumute. Am 23. Februar 1914 schreibt sie ins Tagebuch: »Ausgleich gescheitert, Kriegsspiel angesagt ... wir kämpfen gegen eine riesige Übermacht.« – Wie bald wird aus dem Kriegsspiel blutiger Ernst werden.

Bertha von Suttner hat nicht mehr miterleben müssen, wie ihr Friedenswerk mit Füßen, mit Soldatenstiefeln, zertreten wurde. Sie starb am 21. Juni 1914, kurz bevor mit den Schüssen von Sarajewo der Erste Weltkrieg ausgelöst wurde. Was wird von ihr bleiben außer dem griffigen Schlagwort »Die Waffen nieder«? Wer hat ihr Buch wirklich gelesen? Und wer kennt die Namen und Taten der späteren Trägerinnen des Friedensnobelpreises? Wie lange werden Mutter Teresa, Alva Myrdal, Rigoberta Menchú Tum oder Wangari Maathai im Gedächtnis der Weltöffentlichkeit bleiben?

Wer Bertha von Suttners Vermächtnisse liest, spürt, wie viele wichtige Impulse von ihr ausgegangen sind. Ihr Nachlass, der in der Bibliothek der Vereinten Nationen in Genf aufbewahrt wird, enthält einen eindrucksvollen letzten Appell an den Österreichischen Frauenkongress in Wien im Mai 1914, an dem sie nicht mehr teilnehmen konnte: »Die

Zeit rückt immer näher, da die Frauen im Rat der Völker, in der Lenkung politischer Dinge Sitz und Stimme besitzen werden, es wird ihnen daher möglich sein, gegen das, was sie als Kulturschäden erkannt haben, nicht lediglich zu protestieren, sondern an der Umwandlung der Zustände tätig und praktisch mitzuwirken.« In einem Brief an ihren Mann schreibt sie: »Das 20. Jahrhundert wird nicht zu Ende gehen, ohne dass die menschliche Gesellschaft die größte Geißel, den Krieg, als legale Institution abgeschafft haben wird.«

Bertha von Suttner hat es immer verstanden, Menschen zu motivieren, ihnen Hoffnung zu geben, Hoffnung auf Frieden vor allem. Auch wenn diese Hoffnung aus heutiger Sicht eine Illusion war: Sie hat daran geglaubt und mit ihrer hartnäckigen Zuversicht ihren weltweiten Freundeskreis ermutigt, sich weiter für eine Welt ohne Waffen einzusetzen.

Helene Lange

Die Provokation der Gelben Broschüre

Helene Lange

(1848–1930)

Sie sieht aus, wie man sich eine Lehrerin des ausgehenden
19. Jahrhunderts vorstellt: hochgeschlossener Spitzenkra-
gen, die straff gescheitelten Haare zu einem Dutt aufge-
steckt, mütterlich strenge Gesichtszüge. Helene Lange war
Lehrerin. Rund sechzig Jahre ihres Lebens hat sie – überwiegend in Berlin – pädagogisch gewirkt, an Mädchen-
schulen, am Lehrerinnenseminar, in der Redaktionsstube
und in der Verbandsarbeit. Und immer ging es ihr dabei um
das zentrale Thema Frauenbildung. Sie sei ihren Weg »mit
der großen Sicherheit eines Menschen gegangen, der die
Furcht nicht kennt, wenn er sich in innerer Klärung Ziel
und Weg vorgezeichnet hat«, sagt Theodor Heuss von ihr,
und viele ihrer Handlungen zeugen von dieser selbstver-
ständlichen Unbeirrbarkeit und planerischen Perspektive.

Da ist die Sache mit der Gelben Broschüre. Im Jahre
1887 reichen sechs pädagogisch fachkundige Frauen, unter
ihnen auch die radikal argumentierende Minna Cauer, eine
Petition mit 84 Unterschriftenbögen beim Preußischen
Kultusministerium und dem Abgeordnetenhaus ein. Sie
verlangen größere Beteiligung von Frauen am Unterricht
in den Mittel- und Oberstufen der höheren Mädchenschu-
len und eine bessere wissenschaftliche Ausbildung der Lehrerinnen. Maßvolle und nicht sonderlich revolutionäre
Ansprüche, aber im Ministerium ist man solch konkrete,
sachlich fundierte Formulierungen von Frauen nicht

gewöhnt, und schon gar nicht den ironischen Ton der bei-
gefügten Gelben Broschüre, in der eine gewisse Helene
Lange, 39, Lehrerin an einer höheren Privatschule, die bisherige Praxis der Mädchenerziehung und Lehrerinnenaus-
bildung zu kritisieren wagt. Ärgerlich für die Ministerialbe-
amten, denn sie können das mit logischem Sachverstand
aufgebaute Dokument nicht als unqualifiziert vom Tisch
wischen. So konfrontiert sie Helene Lange mit Zitaten aus
der Weimarer Denkschrift deutscher Pädagogen, in der es
heißt: »Es gilt, dem Weibe eine der Geistesbildung des
Mannes in der Allgemeinheit der Art und der Interessen
ebenbürtige Bildung zu ermöglichen, damit der deutsche
Mann nicht durch die geistige Kurzsichtigkeit und Engher-
zigkeit seiner Frau an dem häuslichen Herde gelangweilt
und in seiner Hingabe an höhere Interessen gelähmt werde ...« – Solange die Frau nicht um ihrer selbst willen als
Mensch geliebt werde, solange sie nur des Mannes wegen
erzogen werden soll, solange konsequenterweise die geistig
unselbstständigste Frau die beste sei, könne es mit der deutschen Frauenbildung nicht besser werden, schreibt Helene
Lange und folgert: »Das wird nun vielen Männern als kein
großer Schaden erscheinen, wenn nur ihr Behagen dabei
gesichert ist.« Auch wenn diese Behauptung den Beamten
die Sprache verschlägt, leugnen können sie nicht, dass es
um die Mädchenbildung in Preußen nicht zum Besten
steht.

Die Schule solle die Kraft des Glaubens und der Men-
schenliebe ebenso entwickeln wie die intellektuellen Fähigkeiten und Ernst machen mit Pestalozzis Forderung nach
dem allseitig gebildeten Menschen, verlangt Helene Lange,
und sie hat die allseitig gebildete Frau dabei im Blick, die
nicht nach Höherer-Töchter-Manier mit »Selekten« wie

Porzellanmalen oder Italienisch abgespeist werden dürfe. Wenn sie die Fächer der »Verstandeskultur«, Grammatik, Rechnen, Naturwissenschaften weiter männlichen Lehrkräften überlassen will, die ethischen, Deutsch und Religion aber Frauen zuweist, so betont sie damit den Unterschied der Geschlechter, den sie nicht aufheben möchte, sondern dem gerade in geschlechtsgebundenen Schulen und Lehrerbildungsanstalten Rechnung getragen werden soll. Allerdings müssten die Maßstäbe der Frau dieselbe Geltung haben wie die des Mannes, und die Voraussetzungen dazu könne nur eine selbstständige geistige Bildung, von Frauen vermittelt, schaffen.

Als Reaktion auf diese unbotmäßigen Forderungen wird Helene Langes Unterricht inspiziert, gleich durch die allerhöchste Instanz, einen Geheimen Oberregierungsrat aus dem Kultusministerium, der anschließend in einem Vortrag vor dem Kollegium den Frauen mithilfe Abrahams und der Bibel klarmacht, wo ihr Platz sei: drinnen in der Hütte.

Im Abgeordnetenhaus wird indes die eingereichte Petition unter dem Druck der Regierung zweimal von der Tagesordnung abgesetzt. Helene Langes beigefügte Gelbe Broschüre weist die Regierung in schärfster Form zurück – eine Reaktion, die auf starke Betroffenheit schließen lässt und zeigt, dass es weniger um den Bildungsanspruch der Frau als um sorgsam gehütete Männerprivilegien geht. Man will sich keine Konkurrenz im eigenen Hause schaffen.

Helene Lange gibt sich nicht geschlagen. Geschickt baut sie in einer Strategie der kleinen Schritte einen Stufenplan auf, der sich erst einmal – 1889 – mit der Einrichtung von Realkursen für Mädchen begnügt. Sie sollen der Vorbereitung auf gewerbliche und kaufmännische Berufe dienen. Vier Jahre später folgen dann Gymnasialkurse, die zur

Hochschulreife führen sollen. Durch dieses schrittweise Vorgehen und die Unterstützung bedeutender Gelehrter wie Adolf von Harnack, Dellbrück, Dilthey und Helmholtz unterläuft sie massivste Widerstände gegen das Frauenstudium in Universität und Öffentlichkeit. 1896 bestehen die ersten sechs Absolventinnen ihrer Anstalt das Abitur mit guten Zensuren. Damit ist – wieder einmal – der Beweis erbracht, dass auch Mädchen sich auf akademisch abstrakte Höhen emporarbeiten können. Aber die Vorurteile sitzen tief, Möbius' Erfolgsschrift der Jahrhundertwende *Über den physiologischen Schwachsinn des Weibes* erlebt Auflage um Auflage und prägt das öffentliche Bewusstsein.

Um den Lehrerinnen den Rücken zu stärken bei ihrem langsamen, aber unaufhaltsamen Eindringen in »männliche« Fächer und Positionen, hat Helene Lange schon 1890 den Allgemeinen Deutschen Lehrerinnenverein mitbegründet, den sie dann jahrzehntelang führt. Über die Mädchenbildungsfrage, ihr Lebensthema, kommt sie auch zur Frauenbewegung.

Erste Gedanken zur Stellung der Frau hatte sich das aus einem Oldenburger Kaufmannshaus stammende, früh verwaiste Mädchen schon mit 16 gemacht, als es ein Jahr in einer Tübinger Pastorenfamilie zubrachte. Die selbstverständliche Autorität des Mannes, Amtsautorität dazu, die Klugheit und Bildung der Pfarrfrau völlig überdeckte – war das gerecht? Auf der Werteskala der jungen Helene Lange fanden nun Selbstbestimmung und persönliche Freiheit ihren Platz ganz oben. Schiller im Herzen und Bilder der Freiheitshelden Garibaldi und Theodor Körner über dem Bett. Aber auch Lessings klare Denkkategorien imponieren ihr, während die Romantiker ihr zu verstiegen und gefühlsbetont vorkommen.

Erst mit ihrer Volljährigkeit kann sich Helene den Berufswunsch erfüllen, den ihr Vormund völlig abwegig fand: Lehrerin. Sie geht 1871 mit einer kleinen Erbschaft und der Erfahrung einiger Erzieherinnenjahre nach Berlin, um das Lehrerinnenexamen abzulegen. Und sie gerät an Menschen, die das praktizieren, was ihr schon immer vorschwebte, Selbstverwirklichung. Aber nicht in eng feministischer Auslegung um die eigene Person zentriert, sondern in der Zuwendung zu andern als soziale und pädagogische Aufgabe. Sie verkehrt im Hause der Henriette und Franziska Tiburtius, wo sie den Kampf um Anerkennung weiblicher Ärzte miterlebt. Sie liest Schriften von Hedwig Dohm und lernt Jeanette Schwerin, die Vorkämpferin für einen Wohlfahrtsstaat, kennen. Seit 1876 unterrichtet sie an einer Töchterschule so erfolgreich, dass man ihr die Leitung des angeschlossenen Lehrerinnenseminars überträgt.

Schritt um Schritt wächst ihr Einflussbereich, selbst am Hof. Der aus England stammenden Kronprinzessin Viktoria, Gemahlin des 99-Tage-Kaisers Friedrich III., verdankt sie manche Unterstützung. In ihren *Lebenserinnerungen* schreibt sie: »Die Kaiserin Friedrich ließ mich bald nach dem Tode des alten Kaisers nach Charlottenburg kommen, um mit mir die Möglichkeit einer Durchführung unserer Pläne zu besprechen. Ich traf sie strickend am Kamin und hatte die erste der anregenden und innerlich bereichernden Stunden mit ihr, der später noch so manche gefolgt ist …« Die strickende Kaiserin, die »wie keine andere berufen schien, Neues heraufführen zu helfen«, kann ihrer Gesprächspartnerin zwar noch einen Englandaufenthalt vermitteln, verliert aber nach dem Tod des Kaisers und der Thronbesteigung ihres Sohnes Wilhelm II. an Macht und Einfluss am Hof.

Helene Lange möchte ihre Ideen und Konzepte nicht nur in die Praxis umsetzen, sondern sie auch einem größeren Kreis zugänglich machen. Was lag näher als die Gründung einer Zeitschrift mit dem Schwerpunkt weiblicher Bildung und Kultur? 1893 bringt sie, sorgfältig geplant und auf Dauer angelegt, wie alles, was sie anpackt, die erste Nummer der Monatsschrift *Die Frau* heraus. Die in der Berliner Hofbuchhandlung Moeser erscheinende Zeitschrift wird bald zum wichtigsten Organ der bürgerlichen Frauenbewegung und spiegelt deren Entwicklung während fünf Jahrzehnten wider.

Die Arbeit, die mit der regelmäßigen Herausgabe einer Zeitschrift verbunden ist, hätte die Redakteurin nicht bis zu ihrem Tod bewältigen können, wenn ihr nicht eine junge Mitarbeiterin zur Hand gegangen wäre: Gertrud Bäumer. Mit der 25 Jahre jüngeren Studentin verband sie bald über die Arbeitszusammenhänge hinaus eine tiefe Freundschaft. Ihr Plan, ein mehrbändiges *Handbuch der Frauenbewegung* herauszugeben, konnte nur mit Gertrud Bäumers Hilfe verwirklicht werden. Da ein Augenleiden ihr das Lesen und Schreiben zunehmend mühsamer machte, kümmerte sich die junge Gefährtin auch mehr und mehr um die Redaktionsarbeiten der *Frau*.

Über Helene Langes Privatleben ist wenig bekannt, die Person verschwindet völlig hinter der Aufgabe. In ihren Lebenserinnerungen erzählt sie Persönliches nur aus ihrer Kindheit und Jugend. Bezeichnend die Kapitel, die dann folgen: Im Beruf, Kampfzeit, Aufbauende Arbeit, Ausbreitung und innere Entwicklung der Frauenbewegung, Erfolge und Enttäuschungen in der Frauenbildungsfrage. – Ein Leben, das nur aus Arbeit bestand? – »Mein Privatleben ist planmäßig in diesen Aufzeichnungen außer acht gelassen worden«, vermerkt sie in den Lebenserinnerungen. Viele persönliche Dokumente hat sie vernichtet. Bestand soll nur ihr Werk haben.

Fast zwanzig Jahre lang war sie Vorsitzende des Allgemeinen Deutschen Frauenvereins. Dem Vorstand des Bundes Deutscher Frauenvereine hat sie angehört. Sie gilt als die wichtigste Vertreterin der bürgerlichen Frauenbewegung, und sie gab diesem Kreis Konturen, auch indem sie ihn scharf gegenüber dem radikalen Flügel und der proletarischen Frauenbewegung abgrenzte. Ihre damals erhobenen Bildungsansprüche für Frauen sind längst erfüllt. Ihre Forderungen nach einem eigenen weiblichen Weg, einer weiblich-mütterlichen Kultur finden sich heute in Teilen der Neuen Frauenbewegung wieder. Wenn sie von der großen Bewegung der Frauen aller Kulturländer spricht, die sich über Machthunger, Hass und Materialismus emporringt und so zum »Ausgangspunkt für die steigende Vergeistigung der Welt« wird, so glaubt man, Marilyn Ferguson oder eine andere Apologetin des New Age zu hören.

Konservativ? Progressiv? Etikettierungen fassen nicht bei dieser Frau, die von sich selbst sagt: »Wenn mir etwas im Blut sitzt von klein auf, so ist es Republik und Demokratie.« Ihre Zeitschrift *Die Frau* stand politisch Friedrich Naumann und der Fortschrittlichen Volkspartei nahe. Aus der Ruhe bringen ließ sie sich vom turbulenten Tagesgeschehen selten. Als Anfang Februar 1922 in Berlin gestreikt wird, Licht und Heizung nicht funktionieren, das Wasser eimerweise aus einem Eisloch in der Spree geschöpft werden muss und Arbeiterfrauen ihre streikenden Männer verprügeln, schreibt sie mit klammen Fingern an ihre Freundin Emmy Beckmann: »Im übrigen habe ich mich mit einer Kerze an Shakespeares Königsdramen gesetzt – die waren eine wirkliche Hilfe.« – Weniger ruhig blieb sie nach der Wahl Hindenburgs. Da vermerkt sie am 27. April 1925 wütend: »Ohne die albern-sentimentale Magdseligkeit der deutschen Frauen wäre dieser unpolitische, für seine Stellung in keiner Weise befähigte alte Mann niemals durchgekommen. Natürlich kann er nur Puppe sein – das haben ja die Rechtsparteien gerade gewollt ... Der Freiheit hat man ja immer in Deutschland schließlich den Hals umgedreht.« – Ihr altes Thema. Kampflust bescheinigt auch Theodor Heuss »dieser großen Frau, in der sich so seltsam ein feuriges Herz mit einer nüchternen Gescheitheit begegnete«.

Helene Lange starb am 13. Mai 1930 in Berlin und wurde auf dem Westfriedhof in Charlottenburg beerdigt. Als einzige Vertreterin der Frauenbewegung und eine der ganz wenigen Frauen fand sie Aufnahme in die Serie »Die großen Deutschen«. Zwei Jahre vor ihrem Tod verlieh ihr die Preußische Regierung »Für Verdienste um den Staat« die große Staatsmedaille. Die Ehrung, die sie wohl am meisten freute, war die Verleihung der Ehrendoktorwürde durch die Universität Tübingen – auch wenn ein Dr. h. c. der Berliner Universität bei dieser preußischen Wahlberlinerin eigentlich nähergelegen hätte ...

Leben aus dem Koffer

Else Lasker-Schüler

(1869–1945)

Zu Lebzeiten hat Else Lasker-Schüler immer wieder für Aufregung und Irritation gesorgt. Doch wer hätte geahnt, dass sie fünfzig Jahre nach ihrem Tod – just vor der Eröffnung der großen Gedenkausstellung im Zürcher Museum Strauhof im Juni 1995 – noch einmal Schlagzeilen machen würde? Nicht nur Zürcher Zeitungen berichten von einem geheimnisvollen »Koffer aus dem Keller«, auch in Deutschland lässt der Inhalt des abgewetzten braunen Köfferchens, das mehr als ein halbes Jahrhundert unbeachtet im Keller der Zürcher Buchhandlung Dr. Oprecht ruhte, die Fachwelt aufhorchen. »Ein sensationeller Nachlassfund«, befindet die *Frankfurter Allgemeine Zeitung.* Und der Literaturhistoriker Martin Bircher ist nach einer ersten Durchsicht des Materials überzeugt, dass durch die neu entdeckten, mit Korrekturen übersäten Manuskripte und Druckfahnen das Bild von der intuitiv leichthin schreibenden Dichterin endgültig widerlegt sei. Die von sich sagte, sie dichte »mit der Hand der Seele – mit dem Flügel«, feilte in Wahrheit beharrlich und sprachversessen an jedem Begriff.

Wie nun kommt das in keinem Verzeichnis erwähnte Gepäckstück mit den wertvollen unbekannten oder verloren geglaubten Dokumenten, auch einigen Büchern und Postkarten, in das Kellerverlies? – Die aus Deutschland nach Zürich emigrierte Dichterin hat es kurz vor ihrer letzten Palästinareise im Frühjahr 1939 Emil Oprecht, dem Verle-

Else Lasker-Schüler

ger ihres Buches *Das Hebräerland*, anvertraut, dessen Buchhandlung eine wichtige Anlaufadresse für Emigranten war.
Nur für ein paar Wochen oder Monate wollte sie es bei
Oprecht unterstellen, bis zu ihrer Rückkehr nach Zürich.
Die verschärften Schweizer Einreisebestimmungen und der
Ausbruch des Zweiten Weltkrieges machten diese Rückkehr unmöglich. So geriet der nie zurückgeforderte, unscheinbare Koffer mit dem Aufkleber *Hotel Seehof, Schifflän-
de 28*, der letzten Zürcher Bleibe der Dichterin, allmählich
in Vergessenheit. Als man ihn endlich wiederentdeckte,
flatterte beim Öffnen ein geheimnisvolles, bis heute nicht
entschlüsseltes Zettelchen mit Else Lasker-Schülers Hand-
schrift zu Boden: »Verlass mich nicht. Es sind ja nur noch
die letzten Stunden. Und ich muss wieder hinaus in die
Welt« – ihre Zürcher Abschiedsbotschaft – an wen?

Das braune Köfferchen ist nicht der einzige persönliche
Besitz, den die Verscheuchte zurücklässt. Auch im Keller
des Kunsthauses Zürich hat sie vier Koffer untergestellt.
Zwei Aufbewahrungsbestätigungen fanden sich in ihrem
Nachlass, der in der Jewish National and University Library
Jerusalem aufbewahrt wird. Der Schauspieler Ernst Ginsberg, einer der treuesten Freunde der Dichterin, machte
sich 13 Jahre nach ihrem Tod auf die Suche nach den verschollenen Koffern. Er öffnete sie nicht ohne Beklemmung:
»Ich gedachte der herben Scheu, mit der Else Lasker-Schüler immer jeder Berührung privatester Bezirke auszuwei-
chen pflegte. Aber dann gedachte ich auch so vieler
Beweise ihrer Freundschaft und tat, was getan sein musste.«
Drei der Koffer waren angefüllt mit Zeichnungen ihres früh
verstorbenen Sohnes Paul, dessen große künstlerische
Begabung für sie außer Zweifel stand. Im vierten Koffer
fanden sich bislang unbekannte Dichtungen aus ihrer Feder

und Briefe, die ihr berühmte Zeitgenossen geschickt hatten. Der Kofferdeckel war – augenfällige Bestätigung ihres Wanderlebens – übersät mit Hotelaufklebern ihrer Reiseziele: Wien, Zürich, Berlin, Kolberg, Königsberg, Leipzig, Köln, Stuttgart, Frankfurt, Hamburg, London, Kairo, Alexandrien, Jerusalem.

Auch wenn sie weitgehend ein Leben aus dem Koffer führte, mochte sie doch auf persönliche Erinnerungsstücke und alles, was sie je geschrieben hatte, nicht verzichten. Sie war sich des Wertes ihrer Dichtung bewusst, keine Verlagsabsage, keine noch so herbe Kritik ließ sie an sich und ihrem Schreiben zweifeln. Dabei machte sie es selbst ihr wohlgesonnenen Menschen schwer, all ihren Eskapaden Verständnis entgegenzubringen. Die Schwierigkeiten, mit denen sie zeitlebens zu kämpfen hatte, lagen nicht nur in den Zeitläuften und dem entwürdigenden Dasein als Heimat- und Staatenlose, sondern auch in dem bewusst inszenierten Verwirrspiel um ihre Person, das die Fantasie und Toleranz ihrer Umwelt oft überforderte.

Wer war diese Else Lasker-Schüler, die sich auch *Tino von Bagdad* oder *Prinz Jussuf von Theben* nannte und sich damit einen künstlerischen Adelstitel – höher angesiedelt als Erb- und Geldadel – zulegte?

Eine Nomadin. Eine Traumtänzerin. Ruhelos unterwegs auf der Suche nach einem Leben, das ihr die Realität nie bieten kann. In keiner Stadt, in keinem Land ist sie wirklich zu Hause, auch wenn sie in Zürich gern sesshaft geworden wäre. Keine menschliche Beziehung kann ihren Eruptionen, ihrem exzentrischen Wesen auf Dauer standhalten. Sie hat sich eine Welt nach ihrem Bilde geschaffen, bizarr und unberechenbar, und sie mit leibhaftigen Fabelwesen bevölkert: *König Giselheer* nennt sie ihren jungen Geliebten, den Berliner Arzt und Dichter Gottfried Benn, der in ihr »die größte Lyrikerin, die Deutschland je hatte« sieht. Für eine andere Schlüsselfigur der Literaturszene, den Kritiker Karl Kraus, dem sie die Titel *Cardinal* oder *Dalai Lama* verleiht, ist sie »die stärkste und unwegsamste lyrische Erscheinung des modernen Deutschland«.

Aber das moderne Deutschland – bis auf avantgardistisch-expressionistische Kreise – und auch die Schweiz tun sich schwer mit ihr und all den biografischen und literarischen Fußangeln, die sie legt. Man stelle sich biedere Zürcher Beamte vor, denen eine Vita wie die folgende auf den Schreibtisch flattert: »Ich bin zu Theben (Ägypten) geboren, wenn ich auch in Elberfeld zur Welt kam im Rheinland. Ich ging bis 11 Jahre zur Schule, wurde Robinson, lebte fünf Jahre im Morgenlande, und seitdem vegetiere ich.« – Überbordende Fantasie oder Flucht in Wunschwelten, um die nackte Alltagswirklichkeit auszugrenzen?

Von dieser Alltagswirklichkeit setzt sich Else Lasker-Schüler auch in ihrer Kleidung ab, wenn man den Beschreibungen ihrer Zeitgenossen mehr Glauben schenkt als den offiziellen, in Ateliers gestellten Fotos. Sie zeigen eine geschmackvoll und dezent gekleidete Dame, während etwa Benn schildert, wie man mit ihr nicht über die Straße gehen konnte, ohne dass alle Welt stillstand und ihr nachsah: »Extravagante weite Röcke oder Hosen, unmögliche Obergewänder, Hals und Arme behängt mit auffallendem, unechten Schmuck, Ketten, Ohrringen, Talmiringen an den Fingern, und da sie sich unaufhörlich die Haarsträhnen aus der Stirn strich, waren diese, man muss schon sagen: Dienstmädchenringe immer in aller Blickpunkt.«

Dass sie ihr Geburtsdatum verändert, sich um sieben Jahre jünger gemacht hat, fällt bei ihrer knabenhaft schlanken

Gestalt, dem pechschwarzen Haar und den jugendlich le-
bendigen Gesichtszügen und Gesten nicht weiter auf. Benn
glaubte, sie sei ein knappes Jahrzehnt älter als er – in Wirklichkeit waren es 17 Jahre. Auch die Geburt ihres Sohnes
Paul gehört in das Verwirrbild, das sie von ihrem Leben
zeichnete. Nie hat sie den Namen seines Vaters genannt,
aber den Vermutungen, es handle sich um einen spanischen
Prinzen, nicht widersprochen.

Ein von Legenden umranktes Leben, kunstvoll gewirkt
aus Dichtung und Wahrheit, wobei das Irreale oft als gelebte Wirklichkeit, das Reale als poetische Überhöhung
erscheint. Die nachprüfbaren Fakten nehmen sich nüchterner, aber nicht weniger beeindruckend aus:

Geboren ist Else Lasker-Schüler am 11. Februar 1869 in
Wuppertal-Elberfeld. In ihrem Elternhaus – der Vater ist
jüdischer Bankier – herrscht eine liberale und tolerante Atmosphäre, umso mehr erschrecken sie antisemitische Ausschreitungen auf dem Schulweg und in der Stadt. Noch als
Kind hat sie den Tod ihres Lieblingsbruders zu verkraften,
mit 21 verliert sie ihre über alles geliebte Mutter. Knapp
vier Jahre später heiratet sie den Arzt Dr. Berthold Lasker
und zieht mit ihm nach Berlin.

Hier beginnt ihr eigentliches Leben, ihre künstlerische
Entfaltung. Sie nimmt Zeichenunterricht beim Maler
Simon Goldberg und legt sich ein eigenes Atelier zu. Von
ihrem Mann entfremdet sie sich mehr und mehr:

»Bist wie der graue sonnenlose Tag,
Der sündig sich auf junge Rosen legt.
– Mir war, wie ich an deiner Seite lag,
Als ob mein Herze sich nicht mehr bewegt.«

Umso weiter öffnet sie ihr Herz dem Dichter und Bohe-
mien Peter Hille, der ihr Mentor wird und sie in die *Neue
Gemeinschaft* einführt, einen Kreis von Musikern, Künstlern
und Literaten, die außerhalb der etablierten Gesellschaft
neue Lebensformen erproben wollen. Mag sein, dass sie
hier auch dem unbekannten Vater ihres Sohnes Paul begegnet ist, den sie, nicht nur im Gedicht *Sinnenrausch*, mystisch
verklärt:

> »– Ich folge dir ins wilde Land der Sünde
> Und pflücke Feuerlilien auf den Wegen,
> – Wenn ich die Heimat auch nicht wiederfinde …«

Mit Sicherheit lernt sie in dieser Runde den neun Jahre jüngeren Schriftsteller und Verleger Georg Levin kennen, dem
sie den Namen *Herwarth Walden* gibt. Eine literarisch produktive Zeit beginnt. 1902 erscheint ihr erster Gedichtband
Styx. Ein Jahr darauf, wenige Monate nach der Scheidung
von Berthold Lasker, heiratet sie Walden. Der zum Freundeskreis gehörende Dichter Alfred Döblin beobachtet die
Verbindung mit Skepsis und schreibt über die Lasker-Schüler: »Sie führte eine unglückliche Ehe. Walden befreite sie
daraus und heiratete sie, und ihr kleiner Sohn, Paulchen,
ging mit ihr… Walden, mit seinem Spürtalent, hatte die
große Begabung der jungen Frau erkannt, aber ihr Temperament, wie mir scheint, nicht mit derselben Sicherheit.«
   Walden versucht nicht, dieses ungestüme Temperament
zu zügeln, er leistet aber verlegerische Hilfestellung bei
den Veröffentlichungen seiner Frau, die nun in kurzen
Abständen erscheinen, auch in der von ihm gemeinsam
mit Karl Kraus gegründeten Wochenschrift *Der Sturm*. Finanziell wirft diese Zeitschrift nichts ab. Die kleine Familie

»mit ihrem unglaublich verzogenen Sohn« nähre sich, vermutet die Schauspielerin Tilla Durieux, nur von Kaffee, den ihnen ein buckliger Oberkellner mitleidig stunde. – Ein Eheleben, mehr von Geldnot als von Bohemeromantik gezeichnet, das im November 1912 mit einer von Walden betriebenen Scheidung endet.

Im Berliner Café des Westens, ihrem Stammcafé, begegnet Else Lasker-Schüler dem Mann, dessen *Morgue*-Gedichte sie überwältigt haben und den sie nun mit Leidenschaft bedichtet: Gottfried Benn, ihr *König Giselheer*. »Der heere König Giselheer / Stieß mit seinem Lanzenspeer / Mitten in mein Herz.« Sie widmet Benn, dem »dichtenden Kokoschka«, einen Gedichtzyklus und eine selbst illustrierte Prosa-Skizze und empfiehlt ihn dem Verleger Kurt Wolff: »Er ist halb Tiger, halb Habicht ... ebenso herb wie derb ebenso zart wie weich.« Und sie beeilt sich, Wolff zu versichern: »Ich stehe Dr. Benn *nicht* was Liebe betrifft nah – tue es *Ehrenwort* hinterrücks ...« Doch sie zelebriert ihre Leidenschaft öffentlich. Benn, um Distanz bemüht, widmet ihr im Herbst 1913 zwar seine Gedichtsammlung *Söhne*, lässt im Gedicht *Hier ist kein Trost* aber keinen Zweifel am Ende der Beziehung: »Keiner wird mein Wegrand sein. / Lass deine Blüten nur verblühen. / Mein Weg flutet und geht allein.« – Dem Band vorangestellt ist die Widmung »Ich grüße Else Lasker-Schüler: Ziellose Hand aus Spiel und Blut«.

Beobachtungen des mit Benn befreundeten Dichters Klabund könnten dieses Zitat verständlicher machen. Er schreibt: »Sie liebt nur sich, weiß nur von sich. Die Objekte ihres Herzens ... sind Bleisoldaten, mit denen sie spielt. Aber sie leidet an diesen Bleisoldaten; und wenn sie von ihnen spricht, bluten die Worte aus ihr heraus.« – Eine Verwundete, die sich fahrlässig oder wissend auf gefährliche Spiele eingelassen hat.

Freunde, vor allem der Maler Franz Marc und seine Frau, setzen sich für die völlig Verstörte und Mittellose ein. Mitten im kriegslüsternen Säbelgerassel erscheint im Sommer 1914 *Der Prinz von Theben*, ein vom Alltag abgehobenes Geschichtenbuch mit Zeichnungen der Lasker-Schüler und farbigen Bildern von Franz Marc. Doch Marc, ihr »Blauer Reiter«, fällt wenig später auf den Schlachtfeldern Frankreichs. Ein Briefwechsel in Bildern und ein Briefroman, *Der Malik*, bleiben ihr von dieser Freundschaft. Auch um einen anderen Freund trauert sie, um den Lyriker und »himmlischen Spielgefährten« Georg Trakl, »im Krieg von eigener Hand gefällt«. Ihre ihm zugedachten Verse enden mit dem schlichten Bekenntnis: »Ich hatt ihn lieb.«

Eine Vereinsamte, die gegen Kriegsende in einem Brief nach Zürich die traurige Bilanz zieht: »Ich bin alleine noch von allen Prinzen übrig geblieben.« Seit der Scheidung von Walden besitzt sie keine eigene Wohnung mehr, lebt in billigen Hotelzimmern oder versucht, bei Bekannten unterzukommen. Adresse: postlagernd. 1918 verbringt sie mehrere Monate in Zürich und Locarno, unterstützt von der *Gesellschaft zur Pflege junger Dichtung*.

In Zürich erhofft sie sich auch Hilfe vom deutschen Militärattaché Harry Graf Kessler, aber der entzieht sich mit diplomatischer Gewandtheit näheren Kontakten. In seinen Notizen vermerkt er, Else Lasker-Schüler, »die mit der Schellenkappe *Jussuf, Prinz von Theben* herumläuft und den allgemeinen Frieden stiften will«, habe fünfmal telefoniert.

Auch andere wichtige Persönlichkeiten und Institutionen werden von der hartnäckigen Schweiz-Freundin heimgesucht. Ob ihr idyllisch-paradiesisches Schweizbild ihrer Wahrnehmung entspricht oder ob es die heimatverliebten Schweizer entgegenkommender stimmen soll? Dem Feuilletonredakteur der *Neuen Zürcher Zeitung*, Eduard Korrodi, schwärmt sie in einem langen Brief von Zürichs weitem Bahnhof vor, auf dem sich höflich aller Länder Sprachen begegnen, oder von den breitschultrigen Männern aus Hodlers Gemälden und von den Menschen, die das Steigen zu Fuß noch nicht verlernt haben und jedem Stein, jeder Alpenblume verwandt sind.

So umgetrieben von ihrer Schweizsehnsucht müsste sie doch höheren Ortes auf Verständnis stoßen mit ihrer Bitte um ein längerfristiges Visum... »Vielleicht tun Sie mir den großen Gefallen, den Herrn Bundesrat so im Vorbeigehen zu fragen, ob ich wieder in die Schweiz kommen darf?«, bittet sie Korrodi unbefangen und fährt fort: »Die Möven vom Zürchersee schreiben mir so sehnsüchtige Briefe und ich sehne mich nach den weißen Vögeln...« Sie versichert ihm – auf das Ordnungsbedürfnis der Schweizer anspielend –, von unerlaubten Umtrieben könne bei ihr keine Rede sein, sie spuke höchstens mal um Mitternacht in den kleinen Gassen und Winkeln der Stadt umher.

Korrodi weiß sehr wohl, wie viel dichterische Sprachkraft hinter den kindlich extravaganten Attitüden der Lyrikerin steckt, die Peter Hille einmal »schwarzer Schwan Israels« genannt hat, »eine Sappho, der die Welt entzweigegangen«. Ihre eigenwilligen Wortschöpfungen bleiben im Gedächtnis haften: »die Frühblaubelaubten«, »die Enthimmelten«, oder Sätze aus dem frühen Band *Mein Herz*: »Was wissen die Armen, denen nie ein Blau aufging am Ziel ihres Herzens oder am Weg ihres Traums in der Nacht.« Die blaue Blume der Romantik scheint auf, die

Farbmystik der Symbolisten, Strömungen, die ganz im Zuge der Zeit liegen. Aber immer ist da noch ein ganz eigener, wunderhafter Lasker-Schüler-Ton. Hinter der Selbstmythisierung stehe, schreibt Benn, der Wille zur Ganzheit und zu jener »großartigen und rücksichtslosen Freiheit, über sich allein zu verfügen, ohne die es ja Kunst nicht gibt«.

Frei von jeder berechnenden Theatralik ist die Beziehung Else Lasker-Schülers zu Paul, ihrem von Kind an kränkelnden, mit Liebe und Hoffnungen überschütteten Sohn. Ihm lässt sie zukommen, was sie sich vom Mund abspart. Teure Privatschulen, Sanatoriumsaufenthalte in Locarno und Davos müssen finanziert, Arztrechnungen bezahlt werden. Freunde versuchen sie nach Möglichkeit zu unterstützen, aber Spendenaufrufe wie der von Karl Kraus in der *Fackel* für die »mit schweren Sorgen kämpfende Dichterin« lassen sich nicht unbeschränkt wiederholen.

Glücklich ist Else Lasker-Schüler, dass sich ihr junger Freund, der Zürcher Maler Max Gubler, ihres fast gleichaltrigen Sohnes annehmen will. Bei aller unkritischen Mutterliebe ahnt sie wohl doch, dass die künstlerische Begabung ihres »Paulchen« nicht an die Gublers heranreicht. Die 50-Jährige hat sich in den 20-Jährigen verliebt, »ich glaube, wo wir auch sitzen werden, bildet sich Himmel«, schreibt sie ihrem »allerliebsten Hirten«. Sie empfiehlt den Autodidakten dem Berliner Kunsthändler Paul Cassirer, der ihn im Zürcher Hotel Schwert empfängt und ihm ein Stipendium anbietet. Die Verbindung zu Cassirer bringt ihr im Sommer 1919 zwei anonyme Anzeigen wegen kommunistischer Umtriebe bei der Schweizer Bundesanwaltschaft ein. Sie ist dabei in guter Gesellschaft: Auch die Schauspieler Alexander Moissi und Elisabeth Bergner werden verdächtigt, unter dem Deckmantel von Gastspielreisen in der Schweiz kommunistische Verbindungen zu knüpfen.

Dass bei Paul Cassirer in Berlin 1920 eine zehnbändige Gesamtausgabe der Werke Else Lasker-Schülers erscheint, muss das Misstrauen der Schweizer Behörden verstärkt haben. Für die vom Erfolg nicht verwöhnte Dichterin ist es ein Glücksfall. Um so irritierter wird die stets wachsame Fremdenpolizei eine Broschüre zur Kenntnis genommen haben, die 1925 im Zürcher Lago-Verlag unter dem provozierenden Titel *Ich räume auf* erscheint. Else Lasker-Schüler rechnet darin wutvoll mit ihren Verlegern ab, von denen sie sich übervorteilt glaubt: »Man muss die Buchschieber mal unter sich beobachtet haben, die Börse ist ein Kasperletheater dagegen.« Vollmundig verkündet sie: »Ich werde die Händler aus ihren Tempeln jagen, die wir Dichter ihnen aufgerichtet haben…«

Einer dieser geschmähten Verleger ist Paul Cassirer. Er rechtfertigt sich im *Berliner Tageblatt* mit einer genauen Auflistung der an Lasker-Schüler gezahlten Vorschüsse und Honorare und versichert, er habe aufgrund der Inflation deren Werke sogar dreifach bezahlt und die Gesamteinnahmen der Autorin hätten »ganz gewiss die Einkommen hoher Staatsbeamter erreicht«. Für den mangelnden Verkaufserfolg der Bücher – 1924 nur 180 Stück abgesetzt – macht er die Öffentlichkeit verantwortlich, die vor der Kunst der »größten Dichterin der Jetztzeit« versage, was auch die rasche Absetzung ihres ersten Dramas *Die Wupper* vom Spielplan des Deutschen Theaters beweise.

Die zurechtgewiesene Angreiferin kämpft gegen Windmühlenflügel. Dabei wären sichere Verlagskontakte für sie lebenswichtig. Sie braucht dringend Geld für ihren Sohn, der, immer wieder von Schwäche- und Fieberanfällen heimgesucht, keine künstlerische Ausbildung und keine Erwerbstätigkeit durchstehen kann. Sie zieht mit ihm von Arzt zu Arzt, von Sanatorium zu Sanatorium, selbst der berühmte Professor Sauerbruch wird hinzugezogen, bis schließlich die Diagnose »Lungentuberkulose« feststeht. Paul kommt im Frühling 1926 ins Schwabinger Krankenhaus – dritter Klasse – bitter für die um ihren Sohn kämpfende Mutter. Sie bringt ihn in ein Tessiner Sanatorium, später nach Davos, und klammert sich an die Aussagen der Ärzte, in zwei bis drei Jahren könne er geheilt sein.

Eine trügerische Hoffnung. Sie holt Paul schließlich nach Berlin zurück, wo er im Dezember 1927, im Alter von 28 Jahren, stirbt. Für sie ist er nie erwachsen, nie selbstständig geworden, er bleibt, nicht nur in der Todesanzeige, »mein teures Kind, mein geliebter Junge«. – Am Abend bevor er starb habe sie ihn wieder zweijährig empfunden, schreibt sie: »Ich hätte ihn tragen können, einsingen können in den Todesschlaf…« – Sie hat ihren Lebensmittelpunkt verloren. Was hält sie noch auf dieser Erde? »Könnte ich einmal Gott sehen, dass ich Kraft zum Weiterleben bekäme«, schreibt sie an Paul Goldscheider in Wien. Immer wieder kümmern sich besorgte Freunde um sie. Gottfried Benn, ihr einstiger stolzer König Giselheer, begleitet sie beim Begräbnis auf dem jüdischen Friedhof Berlin-Weißensee.

Sie versucht, mit hektischer Aktivität, über ihren Schmerz hinwegzukommen. Reist nach Rom, nach Wien, schreibt, zeichnet, stellt ihre Bilder aus, geht ins Kino, liest aus ihren Werken, möchte sich, falls die von Franz Werfel vermittelte Verbindung zum Zsolnay-Verlag klappt, an der Nordsee »ein klein Häuschen bauen auf Pfählen… mit Treppen sofort ins Meer«.

Seit ihrer polemischen Anklageschrift gegen ihre Verleger ist von ihr kein Buch mehr erschienen. Welcher Verlag möchte sich auf das Risiko einer öffentlichen Beschimpfung einlassen? – Rowohlt wagt es, bringt 1932 gleich zwei ihrer Werke heraus: den Prosaband *Konzert* und die Erzählung *Arthur Aronymus. Die Geschichte meines Vaters.* Eine Bühnenfassung von *Arthur Aronymus* erscheint im Theater-Verlag S. Fischer.

Im selben Jahr wird Else Lasker-Schüler der Kleist-Preis zugesprochen, den sie allerdings mit einem österreichischen Heimatdichter teilen muss. Sie hatte sich in ihrer unverblümten Art selbst um die Auszeichnung beworben: »Ich bin Else Lasker-Schüler – wollte Sie nur fragen, ob ich nicht mal einen Preis irgend woher bekomme zum Beispiel von Ihrer Kleiststiftung, Kleist hätte ihn mir sicher gegeben. Mir geht es miserabel ...« – Bald wird es ihr noch miserabler gehen. Der *Völkische Beobachter* bläst, ein Jahr vor der nationalsozialistischen Machtübernahme, zum Sturm gegen die »von Juden dominierte« Kleiststiftung und deren Preisträger. Prinz Jussuf von Theben, das märchenhafte Alter ego der »knabenhaft-dürren Jüdin Else Lasker-Schüler«, sieht sich plötzlich konfrontiert mit der fetten Balkenüberschrift »*Die Tochter eines Beduinenscheichs* erhält den Kleistpreis«.

In Berlins Straßen formieren sich die Nationalsozialisten mit Hakenkreuzfahnen zu immer gewaltigeren Aufmärschen. Nach dem Reichstagsbrand wird im Februar 1933 der Ausnahmezustand über Deutschland verhängt, das bedeutet Aufhebung der demokratischen Rechte und Willkür gegen politische Gegner. Freunde raten der nicht ins Bild der deutschen Frau passenden Dichterin dringend zum Verlassen des Landes. Am 19. April flüchtet sie in die Schweiz, nachdem sie in Berlin vorbeiziehende SA-Män-

ner provoziert hatte und in einem anschließenden Handge-
menge mit einer Eisenstange niedergeschlagen und verletzt
wurde.

Eine *Verscheuchte*, wie sie sich in einem Gedicht selbst
nennt. Dessen Schlusszeilen lauten:

> »Wo soll ich hin, wenn wild der Nordsturm brüllt?
> Die scheuen Tiere in der Landschaft wagen sich
> Und ich – vor deine Tür, ein Bündel Wegerich.
>
> Bald haben Tränen alle Himmel weggespült
> An deren Kelchen – Dichter ihren Durst gestillt,
> Auch du und ich.«

Wo soll ich hin? – die verzweifelte Frage aller Asylsuchen-
den. Else Lasker-Schüler schlägt sich mehrere Monate ohne
polizeiliche Anmeldung in Zürich durch, der Stadt, die sie
von zahlreichen Aufenthalten her kennt und in der sie sich
alten Freunden verbunden weiß. Die Schilderungen ihrer
Nächte, die sie hungernd und frierend auf Parkbänken und
unter Büschen am Zürichsee verbracht habe, entsprechen
wohl nicht ganz der Wahrheit, passen aber gut zum Bo-
hemedasein, das sie sich andichtet und das ihr auch entspricht. In Wirklichkeit mietet sie sich gleich nach ihrer
Ankunft in dem ihr von früher her bekannten Augustiner-
hof-Hospiz ein.

Wie sie ihren Lebensunterhalt bestreiten soll, weiß sie
allerdings nicht. Eine Erwerbstätigkeit ist ihr, wie allen Im-
migranten, von der Fremdenpolizei untersagt. Jede Lesung,
die sie hält, jedes Gedicht, das sie in einer Zeitschrift veröffentlicht, wird zu einem kriminellen Akt und mit Strafe
belegt. Kontrolldetektive überwachen die strikte Einhal-

tung der zum Schutze einheimischer Arbeitsuchender und zur Abschreckung einströmender Flüchtlinge erlassenen Verbote. Ohne die Unterstützung treuer Zürcher Freunde könnte sie diese schwere Zeit kaum durchstehen. Der jüdische Culturbund kommt für die Miete im Hospiz auf. Es bedrückt sie, immer auf die Hilfe anderer angewiesen zu sein. Sie wirke gedankenflüchtig und verzweifelt, stellt Klaus Mann in seinem Tagebuch fest. An Jakob Job, den Direktor des Zürcher Rundfunks, schreibt sie: »Es ist ja nichts entsetzlicher wie herumbetteln. Ja, wenn man ein richtiger Herumtreiber wäre oder ein Handwerksbursch, da fällt einem alles von oben!«

Wie ein von oben fallendes Wunder empfindet sie die Uraufführung ihres Stückes *Arthur Aronymus und seine Väter* am 19. Dezember 1936 im Zürcher Schauspielhaus. Sie hat all ihre Hoffnung auf diese Inszenierung gesetzt, hat sich in einer – erst durch den letzten Kofferfund bekannt gewordenen – Vorrede selbst ans Publikum gewandt. Doch trotz glänzender Besetzung – Wolfgang Langhoff, Leonard Steckel, Kurt Horwitz, Traute Carlsen, Regie Leopold Lindtberg – wird das Stück schon nach der zweiten Aufführung wieder abgesetzt. Lag es am Text, der von der Pogromstimmung in einem westfälischen Dorf der Biedermeierzeit handelt und Parallelen zur Gegenwart nahelegt? An prophetischen Sätzen wie: »Unsere Töchter wird man verbrennen auf Scheiterhaufen«? An der wenig sensiblen Kritik, die das eigentliche und höchst aktuelle Anliegen der Exilautorin, die Versöhnung von Christen und Juden, nicht verstanden hat? »Die wenigsten ahnten oder wollten zugeben, dass die Traumängste der Dichterin schon im Begriff waren, sich in blutige Wahrheit zu wandeln«, schreibt der an der Aufführung beteiligte Ernst Ginsberg.

238

Und der Verriss des Stückes in der *Neuen Zürcher Zeitung* bestätigt seine Worte: »Das Bekenntnis Else Lasker-Schülers zur konfessionellen Toleranz in Ehren, aber so dick aufgetragen hätte sie es uns denn doch nicht zu demonstrieren brauchen; man kann uns Schweizern keine derartige Schwerhörigkeit nachsagen ...«

Else Lasker-Schüler hadert in diesen Weihnachtstagen 1936 mit ihrem Schicksal und mit Gott, den sie auf einem nächtlichen Gang durch Zürichs Gassen anfleht, doch »die Bürde der Dichtung« von ihr zu nehmen. *Arthur Aronymus* hat ihr weder Geld noch Ruhm noch das so ersehnte Dauervisum gebracht. Die Schweizer Behörden gewähren ihr nur auf wenige Monate befristete Aufenthaltsgenehmigungen, die sie nach kurzen Reisen ins Ausland immer wieder neu beantragen muss. Eine Arbeitserlaubnis erhält sie nicht, sodass sie ständig auf Unterstützung durch Mäzene angewiesen ist. Orientalisch verbrämte Bettelbriefe gehen an den Zürcher Seidenfabrikanten Sylvain Guggenheim, an den Verleger Salman Schocken in Jerusalem, an Thomas Mann, von dem sie sich eine Einladung nach Küsnacht erhofft hatte. Ihm schreibt sie, noch als Jussuf, Prinz von Theben: »Ich bin so traurig, denn immer musste ich wie ein Tagelöhner herumlaufen. Dann hoffte ich, mein Schauspiel reisse mich heraus und ich saß dann aber wie nach einem Begräbnis lange Wochen ...«

Warten. Nichtstun. Hoffen. Dazwischen die zermürbenden Kontrollen der Fremdenpolizei. Die *Tagebuchzeilen aus Zürich* geben Zeugnis von der Mühsal ihres Emigrantendaseins. Im Juli 1938 wird ihr durch Verfügung des Reichsführers-SS und Chefs der Deutschen Polizei die deutsche Staatsangehörigkeit aberkannt. Begründung: »Sie war typische Vertreterin der in der Nachkriegszeit in Erscheinung getretenen *emanzipierten Frauen.* Durch Vorträge und Schriften versuchte sie, den seelischen und moralischen Wert der deutschen Frau verächtlich zu machen. Nach der Machtergreifung flüchtete sie nach Zürich und brachte dort ihre deutschfeindliche Einstellung durch Verbreitung von Greuelmärchen zum Ausdruck.«

Die Ausgestoßene ist nun staatenlos, »schriftenlos«, wie es in der Schweizer Amtssprache heißt. Damit wird auch ihre bis Ende 1938 gültige Aufenthaltsbewilligung infrage gestellt – zumal der Kontrolldetektiv der Fremdenpolizei zu Protokoll gibt, sie mache zeitweise den Eindruck einer geisteskranken Person, in deren Zimmer eine jeder Beschreibung spottende Unordnung herrsche. Der Schweizerische Schriftsteller-Verein versucht, die Angeschuldigte in Schutz zu nehmen: Ihre »geistige Absonderlichkeit« sei es gerade, die Frau Lasker-Schüler zu einer eigenartigen und sicherlich bedeutenden Dichterin gemacht habe.

Doch die Schweiz hat keinen Bedarf an eigenartigen Dichterinnen. Else Lasker-Schülers Visum wird trotz Fürsprache einflussreicher Freunde nicht verlängert. So bleibt ihr nichts anderes übrig, als das Land zu verlassen und auf eine spätere Wiedereinreise zu hoffen. Im Frühling 1939 bricht sie, zum dritten Mal, nach Palästina auf. Sie nimmt nur zwei Koffer mit, es soll ja kein endgültiger Abschied von Zürich sein, nach drei oder vier Monaten will sie in die ihr lieb gewordene Limmatstadt zurückkehren – trotz aller Behördenschikanen.

Aber die politische Lage verschärft sich von Monat zu Monat, Krieg liegt in der Luft, die Schweizer machen ihre Armee mobil und sichern ihre Grenzen. In dieser Situation sich politisch unberechenbare und mittellose Ausländer ins Land zu holen, ist nicht opportun. Und die Fremdenpolizei ist über die Antragstellerin, die in Zürich keinen festen Wohnsitz hatte, bestens informiert. Der Aktenvermerk, Frau Lasker verfüge über keine eigenen Mittel, sondern sei auf die Wohltätigkeit von Privatpersonen angewiesen, wiegt schwer. Da überrascht der Wortlaut der Visumsverweigerung nicht: »Aus vorsorglich armenpolizeilichen Gründen. – Überfremdung.«

Die Abgewiesene versucht über einen befreundeten Anwalt, die Entscheidung anzufechten, aber der Ausbruch des Zweiten Weltkrieges macht ohnehin jede Hoffnung auf Rückkehr in die Schweiz oder gar nach Deutschland zur Illusion. Die doppelte Emigrantin ist vom »kalten« Jerusalem tief enttäuscht, obwohl auch hier Freunde für ihre Existenzgrundlage sorgen und sie sogar eine Ehrenrente erhält. »Es ist keine Wärme hier«, schreibt sie an ihren Mäzen Salman Schocken, und: »Ich werde hier vor Traurigkeit sterben …«

Es ist nicht materielle Not, die sie fragen lässt: Was soll ich hier? Es ist die Fremdheit der Sprachen, des Klimas, des orthodoxen Judentums, es ist vor allem die große Kluft zwischen ihrem herbeigeträumten bunten Hebräerland und der grauen Wirklichkeit palästinensischer Städte:

»Ich kann die Sprache
Dieses kühlen Landes nicht,
Und seinen Schritt nicht gehn«,

klagt sie im Gedicht *Heimweh*. Sie sucht den Weg zurück »in die allerallerallererste Heimat … dorthin wo Gott begann die Welt zu bauen« und ihr wird bewusst, dass der Ursprung ihrer Zerrissenheit und Trauer in ihr selbst liegt. »…ich bin keine Zionistin, keine Jüdin, keine Christin; ich glaube aber ein Mensch, ein sehr tieftrauriger Mensch«, schreibt sie an Martin Buber.

Trotz ihrer Niedergeschlagenheit und Bitterkeit, ihrer Ängste und körperlichen Schwäche behält sie einen Rest Lebensenergie. Sie gründet den *Kraal,* einen anspruchsvollen Gesprächs- und Vortragskreis, der ihre Einsamkeit mit geliehenem Glanz umgibt. Sie schreibt an einem Stück, das *Ichundich* heißen soll, und sie veröffentlicht 1943, als Vermächtnis gedacht, einen letzten Gedichtband: *Mein blaues Klavier,* den sie ihren Freunden widmet und denen,»die wie ich vertrieben und zerstreut in der Welt«. Abgeklärte, sich schon ins Jenseits hinübertastende Verse:

»Mein Herz ruht müde
Auf dem Samt der Nacht
Und Sterne legen sich auf meine Augenlide …

Ich fließe Silbertöne der Etüde …
Und bin nicht mehr und doch vertausendfacht
Und breite über unsere Erde: Friede«

Ihre alte Vitalität flammt noch einmal auf in der Liebe zu einem jungen Professor der Hebräischen Universität und in all den zornigen, beschwörenden Briefen, die sie in die Welt hinausschickt, an Freunde und Feinde, Juden und Christen, deren Versöhnung eines ihrer zentralen Anliegen bleibt. Wenn jemals eine deutsch-jüdische Symbiose stattgefunden habe, dann in dieser vollkommenen Vereinigung biblischer Bilder und deutscher Sprache, schreibt die Biografin Sigrid Bauschinger, wohl wissend, dass sich Else Lasker-Schüler in keinem Staat und in keiner Glaubensgemeinschaft verorten lässt. Sie hat sich ihre eigene Religion geschaffen: orientalisch und abendländisch, bunt bebildert und mystisch.

Sechs Jahre lang hat die zeitlebens Unbehauste das mühselige Emigrantendasein in Jerusalem durchgehalten, dieses Leben aus den beiden Koffern, die sie als einzigen Besitz aus Zürich mitgebracht hat. Am 22. Januar 1945 ist sie nach einem schweren Angina-Pectoris-Anfall in einem Jerusalemer Krankenhaus gestorben – mit knapp 76, noch vor dem Ende des Weltkriegs, den sie in seiner ganzen schrecklichen Dimension nie ganz erfasst hat. Beim Begräbnis auf dem Ölberg liest der Rabbiner, gegen alle jüdische Tradition, eines ihrer Gedichte: *Ich weiß, dass ich bald sterben muss.* Es endet in gläubiger Zuversicht:

> »Mein Odem schwebt über Gottes Fluss –
> Ich setze leise meinen Fuß
> Auf dem Pfad zum ewigen Heime.«

Else Lasker-Schüler hat viel Ablehnung erfahren, aber auch viel Anerkennung, vor allem für ihr lyrisches Schaffen. Es gebe in ihrem Werk Verse, »an denen die Sterne mitgedichtet haben«, schreibt der Zürcher Essayist Max Rychner, sie habe mit ihrem Leben, ihrer Seele, mit der Sprache alles gewagt und in jedem Augenblick alles aufs Spiel gesetzt. Und Friedrich Dürrenmatt, der tiefgründig Skurriles liebte, bewundert die spielerische Fantasie, mit der die Dichterin auf geheimnisvolle Weise die Wirklichkeit gewann, »nicht jene freilich, die eine Schöpfung der Menschen ist, sondern jene höhere, welche die Schöpfung selbst ist: die Ursprünglichkeit dieses Planeten«.

Kurz nach Else Lasker-Schülers Tod erschien in der Schweizer Emigrantenzeitschrift *Über die Grenzen* ein

Nachruf, der die Spannbreite und Widersprüchlichkeit ihres Wesens aufzeigt – und das Verständnis, das die Zürcher Emigranten ihrer Person und ihrem Werk entgegenbrachten: »Es ist noch nicht lange her, da teilte Else Lasker-Schüler unsere Emigration in der Schweiz, bewohnte ein Stübchen im alten *Seehof* am zürcher Limmatquai … Die Gabe der Dichtung, mit der sie sowohl gesegnet als belastet war, verwirrte auf bunte, sanfte und zugleich wilde Weise ihre Sinne. Immer aber schlug ihre Kunst Brücken zur Wirklichkeit, über die sie – eine genial Träumende – hellsichtig zu uns zurückfand.«

Nach Zürich, zu den ihr so vertrauten »Möven vom Zürchersee«, hätte sie gern, nicht nur im Traum, zurückgefunden.

Der Traum von der Herrschaft des Proletariats

Rosa Luxemburg

(1871–1919)

> Die kleine, gebrechliche Rosa war die
> Verkörperung beispielloser Energie …
> Bei Arbeit und Kampf wuchsen ihr Flügel.
> *Clara Zetkin*

Am 31. Mai 1919 wird eine schon stark verweste Frauenleiche aus dem Berliner Landwehrkanal gezogen. Kein Grund öffentlicher Aufregung, in dieser Zeit blutiger Straßenkämpfe haben die Menschen sich an schockierendere Bilder gewöhnt. Die Tote muss schon länger im Wasser gelegen haben, eine Selbstmörderin vielleicht. Aber die Untersuchung ergibt eindeutig: Tod durch Kopfschuss.

Die Identifizierung der Toten dürfte trotz der Verwesung nicht schwierig gewesen sein: der auffallend kleine Wuchs, das deformierte Hüftgelenk – kein Zweifel: Rosa Luxemburg. Die Leiche der steckbrieflich gesuchten Rädelsführerin, um deren Verschwinden sich schon Legenden ranken, wird eiligst aus der Stadt geschafft und erst vierzehn Tage später wieder nach Berlin gebracht und dort ohne unerwünschte öffentliche Anteilnahme bestattet.

Der Mord liegt zu diesem Zeitpunkt schon fünf Monate zurück, es könnte – im wörtlichen Sinne – Gras darüber gewachsen sein. Doch weder Anhänger noch Gegner der »Roten Rosa« glauben an die offiziell verkündeten und von den Zeitungen ausführlich geschilderten Todesumstände.

Rosa Luxemburg

Rosa Luxemburg soll von einer wütenden Volksmenge ermordet worden sein, ihr Kampfgefährte Karl Liebknecht auf der Flucht erschossen …

Was an jenem kaltdüsteren 15. Januar nach der Verhaftung der beiden durch Soldaten und Offiziere der Reichswehr tatsächlich geschah, ist durch Zeugen – einer davon ist der Mitverhaftete Wilhelm Pieck – einigermaßen belegt. Liebknecht und Luxemburg, die am Neujahrstag 1919 die KPD, die Kommunistische Partei Deutschlands, gegründet hatten und auf deren Kopf eine hohe Prämie ausgesetzt war, agierten aus wechselnden Verstecken im Untergrund, wurden verraten, im vornehmen Hotel Eden, dem Sitz der Garde-Kavallerieschützen, verhört, verhöhnt, misshandelt und beim Abtransport in der Hotelhalle mit Gewehrkolben zusammengeschlagen. Auf dem Weg zum Untersuchungsgefängnis Moabit wurde Rosa Luxemburg durch einen Kopfschuss umgebracht und von einer Brücke in den Landwehrkanal geworfen, Karl Liebknecht wurde ebenfalls – nicht auf der Flucht – erschossen. Im Hotel Eden feierten die Gardeschützen den erfolgreichen Coup gegen die verhassten Aufrührer. Aber die Saat, die in den Köpfen der Revolutionäre keimte, lässt sich nicht durch Todesschüsse ausrotten. Die – wenn auch utopische – Idee von der Weltrevolution und der Herrschaft des Proletariats zieht weiterhin vor allem junge Menschen in ihren Bann.

Revolutionäre Wurzeln

Wie kommt eine junge Frau, geboren im 19. Jahrhundert in einer Kleinstadt der polnisch-russischen Provinz, weitab von den Brennpunkten politischen Geschehens, dazu, ihr ganzes Leben, auch ihr Privatleben, auf ein so hochgestecktes revolutionäres Ziel hin auszurichten? Wann und durch wen sind diese Weichen gestellt worden?

Über die Beweggründe von Rosa Luxemburgs radikaler und konsequenter Haltung wurde viel spekuliert: Benachteiligung als Frau, als Jüdin, als körperlich Behinderte, als Staatenlose … Sicher haben all diese Faktoren zu einer Sensibilisierung, zu einem besonderen Gespür für benachteiligte Minderheiten geführt. Sie selbst hat sich jedoch nie als Opfer gesehen, sie hat Schwierigkeiten stets mit ihrem überragenden Intellekt und ihrer Willenskraft bewältigt oder als nebensächlich zur Seite geschoben.

Ihre Staatenlosigkeit ist durch die wechselhaften politischen Grenzziehungen zwischen Österreich, Polen und Russland bedingt. Die am 5. März 1871 (nach einigen Quellen 1870) als jüngstes von fünf Kindern im russisch-polnischen Weichsel-Städtchen Zamość geborene Rosalie Luksenburg wächst in eine polnisch sprechende jüdische Familie hinein. Die Mutter ist die Tochter eines Rabbiners, der Vater hat es als Holzkaufmann zu bescheidenem Wohlstand und einem eigenen Haus gebracht. 1873 – da ist Rosalie noch nicht drei Jahre alt – zieht die Familie in die unter russischer Verwaltung stehende Hauptstadt Warschau. So steht später in den Akten der Universität Zürich als Herkunftsort der Studentin Luxemburg, die ihren Geburtsnamen eingedeutscht hat, die verblüffende Bezeichnung »Warschau/Russland«. Durch eine spätere Scheinehe mit einem Deutschen wird das Hindernis der Staatenlosigkeit pragmatisch aus der Welt geschafft.

Als Frau hat sich Rosa Luxemburg nie benachteiligt gefühlt, obwohl sie in einer Zeit aufwächst, in der höhere Bildung für Mädchen noch nicht selbstverständlich ist, ein Universitätsstudium schon gar nicht. Sie hat sich von Kind an trotz ihrer Schmächtigkeit und ihrer jüdischen Herkunft durchgesetzt, zuerst im Warschauer Mädchengymnasium, das eigentlich russischen Beamtentöchtern vorbehalten ist und in dem nicht polnisch gesprochen werden darf. Dann, nach einem glänzenden Abitur, mit der Immatrikulation an der Universität Zürich. Auch in der Parteiarbeit und im politischen Kampf fühlt sie sich nie den männlichen Genossen unterlegen, ihr Einsatz gilt, im Gegensatz zu den Kämpferinnen der Frauenbewegung, nie ausschließlich den Frauen, sondern ist »eine gemeinsame Klassenangelegenheit« der benachteiligten Arbeiterinnen und Arbeiter aus dem Proletariat.

Ihre körperliche Behinderung überspielt sie souverän und geschickt mit modischer Kleidung und großen Hüten als Blickfang. Von einer tückischen Krankheit, die sie als 5-Jährige für lange Monate ans Bett fesselte, blieb eine Deformation der Hüfte zurück, eine lebenslange Gehbehinderung. Auf Diffamierungen als »hinkende Jüdin« geht sie nie direkt ein, erledigt ihre witzelnden Gegner aber durch ihre scharfzüngige Argumentation.

Ihr kämpferischer Elan bringt ihr schon im Gymnasium Schwierigkeiten ein. Sie übersetzt – frühreif und äußerst sprachbegabt – als 9-Jährige deutsche Gedichte ins Polnische, mit 14 schreibt sie ihre ersten polemischen Gedichte, eines etwa auf den »listigen Lumpen Bismarck«. Die brutalen Ausschreitungen der zaristischen Polizei gegen streikende Arbeiter prägen sich ihr tief ein, und es verwundert nicht, dass sie sich einer illegalen revolutionären Gruppe anschließt, auch nicht, dass ihr die Goldmedaille für das beste Abitur wegen »oppositioneller Haltung gegenüber der Autorität« verwei-

gert wird. Diese politische Sanktion dämpft ihren rebellischen Geist nicht, sondern spornt ihn an.

Sie strebt, noch nicht 18 und nicht volljährig, weg von
Warschau, nach Zürich, dem Mekka polnischer und russischer Studentinnen. Über ihre abenteuerliche Flucht kursieren verschiedene Versionen, eine lautet, mithilfe eines
katholischen Priesters sei sie auf einem Bauernwagen unter
Heu versteckt über die Grenze geschmuggelt worden. Das
klingt bei ihrem Wagemut nicht unglaubwürdig.

Zürich: Unter Anarchisten und »Kosakenpferdchen«

Die Zürcher Universität hat seit 1867 als erste im deutschsprachigen Raum Frauen zum Studium zugelassen. Das
sprach sich schnell auch im Ausland herum und es waren
vor allem junge Russinnen und Deutsche, die diese Chance
nutzten. Die Historikerin und Dichterin Ricarda Huch hat
hier promoviert, auch die erste Ärztin Berlins, Franziska
Tiburtius, oder die Juristin Anita Augspurg. Aus Russland
kam als erste die Medizinstudentin Nadezda Suslowa nach
Zürich und schlug damit eine Bresche für studierwillige
Frauen ihres Landes.

Doch studierwillig sind sie nicht alle. Viele nutzen den
studentischen Freiraum zu politischer Agitation oder zu einem höchst freizügigen Lebenswandel. »Kosakenpferdchen« nennen die Studenten sie spöttisch herablassend und
unterschätzen dabei ihre politische Vitalität und fanatische
Zielstrebigkeit. »Es waren meist ganz junge Mädchen, die
dem Nihilismus und dem Bakunin'schen Katechismus mit
religiöser Begeisterung bis zum Fanatismus anhingen«,
schreibt Franziska Tiburtius über ihre russischen Kommili-

toninnen. Und die spätere deutsche Frauenrechtlerin Käthe Schirmacher sieht sich in den Vorlesungen umgeben von »begeisterten Schwärmern und Prophetengesichtern, Märtyreraugen und Fanatikerprofilen«, die, wie sie schreibt, »die Heerschar des Kommunismus bilden und sich entflammen für das Evangelium der Gleichheit und Brüderlichkeit«. Die Russin Vera Figner, die hier revolutionäre Verbindungen knüpfte, wurde später in ihrer Heimat wegen mehrerer Attentatsversuche auf Zar Alexander II. zum Tode verurteilt.

In dieses brodelnde, höchst explosive Milieu gerät nun die junge Rosa Luxemburg, die sich an der Universität erst einmal für Mathematik und Naturwissenschaften einschreibt, bald aber zu den politisch nützlicheren Fächern Staatswissenschaften und Jura überwechselt. In diesen Vorlesungen zeige sich die nihilistisch-anarchistische Jugend »in ihrem reichsten Flor«, berichtet die Kommilitonin Schirmacher und fragt sich, wie viele dieser Jugendlichen später wohl hinter Gefängnismauern oder in Sibirien enden werden …

Rosa Luxemburg gehört mit einigen russischen und polnischen Studenten schon bald zum Kreis der »Berufsrevolutionäre«. Die von ihr mitgegründete SDKP, eine marxistische Partei mit dem russischen Anarchisten Leo Jogiches an der Spitze, bereitet den gemeinsamen Kampf des russischen und polnischen Proletariats gegen die »herrschende Bourgeoisie« vor. Aber die angehende Doktorandin vernachlässigt ob der Agitationsarbeit ihr Studium nicht. Mit ungeheurer Energie arbeitet sie sich in ihr Dissertationsthema *Die industrielle Entwicklung Polens* ein und promoviert 1897 beim Staatsrechtler Julius Wolf, der sie für »den begabtesten Schüler meiner Zürcher Jahre« hält, mit der Auszeichnung magna cum laude. Und die Genossen verkünden stolz den Erfolg einer Frau aus ihren Reihen: »Wir gratulieren der Frauenwelt zu diesem neuen moralischen Sieg! Er ist eine neue Begründung des Anrechtes der Frau auf Gleichheit mit dem Manne ...«

Die solchermaßen Gelobte jedoch ärgert sich über die mit wissenschaftlicher Archivarbeit vertane Zeit und schreibt an Jogiches: »Ich hasse dieses Doktorat jetzt so ... Unser bisheriges Arbeitssystem, was darauf hinausgeht, dass wir unsere Kräfte und unsere Gesundheit verschwenden, ist Idiotie. Anstrengungen, die nach außen hin unsichtbar sind, verdienen keine Achtung, sondern Gelächter. Man sollte zum Grundsatz erheben, mit der geringsten Bemühung das größte Resultat zu erzielen ...«

Pure Effektivität also, das, was den Erzfeinden, den Kapitalisten, angelastet wird. Diese auch auf die politische Arbeit übertragene Einstellung teilt sie mit Jogiches, ihrem russisch-litauischen Mentor und bald schon Geliebten. Er stammt aus reichem jüdischen Elternhaus in Wilna, fühlt sich jedoch, wie etliche revolutionäre Köpfe, dem Proletariat zugehörig. Der aus zaristischer Festungshaft Geflohene hat in Zürich einen sozialistischen Propagandaverlag gegründet. Hier holt sich Rosa Luxemburg praktische Erfahrung für die revolutionäre Untergrundarbeit. Sie wird immer stärker in das Netz subversiver Verschwörungspläne einbezogen und ihr Einsatz für die linkssozialistische SDKP bringt ihr scharfe Kritik von konservativeren Parteigenossen ein, die sie als »hysterisches, zänkisches und herrschsüchtiges Weib« beschimpfen.

Ein jüdischer Sozialistenführer, Teilnehmer am III. Internationalen Sozialistenkongress 1893 in Zürich, sieht sie dagegen positiver: »... auf den ersten Blick machte sie keinen günstigen Eindruck, aber man brauchte nur kurze Zeit bei ihr zu sein, da sah man schon, wie viel Leben und Energie in der Frau steckte, wie klug und scharfsinnig sie war, auf welch hohem geistigen Niveau sie sich bewegte.« Und der belgische Sozialistenführer Vandervelde erinnert sich: »Ich sehe sie noch, wie sie aus der Menge der Delegierten aufsprang und sich auf einen Stuhl schwang, um besser verstanden zu werden. Klein, schmächtig und zierlich … verfocht sie ihre Sache mit einem solchen Magnetismus im Blick und mit so flammenden Worten, dass die Masse des Kongresses, erobert und bezaubert, die Hand für ihre Zulassung erhob.«

An jenem Kongress lässt sich Rosa Luxemburg von der geballten Wortmacht der sozialistischen Elite beeindrucken: Engels, Bebel, Liebknecht, Kautsky, Clara Zetkin und die Tochter von Karl Marx, alle versammelt zum Aufbruch in eine neue, klassenlose Gesellschaft unter einem riesigen Marx-Porträt und dem Schriftband in 16 Sprachen »Proletarier aller Länder, vereinigt euch!«. Die junge staatenlose Polin, die in globalen Zusammenhängen denkt, ist begeistert: keine nationalen Diskriminierungen mehr, keine Unterdrückung von Minderheiten, alle Macht dem Volk …

Rosa Luxemburg schreibt mit glühendem Eifer für die Zürcher *Arbeiterstimme* – bis darin ihr akademischer Lehrer, der Jude Julius Wolf, in übelster Weise verunglimpft wird. – Antisemitismus lange vor Hitler – und das von ihren Genossen!

Die Empörte reist unmittelbar nach ihrer Doktorprüfung mit dem ebenfalls jüdischen Jogiches nach Paris. Es ist eine Zeit nicht nur politischer, sondern auch persönlicher Belastungen. Sie verliert ihre Mutter, die ihr viel bedeutet hat. Kurz darauf stirbt auch der Vater und sie macht sich Vor-

253

würfe, dass sie in diesen letzten Monaten die Eltern nicht mehr besucht hat. Selbstkritisch schreibt sie an einen Freund: »Ich musste ja ständig der Menschheit dringende Geschäfte besorgen und die Welt beglücken und so fand ich die Nachricht vom Tode des Vaters in Berlin, als ich vom Internationalen Kongress zurückkam …«

Dass sich die Tochter nicht stärker um die Eltern in der fernen Heimat gekümmert hat, hängt zweifellos mit ihrer engen Bindung an den wenige Jahre älteren Revolutionär Jogiches zusammen, mit dem sie gemeinsam für »die Sache« kämpft, dem sie aber auch sexuell verfallen ist. Er, der als kalt und nüchtern Geschilderte, entbrennt für sie in ähnlicher Leidenschaft. Die körperlichen Mängel seiner Geliebten scheinen ihn nicht zu stören, er bewundert ihre geistigen Fähigkeiten.

Allerdings erfüllt er nicht all ihre Wünsche. Sie träumt, sozialistische Grundsätze hin oder her, von einer in ihren Kreisen verpönten Heirat und einer Familie mit eigenen Kindern, ihm widerstrebt eine solch bürgerliche Idylle. Eine bürgerliche Eheschließung hat Rosa Luxemburg, offiziell Dr. Rosalie Lübeck, bereits hinter sich. Die in Basel geschlossene Scheinehe mit dem deutschen Emigranten Gustav Lübeck brachte ihr die begehrte deutsche Staatsbürgerschaft ein, aber auch Scherereien, als der Angetraute plötzlich auf seinen ehelichen Rechten bestand und sie die rasche Trennung regelrecht erkaufen musste.

Von Paris aus reist sie, nun ganz offiziell mit gültigem preußischem Pass, nach Berlin, während Jogiches, der ewige Revolutionär ohne Studienabschluss, nach Zürich zurückkehrt und unter dem Decknamen Leo Grosovski lebt. Sie schreibt ihm aus Berlin erwartungsvoll und mit ungewohnt euphorischer Zukunftshoffnung: »Du hast keinen Begriff

254

mit welcher Freude und Sehnsucht ich auf jeden Brief von Dir warte, weil mir jeder so viel Stärke und Lebensmut bringt.« Sie träumt von der eigenen kleinen Wohnung und Bibliothek, von ruhiger, regelmäßiger Arbeit, gelegentlichen Opernbesuchen und jährlichen Sommerfrischen – lauter »spießbürgerliche« Wünsche, gipfelnd in der bangen Frage: »Und vielleicht noch so ein kleines, ganz kleines Baby? Wird das nie erlaubt sein? Nie? Liebster …« Jogiches bleibt hart gegenüber ihrem Zärtlichkeitsbedürfnis und ihren mütterlichen Regungen: Ihre Aufgabe sei es, nicht Kinder, sondern politische Ideen zu gebären.

Den Eltern hat die Tochter stets ein ordentliches Familienleben vorgespielt, auch die Parteifreunde ahnen nichts von der privaten Liaison des Paares, das nicht zusammenwohnt und sich in der Öffentlichkeit mit »Sie« anredet. Die politisch so Mutige tut sich auch später schwer, sich zu freier, offen ausgelebter Liebe zu bekennen. Die geforderte Befreiung des Menschen bezieht sich nicht unbedingt auf das Sexualleben, bürgerliche Moralvorstellungen wirken auch in revolutionären Köpfen nach – wie auch die Sehnsucht nach dem kleinen privaten Glück, das Jogiches nicht gelten lässt. Sie schreibt ihm nach Zürich: »Es stimmt, ich habe verfluchte Lust glücklich zu sein und bin bereit, Tag für Tag für mein kleines Portiönchen Glück mit dumpfem Eigensinn zu feilschen.«

Berlin – Brennpunkt revolutionärer Umtriebe

1890 wurden im deutschen Reich die sogenannten Sozialistengesetze aufgehoben, ein Grund für die im Exil versprengten Sozialisten, sich in Berlin zu neuem Aufbruch und Kampf zu sammeln. Karl Liebknecht, August Bebel und Karl Kautsky nehmen die Zügel in die Hand, die Hauptstadt wird zum sozialistischen Machtzentrum. Kein Wunder, dass es Rosa Luxemburg nach Berlin zieht. Sie hat sich im Revolutionsjahr 1905 gemeinsam mit Jogiches in Warschau für die Befreiung Polens eingesetzt, wurde verhaftet und eingesperrt, kam aber nach Stellung einer Kaution frei und war nun umso motivierter für die sozialistische Bewegung. Von Jogiches hat sie sich abrupt getrennt, nachdem sie von dessen Untreue erfuhr. Doch auch er, der stets Eifersüchtige, hätte Grund zum Misstrauen.

Rosa Luxemburg hat ihre Berliner Wohnung für die Zeit ihrer Abwesenheit Kostja Zetkin überlassen, einem Sohn Clara Zetkins, der mit ihr befreundeten Führerin der sozialistischen Frauenbewegung. Diese ist froh, den in ihren Augen lebensuntüchtigen, entschlusslosen Sohn nun in der Obhut der zurückgekehrten Freundin zu wissen. Kostja ist 21, die mütterliche Betreuerin, die Briefe an ihren »geliebten kleinen Bubi« schreibt, ist 36. Eine weithin bekannte, geachtete oder gehasste Politikerin, Dozentin an der Berliner Parteischule, selbstbewusste Rednerin – niemand käme auf den Gedanken, diese Frau würde sich jemals in einen ihr nicht ebenbürtigen Partner verlieben. Mit Jogiches konnte sie sich auseinandersetzen, sie war die Lernende, wenn sie ihn auch nach und nach mit ihrer rhetorischen und analytischen Begabung überflügelt hat. Und nun Kostja, dieser verträumte Jüngling ohne berufliche und politische Perspektive, der ihrer charismatischen Ausstrahlung zweifellos verfallen war ... Über ihre Beweggründe für diese ungleiche Verbindung ist viel spekuliert worden: Angst vor dem Altern? Ersatz für eigene Kinder? Bedürfnis, einen Menschen nach ihrem Bild zu formen? Sehnsucht nach Zärtlichkeit, die ihr im harten Alltag fehlt?

Kostja ist nicht, wie die Mutter glaubt, ein intellektueller Versager, seine geistigen und künstlerischen Fähigkeiten wurden nur nie geweckt, am wenigsten von der unrastig tätigen Mutter. Er ist wach und wissbegierig, liebt die Natur und leidet an der Ungerechtigkeit der Welt. Die einfühlsame Mentorin versteht es, die Sensibilität des jungen Freundes in politische Bahnen zu lenken. Er liest ihre Schriften und setzt sich damit auseinander, sodass allmählich aus dem geliebten Bubi nicht nur ein Geliebter, sondern auch ein Gesprächspartner wird. Ob Clara Zetkin um die Intensität dieser ungewöhnlichen Beziehung wusste, ist nicht bekannt. Die selbst mit einem fast zwei Jahrzehnte jüngeren Mann Verheiratete könnte kaum etwas dagegen einzuwenden haben. Die Parteifreunde jedenfalls ahnen, wie schon bei Jogiches, nichts von der amour fou ihrer strengen Genossin.

Schwierig wird es, als Leo Jogiches nach seiner Flucht aus einem russischen Gefängnis plötzlich wieder in Berlin auftaucht und Kostja Zetkin in der Wohnung vorfindet. Die alte Eifersucht erwacht, der Heimkehrer bedroht Kostja und Rosa mit seinem Revolver, Rosa legt sich daraufhin auch eine Waffe zu, es kommt zu dramatischen Auftritten. Kostja, der sich erst in der Rolle des siegreichen Rivalen sonnt, fühlt sich doch zunehmend unbehaglich und eingeengt durch die so leidenschaftlich begonnene und nun sich immer lahmer dahinschleppende Beziehung. Er zieht wieder zu seiner Mutter und taucht nur noch gelegentlich in Berlin auf. Kein glorreiches Ende dieser so legendenträchtigen Liebe. Doch Kostja geht daran nicht zugrunde. Der Kriegsgegner wird im Ersten Weltkrieg Soldat und wandert später nach Amerika aus, wo er 1980 stirbt, mit 95.

Und Leo Jogiches, der alte Kampfgefährte? Schwamm über die bedrohlichen Eifersuchtsszenen! Was nun zählt, ist die gemeinsame Parteiarbeit. Rosa Luxemburg spielt nach glanzvollen Auftritten auf dem Londoner Sozialistenkongress eine immer wichtigere Rolle in der Führungselite der Partei. Sie hat eine genaue Vorstellung vom strategischen Vorgehen auf dem Weg zur Weltrevolution. Ohne Scheu legt sie sich mit den Mächtigen, mit Bebel, Kautsky, sogar mit Lenin, dem Übervater, an. Sie ist sich einig mit ihnen über das politische Ziel, nicht aber über den Weg dahin. Und ihre Stimme wird gehört, gefürchtet. Die kleine Person mit der fast unheimlichen Ausstrahlung kann ihre Macht ausspielen, mit ihren scharf durchdachten Argumenten Menschenmassen überzeugen. An stilistischer Brillanz nimmt es nur der Historiker Franz Mehring mit ihr auf, an polemischer Schärfe nur Kurt Tucholsky oder Carl von Ossietzky.

Provozierende Thesen

Rosa Luxemburgs politisches Konzept ist geprägt von kompromissloser Konsequenz. Die Theoretikerin der radikalen Linken versteht es, auch schwierigste Inhalte anschaulich und allgemein verständlich darzustellen. Auf internationalen Kongressen warnt sie immer wieder vor der heraufziehenden Kriegsgefahr und hofft, die sozialistische Internationale würde zu einem Generalstreik aufrufen, um einen Weltkrieg zu verhindern. Doch sie unterschätzt die Kriegsbegeisterung vor allem der Jugend und muss erleben, dass selbst ihre Partei dem Reichstag Kriegskredite bewilligt. In grenzenloser Enttäuschung und Wut ruft sie in Massenversammlungen zum Kampf gegen den Militarismus und »imperialistischen Krieg« auf. Sie ist keine radikale Pazifistin, sie unterscheidet gerechte und ungerechte Kriege.

Die Zerschlagung der Hierarchien und staatlichen Apparate und die Übernahme der Herrschaft durch das Volk ist eines ihrer zentralen Anliegen. »Alle Macht dem Volke« ist für sie keine leere Parole, sondern erklärtes Ziel. Doch sie ist nüchtern genug zu erkennen, wie schwierig diese Umkehrung der Verhältnisse, die Umstellung auf eine Herrschaft »von unten« sein wird. Sie hat 1905 die Revolution in Russland und die Zerschlagung des Zarenreiches bejaht und mitgetragen, die anschließende Machtübernahme und die Säuberungen durch die Bolschewiki jedoch verurteilt. Revolution ist für sie stets ein befreiender Akt, ein Schritt hin zur Humanität, doch sie sieht auch die Gefahr des Umschlags in Terror und Willkür. Sie setzt auf die »physische Kraft« der revolutionären Volksmassen: »Und diese Kraft bereiten eben wir, die Sozialdemokraten, vor, indem wir die politisch-klassenmäßige Aufklärung in die städtischen Fabriken, unter die Strohdächer der Dörfer und in die Militärkasernen tragen, indem wir das politische Leben, den Aufruhr und den Widerstand in allen Sphären des arbeitenden Volkes wecken …«

Kann es verwundern, dass die flammenden Reden und Pamphlete ihr immer wieder Verhaftung und Gefängnisstrafen einbringen? Sie nimmt das Risiko in Kauf, nutzt die Zeiten der Haft zur kritischen Aufarbeitung der Parteiarbeit, wie 1916 in dem Buch *Die Krise der Sozialdemokratie*. Kaum entlassen, wird die gefährliche Agitatorin wieder in »Schutzhaft« genommen, diesmal für mehr als zwei Jahre, bis zur Novemberrevolution 1918 und dem Ende des Kaiserreichs. Doch ihre Widerstandskraft ist ungebrochen.

Gemeinsam mit Karl Liebknecht, Franz Mehring und Clara Zetkin hat sie den »Spartakusbund« gegründet, eine kleine, radikale Gruppe, die von den »laschen« Sozialdemokraten enttäuscht ist und die ihre revolutionären Forderungen mithilfe von Arbeiter- und Soldatenräten und notfalls mit Gewalt durchsetzen will.

Rosa Luxemburgs viel zitierter Satz von der Freiheit, die »stets die Freiheit des Andersdenkenden« sein müsse, gilt nur für Meinungskämpfe unter Genossen, niemals für den Klassenfeind. Ihren Gegnern droht sie unmissverständlich: »Wer sich dem Sturmwagen der sozialistischen Revolution entgegenstemmt, wird mit zertrümmerten Gliedern am Boden bleiben.« Aber – und das sorgt für Irritation – die harte Kämpferin hat auch eine ganz andere, mildere und menschenfreundliche Seite.

Briefe aus dem Gefängnis – Die andere Rosa L.

Die letzten Jahre ihres Lebens hat Rosa Luxemburg größtenteils im Gefängnis verbracht. Die Briefe, die sie in dieser Zeit schreibt, zeugen von ihrem Lebensmut und ihrem Charisma: »Ich habe das Bedürfnis, so zu schreiben, dass ich auf Menschen wie der Blitz wirke, sie am Schädel packe, selbstredend nicht durch Pathos, sondern durch die Weite der Sicht, die Macht der Überzeugung und die Kraft des Ausdrucks.«

Die Briefe zeugen aber auch von ihrer Sensibilität, ihrem Mitgefühl gegenüber Freunden, ihrer Liebe zu allem Schönen und – was am meisten überrascht – ihrer Güte und Wärme. An ihre Freundin Mathilde Wurm schreibt sie im Dezember 1916 aus der Festung Wronke: »Mensch sein heißt, sein ganzes Leben ›auf des Schicksals großer Waage‹ freudig hinwerfen, wenn's sein muss, sich zugleich aber an jedem hellen Tag und jeder schönen Wolke freuen …« Doch im selben Brief steht auch: »Was mich anbelangt, so bin ich in der letzten Zeit, wenn ich schon nie weich war, hart geworden wie geschliffener Stahl und werde nunmehr weder politisch noch im persönlichen Umgang auch die geringste Konzession machen.« Sie liest Mörike-Gedichte, Hölderlins *Hyperion* und Kellers *Grünen Heinrich*. Mit ihrem jungen Freund Hans Diefenbach korrespondiert sie, fern aller Politik, über Literatur und ihre Lektüre. Sie schildert ihm all die Geräusche, die durchs Zellenfenster dringen: gackernde Hennen und lärmende Schulbuben, das Klappern von Pferdehufen und das Schilpen der Spatzen. Und das alles ergibt »in hellem Sonnenschein eine solche Symphonie, ein solches ›Lied an die Freude‹, wie es kein Bach und kein Beethoven wiedergeben kann, und mein Herz jauchzt über alles …«

In den Briefen an Kautskys Frau Luise schimmert Humor durch, gelegentlich Galgenhumor, wenn sie von ihrer Zelle als ihrer »Insel Robinson« schreibt und von den Kohlmeisen und Elstern am vergitterten Fenster: »Den letzteren – mein einziges Auditorium hier – bringe ich die weltstürzendsten Ideen und Losungen bei und lasse sie dann wieder losflattern!« – In einem anderen Brief an Luise Kautsky sorgt sie sich um ihre alte Kampfgefährtin Clara Zetkin: »Sie braucht jetzt dringend Menschengüte und Herzenswärme um sich, und ich weiß, wie Deine impulsiven Briefe solches auszustrahlen verstehen …« Dann wieder empört sie sich über das Gejammere ihrer Freunde, die sich um die schiefgehende Weltgeschichte Sorgen machen: »Dieses völlige Aufgehen im Jammer des Tages ist mir überhaupt unbegreiflich und unerträglich. Schau z. B., wie ein Goethe mit kühler Gelassenheit über den Dingen stand. Denk doch, was er erleben musste: die große Französische Revolution ... und dann eine ununterbrochene Kette von Kriegen, wo die Welt wiederum wie ein losgelassenes Irrenhaus aussah.«

Dies schreibt eine, die selbst vier Revolutionen erlebt hat, drei russische und die deutsche, dazu die Gräuel des Ersten Weltkriegs. Wie Goethe schöpft sie Kraft aus der Natur: »Ich weiß nicht, wie das kommt. Je länger ich lebe, umso bewusster und tiefer erlebe ich jedes Jahr das Wunder des Frühlings, dann des Herbstes. Jeder Tag ist mir ein herrliches Wunder ...« Aus dem Strafgefängnis in Breslau bittet sie die Freundin um zwei Pfund Hanfsamen für ihre Vögel und versucht, der Verzagten Mut zu machen: »Verlass Dich auf mich, wir werden uns zusammen durchbeissen und nie vergessen, das geringste Schöne und Gute, was noch übriggeblieben, dankbar zu genießen.« Und der ihr nahestehenden Marta Rosenbaum rät sie: »Lachen Sie über den ganzen Jammer: ... Je hoffnungsloser es aussieht, umso gründlicher wird dann die Säuberung sein. – Also trotz alledem guten Mut und Kopf oben behalten!«

Rosa Luxemburg selbst kennt Phasen der Verzweiflung, bis hin zu Selbstmordgedanken, die sie nur ihrer Freundin Clara Zetkin anvertraut. Nach außen bewahrt sie Haltung, sei es gegenüber den Gefängniswärtern oder gegenüber den führenden Genossen. Ob sie im Innersten an die blühenden Landschaften glaubt, die sie in ihren Schriften und Reden verheißt? Oder macht sie sich selbst Mut, wenn sie schreibt: »Ich habe das Gefühl, dass dieser ganze moralische Schlamm, durch den wir waten, dieses große Irrenhaus, in dem wir leben, auf einmal, so von heute auf morgen, wie durch einen Zauberstab ins Gegenteil umschlagen, in ungeheuer Großes und Heldenhaftes umschlagen kann ...« –

Der Traum von der Weltrevolution, von der Weltherrschaft des Proletariats. Karl Kautsky malt diese Utopie weiter aus, er träumt von einer einzigen kommunistischen Weltgesellschaft, in der alle Sprachen und Kulturen eingeschmolzen werden …

Die Wirklichkeit sieht nüchterner und brutaler aus. Die nach dem Ende der Monarchie aus der Haft entlassenen Spartakisten Liebknecht und Luxemburg, die Ende 1918 die KPD als straffe Kaderpartei gegründet haben, liefern sich blutige Straßenschlachten mit den Regierungstruppen. In ihrem Kampfblatt *Rote Fahne* fordern sie zum Sturz der verhassten provisorischen Regierung und der in ihren Augen unwürdigen »Verräter am Sozialismus« Ebert und Scheidemann auf. Die Reaktion der Gegner folgt prompt: die Aufforderung »Schlagt ihre Führer tot« an allen Plakatsäulen. Sie hat Erfolg. Am 15. Januar 1919 werden Rosa Luxemburg und Karl Liebknecht ermordet.

Eine Frau in ihrem Widerspruch

Kaum je hat eine Frau in der Öffentlichkeit so unterschiedliche Werturteile erfahren wie Rosa Luxemburg. Den einen ist sie unangreifbare Ikone und Märtyrerin, den anderen unheilvolle Aufrührerin. Sie weckt Emotionen und polarisiert Gefühle: Bewunderung oder Abscheu. Unbestritten ist ihr Mut. Sie war bereit, für die Revolution ihr Leben einzusetzen – aber auch das Leben derer, die sie bekämpfte. Sie war keine Mutter Teresa und hätte es auch nicht sein wollen, doch überraschen bei der Lektüre ihrer Briefe immer wieder ihre fürsorglich liebevollen Gefühle und ihr selbstloser Einsatz für Schwächere.

Sie selbst hat bewusst in diesen Widersprüchen gelebt. Im November 1918 postuliert sie: »Rücksichtslose revolutionäre Tatkraft und weitherzigste Menschlichkeit – dies allein ist der wahre Odem des Sozialismus.«

Freunde und Feinde holen aus dem reichen Zitatenschatz ihrer *Gesammelten Werke* jeweils das für sie Passende heraus. Die Achtundsechziger und auch die Bürgerrechtler in der DDR haben ihren – nur eingeschränkt gültigen – Satz von der Freiheit der Andersdenkenden auf ihre Fahnen geschrieben. Selbst die Machthaber der DDR haben sie mit ihrer Kapitalismuskritik zu instrumentalisieren versucht, obgleich ihre Werke im Arbeiter- und Bauernstaat nur zensiert erscheinen durften – zu viel Sprengstoff für das eigene System.

Für den nüchternen Analytiker Peter Glotz liegen Parallelen zwischen dem Ende des Ersten Weltkrieges und dem Wendejahr 1989 auf der Hand: »Damals wie heute zerbrachen multinationale Gebilde. Damals wie heute träumte man von universalistischen Ordnungsfaktoren ... Rosa Luxemburgs Internationalismus könnte wieder zum Stimulus werden ...« – Ihre Warnung vor kleingeistigem Nationalismus kleidet die Sprachmächtige in den Satz: »Auf dem nationalistischen Blocksberg ist heute Walpurgisnacht.«

Rosa Luxemburg ist also trotz ihrer ideologischen Wolkenschieberei noch immer politisch aktuell. Der von ihr viel gescholtene Lenin findet – nach Aufzählung all ihrer Irrtümer – den respektvollen Vergleich: »trotz aller dieser Fehler war sie und bleibt sie ein Adler.«

Ein Adler, der sich die Flügel nicht stutzen ließ. Der frühe Tod hat sie vor der Entzauberung ihrer Träume und Höhenflüge bewahrt. Sind es vielleicht gerade die Utopien und die inneren Widersprüche ihrer Gedankenwelt, die auch heute noch zu einer Auseinandersetzung mit ihrem Werk und ihrer Persönlichkeit herausfordern?

Unvergessen der Film von Margarete von Trotta: Barbara Sukowa in der Rolle der Rosa Luxemburg, schmächtig und stark, intolerant und großzügig, scharfzüngig und liebevoll. Eine kämpferische Pazifistin, weltausgreifend und Geborgenheit suchend, verehrt und verketzert – eine Frau in ihrem Widerspruch.

Käthe Kollwitz

»Ich will wirken in dieser Zeit …«

Käthe Kollwitz

(1867–1945)

Im Berliner Käthe-Kollwitz-Museum, einem liebevoll res-
taurierten spätklassizistischen Bürgerpalais in der Fasanenstraße, wird der Besucher mit rund 200 Werken der Künstlerin konfrontiert, einer geballten sozialen Anklage, die das
großbürgerliche Ambiente des Hauses noch verstärkt. Die
Ausstellung zeigt, verteilt auf zahlreiche kleinere Räume,
um welche Themen Leben und Werk der Kollwitz kreisen:
Krieg, Mitleid und Empörung, Mütterlichkeit, Arbeiter-
elend, Alter und Tod. Am eindrücklichsten wohl der
Raum mit den Selbstporträts, zwanzig unerbittlich ehrlichen Darstellungen aus fünf Jahrzehnten. »Selbstbilder«
nennt sie Käthe Kollwitz. Harte Schwarz-weiß-Töne und
düsteres Grau überwiegen, nur auf einem der Bildnisse,
dem ersten von 1888/89, ein lachendes, gelöstes Gesicht,
sonst Nachdenklichkeit, verhaltene Trauer, Verschlossen-
heit.

Eine Leidensspur zieht sich durch das ganze Leben dieser
Frau, die eingerahmten Selbstbefragungen an den Wänden
und die Tagebücher, zehn dicke Wachstuchhefte, die sie in
35 Jahren vollgeschrieben hat, dokumentieren dies. Sie
schlüsseln uns viele ihrer Werke auf.

Als Markstein in ihrer Arbeit bezeichnet sie sechs frühe
Radierungen zum Weberaufstand von 1844. Sie entstanden
unter dem Eindruck von Gerhart Hauptmanns Drama *Die
Weber*, dessen Uraufführung sie in Berlin miterlebte. In

267

ihrem Zyklus »Der Weberaufstand« setzt sie das Bühnengeschehen in Bilder von beklemmender Eindringlichkeit um. Verzweifelte Gestalten mit hohlen Augen und geballten Fäusten. Eine hilflose Mutter vor der kümmerlichen Leiche ihres Kindes. Der Zug der schlesischen Weber zum Portal des Herrenhauses. Hass, Gewalt, Ohnmacht. Im letzten Bild werden die Toten in die Hütte getragen, neben den alles überragenden Webstuhl gelegt. Der Aufstand ist gescheitert, nichts hat sich verändert.

Die Darstellung der markanten Arbeitergesichter, der gichtgebückten, verhuschten Frauengestalten war für die junge Käthe Kollwitz am Anfang mehr eine künstlerische Herausforderung als ein moralischer Appell: »Was kümmerten mich aber die Schönheitsgesetze, wie zum Beispiel der Griechen, die nicht meine eigenen waren, von mir empfunden und nachgefühlt? Das Proletariat war für mich eben schön. Der Proletarier in seiner typischen Erscheinung reizte mich zur Nachbildung. Erst später, als ich Not und Elend der Arbeiter durch nahe Berührung kennenlernte, verband sich damit zugleich ein Verpflichtungsgefühl, ihnen mit meiner Kunst zu dienen.«

1891, mit 24 Jahren, heiratet sie den sozial stark engagierten Kassenarzt Dr. Karl Kollwitz und lässt sich mit ihm im Berliner Norden nieder. In der Weißenburger Straße 25 mieten sie ein paar schlichte Räume, Praxis, dahinter ein kleines Atelier für sie, im oberen Stockwerk einige Zimmer zum Wohnen. Über fünfzig Jahre lang genügte dieses Domizil den Ansprüchen des Ehepaars. Die Patienten waren Arbeiter oder Arbeitslose – für Käthe nicht nur Studienobjekte, sondern Menschen.

Mit dem »Weberaufstand« gelingt der jungen Königsbergerin, Tochter des Baumeisters Carl Schmidt, die in Mün-

chen und bei Stauffer-Bern an der Berliner Künstlerinnenschule ausgebildet wurde, der künstlerische Durchbruch.
Der Zyklus hängt 1898 in der Großen Berliner Kunstaus-
stellung, und das Jurymitglied Adolph Menzel schlägt sie für
eine Ehrung vor. Kaiser Wilhelm II. winkt ab, für solche
»Rinnsteinkunst« hat er nichts übrig, er bevorzugt Lieb-
licheres und Pathetischeres.

38 Jahre später, im November 1936, ein ähnliches Erlebnis. An der Jubiläumsausstellung der Berliner Bildhauer ist
Käthe Kollwitz mit zwei Arbeiten vertreten. Doch noch
vor der Eröffnung werden ihre beiden Werke, eines heißt
»Mutter«, auf Anordnung des Reichsministers Rust entfernt: eine deutsche Mutter hat positiver und optimisti-
scher auszusehen. Auch Barlach, den sie sehr verehrt, gehört zu den verfemten Künstlern. Sie versteht das alles
nicht, leidet unter der zunehmenden Isolierung. Im Tagebuch vermerkt sie: »Auch diese merkwürdige Stille bei
Gelegenheit der Heraussetzung meiner Arbeit aus der Aka-
demieausstellung und anschließend dem Kronprinzenpalais. Es hat mir fast niemand etwas dazu zu sagen. Ich dachte, die Leute würden kommen, mindestens schreiben –
nein. So etwas von Stille um mich.«

1898 lagen die Dinge doch anders. Da hat es ihr in der
Öffentlichkeit nicht geschadet, »Rinnsteinkunst« zu produ-
zieren, im Gegenteil, es brachte ihr eine Berufung an die
Berliner Künstlerinnenschule ein. Grafik und Zeichnen
unterrichtete sie nun, und daneben hatte sie ihren Haushalt
und die beiden kleinen Söhne Hans und Peter zu versorgen.
Ihr Mann ging ganz in der Praxis auf und konnte sie deshalb
auch nicht nach Florenz begleiten, wo ihr der Villa-Roma-
na-Preis einen längeren Studienaufenthalt ermöglichte. Sie
vollendet in dieser Zeit den Zyklus »Bauernkrieg«, sieben

Radierungen, wieder mit dem Thema Unterdrückung, Not der Rechtlosen, das sie fortan nicht mehr loslässt. Eine Folge von Zeichnungen, »Bilder vom Elend« nennt sie sie, wird im *Simplicissimus* veröffentlicht. Plakatentwürfe entstehen. Einer zeigt – heute nicht weniger aktuell – zwei Kinder vor einem Schild »Spielen auf dem Hof verboten«. Aber damals gab es in den Arbeitervierteln Berlins weder Spielplätze noch Kinderzimmer. Fünf Personen lebten durchschnittlich in einem Raum. Da kam sich die Kollwitz-Familie schon privilegiert vor. Doch das ganze Leben ändert sich jäh mit dem Ausbruch des Ersten Weltkrieges. Der ältere Sohn Hans wird eingezogen, der jüngere, Peter, an dem die Mutter besonders hängt, meldet sich als Freiwilliger.

Die folgenden Monate lassen sich anhand ihres Tagebuchs erschütternd nachvollziehen:

Dienstag, den 1. September 1914
Berlin steht ganz unter dem Sedanzeichen. Die ganze Stadt ist beflaggt. Menschenmassen unter den Linden, alles in Jubel und Siegesstimmung, als ob der Krieg beendet wäre. Diese etwas oberflächliche Jubelstimmung, die so schlecht passt zu den grausamen Schlachten an beiden Grenzen, zu all dem Scheußlichen und Barbarischen, das man aus Ostpreußen und Belgien hört, zieht sich über Tage hin.

1. Oktober 1914
Abschiedsbrief an Peter. Als ob das Kind einem noch einmal vom Nabel abgeschnitten wird. Das erstemal zum Leben, jetzt zum Tode.

Montag, den 12. Oktober 1914

Ich fahre heraus und sehe ihn noch einmal. Auf dem
Bahnhof erwartet er mich. Dann ist Appell … In dem
Unteroffizierscasino nähe ich ihm ein paar Knöpfe an.
Am Klavier sitzt ein Soldat und singt: »Macht euch
bereit…«

24. Oktober 1914

Die erste Nachricht von Peter. Er schreibt, sie hören
schon Kanonendonner.

Freitag, den 30. Oktober 1914

»Ihr Sohn ist gefallen.«

18 ist er gerade und seit zwei Tagen an der Front. Er fiel als
Erster seines Regiments in der Nacht vom 22. zum 23.
Oktober bei Dixmuiden in Belgien. Seine Kameraden
haben ihn hier begraben.

Die Mutter ist vom Schmerz völlig gelähmt. Aber allmählich löst sich die Starre, die Trauer setzt sich um in
Gestaltungsdrang. In ihr reift der Plan zu einem Denkmal
für Peter. Auf den Höhen von Schildhorn müsste es stehen,
mit dem Blick über die Havel. Auch andere Plätze zieht sie
in Betracht, am zweiten Weihnachtsfeiertag notiert sie: »In
den verschneiten Grunewald gegangen und den Platz für
Peters Denkmal gesucht.« Das Denkmal in ihrem Kopf
wandelt sich immer wieder und beschäftigt sie über Jahre:
Entwürfe, begonnene Arbeiten, Unterbrechungen, Scheitern. Erst 1932 wird es vollendet und findet seinen Platz;
nicht in Berlin, sondern auf dem belgischen Soldatenfried-
hof in Roggevelde bei Dixmuiden. Ein eindringliches
Mahnmal am Weg zu den Gräbern, zwei einzelne kniende

271

Gestalten, »Die Eltern«, in ihrer stummen Anklage gegen den Krieg. Bei der Einweihung ahnt Käthe Kollwitz noch nicht, dass sie zehn Jahre später wieder trauern wird. Um den Enkel diesmal, der den Namen des gefallenen Sohnes, Peter, trägt. Am 22. September 1942 fällt er in Russland.

Die Zeit nach dem Tod des Sohnes Peter und nach dem Ersten Weltkrieg war für Käthe Kollwitz die künstlerisch fruchtbarste. Ihre Plastik »Das Liebespaar« wird in Berlin ausgestellt. 1917, zu ihrem 50. Geburtstag, veranstalten die Berliner Sezession und Paul Cassirer Jubiläumsausstellungen für sie. Sie engagiert sich nun immer stärker in Wort und Werk gegen den Krieg, die Menschenopfer und beruft sich dabei auf einen Ausspruch Goethes: »Saatfrüchte sollen nicht vermahlen werden.« 1919 erscheinen, unter dem Eindruck Barlachs, ihre ersten Holzschnitte. Sie wird in die Akademie der Künste aufgenommen, erhält den Professorentitel und – für sie wichtiger – ein Meisteratelier in der Akademie. Auch der Orden Pour le mérite wird ihr verliehen.

Ihre Themen ändern sich nicht: 1922/23 erscheinen die Holzschnittfolgen »Krieg« und »Proletariat«, Flugblätter, Plakate gegen Gewalt und Krieg folgen. Sie nimmt Partei, ohne dass sie einer Partei angehört. Ihre Kunst sei keine Propaganda-, sondern Bekenntniskunst, schreibt Gerhart Hauptmann: »nach Form und Inhalt nicht gesucht, sondern geworden, rein aus dem Inneren hervorgegangen«. 1928 übernimmt sie die Leitung des »Meisterateliers für Graphik« an der Berliner Akademie. Fünf Jahre später, nach der Machtergreifung durch die Nationalsozialisten, wird sie dieses Amtes wieder enthoben, und man legt ihr, gemeinsam mit Heinrich Mann, nahe, die Akademie zu verlassen. Damit verliert sie auch ihr schönes Atelier und muss sich im Atelierhaus an der Klosterstraße neu einrichten.

Diese sie zermürbende und demütigende Zeit findet ihren Niederschlag im Tagebuch. Sie berichtet von Verhaftungen und Hausdurchsuchungen bei Freunden, von Judenboykott und Bücherverbrennung, von der Auflösung der Parteien und der Gleichschaltung. Ihr Mann verliert vorübergehend die Kassenzulassung. Im Juli 1936 dann eine Eintragung, die Ohnmacht und Angst dokumentiert, eine Haltung, die den meisten Menschen viel näherliegt als heroischer Widerstand. Sie hatte einem Reporter der russischen Zeitung *Iswestija* von ihren Arbeitsschwierigkeiten und ihrem inoffiziellen Ausstellungsverbot berichtet.

»Am 13. Juli erscheinen zwei Beamte der Gestapo und verhören mich über den Artikel in der *Iswestija*. Erklären mir, dass auf mein Verhalten Konzentrationslager stünde. Davor schütze mich kein Alter und nichts. Am Tage darauf kommt der eine Beamte ins Atelier in der Klosterstraße, sieht meine Arbeiten an, redet lang und breit (nicht übelwollend), sagt dann, er verlange von mir eine Erklärung für die Zeitungen, in denen ich die Behauptungen der *Iswestija* für unwahr erkläre … Die nächsten Tage vergehen in erregter und gedrückter Stimmung. Es quält mich die Vorstellung, dass sie meine Erklärung ungenügend finden werden, dass ich in die Enge getrieben werde und es schließlich doch zu einer Verhaftung kommt. Wir fassen den Entschluss, dem Konzentrationslager, wenn es unvermeidlich scheint, durch Selbstmord uns zu entziehen. Freilich diesen Entschluss vorher die Gestapo wissen zu lassen, Vorstellung, dass sie dann vom Konzentrationslager absehen werden.« – Die Würde des Menschen ist unantastbar. Nicht von ungefähr steht dieser Satz in Artikel I unseres heutigen Grundgesetzes.

Der alternden Käthe Kollwitz wird in diesen Jahren der Umgang mit dem Tod noch vertrauter, als er ihr immer schon war. Sie sieht Verwandte, Freunde, Kinder sterben und nimmt deren Tod in ihr Werk hinein. 1940 verliert sie ihren Mann, den ruhigen, kraftspendenden Gefährten. Sie ist nun auch lebensmüde, die Arbeit im kalten Atelier fällt ihr schwer, Gebrechen machen sich bemerkbar, die Nächte im Luftschutzkeller hinterlassen ihre Spuren. Aber sie klagt nicht. »Es ist in der Ordnung, dass der Mensch auf seine Höhe kommt und dass er wieder absteigt. Da ist nichts zu murren.«

1943 holt die junge Bildhauerin Margarete Böning sie nach Nordhausen im Harz, im selben Jahr wird ihre Berliner Wohnung durch Bomben völlig zerstört. Sie lebt nun nur noch zum Tode hin und in der Rückwendung zu Vergangenem. Der Journalistin Lenka von Koerber schreibt sie: »Ich denke so viel an das, was ich in der Weißenburger Straße verloren habe, eine mehr als fünfzigjährige Heimat.« – Heimat Berlin. Die Weißenburger Straße in Ostberlin heißt heute Käthe-Kollwitz-Straße, auch der Wörther Platz wurde nach ihr umbenannt. Hier treffen wir auf Käthe Kollwitz, überlebensgroß, ein Bronzedenkmal von Gustav Seitz. Einen zweiten Guss dieser Bronze finden wir im Westberliner Museum in der Fasanenstraße wieder. Ob die am 22. April 1945 in Moritzburg bei Dresden Verstorbene dieser Überhöhung zugestimmt hätte? Ihr Grabrelief auf dem Zentralfriedhof Friedrichsfelde in Ostberlin, das sie selbst entworfen hat, nimmt sich viel bescheidener aus. Ein Frauenkopf, beschützt von einem mächtigen Händepaar: »... ruht im Frieden seiner Hände«, ein Goethewort aus dem West-Östlichen Divan.

Käthe Kollwitz war sich, bei aller Bescheidenheit, ihrer selbst und ihrer Aufgabe bewusst. Sie reiht sich nicht bei den ganz großen, aber bei den »guten« Künstlern ein: »Das

Genie kann wohl vorauslaufen und neue Wege suchen, die guten Künstler aber – und zu diesen rechne ich mich – haben den verlorengegangenen Konnex wieder zu schaffen.« Und im November 1922 schreibt sie in ihr Tagebuch: »Freilich reine Kunst in dem Sinne wie zum Beispiel Schmidt-Rottluffsche ist meine nicht. Aber Kunst doch. Jeder arbeitet wie er kann. Ich bin einverstanden damit, dass meine Kunst *Zwecke* hat. Ich will *wirken in dieser Zeit,* in der die Menschen so ratlos und hilfebedürftig sind.«

Mileva Einstein-Marić und Albert Einstein

Anteil am Nobelpreis?

Mileva Einstein-Marić

(1875–1948)

Als Albert Einstein 1921 von der Schwedischen Akademie der Wissenschaften der Physik-Nobelpreis zugesprochen wurde, überließ er das gesamte Preisgeld, immerhin die damals beträchtliche Summe von 180 000 Schweizer Franken, seiner ersten Frau Mileva, von der er seit einigen Jahren geschieden war. Niemand nahm daran Anstoß. Warum sollte der in zweiter Ehe wohlhabend verheiratete Wissenschaftler, hoch dotiertes Mitglied der Berliner Akademie, dieses Geld nicht seiner weniger begüterten ehemaligen Gefährtin, die mit den beiden gemeinsamen Kindern in Zürich lebte, zukommen lassen?

Erst in den Achtzigerjahren bekam die Überweisung dieser Geldsumme eine neue Gewichtung – aus feministischer Sicht: Könnte es sich nicht um eine späte Wiedergutmachung an Mileva handeln? Hatte Albert Einstein seine erste Frau und Kommilitonin nicht für seine wissenschaftliche Arbeit ausgebeutet? Hatte sie ihm nicht mathematische Unterlagen für seine Forschungen zur theoretischen Physik geliefert, für die er dann den Nobelpreis bekam, ohne ihren Namen je zu erwähnen? Ist es Zufall, dass diese frühen Publikationen im Original nicht mehr auffindbar sind?

Dass all diese Fragen überhaupt gestellt werden konnten, hängt mit einem Buch zusammen, das schon 1969 in einem jugoslawischen Verlag erschienen ist, aber erst 1982 durch die Übersetzung ins Deutsche bekannt wurde: *Im Schatten*

Albert Einsteins. Das tragische Leben der Mileva Einstein-Marić.
Die Verfasserin Desanka Trbuhović-Gjurić hat Mathematik
und Physik studiert und ist Serbin wie Mileva Marić. Ihr
geht es weniger um eine Anklage Albert Einsteins als um das
Festschreiben des tragischen Lebens einer hochbegabten
Wissenschaftlerin. Auch wenn man alle Regungen serbischen Nationalstolzes und alle Überhöhungen aus Zuneigung abzieht, bleibt diese Biografie beeindruckendes Zeugnis eines Frauenlebens zwischen Selbstbestimmung und
Selbstaufgabe.

Natürlich ist Mileva Einstein-Marić, wie Feministinnen
argwöhnen, auch ein Opfer patriarchaler Gesellschaftsver-
hältnisse. Natürlich hat sie aus Liebe zu einem Mann ihre
eigene berufliche Entfaltung hintangestellt und die ihres
Partners befördert. Natürlich lag die Last des Familienalltags
auf ihren Schultern, während der Gefährte sich ungehindert
der Wissenschaft widmen konnte. Doch aus diesem zeit-
typischen Muster darf noch nicht auf ein unglückliches oder
zerstörtes Leben geschlossen werden. Mileva hat sich während der ganzen Zeit ihrer Ehe nicht ausgebeutet gefühlt.
Sie hat ihrem Mann, an dessen geniale Begabung sie glaubte, als er noch völlig unbekannt war, zugearbeitet, hat
mathematische Berechnungen für ihn angestellt, hat Ordnung in seine Zettelwirtschaft und sein unstetes Leben gebracht. Sie ist sein »liebes Weiberl«, sein »Schatzerl«, aber
auch, wie er ihr schreibt, eine ihm »ebenbürtige Kreatur …
die gleich kräftig und selbständig ist wie ich selbst«. Mileva
liebt ihn in ihrer zurückhaltend verlässlichen Art, er erwidert ihre Liebe offener, heiterer, unbekümmerter um
Konventionen.

Milevas Tragik beginnt erst in dem Augenblick, als er
sich um einer anderen Frau willen von ihr trennt. Da steht

sie betroffen vor den Scherben ihres gemeinsamen Lebens, nichts lässt sich mehr zusammenfügen, sie war immer nur auf ihn ausgerichtet, sah ihr Forschen stets als Einheit, ohne jemals nach der Größe ihres Anteils zu fragen. Nun hält sie, mit 44 Jahren, kein eigenes Werk, keinen akademischen Titel, keinen Berufsabschluss in Händen. Nichts.

Albert Einstein aber nimmt in Stockholm den Nobelpreis entgegen für seine »Verdienste auf dem Gebiet der theoretischen Physik, besonders für die Entdeckung des Gesetzes der photoelektrischen Wirkung«. Dieses Gesetz, das die Entstehung des Lichtes durch Lichtquanten erklärt, wurde von ihm schon 1905 formuliert, in der Zeit, als er mit Mileva eng zusammenarbeitete. Sie hatte damals neben dem Haushalt noch ihren knapp einjährigen Sohn Hans Albert zu versorgen und konnte sich deshalb der wissenschaftlichen Arbeit nie so ungestört zuwenden wie ihr Mann. Trotzdem nutzte sie jede freie Minute, um die gemeinsamen Untersuchungen voranzutreiben. Sie sah sich dabei als seine ihm zuarbeitende Partnerin, die ihn anregt und seine Ergebnisse kontrolliert, die ihn auch wegen seiner intuitiv genialen Erfassung und Bewältigung physikalischer Probleme bewundert. Sicher würde sie es ablehnen, als »verhinderte Nobelpreisträgerin« unter die weiblichen Opfer einer machtorientierten Männergesellschaft eingeordnet zu werden. Auch den Titel »Mutter der Relativitätstheorie«, den ihr Norgard Kohlhagen in der Zeitschrift *Emma* (10/83) verlieh, würde sie mit Gewissheit zurückweisen. Selbst die Frage im *New Scientist* vom 3.3.1990 »Was the first Mrs. Einstein a Genius, too?« würde sie wohl, soweit wir sie aus ihren Briefen und der Schilderung ihrer Freunde kennen, verneinen. Sie hat sich nie als Genie gefühlt, empfand es als »unschön«, berühmt zu sein, auch wenn in ihrer Jugend einige Weichen in dieser Richtung gestellt worden sind.

Ihr Vater und später auch ihre Lehrer haben ihre außergewöhnliche mathematische Begabung früh erkannt und gefördert. In Titel, einer Kleinstadt im Randgebiet der österreichisch-ungarischen Donaumonarchie, in der Mileva am 19. Dezember 1875 geboren wurde, gilt sie, wenn nicht als Wunderkind, so doch als überragend intelligent und wissensdurstig, vor allem auf Gebieten, die Mädchen ihres Alters sonst wenig interessieren. Ein angeborenes Hüftleiden macht sie zur Außenseiterin, sie kann nicht mit den anderen Kindern herumtollen und wird gehänselt; so zieht sie sich auf den großen Dachboden des elterlichen Gutshauses und in ihre eigene Fantasiewelt zurück. Sie liest deutsche Märchen und serbische Volksdichtungen – beide Sprachen sind ihr von klein auf geläufig. Mit acht Jahren bekommt sie Klavierunterricht. Am meisten aber faszinieren sie Zahlenspiele, Rechenoperationen und Naturbeobachtungen am Ufer der träge dahinfließenden Theiß. Die Großmutter behandelt ihre missgestaltete Hüfte mit Hausmitteln und Zaubersprüchen, früh bringt man ihr bei, dass hinkende Mädchen keine Heiratschancen hätten.

Umso stärker setzt sich der umsichtige Vater für die Ausbildung ihrer geistigen Fähigkeiten ein. Der wohlhabende Grundbesitzer und Kanzlist im Bezirksgericht Ruma kann es sich leisten, seine Tochter auf gute Schulen zu schicken. In der Höheren Mädchenschule in Novi Sad gilt Mileva als beste Schülerin, wegen ihrer Zurückgezogenheit wird sie Svetac, Heilige, genannt. Da in Österreich-Ungarn Mädchen der Zugang zum Gymnasium noch verwehrt ist, bringt der Vater sie am Königlich-Serbischen Gymnasium in Sabac unter, wo sie durch Begabung, Willenskraft und

Ehrgeiz auffällt und von den Lehrern mit besonderer mathematischer Lektüre versorgt wird.

Als der Vater 1891 in die kroatische Hauptstadt Zagreb versetzt wird – von der Mutter ist nie die Rede –, wechselt auch Mileva ans dortige Königliche Obergymnasium über. Sie legt die Griechischprüfung mit der Note »vorzüglich« ab, die Schlussprüfung – als einziges Mädchen in der Klasse – mit den besten Noten in Mathematik und Physik. Das hebt ihr durch die Körperbehinderung angeschlagenes Selbstbewusstsein. Sie will studieren. In Zürich. Der Vater ist einverstanden, obwohl das für ihn eine ziemliche Belastung bedeutet. Er hat noch zwei weitere Kinder zu versorgen, Zorka, die jüngere, ebenfalls mit einem Hüftleiden geborene Tochter, und Miloš, den hochbegabten Sohn, der Medizin studieren möchte.

Mileva reist 1894 – mit 19 – allein nach Zürich, dessen Universität in ihrer Heimat einen guten Ruf hat und Frauen einen Studienabschluss ermöglicht. Sie fühlt sich hier vom ersten Augenblick an heimisch, die zurückhaltend nüchterne Art der Menschen sagt ihr zu. Unter den Studenten entdeckt sie eine Reihe vertrauter Gesichter aus Zagreb. Sie stürzt sich in die Arbeit und wird im November nach einer Aufnahmeprüfung in die dritte Klasse der Höheren Töchterschule aufgenommen. Ihre Lehrerin in allgemeiner Geschichte ist die Historikerin und Schriftstellerin Dr. Ricarda Huch, ihr Gesanglehrer der »Sängervater« Carl Attenhofer – Persönlichkeiten, die sie beeindrucken und prägen.

Die Maturitätsprüfung legt Mileva im Frühjahr 1896 an der Eidgenössischen Medizinschule in Bern ab, da sie anschließend Medizin studieren möchte. Sie beginnt auch ein Medizinstudium an der Universität Zürich, wechselt aber schon nach einem Semester ans Polytechnikum über und belegt die Fächer, die sie schon immer am meisten interessierten: Mathematik und Physik. In der Abteilung VI A, in der angehende Mathematik- und Physiklehrer ausgebildet werden, ist sie die einzige Frau ihres Jahrgangs, vor ihr haben erst vier Frauen an dieser Abteilung studiert. Sie nimmt die Herausforderung an, es ist nicht die erste ihres Lebens, sie traut sich zu, mithalten zu können.

Einer ihrer Kommilitonen ist der um gut drei Jahre jüngere Albert Einstein, der die Aufnahme ins Polytechnikum erst im zweiten Anlauf geschafft hat. Dass dies nichts mit seiner Intelligenz und mathematischen Begabung zu tun hat, höchstens mit seiner Unbekümmertheit und seinem unkonventionellen Denken, wird ihr bald klar. Die beiden teilen sich einen Laborplatz im Physikalischen Institut und Einstein verblüfft Mileva gleich am ersten Tag mit der Frage: »Haben Sie je daran gedacht, dass Newton in einigen seiner Schlüsse nicht recht hat?« – Sie ist in der Ehrfurcht vor großen Namen erzogen worden, er hinterfragt ohne Scheu eherne Gesetze. Dabei tut er dies nie – und das imponiert ihr – aus Besserwisserei, vielmehr aus einer kindlich-spielerischen Neugier heraus.

Über die Arbeit im Labor, über physikalische und philosophische Fragestellungen kommen sich die beiden näher und ergänzen sich: er in seiner sprunghaft intuitiven, sie in ihrer solide systematischen Art. Immer häufiger verbringen sie auch die Freizeit zusammen. Mileva führt Albert in den Kreis serbischer Studenten ein, man wandert, diskutiert und musiziert gemeinsam. Albert ist beliebt als geistreicher und witziger Gesprächspartner, auch als Violinspieler und Musikkenner, während man sein vagabundenhaftes Aussehen bespöttelt. Mileva kümmert sich nicht darum, so wie es ihn nicht stört, dass sie hinkt.

Die Kommilitonen gewöhnen sich an das seltsame Paar, die Eltern von Mileva und auch die von Albert nicht. Alberts Mutter setzt ihm mit drastischen Warnungen zu: »Du vermöbelst Dir Deine Zukunft und versperrst Dir Deinen Lebensweg … Wenn sie ein Kind bekommt, dann hast Du die Bescherung.« Und auf Milevas Intellektualität anspielend: »Sie ist ein Buch wie Du – Du solltest aber eine Frau haben.« Schließlich führt sie noch den Altersunterschied ins Feld: »Bis Du 30 bist, ist sie eine alte Hex.« Sie befürchtet zu Unrecht, Mileva klammere sich an ihn und halte ihn von seiner Karriere ab. Dabei ist es Albert, der von Heirat spricht, während Mileva sich sträubt und ihre wissenschaftliche Laufbahn gefährdet sieht durch Küche und Kinder. Um ihre Gefühle zu prüfen, hat sie in eigener Entscheidung und ohne Absprache mit Albert ein Semester in Heidelberg eingelegt, er nennt sie in seinem ersten Brief »kleine Ausreißerin« und wirbt erfolgreich um ihre Rückkehr nach Zürich.

Gemeinsam bereiten sie sich auf die Diplomprüfung vor, nachdem Mileva die Zwischenprüfungen im Oktober 1899 nicht so glänzend bestanden hat, wie sie das von sich selbst erwartete. Das Thema der Diplomarbeit, Wärmeleitung, interessiert Albert nicht besonders, Mileva hingegen arbeitet sich mit Energie in die Materie hinein und bereitet sich auch auf die anderen Fächer gewissenhaft vor. Trotzdem fällt sie bei der Diplomprüfung, die im Sommer 1900 stattfindet, durch. Vor allem ihre Leistungen in Funktionentheorie und Astronomie genügen den Anforderungen nicht. Sie wird die Prüfung ein Jahr später wiederholen müssen. Albert, dem Noten und Prüfungen unwichtig sind und der selber nur knapp bestanden hat, versucht sie zu trösten und zu ermuntern: »Du musst jetzt Deine Untersuchungen fortsetzen – wie stolz werd ich sein, wenn ich gar vielleicht ein kleines Doktorlin zum Schatz habe und selbst noch ein ganz gewöhnlicher Mensch bin!«

Aber aus dem Doktorlin wird nichts, die Dissertation bleibt unvollendet, auch der zweite Prüfungsversuch scheitert. Mileva gibt ihr Physikstudium auf. Was das für die arbeitsbesessene und ehrgeizige Gefährtin bedeutet, kann Albert am besten ermessen. Wenn er sie nun noch stärker als vorher in seine Arbeit einbezieht, hat das weniger mit Ausbeutung als mit Verständnis für ihre bedrückende Lage zu tun. Im März 1901, nachdem seine erste wissenschaftliche Publikation in den Leipziger *Annalen der Physik* erschienen ist, schreibt er ihr: »Wie glücklich und stolz werde ich sein, wenn wir beide zusammen unsere Arbeit über die Relativbewegung siegreich zu Ende geführt haben! Wenn ich so andere Leute sehe, da kommt mir's so recht, was an Dir ist!«

Ihr Versagen auch in der zweiten Prüfung hängt ohne Zweifel mit den psychischen Belastungen in diesem Jahr zusammen. Dass ihre Familie, ihr Vater vor allem, ihren Misserfolg nicht verstehen kann, bedrückt sie. Auch Alberts vergebliche Bemühungen um eine Assistentenstelle in Zürich, in Wien und an deutschen Universitäten setzen ihr mehr zu als ihm. Es beschämt sie, wenn er ihr in einem Brief versichert: »Meine wissenschaftlichen Ziele und meine persönliche Eitelkeit werden mich nicht davon abhalten, die untergeordnetste Rolle zu übernehmen.« Die eilige Suche nach irgendeiner Verdienstmöglichkeit hat einen Grund: Mileva ist schwanger.

In den Semesterferien fährt sie wie jedes Jahr nach Hause. Was dort in Novi Sad und im Familienkreis abläuft, lässt sich nur vermuten, es sind keine Briefe Milevas aus dieser

Zeit erhalten. Aus Alberts Briefen kann geschlossen werden, dass er zwar den Zeitpunkt der Schwangerschaft ungünstig findet, aber das erwartete Kind – »Lieserl« nennen sie es – nicht ablehnt. »Pfleg Dich nur gut und sei munter und freu Dich auf unser liebes Lieserl …«, schreibt er der Hochschwangeren im Dezember 1901 und gibt zu bedenken: »Das einzige, was noch zu lösen übrig wäre, das wär die Frage, wie wir unser Lieserl zu uns nehmen könnten; ich möchte nicht, dass wir es aus der Hand geben müssen. Frag einmal Deinen Papa, er ist ein erfahrener Mann und kennt die Welt besser als Dein verstrebter, unpraktischer Johonzel.« Den Kosenamen Johonzel hat sich Mileva ausgedacht.

Zwei Tage später folgt die erfreuliche Nachricht, dass der zukünftige Kindsvater – nach einem kurzen Intermezzo an einer Privatschule in Schaffhausen – nun eine gut bezahlte Stelle am Patentamt in Bern antreten wird. »Und Du wirst bald mein glückliches Weiberl, pass nur auf. Jetzt haben unsere Leiden ein Ende.« Wie Mileva in ihrem Zustand seinen drängenden Heiratswunsch aufnimmt, ist nicht bekannt, auch nicht, wie sie sich die gemeinsame Zukunft mit dem Kind vorstellt. Denkbar, dass die Schwangerschaft, die ihre Berufspläne vereitelt und in der sittenstrengen heimatlichen Umgebung ein Stigma bedeutet, sie ganz aus der Bahn geworfen hat. Albert, der inzwischen in Zürich seine Dissertation fertiggestellt hat, versucht sie in seinen Briefen aufzumuntern: »Bis Du mein liebes Weiberl bist, wollen wir recht eifrig zusammen wissenschaftlich arbeiten, dass wir keine alten Philistersleut werden, gellst.«

Mileva hat die geheim gehaltene Geburt sehr zugesetzt, aber das »Lieserl« scheint gesund zu sein. Albert erkundigt sich eingehend nach ihm: »Was hat es denn für Augerl?

Wem von uns sieht es mehr ähnlich? Wer gibt ihm denn das Milcherl?« Er wünscht sich eine Fotografie oder eine Zeichnung: »Ich hab es so lieb und kenn's doch noch gar nicht!« – Er wird es nie kennenlernen. Das weitere Schicksal Lieserls bleibt im Dunkeln, weder Geburt noch Tod lassen sich in amtlichen Registern nachweisen. Auch der erst vor einigen Jahren in Princeton veröffentlichte Briefwechsel zwischen Albert und Mileva gibt keine näheren Aufschlüsse über das Kind, das vermutlich von einer Jugendfreundin Milevas aufgenommen und zur Adoption freigegeben wird. Lieserl bleibt ein Familientabu.

Albert ist inzwischen nach Bern gezogen und hat seine Stelle als technischer Sachverständiger am Eidgenössischen Amt für geistiges Eigentum angetreten. Mileva, die in Zürich immer zur Untermiete oder in Pensionen gewohnt hat, richtet zum ersten Mal eine eigene kleine Wohnung ein, bohemehaft gemütlich für lange Nachtgespräche mit Freunden. Am 6. Januar 1903 werden die beiden im Berner Zivilstandsamt getraut – ein glückliches, sich in der Arbeit geradezu ideal ergänzendes Paar.

Für Albert sind die nun folgenden Jahre die wissenschaftlich produktivsten seines Lebens. Er arbeitet an der *Elektrodynamik bewegter Körper*, einem nicht umfangreichen, aber fundamentalen Werk, das seine Spezielle Relativitätstheorie enthält. Wie weit Mileva daran mitgearbeitet hat, lässt sich nicht genau feststellen, da das Manuskript als verschollen oder vernichtet gilt. Fest steht, dass sie ihre Zeit nicht mehr ungeteilt der Forschung widmen kann, seit sie den im Mai 1904 geborenen Sohn Hans Albert zu versorgen hat; ein zufriedenes, pflegeleichtes Kind, das aber doch an ihren geschwächten Körperkräften und Nerven zehrt.

Die Linguistin Senta Trömel-Plötz sieht in der Tatsache, dass in dieser Ehe Albert allein alle wissenschaftlichen Arbeiten zeichnete, allein für geistige Leistung und Broterwerb zuständig war, allein sich um Lehrstühle bewarb, ein Geflecht patriarchaler Machtstrukturen (*Basler Zeitung*, Magazin 16/90). Dass Mileva gar keinen Studienabschluss besaß, wird dabei außer Acht gelassen, auch, dass Einstein die Lehrstühle keineswegs in den Schoß gefallen sind. Als er sich 1909 an der Universität Zürich um eine außerordentliche Professur für theoretische Physik bewirbt, bekommt er die Stelle nur, weil der von der Fakultät favorisierte Gegenkandidat zu seinen Gunsten verzichtet. Man kennt zwar seine Relativitätstheorie, ahnt aber noch nicht deren epochale Bedeutung.

Mileva wechselt gern wieder nach Zürich über, in die ihr so vertraute Stadt, die ein internationaleres Flair besitzt als das gemütliche Bern. Ihr Heim an der Moussonstraße wird rasch zum Treffpunkt schweizerischer und serbischer Freunde, die meisten von ihnen sind Musiker oder Musikliebhaber. Mileva ist eine gewandte Gastgeberin, das nicht gerade üppige Gehalt ihres Mannes bessert sie durch Zimmervermietung an Studenten auf. Eine Hausgehilfin können sich die Einsteins nicht leisten, so kocht und putzt und näht Mileva selbst.

Im Juli 1910 wird ihr zweiter Sohn Eduard geboren. Nun hat Mileva noch weniger Zeit, sich in neue Forschungen zu vertiefen und ihrem Mann mit Berechnungen zur Hand zu gehen. Er trifft sich mit Freunden und Studenten häufig im *Café Terrasse* und führt mit ihnen die Gespräche, die er früher mit Mileva geführt hat. Mehr und mehr vergräbt er sich in die Arbeit, nur fürs Musizieren im Freundeskreis, fürs Theater und für die Tonhalle-Konzerte nimmt er sich noch

Zeit, wobei ihm der äußere Rahmen völlig gleichgültig ist. Mit zerknittertem, kreidebeschmiertem Anzug eilt er direkt aus der Vorlesung in den Konzertsaal, Mileva steckt ihm in den Zwischenpausen heimlich Butterbrote aus ihrer Handtasche zu. Die Konzertbesucher belächeln das unbekümmert unbürgerliche Paar.

Als Einstein 1910 an der deutschen Universität in Prag der Lehrstuhl für theoretische Physik angeboten wird, nimmt er diesen Ruf trotz Milevas Bedenken an, da er mit größerer Unabhängigkeit und besserer Bezahlung verbunden ist. Das bedeutet für Mileva Umzug mit zwei kleinen Kindern und Abschied vom geliebten Zürich. Sie wird nicht heimisch in Prag, der gespaltenen Stadt mit den Rivalitäten zwischen der tschechischen und der deutschen Universität. Im Gegensatz zu ihrem Mann findet sie keinen gesellschaftlichen Anschluss und wird immer verschlossener und schweigsamer, auch die beiden Kinder vermögen sie nicht aufzuheitern. Sie sehnt sich nach Zürich zurück, obgleich sie sich in Prag zum ersten Mal in ihrer Ehe ein von Geldsorgen freies Leben und eine Hausgehilfin leisten kann.

Die Unstimmigkeiten zwischen Mileva und Albert vertiefen sich immer mehr, Einsteins Familie lässt keine Gelegenheit aus, ihm Milevas unvorteilhaftes Erscheinungsbild vor Augen zu führen: klein, hinkend, schüchtern und introvertiert. Die nachlässige Garderobe der beiden wird allein ihr angekreidet. Er, auf äußere und innere Harmonie bedacht, erträgt diese Spannung zwischen seiner Frau und seiner Familie nur schwer. Mileva fühlt sich durch die Einmischung der Verwandten verletzt; auch dass ihr Mann sie nicht mehr in seine Arbeit einbezieht, kränkt sie.

Auf einem wissenschaftlichen Weltkongress in Brüssel nutzt sie die Gelegenheit, berühmte Kollegen zu bitten, sich für Einsteins Rückkehr nach Zürich einzusetzen. Marie Curie und Henri Poincaré wenden sich daraufhin mit Empfehlungsschreiben an die Eidgenössische Technische Hochschule, das frühere Polytechnikum, an dem Albert und Mileva studiert haben. Auch Einsteins Doktorvater, der Physiker Alfred Kleiner, und der ehemalige Kommilitone Marcel Großmann bemühen sich um seine Berufung an die ETH. Im Februar 1912 ist es so weit: Einstein wird ordentlicher Professor für theoretische Physik.

Mileva versucht den Umzug nach Zürich so schnell wie möglich zu bewerkstelligen, bevor ihr etwas zögerlicher Mann wieder rückfällig werden könnte. Sie erhofft sich von der Rückkehr an die Stätte ihres gemeinsamen Aufbruchs eine Wiederbelebung ihrer Zusammenarbeit und ihrer menschlichen Beziehung. Aber Glück und Nähe lassen sich nicht so einfach zurückholen, auch wenn Mileva bewusst an alte Gewohnheiten anknüpft: Man musiziert gemeinsam im Hause von Professor Hurwitz, man wandert mit Freunden und Kindern in den Bergen, die Wohnung auf dem Zürichberg soll wieder zum Treffpunkt des großen Bekanntenkreises werden, Marie Curie wird samt Töchtern und Gouvernante eingeladen.

Doch mehr und mehr fühlt sich Mileva im Abseits, wenn ihr Mann mit Kollegen und Studenten über seine Theorien diskutiert, ohne sie in die Gespräche einzubeziehen. Im März 1913 schreibt sie ihrer Freundin in Belgrad stolz, aber mit verbittertem Unterton: »Mein großer Albert ist unterdessen ein berühmter Physiker geworden, der in der physikalischen Welt sehr geehrt und bewundert ist. Er arbeitet unermüdlich an seinen Problemen, man kann ruhig sagen, dass er nur für sie lebt.« Von Zusammenarbeit ist nicht mehr die Rede, Einstein entzieht sich zunehmend auch der

Familie, spinnt sich in seine Arbeit und seine Musik ein. Bei einem Besuch des deutschen Physikers Max Born in Zürich erkundigt er sich vorsichtig nach den Forschungsbedingungen in Berlin.

Im Sommer 1913 reisen Max Planck und Walther Nerst an, um Einstein für die Preußische Akademie der Wissenschaften in Berlin zu gewinnen. Gleichzeitig soll er Direktor des Kaiser-Wilhelm-Instituts für Physik werden – ein verlockendes Angebot, dem er sich nicht entziehen mag, obwohl Mileva sich gegen einen erneuten Umzug sträubt und immer noch hofft, in Zürich könnte ihr Familienleben wieder in Ordnung kommen. Sie hofft vergebens. Einstein trifft die endgültige Entscheidung für Berlin ohne Rücksicht auf ihre Bedenken. Doch auch sie handelt eigenmächtig: Bei einem Besuch in ihrer Heimatstadt Novi Sad lässt sie die beiden Kinder unter dem Einfluss ihrer Familie nach orthodoxem Ritus taufen. Ihr Mann nimmt die Provokation gelassen, auch wenn die Söhne ihm dadurch noch stärker entfremdet werden, er ist ein freischwebender, toleranter Geist, kein strenggläubiger Jude.

Der Umzug nach Berlin bedeutet für den älteren Sohn Hans Albert die Eingewöhnung in ein Schulsystem mit preußischem Drill, dem sich der begabte, aber eigenwillige Junge nur schwer fügen kann. Der dreijährige Eduard, genannt Tete, bleibt in der Obhut der Mutter. Ein zartes, kränkelndes Kind mit einem auffallend entwickelten Gedächtnis. Alles, was ihn interessiert, behält er, Lesen bringt er sich ohne Mühe selbst bei, musikalisch ist er – wie der Vater – hochbegabt. Seine nachdenklich altklugen Fragen und Überlegungen beunruhigen Mileva, aber sie hat niemanden, mit dem sie darüber sprechen kann. Sie liest viel, hauptsächlich wissenschaftliche Literatur, um Anschluss an die Umwälzungen in der neueren Physik zu finden. Dabei macht sie sich auch Gedanken über die Grenzen der Naturerkenntnis, doch ihr fehlen die philosophischen Grundlagen, um ihr Fachwissen in einen größeren Zusammenhang einordnen zu können. Vor allem jedoch fehlen ihr die Gespräche mit ihrem Mann, der sich ihr mehr und mehr – und dies nicht nur wegen der Arbeitsüberlastung – entzieht.

Von der politischen Unruhe nach dem Attentat von Sarajevo und der Kriegserklärung Österreich-Ungarns an Serbien bekommt Einstein in der Abgeschirmtheit seiner Akademie nur wenig mit. Immerhin bringt er im Juli 1914, zu Beginn der Sommerferien, seine Familie nach Zürich, wohl auf Milevas Drängen hin, aber auch, weil ihm hier eine ruhige, geregelte Entwicklung der Kinder am ehesten gewährleistet scheint. Er selbst kehrt umgehend in das turbulente Berlin zurück – aus Pflichtbewusstsein seinem Institut gegenüber, wie Mileva hofft, doch insgeheim ahnt sie, dass die ständigen Sticheleien der Einstein'schen Familie gegen sie doch ihre Wirkung getan haben und ihrem Mann die Trennung nicht ungelegen kommt. Seine Cousine Elsa sorgt in Berlin bestens für sein Wohl.

Mileva hat sich in Zürich in einer Pension an der Bahnhofstraße eingemietet, noch hat sie ja vor, um ihre Ehe zu retten, in das verhasste Berlin zurückzukehren. Der Ausbruch des Ersten Weltkriegs nimmt ihr die Entscheidung ab: Um der Kinder willen beschließt sie, die sichere Schweiz nicht mehr zu verlassen. Sie beschwört auch ihren Mann – vergeblich –, wieder nach Zürich zu kommen. Zu ihrer elterlichen Familie in Österreich-Ungarn ist durch den Krieg jede Verbindung abgebrochen. Sie steht allein da. Bald kann sie die Pension nicht mehr bezahlen, da die Geldüberweisungen aus Berlin sehr unregelmäßig eintreffen und durch die Entwertung der Mark immer geringer ausfallen. Die Freunde erfahren nichts von ihrer Not, auch die Kinder sollen nicht merken, wie viel sie sich ihretwegen vom Mund absspart.

Als Einstein eine größere Geldsumme schickt und ihr Klavier aus Berlin eintrifft, mietet sie sofort eine Wohnung und beginnt, Klavier- und Mathematikstunden zu geben. Um dem begabten Tete einen besseren Klavierunterricht als ihren eigenen zu ermöglichen, nimmt sie zahlende Pensionsgäste auf und macht Schulden, den Kindern soll es an nichts fehlen. Ihr Mann, der inzwischen zu seiner Cousine Elsa gezogen ist, besucht die Familie in Zürich ab und zu, wandert und musiziert mit den Söhnen und versucht, ihr Interesse für die Wissenschaft zu wecken. Eine Aussprache mit Mileva, die von ihm eine klare Entscheidung fordert, vermeidet er. Erst von Berlin aus und wahrscheinlich unter dem Einfluss seiner neuen Lebensgefährtin verlangt er in einem Brief von ihr die Scheidung. Mileva bäumt sich dagegen auf. Ihre ganze Verbitterung, ja ihr Hass, entlädt sich aber nicht gegen ihn, sondern gegen Elsa. Tröstlich ist ihr einzig, dass sie die Kinder und auch viele Freunde auf ihrer Seite weiß.

Der endgültige Bruch mit ihrem Mann und die Existenzsorgen setzen Milevas nie ganz stabiler Gesundheit zu, ihre immer häufiger auftretenden lebensbedrohenden Herzanfälle bedingen eine Einweisung ins Theodosianum, ein von katholischen Schwestern geführtes Spital. Wohlmeinende und besorgte Kollegen verwenden sich für eine Rückkehr Einsteins nach Zürich, aber er kann sich trotz innerer Kämpfe aus seiner Berliner Umgebung nicht lösen. Im September 1916 schreibt er an Milevas Freundin Helene, die seine beiden Söhne aufgenommen hat: »Die Trennung von

Mica war für mich eine Sache des Überlebens. Unser gemeinsames Leben ist unmöglich, ja depressiv geworden. Weshalb, vermag ich nicht auszudrücken. So habe ich meine Buben, welche ich trotz allem zärtlich liebe, aufgegeben … zu meinem tiefsten Bedauern habe ich bemerkt, dass meine Kinder meine Wege nicht verstehen und eine Art Groll gegen mich hegen. Ich finde, obwohl es schmerzlich ist, dass es für ihren Vater besser ist, sie nicht mehr zu sehen.«

Mileva ist verstört. Die Sorge um ihre Kinder veranlasst sie, das Spital zu früh und auf eigene Verantwortung zu verlassen, doch Rückfälle machen eine erneute Einweisung erforderlich. Diesmal kommt sie in das von Diakonissen geführte Bethanienheim, wo sie Tete bei sich behalten kann, während Hans Albert bei einer befreundeten Familie vorübergehend Aufnahme findet.

Nach zwei Monaten wird Mileva nach Hause entlassen, geheilt ist sie nicht, aber aus ihrer Heimat ist die jüngere Schwester Zorka angereist, um ihr beizustehen. Dieses gut gemeinte Hilfsangebot ist der Beginn einer Kette tragischer Verstrickungen, denen sie schließlich nicht mehr zu entrinnen vermag. Zorkas immer merkwürdigeres und unberechenbareres Verhalten veranlasst Mileva, einen Arzt zurate zu ziehen, der ihre Befürchtung von Zorkas geistiger Verwirrtheit bestätigt, sie aber nicht zu heilen vermag. So lässt die Schwester sie schweren Herzens nach Novi Sad zurückreisen.

Noch stärker aber belastet Mileva der nun auch gesetzlich vollzogene Bruch mit ihrem Mann. In Abwesenheit beider Partner wird die Ehe am 14. Februar 1919 wegen »natürlicher Unverträglichkeit« geschieden. Einstein hält zu jener Zeit in Zürich eine Vorlesungsreihe über die Relativitätstheorie, er wohnt in einer Pension und besucht Mileva und die Kinder regelmäßig, die von ihrer Mutter nie ein schlechtes Wort über ihn hören. Er wünscht, dass seine Söhne in ihrer Obhut bleiben, nur in den Ferien will er mit ihnen wandern und musizieren. Auf einer Wanderung im Engadin hat er seinen ersten schweren Herzanfall, dem später weitere folgen.

Seine Heirat mit Elsa nimmt Mileva wortlos und niedergeschlagen, der ältere Sohn Hans Albert mit Feindseligkeit zur Kenntnis, während Tete nach wie vor nichts auf den Vater kommen lässt. Später allerdings ändert sich diese Haltung, da entwickelt sich eine Art Hassliebe des hochintelligenten Sohnes zum Vater, dessen Genialität er nie erreichen wird. Hans Albert hingegen hat die Fronten von Anfang an klar gezogen: Er will nicht Wissenschaftler, sondern handfester Ingenieur und Statiker werden.

Einstein besucht nach seiner Heirat in Berlin die Familie in Zürich häufiger, nimmt auch seine Manuskripte zur Durchsicht für Mileva mit – sei es aus schlechtem Gewissen, sei es aus dem Bedürfnis nach neuen, frei gewählten Arbeitszusammenhängen. Mileva jedenfalls blüht wieder auf, obgleich Tete ihr immer größere Sorgen macht. Einstein schreibt im April 1920 an einen Freund: »Mileva geht es gut; ich bin von ihr geschieden, die Kinder sind bei ihr in Zürich, Gloriastraße 59. Albert hat sich prächtig entwickelt, der Kleine ist leider etwas kränklich.« – Mit »etwas kränklich« ist der Zustand Tetes verharmlosend beschrieben. Seine Kopf- und Ohrenschmerzen werden immer stärker, Mileva fürchtet – das Schicksal ihrer Schwester vor Augen –, in seinem Gehirn könnte etwas nicht in Ordnung sein. Sie verwöhnt ihn, er bekommt das schönste Zimmer der Wohnung, alle Bücher, die er haben möchte. Er liest und schreibt und musiziert – ein frühreifer Einzelgänger. Die Matura besteht er ohne Schwierigkeiten, aber seine Aggressivität, auch gegen Mileva, nimmt zu. Nur mit Mühe kann sie ihn davon abhalten, in einem Anfall von Raserei aus dem Fenster des dritten Stockwerks zu springen. Der herbeigerufene Arzt weist ihn in die Nervenheilanstalt Burghölzli ein. Von den Würgemalen an ihrem Hals sagt Mileva nichts, aber sie fährt unverzüglich nach Berlin, um Einsteins Beistand einzuholen – offenbar vergebens. Allein und verzweifelt kehrt sie nach Zürich in die verwüstete Wohnung zurück. Ihrer Freundin in Belgrad schreibt sie: »Mitte Dezember wurde Tete sehr krank; ich kann Dir gar nicht sagen, wieviel Sorge und Angst ich ausstand … Bei Tete gibt es nichts Organisches, sondern nur nervöse Störungen, und das ist fast noch ärger, denn man weiß nicht, wie man helfen soll.«

Tete wird auch nach der Entlassung weiter von den Ärzten im Burghölzli betreut. Er hat ein Medizinstudium begonnen und beschäftigt sich intensiv mit seiner eigenen Krankheit. Zu den Vorlesungen wird er von einem Wärter begleitet. Mileva lebt in dauernder innerer Spannung, äußerlich lässt sie sich nichts anmerken. Sie unterrichtet Physik an einem Lyceum, vertieft ihre Kenntnisse in Biologie und pflegt ihre Blumen und Kakteen. Das Nobelpreisgeld, das ihr Einstein aus Stockholm überbringt, legt sie, klug berechnend, in drei Häusern an. Zwei davon muss sie allerdings bald wieder verkaufen, um ihre durch Tetes Krankheit verursachten Schulden bezahlen zu können. In dem ihr noch verbleibenden Haus, einer Jugendstilvilla, richtet sie für sich, Tete und den Wärter eine Wohnung ein. Doch das häusliche Leben wird für sie mehr und mehr zur Hölle. Wenn Tete seine Anfälle bekommt, versucht er

mit fürchterlichem Lärm seine Stimmen im Ohr zu übertö-
nen, er hämmert auf das Klavier ein und zerschlägt alles, was
ihm in die Hände fällt. Die Nachbarn beschweren sich ständig und Mileva muss mit all diesen Belastungen alleine fertig werden.

Ihr früherer Mann, dem sie sich nach wie vor wie keinem
andern Menschen sonst verbunden fühlt, kann ihr nicht
helfen, macht ihr nur zusätzliche Sorgen: In Deutschland
haben sich die Judenverfolgungen verschärft, sein Haus in
Caputh bei Berlin wird demoliert, sein Vermögen
beschlagnahmt, auf seinen Kopf ist eine Prämie ausgesetzt.
Über England flüchtet er im September 1933 mit seiner
Frau Elsa und deren Tochter nach Amerika.

Mileva bleibt allein mit dem unberechenbaren Tete.
1935 reist sie zur Beerdigung ihrer Mutter nach Novi Sad,
drei Jahre später löst sie, nach dem Tod der trunksüchtigen
und nicht mehr zurechnungsfähigen Schwester Zorka, den
elterlichen Haushalt auf – ihr letzter und trauriger Besuch in
der Heimat.

Nach Zürich zurückgekehrt, igelt sie sich immer stärker
ein, wird zunehmend misstrauischer und verdächtigt ihre
Umgebung, sie zu bestehlen. Das hängt sicher auch mit
dem Zwangsverkauf ihres Hauses zusammen und mit dem
Verlust ihres vermeintlich lebenslangen Wohnrechts. Einstein, der im fernen Princeton lehrt, erhebt Anspruch auf
den Erlös aus dem Hausverkauf, der Sohn Hans Albert,
ebenfalls in Amerika lebend, kann der Mutter nicht beiste-
hen, und Tetes Zustand verschlimmert sich so, dass eine
endgültige Einweisung in die Anstalt Burghölzli notwendig
wird.

Als Mileva ihn an einem frostigen Wintertag dort besuchen will, rutscht sie – von Sklerose geplagt und durch

296

leichte Hirnschläge verunsichert – auf der eisglatten Straße aus und bricht sich ein Bein. Dies beschleunigt ihren körperlichen Verfall, den sie so lange mit fast übermenschlicher Willenskraft aus Verantwortungsgefühl für Tete verdrängt hat. Im Mai 1948 wird sie mit einer halbseitigen Lähmung in die Privatklinik Eos eingeliefert. Sie ist eine ungeduldige, schwierige Patientin, will sich zu ihrem Sohn ins Burghölzli verlegen lassen, resigniert schließlich und stirbt am 4. August 1948 einsam und ohne die Beruhigung, Tete gut versorgt zu wissen. Beerdigt wird sie nach orthodoxem Ritus auf dem Friedhof Nordheim in Zürich. Einstein wird später einem Studienkollegen schreiben: »Mir geht es soweit gut, indem ich die Nazizeit sowie zwei Frauen siegreich überlebt habe.«

Sein Sarkasmus befremdet angesichts des heroischen Lebenskampfes dieser Frau, die ihm während zweier Jahrzehnte eine treue Lebensgefährtin war, die seine Söhne großgezogen, seine Arbeit unterstützt hat und die ihn vor allem bis zum Schluss liebte. Ihr Anteil am Nobelpreis lässt sich nicht durch die Geldsumme aufrechnen, die ihr Einstein überließ. Wie weit ihm die Formulierung des fotoelektrischen Gesetzes, das ihm den Nobelpreis eingebracht hat, ohne Milevas Grundlagenberechnungen und ohne ihre ordnende Hand gelungen wäre, sei dahingestellt. Mileva selbst hat sich nie an seiner Genialität gemessen, nie Ansprüche auf Erwähnung ihres Namens gestellt. Umso angemessener wäre ein öffentlicher Dank für ihre Arbeit gewesen.

In der *Neuen Zürcher Zeitung* vom 26. Oktober 1965 lesen wir die Todesanzeige für Tete: »Eduard Einstein, Sohn des verstorbenen Prof. Albert Einstein …« – Kein Wort von Mileva, die diesem Sohn Jahre ihres Lebens und ihrer eigenen Entfaltung geopfert hat. Ihre Leistung geht nicht in die Geschichte ein. Ein Nobelpreis für Dienst am Nächsten wird nicht verliehen.

Acht Jahrzehnte Theater

Tilla Durieux

(1880–1971)

»Meine ersten neunzig Jahre« nennt Tilla Durieux ihre
Lebenserinnerungen. Die Welt ist eine große, bunte Bühne. Die Schauspieler, die Kulissen wechseln, nur die Haupt-
darstellerin tritt nicht von der Rampe zurück. Sie schlüpft
in ein neues Kostüm, eine neue Haut und spielt weiter,
Rollen aus Textbüchern und aus dem Leben, angelernte
und improvisierte, alle mit vollem Einsatz. Ein Stück in
neun Bildern, dazwischen immer ein Jahrzehnt.

1. Bild: Wien 1890

Ein gutbürgerliches Wohnzimmer mit schweren Eichen-
möbeln. Am Tisch ein Mädchen, zehn Jahre alt, den Kopf
in die Hände gestützt. Es liest sich eifrig und selbstvergessen
mit halblauter Stimme in einen Sommernachtstraum hinein, in Oberons Elfenreich. Daneben liegt ein zerfledder-
ter Roman der Marlitt. Das Mädchen ist allein, fühlt sich
einsam ohne Geschwister, ohne Spielgefährten. Der Vater,
ein kränkelnder Chemieprofessor, ist entrückt, die Mutter
unnachsichtig. So erfindet es sich seine Freunde, gibt ihnen
seltsame Namen und spricht mit ihnen in feierlichen Sätzen
aus den gelesenen Büchern. Beschwört vor dem hohen
Spiegel, in eine Gardine gehüllt, eine Legion von Untertanen, bis die Mutter mit strenger Miene dem Theater ein

Tilla Durieux

Ende macht. Ertappt. Ans Klavier und üben. Aus dem Kind soll etwas Rechtes werden. Eine Pianistin, oder wenigstens eine Klavierlehrerin.

2. Bild: Wien 1900

Eleven-Vorstellung in der Theater-Vorbereitungsschule des Hofschauspielers Arnau. Ländliches Bühnenbild, Tilla Durieux, wie sich Ottilie Godeffroy nun nennt, als robust zupackende Bäuerin Marie in einem Dorf der Picardie. Die Rolle passt zum herben Gesicht und den kantigen Bewegungen der 20-Jährigen, die lieber eine zierliche Naive gespielt hätte. Aber immerhin: sie hat es durchgesetzt, sie wird Schauspielerin. Im Parkett sitzt ein Theateragent aus Mähren, der hinter dem »schlichten Äußeren« der Elevin eine eigenwillige Begabung entdeckt und ihr einen Vertrag nach Olmütz anbietet.

3. Bild: Berlin 1910

Premierenabend im Zirkus Schumann. Ein kühner und ehrgeiziger Plan des Regisseurs Max Reinhardt wird in Szene gesetzt auf der umgebauten Pferderampe: mit Hofmannsthals Bearbeitung des *König Ödipus* von Sophokles soll das griechische Theater auferstehen; da die Bühnen der Berliner Theater dafür zu beengt sind, wurde kurzerhand der riesige Zirkusbau gemietet, und Reinhardt dirigiert souverän die Massenszenen und seine Stars, Paul Wegener als Ödipus, Alexander Moissi als Teiresias, die Durieux als Jokaste.

Dem großen Regisseur verdankt Tilla Durieux viel; ohne ihr eigenes subtiles Rollengespür zu ersticken, führt er sie behutsam zu einer Ausweitung ihrer Ausdrucksmittel und ihrer Persönlichkeit bis hin zum Morbiden, zum Dämonischen. Er hatte sie 1903 aus Breslau nach Berlin geholt, unter ihm spielte sie Oscar Wildes Salomé, den Oberon im *Sommernachtstraum* auf der ersten Drehbühne Berlins, die Jennifer in Shaws Erfolgsstück *Der Arzt am Scheideweg*, Hebbels Judith und die Eboli neben Bassermann im *Don Carlos*.

Unten in der Zirkusloge sitzt der zweite Mann, der die junge Schauspielerin geformt und geprägt hat: der Kunsthändler Paul Cassirer, mit dem sie – nach der Scheidung von dem liebenswürdigen, aber ihren Eruptionen nicht gewachsenen Maler Eugen Spiro – seit einigen Monaten verheiratet ist. Er führt sie in seiner Galerie in der Viktoriastraße und im Café des Westens in die Berliner Gesellschaft und die Boheme ein, macht sie mit Künstlern und Kritikern, mit Schriftstellern und Verlegern bekannt. Eine schillernde private Bühne tut sich da vor ihr auf mit Darstellern wie dem mächtigen Gerhart Hauptmann, Frank Wedekind, dem »erhabenen Clown mit dem Januskopf«, der schrill gewandeten und sich schrill gebärdenden Else Lasker-Schüler, die sich Prinz Jussuf von Theben nennt, und ihrem zierlichen Ehemann Herwarth Walden, der »zu schöngeistig war, um sich mit einem plebejischen Beruf zu belasten«.

Der Premierenabend im Zirkus Schumann – ein Theaterereignis im verwöhnten Berlin. Tilla Durieux verschafft er einen Vertragsabschluss zu einem Gastspiel am Deutschen Theater in Petersburg. Sie lässt sich mittragen auf einer Woge des Rausches: »Arbeitslust, Lebensfreude füllten Berlin bis zum Platzen, und kein Mensch ahnte, dass in unserem tollen Reigen das Kriegsgespenst drohend mittanzte.«

4. *Bild: Berlin 1920*

Bühne des Staatstheaters am Gendarmenmarkt, des früheren Königlichen Schauspielhauses, in dem jetzt unter Leopold Jessner ein neuer Wind weht. Der Krieg hat nicht nur zerstört, sondern auch Kräfte freigesetzt. Wedekinds *Marquis von Keith* wird – holzschnittartig – in schwarzen Kleidern vor weißen Paravents gespielt, nur die Durieux als Gräfin Werdenfels in feuerroter Perücke, Partnerin des jungen Fritz Kortner. Sie liebt das Extravagante, Herausfordernde dieser Rolle, das Prickeln im Publikum, das ihr der Stummfilm nicht bieten kann. Draußen auf der Straße rollt in diesen Märztagen des Jahres 1920 indes ein anderes Stück ab: Kapp-Putsch. Eine Nacht- und Nebelaktion der Monarchisten. Flucht der Regierung, Generalstreik, Schüsse am Potsdamer Platz. Cassirer, »der die französische Dreckkunst zu uns gebracht hat« (Kaiser Wilhelm II.), steht auf einer Liste der Unerwünschten. Bilder werden in Sicherheit gebracht, Barlach wohnt zu dieser Zeit im Haus, Kokoschka ist Gast, Paul Cassirer setzen Herzanfälle zu. Das Stück endet abrupt, wie es begonnen hat, die Putschisten fliehen, die alte Regierung kehrt zurück, Kokoschka kann sein Porträt der Durieux beenden. Ihr Gesicht, das sich der Filmleinwand sperrt, fordert Künstler immer wieder heraus: Renoir, Liebermann, Corinth, Slevogt, Gulbransson porträtieren sie, Barlach modelliert ihre widerspenstigen Züge, immer in anderen Rollen, immer unverkennbar die Durieux.

5. Bild: Berlin 1930

Eine feudale Villa draußen in Wannsee. Ein privates Stück wird inszeniert: Empfang bei Ludwig Katzenellenbogen, dem Generaldirektor der Brauereien Schultheiss-Patzenhofer. Die feine Geldaristokratie Berlins fährt vor, Bankiers, Fabrikanten. Tilla Durieux, seit dem 28. Februar 1930 mit dem Hausherrn verheiratet, hält die Regiefäden in der Hand, aber das Stück langweilt sie, artige Konversationsszenen, Mode, Börsennotierungen. Die Bilder an den Wänden werden als Spekulationsobjekte taxiert. Sie sehnt sich in die Viktoriastraße zurück, zu dem Mann, der ihr die Welt aufschloss und sie dann doch darin einsperrte, bis sie ihn deshalb verlassen wollte. Ein Albtraum, was folgte: Paul Cassirer erschoss sich in der Kanzlei des Scheidungsanwalts, sie war die Schuldige – war sie es? Selbstvorwürfe, Trotz. Dagegenanspielen mit Tourneen durch Deutschland, Holland, Österreich und die Schweiz. Mit der Zarin in *Rasputin* bei Piscator im Theater am Nollendorfplatz. Mit Filmen wie *Die Frau im Mond* unter Fritz Lang. Dagegenanschreiben mit einem Roman: *Eine Tür fällt ins Schloss.* – Vergeblich, die Vergangenheit lässt sich nicht ruhig stellen. Und draußen marschieren in wohl formierten Trupps mit zukunftssicheren Gesichtern die Braunhemden über die Arbeitslosen und Bettler hinweg. Ende der Goldenen Zwanzigerjahre.

6. Bild: Zagreb 1940

Kleine Zweizimmerwohnung im ausgebauten Haus einer Zagreber Bekannten. Ein Leben aus dem Koffer. Ludwig Katzenellenbogen, dem man in Berlin den Prozess gemacht hat, hat sein Vermögen verloren. Tilla Durieux kann als Frau eines Juden im »Reich« nicht mehr spielen, Gastspiele in anderen Ländern werden immer schwieriger. Bilder müssen verkauft werden, um die mühsam beschafften Pässe von Honduras zu finanzieren. Es gibt Anzeichen einer Hitlerinvasion in Jugoslawien, die deutsche Emigrantin rennt von Konsulat zu Konsulat, um ein Visum zu ergattern. Ludwig Katzenellenbogen verkennt die Gefahr, ist nicht einmal bereit, ein Visum für Amerika zu beantragen – sein späteres Verhängnis.

7. Bild: Zagreb 1950

Werkstatt eines Puppentheaters. An der Nähmaschine, zwischen überhitztem Kohleöfchen und zugiger Hinterhoftür Tilla Durieux. Sie schneidert Fantasiekostüme für die Stabpuppen des Vlado Habenuk, der mit staatlicher Förderung historische Puppenspiele aufführt. Sieben Stunden täglich und manchmal auch nachts arbeitet sie nun nicht auf, sondern hinter der Bühne. In ihrem neuen jugoslawischen Pass steht als Beruf: Schneiderin. »An das richtige Theater konnte ich nicht denken, und ich wollte es auch nicht, denn ich dachte, diese Zeit meines Lebens sei abgeschlossen.« Aber insgeheim memoriert sie zum Gedächtnistraining Zeitungskolumnen und fährt mit dem Finger die alten Straßen auf dem Berliner Stadtplan ab. In Deutschland scheint man sie vergessen zu haben, oder man glaubt, sie sei umgekommen wie ihr Mann, der den deutschen Besatzungstruppen in die Hände gefallen war, während sie sich in Belgrad um ein Visum bemühte. Die deutsche Presse nimmt keine Notiz davon, dass 1946 in Luzern ein Stück der Autorin Tilla Durieux seine Uraufführung hatte: *Zagreb*, die Umsetzung ihrer Erlebnisse im jugoslawischen Widerstand.

8. Bild: Berlin 1960

Gute Stube einer Kleinbürgerwohnung, festlich gedeckter Tisch. Tilla Durieux allein auf der Bühne. Sie spielt die Putzfrau Bornemann in Dengers Stück *Langusten*. Sie ist Marie Bornemann, diese abgearbeitete Frau im Feiertagskleid, die mit einer Languste auf dem Tablett auf die Geburtstagsgäste wartet, auf die alten Freunde, auf den Sohn, den viel beschäftigten. Niemand kommt. Wie die Durieux die geschäftige Hausfrau, die angespannt Wartende, schließlich die enttäuscht aufs Sofa sinkende alte Frau mit sparsamster Mimik und Gestik gestaltet, rührt das Publikum an, nicht nur in Berlin, auch auf den vielen Tourneen durch die Bundesrepublik. Die zweite Karriere der Tilla Durieux. Boleslaw Barlog hatte sie 1952 aus der Verschollenheit des Exils wieder nach Berlin geholt. Als Partnerin von Ernst Deutsch trat sie in einem Stück von Christopher Fry im Schlossparktheater auf. Mit 72 – nach fast 20 Jahren – wieder auf den Brettern Berlins, tapfer überspielt sie die Angst vor dem Versagen und verwehrt sich auch den neuen Medien nicht. Film-, Fernseh- und Rundfunkaufnahmen und dazwischen immer wieder Gastspielreisen – sie freut

sich über die noch vorhandene Kraft. *Eine Tür steht offen*
überschreibt sie ihre 1954 erschienenen Memoiren.

9. Bild: Berlin 1970

Matinee zum 90. Geburtstag der Schauspielerin – inzwischen Staatsschauspielerin – im Schillertheater. Bernhard
Minetti spricht im Namen des Ensembles, die Laudatoren
heben ihre nicht ermüdende Gestaltungskraft hervor, mit
der sie in den letzten Jahren noch neue Rollen ausprägte:
die Alte in Ionescos tragischer Farce *Die Stühle* oder die
Aurélie in Giraudoux' *Die Irre von Chaillot*. Sie ist Meisterin
in der Darstellung von Alterstragik, eine Tragik, die auch in
ihr eigenes Leben greift. Alle »Weißt-du-noch-Menschen«
sterben weg, es wird einsam um sie, sie ist an keinem Theater mehr richtig heimisch, überall nur Gast. Der Kritiker
Friedrich Luft beklagte das schon an ihrem 85. Geburtstag:
»Man lässt sie künstlerisch heimatlos. Kein Ensemble hat sie
aufgenommen, kein Intendant fest an sein Haus (zu
Schmuck und Ehre seines Hauses) gebunden.« Deshalb hat
sie auch kein Geschenk zum 90. Geburtstag so gefreut wie
die Ehrenmitgliedschaft beim Ensemble des Deutschen
Theaters in Ostberlin, jenes Theaters, bei dem 65 Jahre
zuvor ihre erste Laufbahn unter Max Reinhardt begonnen
hatte. Und Auftrieb gab ihr ein anderes Geburtstagsgeschenk aus Wiesbaden: eine Rolle in Anouilhs *Einladung ins
Schloss.*

Epilog

Tilla Durieux konnte der Einladung ins Schloss nicht mehr folgen. Ein halbes Jahr nach ihrem 90. Geburtstag stürzt die »gelernte Berlinerin«, wie sie sich immer bezeichnet hat, in ihrer Wohnung in der Bleibtreustraße so unglücklich, dass sie sich einen Oberschenkelhalsbruch zuzieht. An den Folgen der Operation stirbt sie am 21. Februar 1971 im Oskar-Helene-Heim. Schon vorher hatte eine schmerzhafte Arthritis ihr das Gehen beschwerlich gemacht, ohne dass sie es sich anmerken ließ; im Alter doch wieder eine Heroine, allerdings ohne das Pathos der Moissi-Ära. Wien habe ihr zwar die Heiterkeit geschenkt, aber Berlin die Ausdauer und das eiserne Wollen, sagte sie, und auf die Frage, woher sie denn die innere Kraft zu diesem aufregenden und intensiven Leben geschöpft habe, antwortete sie: »aus meinem Humor, aus meinem Kampfwillen und aus den Worten von Angelus Silesius: ›Mensch werde wesentlich!‹«

Morgens Schule, abends Boheme

Sophie Taeuber-Arp

(1889–1943)

1917 – 23 mars: Eröffnung der GALERIE DADA, Zürich, Bahnhofstr. 19 – Plakate, Handzettel, Zeitungsanzeigen machen auf das spektakuläre Ereignis aufmerksam. Aber die Zürcher wissen schon Bescheid, die Dadaisten rühren ihre Trommel (im wörtlichen Sinne) seit Monaten, seit der Eröffnung des *Cabaret Voltaire* in der *Holländischen Meierei* an der Spiegelgasse. Wer hätte gedacht, dass diese biedere Niederdorf-Kneipe je zur Wiege einer internationalen Kunst- und Protestbewegung werden könnte?

Es fing ja alles klein und eher zufällig an: im Februar 1916, als der aus Deutschland emigrierte Dichter Hugo Ball und seine Gefährtin, die Chansonnière Emmy Hennings, nach einer Überlebensmöglichkeit suchten und gleichzeitig nach einer Möglichkeit, mit Gleichgesinnten gegen den so selbstverständlich hingenommenen Wahnsinn des Krieges mit seinen Giftgaseinsätzen und Materialschlachten zu protestieren. Dada – französisch Steckenpferdchen – als Nonsens-Antwort auf einen grandiosen Nonsens, als Verneinung und Verspottung einer abendländischen Worthülsen-Kultur.

Die Gleichgesinnten finden sich rasch: die Rumänen Tzara und Janco, der Deutsche Huelsenbeck, der Elsässer Arp und seine Schweizer Freundin Sophie Taeuber. Dazu ein internationales Publikum, das auf die dargebotenen Bürgerschreck-Provokationen mit Begeisterung oder Empörung reagiert.

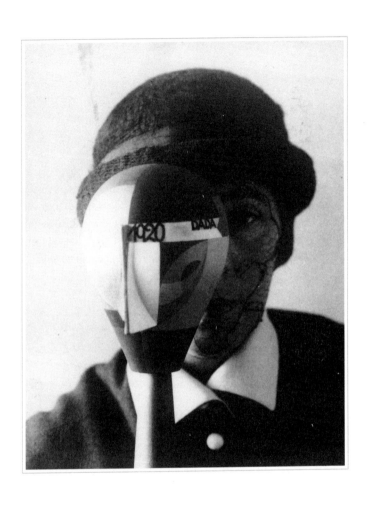

Sophie Taeuber-Arp

Nichts, was die Dadaisten sich nicht einfallen ließen – nur ein politisch-agitatorisches Programm nicht. Dafür ist Wladimir Uljanow Lenin zuständig, der in der Spiegelgasse gleich schräg gegenüber wohnt und seine Fäden weit diskreter zieht als Dada: Statt mit »bruitistischen Konzerten« bringen sich seine Leute mit einem Balalaika-Orchester im *Cabaret Voltaire* ein. Nur keine Provokation, Extravaganz bekommt der Weltrevolution nicht. Der Maler Marcel Janco erinnert sich an den auffällig Unauffälligen: »Im dichten Rauch inmitten von Rezitationen oder Volksliedern erschien plötzlich das eindrucksvolle mongolische Gesicht Lenins umgeben von seiner Gruppe …« Eine Figur der Weltgeschichte im Dada-Spektakel – Hugo Ball hat recht: Die Wirklichkeit ist dadaistischer als die Kunst.

Dada gibt sich bewusst demokratisch, jeder kann mitmachen, nach Arps Motto: »Man soll seinen Viktor nicht unter den Scheffel stellen.« Der Tänzer Rudolf von Laban tritt mit seinen Schülerinnen, zu denen auch Sophie Taeuber gehört, auf. Verse von Morgenstern und Else Lasker-Schüler werden rezitiert – allerdings ließe sich die Dichterin, die in Zürich ein recht unbürgerliches Leben führt, niemals in ein Programm einbinden, sie ist Einzelgängerin und scheut Szenen, wie sie Huelsenbeck beschreibt: »Das Publikum rief nach der Polizei, nach dem Irrenarzt und nach dem Verbandkasten. Man drohte, zischte und weinte, Frauen fielen in Ohnmacht und Männer bliesen auf Schlüsseln und Holzpfeifen.« Schweizer Bürger, die »rasten wie die Löwen«.

Dada in aller Munde. So ist es auch beabsichtigt. Hugo Ball schreibt selbstbewusst: »Dada ist eine neue Kunstrichtung. Das kann man daran erkennen, dass bisher niemand etwas davon wusste und morgen ganz Zürich davon reden wird.« Protest durch Provokation. Der Grat zwischen echtem Entsetzen vor dem Krieg und unverbindlichem Spiel mit dem Horror ist schmal, Ball spürt als Erster das Unbehagen. Kann man »Menschen, die nicht unmittelbar an der ungeheuerlichen Raserei des Weltkrieges beteiligt waren«, diesen Wahnsinn jemals vermitteln? Ist nicht jeder Bühnenschock nur ein blasser Abklatsch der Wirklichkeit Krieg? Kann Kunst oder Antikunst überhaupt etwas bewirken? – Fragen, die sich auch der jungen Textilgestalterin Taeuber und dem Maler und Bildhauer Arp stellen. Beide teilen sie die Aufbruchstimmung der Dada-Bewegung, aber beide lassen sie sich nicht restlos davon vereinnahmen. Die Emphase fehlt, mit der Raoul Hausmann, der Berliner Dadakopf, schreibt: »Zürich, das Eldorado einer neuen Geisteshaltung, Zürich, das solch eine Umwälzung ermöglichte, dieses Zürich ist für die Ewigkeit in die Ruhmesannalen der Neuzeit eingeschrieben.«

Erfolge haben ihren Selbstlauf: Größere Räume müssen gemietet werden, Soireen finden nun im *Zunfthaus zur Waag* statt und werden durchaus nicht nur von Anarchisten und intellektuellen Ausländern, sondern auch von Studenten und honorigen Zürcher Bürgern besucht. Dada ist salonfähig geworden, also sieht man sich nach einem Salon um und findet ihn ohne Schwierigkeiten in bester Lage. Emmy Hennings schreibt später: »Mich wundert noch heute, dass der Besitzer des Sprünglihauses seine schöne Acht-Zimmer-Etage an der Bahnhofstraße ohne jegliche Garantie uns vermietete. Freilich, er konnte nicht wissen, was ihm bevorstand. Die Dadaisten hatten meistens mehr Ideen als Franken in der Tasche.«

Vor der Eröffnungssoiree an jenem groß angekündigten 23. März 1917 haben die Dada-Frauen sich praktisch betä-

tigt und einen Stapel Küchenhocker für die vornehme
Kundschaft in Ostereierfarben gebeizt – leider nicht farb-
echt, sodass, wie Emmy Hennings schreibt, »die zarten
Kleider der Damen sich an ihnen abfärbten. So sahen sie
auch ziemlich abstrakt aus: Kompositionen in Blau, Grün,
Gelb, Rot.« Unfreiwillige Farbensymphonien, wie die
Künstlerin versichert, aber kann man den Dada-Leuten
trauen? Irgendwann in den ersten Ausstellungstagen tauchen zwei Kriminalbeamte auf, heben Kandinskys von der
Wand, um dahinter nach geheimen Likörschränken zu
suchen. Die Galerie hat keine Schanklizenz, allerdings auch
keine alkoholischen Schätze. Das Misstrauen der Bürger
bleibt – und hält das Interesse an den Soireen wach.

Auf dem Programm der ersten Aufführungen steht:
»Danses: Mlle Taeuber / costumes de Arp«. Sophie Taeuber
tanzt, wie ein vorweggenommener Marsmensch, in Arps
surrealistischem Pappröhren-Kostüm. Was ungelenk laien-
haft aussieht, ist professionelle Perfektion, ausgefeilt von
Meister Laban. Im Tanz fühlt sie sich in ihrem eigensten
Element. Alles, was der eher schüchternen und zurückhaltenden Schweizerin sonst schwerfällt, kann sie hier ausdrü-
cken: Temperament, Sinnlichkeit, Fantasie. In Labans
Tanzschule hat sie sich mit dessen Assistentin Mary Wigman angefreundet, ein überraschender Gleichklang ohne
Worte. Man trifft sich in Labans Atelier an der Seehofstraße,
im Sommer auf dem Monte Verità bei Ascona.

Sophie Taeubers Dada-Leben. Daneben gibt es das bürgerliche, das Tag-Leben. Als Einzige in der Dada-Gruppe
übt sie einen »soliden« Beruf aus und verdient regelmäßig
Geld. Die ausgebildete Textilgestalterin unterrichtet an der
Kunstgewerbeschule eine Textilklasse in Komposition, Sticken und Weben. Diese Lehrtätigkeit ist ihr nicht ungelieb-

ter Brotberuf, sondern macht ihr Spaß. Sie ist gern mit jungen Menschen zusammen, erarbeitet mit ihnen gemeinsam Entwürfe und Modelle, versucht ihr Verständnis für Kunst, für die Moderne vor allem, zu wecken. Die Schüler, einer von ihnen ist der spätere Avantgardist Max Bill, mögen ihre unkonventionelle Art, ihre ruhige Sicherheit im Umgang mit dem Ungesicherten: der Kunst und den Menschen.

Sie besucht mit der Klasse Museen, Ausstellungen und Aufführungen, auch in der Dada-Galerie. Das missfällt der Schulleitung. Ihre Auftritte als Tänzerin hält man für unvereinbar mit dem Erziehungsauftrag einer Lehrerin, aber entlassen wird sie nicht. Allerdings taucht ihr Name auch nicht mehr in Dada-Programmen auf, doch sie tanzt weiter, in furchterregenden Schamanenmasken, die ihr Anonymität geben. Wie könnte sie einer Schulbehörde den Unterschied zwischen Tingeltangel und Dada-Kunst klarmachen?

Dada bedeutet für sie Bewegung, Umsetzen von Lebensgefühl in Tanz, Farbe, Form. Die Freisetzung von Kreativität fasziniert sie, nicht die Zerstörung überkommener Formen, auch nicht das schrille Herausschreien von Ängsten. Sie hat den Krieg nicht erlebt wie all ihre Emigrantenfreunde, sie ist im Appenzellerland in behüteter Umgebung aufgewachsen und wird darob von den Heimatlosen beneidet: keine Familienkonflikte, keine Vaterlandsneurosen, keine Arbeits- und Geldsorgen.

Die gute und für ein Mädchen vom Land damals durchaus ungewöhnliche Ausbildung verdankt sie ihrer Mutter, einer tatkräftigen und aufgeschlossenen Frau, die nach dem frühen Tod ihres Mannes, eines aus Deutschland eingewanderten Apothekers, die Kinder alleine durchbringen musste.

Die 18-jährige Sophie besucht nach der Sekundarschule für drei Jahre die *Zeichnungsschule für Industrie und Gewerbe* in St. Gallen und geht dann nach München, um sich an den *Lehr- und Versuchsstätten für angewandte und freie Kunst* weiterzubilden. Hier herrscht internationales Flair, hier lernt sie den Jugendstil kennen, Henry van de Velde und die Wiener Schule, daneben laufen die praktischen Fächer, Weben, Holzbearbeitung, Darstellungstechnik, kunstgewerbliches Entwerfen. Um den Klöppel- und Kreuzstichtraditionen in Schleswig-Holstein und Jütland nachzugehen, schiebt sie ein Jahr an der Hamburger Kunstgewerbeschule ein. Nach einem weiteren Jahr in München schließt sie ihre Ausbildung mit sehr guten Zeugnissen ab und geht noch vor Ausbruch des Ersten Weltkrieges zurück in die Schweiz, nach Zürich. Sie wohnt bei ihrer Schwester und entwirft für die Filiale der *Wiener Werkstätten* kunsthandwerkliche Gebrauchsgegenstände. Erste eigene Arbeiten entstehen. Fast alle diese noch an Vorbildern orientierten Zeichnungen und Klebearbeiten vernichtet sie, als sie 1915 gemeinsam mit Arp zu neuen Ufern aufbricht.

Der Schritt von der angewandten zur freien Kunst. Wobei die freie Kunst für sie nicht die höherwertige, aber die anerkanntere ist. Im *Schweizerischen Werkbund* setzt sie sich dafür ein, kunsthandwerklichen Arbeiten, denen leicht das Etikett der Höheren-Töchter-Beschäftigung, der »ouvrage de dame«, oder des kommerziellen Kunstgewerbes anhaftet, mehr künstlerisches Eigengewicht zu geben. Ihren eigenen stark geometrischen Kompositionen ist die Praxis als Weberin anzumerken: Kette und Schuss, einfache, klare Formen, die sich nicht mit philosophisch-symbolischen Inhalten verknüpfen. Sie abstrahiert nicht von der Realität, sie benutzt Quadrate, Kreise und Dreiecke als konkretes Bildmaterial:

315

nicht abstrakte, sondern konkrete Kunst. Arp ist von ihren ganz eigenständigen, nach festen Baugesetzen, aber ohne Theorielastigkeit entstandenen Textil- und Collagearbeiten beeindruckt, und sie versucht, sich seinen »nach dem Gesetz des Zufalls« komponierten Werken zu nähern – eine künstlerisch für beide Seiten fruchtbare Symbiose. »Immer herrschte eine Stimmung wie am ersten Schöpfungstag. Arp und Sophie erfanden die Welt neu, mitsamt neuen Gesetzen, neuen Verständigungsmöglichkeiten«, schreibt die sonst eher spitzzüngige Autorin Claire Goll.

Mit ihren Schülern sucht Sophie Taeuber nach neuen Lösungen, nach funktionsbedingter Formschönheit. Sticken, Weben und Klöppeln nicht in der herkömmlich imitierenden Art, sondern als Experiment, als Spiel mit Farben und Formen und Materialien, auch mit Ornamenten, wenn diese nicht bloßer »Zierrat« sind. Im Unterricht war sie bestrebt, wie Max Bill später schreibt, »ihren Schülerinnen einen Begriff von den Problemen der Zeit zu vermitteln, sodass diese nicht ins Sinnlos-Kunstgewerbliche abglitten ...«

Ungewohnte Wege an der Kunstgewerbeschule, wo dekorative Blumenmotive nach Vorlagen gestickt werden. Arp, der Satiriker, sieht das so: »Scharen junger Mädchen eilten aus allen Kantonen der Schweiz nach Zürich mit dem brennenden Wunsch, unaufhörlich Blumenkränze auf Kissen zu sticken. Die grauenhaftesten Vorbilder spukten in diesen rosigen Jungfrauen, doch Sophie gelang es durch Sanftmut und Güte, die meisten zum Quadrat zu führen.« Das Quadrat ist Sophie Taeubers bevorzugtes Sujet, sie malt sich aneinanderreihende, großflächig strukturierte Vierecke in leuchtenden Farben, konstruktivistische Arbeiten, wie sie unabhängig voneinander auch von

Mondrian, Malewitsch oder ihrem Landsmann Itten entwickelt werden.

Der Direktor der Kunstgewerbeschule, Alfred Altherr, scheint zu ahnen, was sich da an Umwälzendem an seiner Schule tut, aber er lässt die progressive Lehrerin ihren Weg gehen, ja, er überträgt ihr für die Schweizerische Werkbundausstellung 1918 die Inszenierung des Stücks *König Hirsch* von Carlo Gozzi für ein Marionettentheater. Auch hier setzt die Künstlerin ungewohnte, aus der Psychoanalyse entwickelte Ideen in die Praxis um: Nach ihren präzisen Zeichnungen werden die Marionetten gedrechselt. Die Figur Sigmund Freuds, *Freud Analyticus,* erhält den gewaltigsten Kopf mit blattförmigen Fortsätzen, während die übrigen Puppen mit ihren sichtbaren Gelenken, die das mechanisch Lenkbare betonen, Flachköpfe haben. Die Uraufführung des Stücks wird für die Schöpferin der stilisierten Marionetten ein großer Erfolg.

Der Psychoanalytiker C. G. Jung übt auf Sophie Taeuber eine seltsame Anziehungskraft aus, wie überhaupt außergewöhnliche Menschen sie faszinieren: die Tänzerin Mary Wigman, der rumänische Dada-Wortkünstler Tristan Tzara oder das exzentrische Dichterpaar Ivan und Claire Goll (damals noch Claire Studer), deren schwierige und doch produktive Zusammenarbeit sie bewundert. Das beruht auf Gegenseitigkeit. Claire Goll berichtet in ihrer *Chronique scandaleuse* über Sophie Taeuber: »Sie machte keinen Unterschied zwischen Geschirrspülen und Dichten, Sticken und Schuheputzen. Jede Tätigkeit verdiente gleich viel Aufmerksamkeit und Hingabe. Diese vollendete Anpassung an den Augenblick befähigte sie, nachts exzentrische Tänze vorzuführen und am Tage sehr ernsthaft ihr Lehramt zu versehen. Ihr machte es nicht die geringste Mühe, die Rolle der Hausfrau mit der einer avantgardistischen Künstlerin in Einklang zu bringen. Sie und Hans Arp waren ein Paar von erlesener und heiterer Harmonie.«

Ganz so heiter war die Harmonie nicht immer. Arp hatte sich, kurz bevor er Sophie kennenlernte, in die Comtesse Hilla von Rebay verliebt und konnte sich lange nicht entschließen, sie aufzugeben, auf Sophie wollte er aber ebenso wenig verzichten. Diese ertrug sein Hin-und-Hergerissensein mit erstaunlicher Langmut, kam ganz selbstverständlich für seinen Lebensunterhalt auf und brachte Ordnung in sein chaotisches Leben. Erst 1917 endete die für Sophie demütigende Romanze mit einem Verzicht Arps auf die Comtesse.

Sophie ist nicht nachtragend und alles andere als eine Exzentrikerin, das erleichtert die Zusammenarbeit mit dem eigenwilligen Gefährten. Es entstehen in der winzigen Zürcher Wohnung, die gleichzeitig Atelier ist, gemeinsame Klebearbeiten, Arp nennt sie *Duo-Collagen;* sie sollen die »Kunst des Schweigens« symbolisieren, den Weg von der Außenwelt zur Stille weisen – eine deutliche Abwendung von der dadaistischen Lautstärke. Die strenge Feierlichkeit der aus Rechtecken in immer neuen Variationen zusammengestellten Collagen erinnert an asiatische Meditationsbilder. Die bewusste Einbeziehung mystischer Bildinhalte, die Beschäftigung mit dem Buddhismus, mit Laotse, ist für die mehr dem Konkreten verhaftete Künstlerin eine neue Erfahrung, die sie, die Undogmatische, als Bereicherung empfindet.

Was Sophie Taeuber im Dadaismus gesucht hat, die Überwindung des Dualismus von Kunst und Leben, glaubt sie in der Künstlervereinigung *Das neue Leben,* zu deren Gründungsmitgliedern sie gehört, besser verwirklicht: Kunst auch als pädagogischer Auftrag und soziales Engagement. Der Glaube an die Erziehbarkeit des Menschen. Dimensionen, die den Dadaisten fehlen, »hinter deren verblüffenden und aggressivem Auftreten nicht bloß Jugend und Neuerungslust steckte«, wie Hermann Hesse schreibt, »sondern auch viel Verzweiflung über die Not der Zeit«.

Mit dem Ende des Ersten Weltkriegs und mit der Öffnung der Grenzen verschwindet auch der den Zürchern nie ganz geheure »Dadaspuk« aus der Stadt. Proteste gegen den Krieg erübrigen sich – vorläufig wenigstens. Die totale Negation aller Werte hat sich verbraucht. Arp fordert mit einigen in Zürich verbliebenen Dadaisten in einem Rückzugs-Manifest »die Teilhabe der Künstler an der idealen Entwicklung des Staates«. Als Abgesang auf den Zürcher Dada kann Sophie Taeubers letzter Auftritt in einer Dada-Soiree im Saal *Zur Kaufleuten* am 9. April 1919 gesehen werden. Sie tanzt als *Noir Kakadu* ihre eigene exotische Choreografie vor Arp'schem Bühnenbild.

Im Oktober heiratet das seit sieben Jahren zusammenlebende Künstlerpaar in Pura, einem kleinen Tessiner Dorf. Aus der geplanten Einbürgerung Arps als Schweizer wird aber nichts. Ausländischen Frauen, die einen Schweizer heiraten, wird das Bürgerrecht automatisch gewährt, dies gilt umgekehrt für den Mann einer Schweizerin nicht. Auch Hermann Hesse als vermittelnder Bittsteller bei den Behörden kann für den stellenlosen Künstler keine Ausnahme erwirken.

Während Arp als freier Künstler und *animateur culturel* viel unterwegs ist, verdient seine Frau im heimatlichen Zürich seinen Lebensunterhalt. Die Schule fordert sie stärker als früher, sie hat neue Fächer und mehr Stunden übernommen. Nebenher führt sie Arps Entwürfe als Web- und Stickarbeiten aus, macht Konstruktionszeichnungen für seine Skulpturen und schnitzt Druckstöcke. Sie fühlt sich als seine Zuarbeiterin trotzdem nicht ausgebeutet, sieht ihre Arbeit als eine gemeinsame an, weiß, wie viele auch für sie wertvolle Verbindungen Arp geschaffen hat: zu Schwitters, zu Hannah Höch, zu französischen Künstlern. Die Kontakte zu Frankreich werden in den nächsten Jahren besonders wichtig.

Bei der *Exposition Internationale des Arts Decoratifs et Industriels Modernes* in Paris wird Sophie Taeuber-Arp mit drei anderen Schweizern ausgezeichnet. Sie nimmt an weiteren Ausstellungen teil und macht sich einen Namen als fantasievolle Ausgestalterin von Räumen und Häusern. Einen großen Auftrag zur Innengestaltung des historischen Gebäudes *Aubette* im Zentrum von Straßburg kann sie allein nicht bewältigen, da sie noch immer an die Schule gebunden ist. Sie macht zwar die Entwürfe – die Konzeption eines Gesamtkunstwerks – und übernimmt mit Arp die Ausgestaltung einiger Räume, überlässt aber die weitere Bauaufsicht dem holländischen Architekten Theo van Doesburg. Das mit Beton und Chromstahl ausgebaute Tanzlokal wird von der Bevölkerung als kalt und unangenehm abgelehnt, bringt der Planerin aber ein gutes Honorar ein. Es wird für den Bau eines eigenen Atelierhauses in Clamart/Meudon, nahe Paris, ausgegeben, ein Unternehmen, das bald die ganze planerische Kraft und auch das praktische Geschick Sophie Taeuber-Arps fordert, da die Handwerker den ungewohnten Bau nicht ernst nehmen und entsprechend nachlässige Arbeit leisten. Der dreigeschossige Kubus aus Naturstein und Beton ist wieder als Gesamtkunstwerk gedacht und entsprechend bis ins Detail durchgeplant, von den Lichtschächten bis zu den Gemüsebeeten, nach den modularen Gestaltungsprinzipien Le Corbusiers.

Die Künstlerin, Architektin und Handwerkerin hat die Schwierigkeiten dieses Projektes unterschätzt, sie verausgabt sich zu sehr, kann das ständige Pendeln zwischen Zürich, Paris und Straßburg gesundheitlich nicht durchhalten. Sie gibt 1929 die Schule, ihr anderes Leben, und damit ihr Standbein in Zürich, nur zögernd und mit Bedauern auf.

Hitlers Rede gegen die moderne Kunst bewirkt in Frankreich 1935 einen engeren Zusammenschluss früher rivalisierender Künstler und Gruppen. Kontakte zur neutralen Schweiz bekommen einen neuen Stellenwert. Sophie Taeuber-Arp beteiligt sich 1935 in Luzern, 1936 in Zürich und 1937 in Basel an wichtigen Ausstellungen und tritt der in Zürich gegründeten Künstlergruppe *Allianz* bei.

Die Schweizer Erfolge ermutigen sie zu einem weiteren Schritt an die Öffentlichkeit, zur Herausgabe einer eigenen Zeitschrift für konkrete Kunst, *Plastique,* die in Paris und New York erscheint. Sie ist in einer äußerst fruchtbaren Schaffensphase, in drei Jahren sind 117 Werke entstanden, dazu Illustrationen zu einem Arp'schen Gedichtband und gemeinsam mit ihrem Mann neue *Duo-Bilder.* Die Einladungen zu Ausstellungen häufen sich, an der wichtigen Londoner *Exhibition of Contemporary Sculpture* stellt sie als einzige Frau aus.

Mit dem Kriegsbeginn 1939 nimmt der internationale Aufbruch ein jähes Ende, die politische Situation spitzt sich für die Künstler zu, Hans und Sophie Arps Werke zählen in Deutschland zur entarteten Kunst. 1940, beim Anmarsch der deutschen Wehrmacht auf Paris, gibt das Künstlerpaar das Haus in Meudon auf und taucht bei Freunden unter, immer an wechselnden Fluchtorten, unter anderem bei Peggy Guggenheim am Lac d'Annecy. Der sonst sehr zurückhaltenden und anpassungsfähigen Sophie Taeuber-Arp widerstrebt es, wie Peggy Guggenheim von den wehrlosen und mittellosen Künstlern Bilder zu Schleuderpreisen aufkauft. Sie drängt weiter, findet ein Refugium in Grasse, »ce coin de France encore protégé contre l'inquisition de la gestapo«.

Das Leben geht hier, unter erschwerten Bedingungen zwar, fast wie in Friedenszeiten weiter. Malen unter Olivenbäumen, Arbeit an einer Litho-Serie mit Sonja Delaunay, die nach dem Tod ihres Mannes von den Arps aufgenommen wird, Zusammenstellen einer Mappe für die große Allianz-Ausstellung im Mai 1942 in Zürich. Schwester Erika schickt Pakete, von den Kunstmäzeninnen Marguerite Hagenbach und Maja Sacher kommt Unterstützung, Max Bill besorgt Leinwand und Ölfarben. Gemeinsam mit Schweizer Freunden organisiert Sophie Taeuber für Kinder aus besetzten Gebieten Erholungsaufenthalte in der Schweiz und hilft Verfolgten bei der Flucht aus Frankreich. Auch die Arps wollen fliehen, möglichst nach Amerika, dem Malerfreund Max Ernst ist der Sprung geglückt, das gibt Hoffnung.

Doch dann marschieren über Nacht deutsche Truppen in Grasse ein, die Arps entkommen im letzten Augenblick in die Schweiz. November 1942. Die Schweizerin mit dem französischen Pass und dem französischen Ehemann als Emigrantin im eigenen Land. Abgebrochen eine verheißungsvolle Karriere. Bittstellerin mit leeren Händen.

Sie wird von ihrer Schwester Erika Schlegel in Zürich aufgenommen, Hans Arp findet bei Binia und Max Bill in Höngg Unterschlupf. Wieder Arbeiten unter erschwerten Bedingungen. Hoffen auf die Verlängerung der Aufenthaltsgenehmigung. Sophies labile Gesundheit. Der strenge Winter. Wie soll es weitergehen? An der Silvesterfeier im

Bill'schen Hause wirft Sophie bei einer spielerischen Séance zweimal ihr Todeszeichen. Sie ist empfänglich für »kosmische Botschaften«, wirkt verstört.

Zwei Wochen später ist sie tot. Keiner kann es fassen. Eine tragische Verkettung von Zufällen. Niemanden trifft eine Schuld, aber alle fühlen sich schuldig. Was hätte man tun können? Sie hat ihren Tod vorausgeahnt. Sie ist ihm entgegengegangen, wenn auch ohne Absicht.

An einem kalten Januarabend arbeitet sie in Bills Atelier, überanstrengt, müde. Sie will aber die angefangenen Abzugs- und Signierarbeiten unbedingt noch vollenden, »man weiß nie«, sagt sie. Es wird spät, zu spät für eine Rückkehr in die Wohnung der Schwester, zu spät für die letzte Straßenbahn. Sie übernachtet im Garten-Gästezimmer, das mit einem Kanonenofen beheizt wird und rasch auskühlt. In der Nacht macht sie Feuer, ohne die Luftklappe zu öffnen und erstickt im Schlaf an einer Kohlendioxidvergiftung. Arp findet sie am nächsten Morgen, wie friedlich schlafend. Neben dem Bett liegt eine französische Grammatik aufgeschlagen.

Er ist erschüttert, macht sich Vorwürfe. Hätte er dieses Unglück verhindern können? Warum hat er sie alleingelassen? So oft alleingelassen? Im Schmerz über ihren Tod ist sie ihm näher, als sie es zu Lebzeiten war.

Nach der traurigen Beerdigung am 18. Januar 1943 auf dem Friedhof von Zürich-Höngg macht sich Hans Arp daran, Sophies Werk und ihr gemeinsames Leben aufzuarbeiten. Er stellt eine Monografie zusammen, organisiert 1945 eine Ausstellung in der Zürcher *Galerie des Eaux-Vives*. Im Jahr darauf erscheinen in Paris seine Gedichte, Sophie gewidmet.

In seiner Trauerarbeit verklärt er die Verstorbene immer stärker, macht sie zum Idealbild, zu seinem »Stern«, seiner

Göttin, mit der er sich in einem neuen Leben wieder vereint sehen möchte. Er überlebt sie um ein Vierteljahrhundert.

Zwei Stiftungen tragen dazu bei, ihr den angemessenen Platz neben ihrem Partner zu sichern: die *Stiftung Hans Arp und Sophie Taeuber-Arp* im alten Bahnhof Rolandseck bei Bonn und die *Stiftung Arp* in dem von Sophie Taeuber-Arp gebauten Haus in Meudon/Clamart bei Paris.

Das Essenzielle der Verbindung dieses Künstlerpaares und die Basis ihres gemeinsamen schöpferischen Weges, auf dem die Zürcher Dada-Explosionen nur ein Teilstück sind, fasste Hans Arp in die Worte: »Wir suchten eine elementare Kunst, die den Menschen vom Wahnsinn der Zeit heilen und eine neue Ordnung, die das Gleichgewicht zwischen Himmel und Hölle herstellen sollte.« – Liegt es an den Künstlern, wenn diese neue Ordnung Utopie bleibt?

Vatertochter

Anna Freud

(1895–1982)

Bühnenstück »Anna«. Wer könnte es geschrieben haben? Wer hätte die Sensibilität, sich in diese komplizierte Vater-Tochter-Beziehung hineinzudenken? – Möglicherweise Ingeborg Bachmann ...

Szenenbild: Behandlungszimmer im Freud'schen Haus Berggasse 19. Im Hintergrund die berühmte, orientalisch anmutende Couch mit den Samtkissen, auf der Professor Freud seine Klienten und vor allem seine Klientinnen therapiert. Er sitzt, in Zigarrenrauch gehüllt, an seinem wuchtigen Schreibtisch. Davor in einem grünen Polstersessel Tochter Anna, nach Worten suchend, nach Erinnerungsbildern. Freud hört schweigend zu, macht sich gelegentlich Notizen. Ein beinahe statisches Bühnenbild, das nur aus der inneren Dramatik der Worte und des Schweigens lebt.

Der Theaterzuschauer wird Zeuge eines in der Psychotherapie unüblichen Vorgangs: Der Vater therapiert seine eigene Tochter in einer sogenannten »Lehranalyse«. Einer solchen Analyse, die sich über drei bis fünf Jahre hinzieht, haben sich, als Bestandteil ihrer Ausbildung, alle angehenden Psychotherapeuten zu unterziehen. Dies geschieht jedoch, um Befangenheit auszuschließen, nie bei Familienangehörigen. Warum setzt sich Freud über dieses Tabu hinweg? Glaubt er, sich als »Papst der Psychoanalyse« nicht an ungeschriebene Dogmen halten zu müssen? Will der eifersüchtig über seine Jüngste wachende Vater sie keinem

Anna Freud mit ihrem Vater Sigmund Freud

Kollegen anvertrauen? Denkbar. Aber es gibt auch einen ganz praktischen Grund für seine Entscheidung: Anna fehlen die nötigen Voraussetzungen für eine offizielle psychotherapeutische Ausbildung.

Sie hat von 1911 an, nach einem sehr guten Schulabschluss am privaten Cottage Lyzeum, drei Jahre lang ein Lehrerseminar besucht und anschließend an ihrer alten Schule unterrichtet. Für eine Ausbildung zum Psychotherapeuten ist aber ein Medizinstudium Grundlage. Auch wenn Anna als Gasthörerin an den Vorlesungen ihres Vaters und an Sitzungen der Wiener Psychotherapeutischen Vereinigung teilnimmt: Sie ist eine von den tonangebenden Medizinern nicht voll anerkannte »Laienanalytikerin«.

Freud versucht auf allen möglichen Wegen, auch durch die Lehranalyse, seiner Tochter fachliche Anerkennung zu verschaffen. Er macht sie mit einflussreichen Kollegen bekannt, er nimmt sie mit zu internationalen Kongressen. Warum hat er der Hochbegabten und Lernwilligen keinen Gymnasiumsbesuch, kein Medizinstudium erlaubt? Gewiss, im ersten Viertel unseres Jahrhunderts ist ein Universitätsstudium für Mädchen noch nicht an der Tagesordnung, »gelehrte Frauenzimmer« müssen gegen Vorurteile und Berufshürden ankämpfen, aber für eine Tochter Freuds dürfte dies kein Hinderungsgrund sein. Andere haben diese Hürden auch gemeistert: Raissa Adler, die Frau des Individualpsychologen Alfred Adler, gehört zu den frühen Medizinstudentinnen an der Wiener Universität. Die Atomphysikerin Lise Meitner hat hier schon 1906 promoviert, die Jugendpsychologin Charlotte Bühler 1921 ihre Habilitationsschrift vorgelegt.

Im Hause Freud jedoch ist ein Universitätsstudium nur für die drei Söhne vorgesehen. Die beiden älteren Töch-

ter heiraten früh, wie sich das in bürgerlichen Kreisen gehört.

Doch was wird aus der im Dezember 1895 als sechstes
und letztes Kind geborenen Anna? Sie muss sich erst einmal
gegen die fünf Geschwister behaupten. Die Aufmerksamkeit des geliebten, aber in seine Arbeit versponnenen Vaters
weiß sie durch vorlaute Bemerkungen geschickt auf sich zu
lenken, und er notiert wohlgefällig: »Annerl wird geradezu
schön vor Schlimmheit.«

Ein altkluges Kind, das sich unangepasst gibt und Vaters
»Einzige« sein möchte. Es gelingt ihr, wie seinen Worten zu
entnehmen ist: »Du bist etwas anders ausgefallen als Mathilde
und Sophie, hast mehr geistige Interessen und wirst dich
wahrscheinlich mit rein weiblichen Tätigkeiten nicht so bald
zufriedengeben.« Er hat recht: Auch wenn Anna eine leidenschaftliche Strickerin ist, auch wenn sie später eine umfangreiche »Wahlfamilie« betreut, eine Hausfrau wird sie nie,
ihr Hauptinteresse wird immer – in einer problematischen
Fixierung auf den Vater – psychoanalytischen Fragen gelten.

Die Mutter kann in dem großen Haushalt mit sechs Kindern, fünf Dienstboten und einem eigenwilligen Mann für
die Jüngste nicht viel Zeit erübrigen, ihre unverheiratete
Schwester Minna Bernay, die mit im Hause lebt, kümmert
sich um die Kinder. Die Freuds legen Wert auf standesgemäßen Lebenszuschnitt mit repräsentativem Haus, Reisen,
Bibliothek, Dienstpersonal. Sigmund Freud ist seit 1902
Professor, und Tochter Anna bewundert ihn. Sie erlebt die
Entwicklung der Psychoanalyse von Anfang an mit. Die
ganze Garde der jungen Psychoanalytiker verkehrt im
Freud'schen Haus: »Söhne« wie Alfred Adler oder Carl
Gustav Jung, die sich später von ihrem Ziehvater lossagen
und eigene Schulen gründen werden. Die Frauen bleiben

ihrem Meister in größerer Treue verbunden, vor allem Marie Bonaparte, die seine Ideen nach Frankreich trägt. Obwohl Freud immer wieder ein patriarchalisch überhebliches Verhältnis zu Frauen nachgesagt wird, scharen sich diese um ihn. Aus einigen seiner Patientinnen werden bedeutende Psychoanalytikerinnen, ohne dass er ihnen den Weg verbaut hätte. Die Psychoanalyse wird zu einem frühen Entfaltungsfeld für intellektuelle Frauen.

Anna Freud ist am stärksten beeindruckt von der Schriftstellerin Lou Andreas-Salomé, die sich der Psychoanalyse zugewandt hat und an Freuds Sitzungen und Kollegs teilnimmt. Aus der Bewunderung für die um mehr als dreißig Jahre Ältere entwickelt sich eine hilfreiche Freundschaft – ein Gegengewicht zur übermächtigen Vaterbeziehung. Nicht, dass Anna Freud diesen mächtigen Vater als bedrückend empfunden hätte, im Gegenteil: Sie bindet sich freiwillig immer stärker an ihn, wird seine Reisegefährtin, seine Gesprächspartnerin und Sekretärin, wobei Konflikte mit der Mutter nicht ausbleiben.

Und Freud, der kluge Analytiker, der seine Patientinnen aus elterlichen Klammerbeziehungen zu befreien versucht, unternimmt nichts, um seiner Tochter eine Ablösung zu erleichtern. Zwar ermahnt er die Spätpubertäre, nicht wie ein Kind vor manchen Dingen davonzulaufen, und wünscht ihr, »dass du dich nicht mehr asketisch vor den Zerstreuungen deines Alters zurückziehst, sondern das gerne thun willst, was anderen Menschen Vergnügen macht«. Doch wenn es ernst wird, weiß er dieses Vergnügen zu verhindern. Als der englische Psychoanalytiker Ernest Jones um seine Tochter wirbt, hält er ihr vor Augen, sie sei noch viel zu jung für eine Bindung – und der 35-jährige Freier für sie zu alt, außerdem stamme er aus kleinen Verhältnissen. An Jones schreibt er unmissverständlich: »Sie ... ist noch weit entfernt von sexuellem Verlangen und lehnt Männer eher ab. Es gibt ein ausgesprochenes Einverständnis zwischen mir und ihr, dass sie nicht an Heirat oder die Vorbereitungen dazu denken sollte, bevor sie 2 oder 3 Jahre älter ist.« Der Abgewiesene fügt sich und wünscht Anna in einem deutlichen Brief an Freud, »dass ihr ihre sexuelle Verdrängung nicht schadet«.

Freud ist sich der gefährlichen Vaterbindung seiner Cordelia, wie er sie in Erinnerung an die jüngste Lieblingstochter König Lears nennt, bewusst. In seinem 1913 erschienenen Aufsatz Das *Motiv der Kästchenwahl* greift er das Thema auf. Wie bei Lear liegt eine Tragik über dieser Vater-Tochter-Beziehung. Sie wird durch die Intimität der Lehranalyse – Kritiker sprechen von »sublimiertem Inzest« – noch verschärft.

An die verständnisvolle Freundin Lou Andreas-Salomé schreibt Anna Freud, sie habe oft Tagträume, die mit »Schlagephantasien« zusammenhingen. Dieses Thema behandelt sie auch in ihrer ersten wissenschaftlichen Untersuchung, die ihr den Eintritt in die Wiener Psychoanalytische Vereinigung ermöglicht. Die amerikanische Biografin Elisabeth Young-Bruehl entschlüsselt den inzestuösen Liebeswunsch der von Anna Freud geschilderten Tochter als autobiografische Aussage und den Aufsatz *Schlagephantasie und Tagtraum* als Wendepunkt in ihrem Leben: Absage an erotisches Begehren und Hinwendung zu Frauenfreundschaften. Sie sei immer eine Vestalin geblieben, eine keusche Hüterin des Heiligtums, schreibt die hinter die Freud'schen Familienkulissen schauende Analytikerin Marie Bonaparte.

Dem Vater kann diese Entwicklung nur recht sein, Frauen empfindet er nicht als Rivalinnen um die Gunst Annas.

Gemeinsam mit Frauen baut sie ihr praktisches Betätigungsfeld auf, er fühlt sich weiter für ihre wissenschaftliche Laufbahn verantwortlich. Ihre Tätigkeit als Lehrerin hat sie aufgegeben, nicht, weil sie der Kinder überdrüssig ist, sondern um ihm, dem Meister, als Mitarbeiterin voll zur Verfügung zu stehen. Sie baut ihre Kompetenz systematisch aus, hospitiert an der Psychiatrischen Klinik bei Helene Deutsch, steht dem Vater auf internationalen Kongressen zur Seite, erledigt seine Korrespondenz und übersetzt Fachtexte aus dem Englischen.

Die Lehranalyse zieht sich hin, Freud betreibt sie länger und gründlicher als üblich. Warum? An Lou Andreas-Salomé, eine der wenigen, die um die familieninterne Analyse weiß, schreibt er besorgt über Anna: »Sie ist nicht einfach und findet nicht leicht den Weg, auf sich anzuwenden, was sie jetzt so gut an anderen sieht ... Ich habe die Furcht, dass ihr die unterdrückte Genitalität einmal einen argen Streich spielen kann. Von mir bringe ich sie nicht los, es hilft mir auch niemand dabei.« – Will er sie tatsächlich von sich losbringen? Und wer sollte ihm dabei helfen? *Er* ist doch der große Fachmann für Ablösungsprozesse.

Er bindet sie, auch in der wissenschaftlichen Arbeit, noch stärker an sich durch die Verleihung des »Komitee-Rings« und die Aufnahme in den »Kreis der Ringträger«, einen erlauchten Zirkel von Psychoanalytikern und Freudianern, dem sie nun als einzige Frau angehört. Sie hält bedingungslos zu Freud, auch als seine Schüler und Bewunderer sich allmählich aus dem engen Kreis lösen und eigene, oft entgegengesetzte Wege gehen und ihn bekämpfen.

Das Jahr 1923 bringt entscheidende Einschnitte in Anna Freuds Leben. Sie eröffnet im elterlichen Haus an der Berggasse eine eigene Praxis. Ihr Sprechzimmer liegt dem ihres

Vaters gegenüber, aber sie macht ihm keine Konkurrenz, sie hat sich, in kluger Abgrenzung, auf Kinder spezialisiert. Freud selbst hat sich mit Kindern kaum befasst. Er spürt den Kräften im Unbewussten des Menschen nach und hat als Erster eine Methode entwickelt, wie man diese Kräfte ins Bewusstsein bringen kann – die Psychoanalyse.

Anna Freud therapiert in ihrer Praxis vor allem Kinder von Patientinnen ihres Vaters. Als Lehrerin hat sie die Erfahrung gemacht, dass Kinder nicht isoliert von ihrer Umgebung behandelt werden können, die Familiengemeinschaft muss in die Arbeit einbezogen werden, neurotische Eltern übertragen ihre Schwierigkeiten oft auf die Kinder. Die Wechselwirkung zwischen der Außenwelt des Kindes und der Entwicklung seiner Innenwelt versucht sie aufzuzeigen und einen Zugang zum Erleben und den Fantasien der Kinder, die sich von denen Erwachsener unterscheiden, zu finden: »Nur in der Kinderanalyse gibt es die Umstände, unter denen Tagträume und nächtliche Ängste, Spiel und schöpferisches Handeln der Kinder in nie dagewesener Weise auftauchen und dem Verständnis des erwachsenen Beobachters zugänglich werden können.« Durch ihre ruhige, verständnisvolle Art gewinnt Anna Freud das Zutrauen der Kinder und deren Bereitschaft zur Mitarbeit. Diese Gefühlsbeziehung zur Analytikerin – das »therapeutische Bündnis« – ist Voraussetzung jeder Therapie. Nur in einem offenen Vertrauensverhältnis können Enttäuschungen, wie sie sich bei der Auflösung frühkindlicher Fixierungen und Konflikte ergeben, aufgefangen und fruchtbar verarbeitet werden.

Mit ihren Kinderanalysen leistet Anna Freud, ähnlich wie der Schweizer Hans Zulliger und ihre spätere Kontrahentin Melanie Klein, Pionierarbeit. Dass sie für Melanie

Klein und deren Anhänger stets die nicht medizinisch ausgebildete Laienanalytikerin bleibt, kann die Freud-Tochter nur schwer verwinden. Sie geht in ihrem Lebenslauf nicht darauf ein und erwähnt auch nicht, dass sie die Lehranalyse bei ihrem Vater gemacht hat. In ihrer Praxis als Kinderanalytikerin bekommt sie kaum Überweisungen von Ärzten, deshalb ist sie auf das Netz ihrer persönlichen Beziehungen angewiesen.

Der Vater aber muss seine Arbeit mit Patienten erst einmal zurückstellen. Eine Krebserkrankung macht immer neue Kieferoperationen notwendig. Große Teile des Gaumens und der Kieferknochen müssen entfernt und durch komplizierte Prothesen ersetzt werden. Essen, Sprechen, jede Bewegung wird zur Qual. Freud ist nun ganz auf die Hilfe seiner Tochter angewiesen. Sie pflegt ihn, tippt seine Manuskripte und verliest sie auf internationalen Kongressen. Sie vertritt ihren Vater auch in wissenschaftlichen Gremien und nimmt für ihn Ehrungen entgegen. Anna-Antigone nennt er sie zärtlich, anspielend auf die antike Idealgestalt der treuen Tochter und Schwester, auf den Mythos der weiblichen Selbstaufgabe. Mit dieser Idealisierung bindet er die 28-Jährige erneut an sich. Sie wird ihm als liebende Tochter und als strenge Verfechterin seiner Lehre zur Seite stehen in den 16 Jahren, die er noch zu leben hat. Wie es nach seinem Tod mit Anna-Antigone weitergehen wird, beschäftigt ihn schon Jahre vorher. An Lou Andreas-Salomé schreibt er besorgt: »Sie macht es sich zu schwer, was wird sie anfangen, wenn sie mich verloren hat, ein Leben in asketischer Strenge?«

Seine Sorge ist, was die berufliche Entfaltung Annas betrifft – und das müsste er wissen –, unbegründet. Und für die »asketische Strenge« ihres Lebens ist er mitverantwortlich, er hat sie eifersüchtig oder selbstsüchtig vor Verehrern abgeschirmt. Ihre Hinwendung zu Frauen wie auch die Abgrenzung ihres Arbeitsgebietes sind Versuche eigener Entfaltung, ohne dem Vater wehzutun. Sie stellt seine Theorien psychosexueller Entwicklung, sein Strukturmodell von »Es, Ich und Über-Ich« nie infrage, ihre Kinderanalyse und ihre sich daraus ergebenden pädagogischen Projekte sieht sie seinem gewaltigen Werk gewissermaßen als Exkurs beigeordnet.

Da die Gründung einer eigenen Familie aus Rücksicht auf den Vater für Anna Freud nicht infrage kommt, geht sie daran, systematisch eine »Wahlfamilie« um sich herum aufzubauen – eine Art Frauenkommune, wie sie die Frauenrechtlerinnen Anita Augsburg und Lida Gustava Heymann auf einem Hof in Bayern zu verwirklichen versucht haben. Bei Anna Freud allerdings gibt es keine politische oder feministische »Mission«, ihr geht es um Therapiearbeit mit Kindern. Als 1925 die wohlhabende Tiffany-Tochter Dorothy Burlingham nach Wien kommt, um sich nach gescheiterter Ehe bei Sigmund Freud einer Analyse zu unterziehen, bringt sie ihre vier Kinder mit, die, wie es im Freud'schen Familienbetrieb nicht unüblich ist, von Anna therapiert werden. Vor allem der schwer asthmakranke älteste Sohn braucht Hilfe. Zwischen Anna Freud und der Amerikanerin entwickelt sich bald eine Freundschaft, die lebenslang halten wird und die nicht nur auf persönlicher Nähe, sondern auch auf enger beruflicher Zusammenarbeit beruht.

Dorothy Burlingham bezieht mit ihren vier Kindern eine Wohnung über der Freud'schen, und Sigmund Freud schreibt zufrieden an einen Freund: »Unsere Symbiose mit einer amerikanischen Familie (ohne Mann), deren Kinder meine Tochter mit fester Hand analytisch großzieht, befestigt sich immer mehr …« Die Feststellung »ohne Mann« ist für Freud wichtig und bezeichnend. Die beiden Frauen kaufen in Hochrotherd am Rand des Wienerwaldes ein uraltes Bauernhaus, das sie gemeinsam als Wochenendsitz herrichten. Es wird später im Zweiten Weltkrieg Verfolgten Unterschlupf bieten.

Gemeinsam mit Dorothy Burlingham und einer weiteren Freundin, Eva Rosenfeld, geht Anna Freud daran, eine Privatschule aufzubauen, die nach psychoanalytischen Prinzipien geleitet wird. Lehrende und Schüler leben wie in einer Großfamilie zusammen. Auch Eva Rosenfeld ist alleinerziehende Mutter und bei Freud in Analyse. Die meisten Eltern und Schüler stammen aus diesem Umfeld. Einer der ehemaligen Schüler, Peter Heller, hat jetzt die Briefe Anna Freuds an Eva Rosenfeld herausgegeben – Zeugnisse einer Bindungssehnsucht außerhalb der überstarken Fixierung auf den Vater. Gleichzeitig Zeugnis eines Schulexperiments, das Ausgangspunkt für die später immer weiter ausgebaute Kinderanalyse ist. Einführende Werke zur *Technik der Kinderanalyse* und zur *Psychoanalyse für Pädagogen* stammen aus dieser Zeit.

Bei Anna Freud steht dabei nie die Theorie allein im Mittelpunkt, die praktischen Beobachtungen und Erfahrungen, an denen sie jede Theorie misst, haben einen genauso hohen Stellenwert. Für angehende Erzieher ist diese praxisnahe Lehre anschaulich und einprägsam, aber auch Psychoanalytiker-Kollegen sind an dem Erziehungsexperiment interessiert. 1935 schreibt René Spitz an einen Freund, er habe die Absicht, »die Ergebnisse der Wiener und der Schule von Anna Freud zu studieren«. Anna Freud, seit 1927 Sekretärin der Internationalen Psychoanalytischen Vereinigung, ist es gelungen, auch im Ausland Aufmerksamkeit für ihre praxisbezogene Forschung zu finden. Während sie bei ihren ersten internationalen Auftritten die Vorträge ihres sprechunfähigen Vaters verliest, stellt sie 1934 in Luzern ihre eigene Arbeit vor. In Wien hält sie im Auftrag der Stadt Vorlesungen zur Einführung in die Psychoanalyse für Horterzieher und Seminare für Kindergärtnerinnen. 1937 gründet sie gemeinsam mit Dorothy Burlingham die Jackson *Nurseries,* eine experimentelle Kinderkrippe für Kleinkinder aus proletarischen Verhältnissen – sie weiß, welche Bedeutung frühkindliche Prägungen haben.

Neben dieser praktischen Tätigkeit läuft die Arbeit am Schreibtisch weiter. 1936 ist ihr großes Standardwerk *Das Ich und die Abwehrmechanismen* erschienen, das sie auch als kompetente Theoretikerin ausweist. Sie hat es in Dankbarkeit ihrem Vater und Lehrmeister zum 80. Geburtstag gewidmet, den sie, trotz seiner zunehmenden Starrköpfigkeit, noch immer bewundert. An die dreißig Kieferoperationen hat er im Laufe der Zeit über sich ergehen lassen müssen. Ständig von Schmerzen geplagt und in den Körperfunktionen eingeschränkt, sitzt er doch Tag für Tag mit ungeheurem Willensaufwand an seiner Arbeit. Er ist gerührt von der Fürsorge seiner Anna-Antigone und beobachtet sorgenvoll deren Überlastung. Auf Herausforderungen und Schwierigkeiten antwortet sie stets mit gesteigertem Arbeitseifer – ihre Art der Konfliktbewältigung. Und zu bewältigen gibt es in diesen Jahren viel: Sigmund Freuds Werke sind bei der Bücherverbrennung in Deutschland in Flammen aufgegangen, für Psychoanalytiker hat der große Exodus aus dem Reich eingesetzt. Wie wird es in Österreich weitergehen?

Im März 1938 marschieren die deutschen Truppen in Wien ein. Fast alle der über hundert Psychoanalytiker haben das Land verlassen und suchen in Amerika, dem Eldorado der Psychoanalyse, neue Arbeitsmöglichkeiten. Sigmund Freud denkt nicht an Emigration. Vielleicht glaubt er, die Nationalsozialisten würden einem alten, kranken und sehr berühmten Mann nichts antun. Vielleicht scheut er auch die Auseinandersetzung mit den Kollegen und Schülern, die sich in New York mit eigenen Lehrmeinungen profilieren. Helene Deutsch, Bruno Bettelheim, Otto Rank, Wilhelm Reich, René Spitz und viele andere sitzen hier, der Altmeister wäre sich einer unangefochtenen Patriarchenstellung nicht sicher.

Erst als Anna Freud am 22. März anstelle ihres kranken Vaters von der Gestapo zur Vernehmung abgeholt wird, für den Fall einer Folterung hat sie Veronal in der Tasche, ist Freud bereit, sich und seine Familie »freizukaufen« und ins Exil nach England zu gehen. Anna wird nach Protesten einflussreicher Freunde und des US-Botschafters umgehend aus der Haft entlassen und kann im Juni 1938 mit ihrem Vater über Paris nach London ausreisen.

In London findet sich im Haus 20 Maresfield Gardens die »Wahlfamilie« allmählich wieder zusammen, auch die Möbel und Bücher sind aus Wien eingetroffen, die Gestapo hat sich – um welchen Preis? – großzügig gezeigt. Der 82-jährige Freud nutzt das letzte Jahr seines Lebens zu intensiver, nur von Operationen unterbrochener Arbeit. Sein letztes Werk, *Abriss der Psychoanalyse,* bleibt unvollendet. Nach seinem Tod im September 1939 setzt die Tochter alles daran, sein Bild in der Öffentlichkeit ungetrübt zu erhalten.

Neben einer gläubigen Gemeinde, die Freud als »Über-Vater« verehrt, sind ihm einflussreiche Schüler in einer Art Hassliebe verbunden. Sie sträuben sich dagegen, dass die Psychoanalyse allein als sein Werk in die Geschichte eingehen soll. Ein Werk, das allerdings nicht von allen Zeitgenossen gewürdigt wird. »Psychoanalyse ist jene Geisteskrankheit, für deren Therapie sie sich hält«, formuliert Karl Kraus boshaft.

Freud selbst hat sich nie als Heilsbringer gesehen. Sein aus der Antike übernommenes Motto »Erkenne dich selbst!« zeigt ihn als faustischen Geist, der weiß, dass die Psychoanalyse die Menschen nicht besser machen kann, als sie sind – nur vollständiger, und zur Vollständigkeit gehört auch das Böse.

Anna Freud bemüht sich gleich nach dem Tod ihres Vaters um die Herausgabe seiner *Gesammelten Werke*. Einige Bände erscheinen noch während des Krieges in England in deutscher Sprache. Von den *Briefen an Wilhelm Fließ*, die sie 1950 mitherausgibt, bleiben etliche in der Schublade, um den Meister mit keinem Makel zu behaften, mehr als drei Jahrzehnte später erst werden sie vollständig veröffentlicht.

Im Nachkriegs-England stehen sich »Freudianer« und »Kleinianer«, Anhänger der ebenfalls emigrierten Analytikerin Melanie Klein, gegenüber. Anna Freud versucht, es nicht zur offenen Spaltung kommen zu lassen und im Übrigen ihr eigenes Werk unter Mithilfe ihrer »Wahlfamilie« auszubauen. Schon 1940 hat sie mit ihrer Freundin Burlingham in Hampstead *Nurseries* für kriegsgeschädigte englische Kinder eingerichtet – ihr Dank an England und ihr persönlicher Widerstand gegen Hitler. Mithilfe einer amerikanischen Stiftung wurden hier bis Kriegsende mehr als achtzig Kleinkinder betreut. Über deren Entwicklung haben Anna Freud und Dorothy Burlingham genaue Aufzeichnungen gemacht, die wichtige Aufschlüsse über frühkindliches Verhalten in Extremsituationen geben, auch wenn Anna Freud bescheiden vermerkt: »Als Dokumente des Kampfes mit praktischen Schwierigkeiten, Mängeln und Kriegsgefahren erheben die Monatsberichte selbst keinen Anspruch auf wissenschaftlichen Wert.« Die Vorlesungen, die sie für ihre Mitarbeiterinnen hält, werden häufig durch Bombenalarm und Löscharbeiten unterbrochen, 1944, bei Beginn der VI-Angriffe auf London, fallen sie ganz weg. Nun geht es in den *Hampstead Nurseries* nur noch ums Überleben.

Nach dem Krieg finden in England tausend aus Konzentrationslagern gerettete Waisen Aufnahme. Anna Freud und ihre Mitarbeiterinnen kümmern sich um Kleinkinder aus dem Lager Theresienstadt. Dabei steht die humanitäre Hilfe im Vordergrund, aber diese Kinder sind auch aufregende Studienobjekte: Wie haben sie die gewaltsame Trennung von der Mutter verkraftet? Wie verhalten sie sich untereinander? Kann die enge Gruppenbindung Familie ersetzen? Werden fremde Bezugspersonen als Mutterersatz angenommen? Wie kann das feindselig-ablehnende Verhalten der Kinder ihrer Umwelt gegenüber abgebaut werden? Alle Beobachtungen und Behandlungsversuche werden festgehalten und bilden die Grundlage für spätere Veröffentlichungen: *Kriegskinder* erscheint 1949, *Anstaltskinder* ein Jahr darauf. Die empirischen Ergebnisse aus dieser Kriegs- und Nachkriegsarbeit mit Kindern gehen später in ihr umfangreiches Werk *Wege und Irrwege der Kinderentwicklung* ein.

1947 gründet Anna Freud ein eigenes Ausbildungsinstitut in der Tradition ihres Vaters. Mit der hier gelehrten klassischen Psychoanalyse setzt sie sich ab von verwässernden und verfälschenden Strömungen der Freud'schen Lehre. Die *Hampstead Courses* gelten als einmaliges Modell einer privaten, durch Spenden finanzierten Hochschule für Analytiker. Angegliedert wird ihr später die *Hampstead-Kinder-klinik,* deren Direktorin Anna Freud ist. Hampstead wird so zu einer weit über England hinaus anerkannten Forschungs- und Ausbildungsstätte für Kindertherapeuten, zu der auch ein Ambulatorium, eine Mütterberatungsstelle, ein Kindergarten und ein Betreuungszentrum für blinde Kinder gehören. Alles greift ineinander in diesem gut funktionierenden Kleinkosmos, in dem Anna Freud die Fäden unauffällig in Händen hält.

Die anfänglich schüchterne, im Schatten ihres Vaters stehende Wissenschaftlerin stellt nun auf internationalen Kongressen ihre Arbeit unbefangen und selbstbewusst vor. Der Tod des Vaters war für sie zwar ein schmerzlicher Verlust, aber gleichzeitig der Beginn eines zweiten, ganz in Eigenverantwortung gelebten Lebens. 1950 folgt sie der ersten Einladung nach Amerika, die Clark University verleiht ihr die Ehrendoktorwürde, weitere amerikanische Universitäten, auch berühmte wie Yale und Harvard, folgen. Die lange Reihe der Ehrungen erfüllt die »Laienanalytikerin«, die nie promoviert und sich nie habilitiert hat, mit Stolz: Ihr Werk hat Anerkennung gefunden.

Dass das Echo auf ihr Wirken und ihre Schriften gerade in Amerika so groß ist, kommt nicht von ungefähr. Der Siegeszug der Psychoanalyse, auch der Kinderanalyse, hängt mit der weitverbreiteten Überzeugung der Amerikaner zusammen, jeder Mensch komme als unbeschriebenes Blatt zur Welt und werde in den ersten Lebensjahren ausschließlich durch seine Umgebung geprägt. Die Schuld für Charakterfehler sei dementsprechend im Versagen der Eltern zu suchen. Verdrängte traumatische Erlebnisse vor allem sexueller Art könnten und müssten von einem Psychoanalytiker aufgedeckt und ans Licht geholt werden. Einer sol-

chen Analyse bedürften nicht nur »gestörte« Erwachsene
und Kinder, sie sei für jedermann von Bedeutung. Heute
soll, wenn die Umfrageergebnisse stimmen, jeder dritte
Amerikaner in psychotherapeutischer Behandlung sein
oder gewesen sein.

Anna Freud teilt diese Behandlungseuphorie nicht, auch
nicht die Ansicht Melanie Kleins, die Kinderanalyse sei eine
unentbehrliche Ergänzung jeder Erziehung. Sie hält eine
Analyse nur bei wirklichen infantilen Neurosen für notwendig und schreibt: »Im ganzen meine ich, hat man bei
der Arbeit mit Kindern manchmal den Eindruck, dass die
Analyse hier ein zu schwieriges, kostspieliges und kompli-
ziertes Mittel ist, dass man mit ihr zu viel tut, in anderen
Fällen wieder, und das noch häufiger, dass man mit der reinen Analyse viel zuwenig leistet.« Sie kann sich eine skepti-
sche Haltung der »Therapiesucht« gegenüber leisten, sie ist
nicht mehr auf die Gunst zahlungskräftiger Klienten angewiesen.

Ihre Ehrendoktortitel häufen sich nun, mit Verspätung,
auch in Europa. 1972 verleiht ihr die medizinische Fakultät
der Universität Wien den Dr. h. c. als erster Frau, dazu
noch Nichtmedizinerin. Drei Jahre später erhält sie das
Ehrenzeichen für ihre Verdienste um Österreich. 1971 hat
sie ihre Heimatstadt zum ersten Mal nach dem Krieg wieder
besucht. Eigentlich wollte sie dies nur tun, wenn ihr die
Stadt einen Lippizaner bereitstellte, um durch die Tore zu
reiten. Aber auf solch einen Ritt hat die 76-Jährige dann
doch verzichtet. Das Wiedersehen mit Wien, mit den vertrauten Räumen in der Berggasse 19, die zu einem Freud-
Museum umgestaltet worden sind, wird für sie trotzdem
zum Erlebnis. Sie hat aus ihrem Londoner Haus die alte
Wartezimmereinrichtung nach Wien zurückgehen lassen,

auch zahlreiche Gegenstände aus dem Familienbesitz und aus Freuds wertvoller Antikensammlung.

Ins Gästebuch des Museums tragen sich heute Besucher aus aller Welt ein. Anna Freud ist ein eigener Raum mit ihrem Intarsientisch und ihrer Büchervitrine gewidmet. Im Haus ist auch das Sekretariat der Sigmund-Freud-Gesellschaft untergebracht und ganz in Anna Freuds Sinn eine psychoanalytisch-pädagogische Erziehungsberatung für Eltern und pädagogisch Tätige. Eine notwendige Einrichtung, denn die Zahl verhaltensauffälliger Kinder wächst. Eltern erhoffen jedoch oft zu viel von einer Therapie. Sie möchten ein gut funktionierendes Kind zurückerhalten, nicht eines, das sich gegen deformierende Zwänge auflehnt. Anna Freud plädierte für eine Neudefinition der Begriffe »krank« und »normal«. Für sie ist das rebellierende, ungezogene Kind »normaler« als das unauffällige, überangepasste. Sie wird sich ihrer Kindheit erinnert haben, »wo sie sich ohne rechten äußeren Anlass auf den Boden hinwarf und schrie, in einer Weise, wie man sie früher wohl als Besessenheit gekennzeichnet hätte«.

Die 80-Jährige spürt noch immer etwas von dieser Vitalität in sich. Freuds Sorge um seine asketische Anna-Antigone war unbegründet. In ihrer Freundschaft mit Dorothy Burlingham und ihrem Ausbau einer männerlosen Großfamilie hat sie das geleistet, was Freud »Sublimierung des Trieblebens« nennt. Sie ist, ganz dezidiert, »Miss« Freud geblieben. Zuletzt, nach dem Tod ihrer Gefährtin und ihrer treuen Mitarbeiterinnen, vereinsamt. Umso stärker hat sie sich in die Arbeit gestürzt, in die Alltagsgeschäfte ihrer Klinik, ins Schreiben.

Ein Schlaganfall Anfang März 1982 lähmt ihre Sprachmuskeln und ihre Beweglichkeit, aber nicht ihren Geist.

Noch im Krankenhaus liest sie die Korrekturen eines Buches über Familienrecht. Ihrem klaren Kopf wird die Hinfälligkeit ihres Körpers umso stärker bewusst. Am 8. Oktober 1982 stirbt die 87-Jährige.

Sie wird als Hüterin des väterlichen Erbes in die Geschichte eingehen: Anna-Antigone. Aber auch als Mitbegründerin der Kinderanalytik. Sie selbst sieht das Hampstead-Institut mit der Verbindung von praktischer und theoretischer Analysearbeit als ihr eigentliches Lebenswerk an. Praxisnähe ist charakteristisch für all ihre Schriften, ebenso die klare, verständliche Sprache, mit der sie komplizierte Sachverhalte auch Laien klarmachen kann. Als ehemalige Pädagogin hat sie unter dem Verdikt »Laienanalytikerin« gelitten – ihren Büchern ist die Vermeidung klinischer Fachsprache zugute gekommen.

1980, zwei Jahre vor ihrem Tod, ist Anna Freuds Gesamtwerk erschienen. Zehn Bände – eine gewaltige Leistung, wenn man bedenkt, wie viel Zeit sie daneben ihrem Vater und ihrer sozialen und therapeutischen Arbeit gewidmet hat. Sie selbst hat ihr Leben nicht als zu anstrengend und sie überfordernd empfunden. Sie zieht, in aller Bescheidenheit, dankbar die Bilanz: »Ich für meinen Teil bin vom Schicksal gut behandelt worden und habe mehr empfangen, als ich verdiente.«

Cordelia – Antigone: Rollen, die Sigmund Freud seiner Jüngsten und Liebsten zugedacht hat. Anna Freud hat sie angenommen und ausgefüllt.

Marion Gräfin Dönhoff

Zeit-Zeugin eines wirren Jahrhunderts

Marion Gräfin Dönhoff

(1909–2002)

> Begreifen bedeutet, sich aufmerksam
> und unvoreingenommen der Wirklichkeit,
> was immer sie ist und war, zu stellen und
> entgegenzustellen.
> *Hannah Arendt*

Auf dem Cover eines Gedenkbandes das Foto der Gräfin vor ihrer Bücherwand: entschlossene, im Alter weicher gewordene Gesichtszüge, kritisch beobachtende Augen, noch immer voller Neugier in die Ferne gerichtet. So bleibt sie uns in Erinnerung, die Frau, die unser Leben begleitet hat, von Woche zu Woche, von *Zeit* zu *Zeit*. Im März 2002 ist sie gestorben, mit 92, nach einem aufregenden, erfüllten Leben, dem sie stets ihren eigenen Stempel aufgedrückt hat. Zeugin eines ganzen wirren Jahrhunderts. Als Kommentatorin des politischen Geschehens von bestechender Klarheit, mutig gegen Intoleranz und ideologische Starre kämpfend. Als Mensch geradlinig, gütig und doch bestimmend, Fairness einfordernd, Verlässlichkeit und Gemeinsinn – Tugenden, die sie selbst vorlebte, ohne sich jemals als moralische Instanz aufzuspielen.

Wie lässt sich ein Porträt dieser Ostpreußin, die in Hamburg ihren zweiten Lebensmittelpunkt fand, auf wenigen Seiten zeichnen? Unzählige Nachrufe haben ihre Verdienste gewürdigt. Zwei Dutzend Bücher über sie oder von ihr sind in den letzten Jahren erschienen – so bleibt hier nur der Versuch einer erinnernden Annäherung im Zeitraffer, von Jahrzehnt zu Jahrzehnt.

1909

Schloss Friedrichstein, ein imposantes Gebäude mit Säulenportal, breit hingelagert in die ostpreußische Landschaft, seit Jahrhunderten Familiensitz der Grafen Dönhoff. Hier wird 1909 an einem kaltdüsteren Dezembertag ein Kind geboren, das eigentlich nicht mehr vorgesehen war: die Tochter Marion Hedda Ilse. Eine Risikogeburt, deshalb wird ein erfahrener Professor aus dem nahen Königsberg als Geburtshelfer herbeibeordert. Die Ängste der 40-jährigen Mutter, die in den vergangenen zehn Jahren sechs Kinder zur Welt gebracht hat, sind nicht unbegründet, das letztgeborene Mädchen ist behindert. Die kleine Marion aber gibt zu keiner Sorge Anlass, sie wirkt robust, macht sich mit kräftiger Stimme bemerkbar und übersteht die kalten Wintermonate in den kaum beheizten Räumen ohne die gefürchtete Lungenentzündung.

Eine Amme sorgt für das Neugeborene, die übrigen Kinder werden von Kinderfrauen und Gouvernanten betreut. Nestwärme erfahren sie wenig. Gefühlsregungen zu zeigen gehört nicht zu den spartanisch preußischen Tugenden der Dönhoffs – dafür lernen die Kinder früh, sich gegenseitig beizustehen, Verantwortung zu übernehmen, das Wohl der anderen über das eigene zu stellen. Und sie wachsen in eine Familientradition hinein, in der Geschichte lebendig ist: Der Großvater hat noch Goethe und die

Brüder Humboldt gekannt. Der Vater, Graf August Dönhoff, ein Abenteurer und Weltenbummler, der seine Di-
plomatenkarriere an den Nagel gehängt hat, widmet sich in
späteren Jahren – er ist bei Marions Geburt 65, 25 Jahre
älter als seine Frau – neben der Verwaltung der Güter vor
allem seiner umfangreichen Kunstsammlung. Der Reichs-
tagsabgeordnete verbindet seine dienstlichen Verpflichtungen in Berlin mit dem Besuch von Antiquariaten und Auk-
tionen und steht mit Kunsthändlern in aller Welt in
Verbindung. Für die Erziehung der Kinder fühlt er sich
nicht zuständig.

1919

Marion wird zehn – ein schwer zu bändigendes Mädchen,
das eher ein Junge ist, dem es nichts ausmacht, in den abgetragenen Kleidern der älteren Geschwister durch die
Gegend zu streunen, das auf Bäume klettert, statt manier-
lich Monogramme zu sticken, das sich im Pferdestall woh-
ler fühlt als im blank gebohnerten Salon. Die früh ausgeprägte Liebe zu Pferden wird sich im späteren Leben der
Komtess noch vertiefen. Vom Kutscher lernt die Wissbe-
gierige mehr als von den wechselnden Hauslehrern, bei
ihren wilden Ausritten durch Wald und Feld, oft ganz
allein, erholt sie sich von der anstrengenden Pflichtübung
des Vorlesens. Der Vater, in den letzten Lebensjahren beinahe erblindet, aber am politischen Geschehen noch immer
brennend interessiert, hält mehrere Tageszeitungen, die
ihm die Kinder regelmäßig vorlesen müssen. Die älteren
finden meist eine Ausrede, nur die Jüngste kann sich
schlecht drücken – sie buchstabiert sich erst mühsam, dann

immer flüssiger durch unverständliche Texte und holt so für den Vater die Welt ins Arbeitszimmer.

Besuche von Verwandten und Freunden und die längere Einquartierung von Adeligen, die durch die Revolution von ihren Gütern in Russland vertrieben wurden, bringen Abwechslung in den Schlossalltag. Einmal kommt sogar die Kaiserin mit großem Federhut und vornehmem Gefolge vierspännig angefahren. Gräfin Dönhoff, geborene von Lepel, war vor ihrer Heirat Palastdame bei Kaiserin Auguste Viktoria und ist daher sehr auf Etikette bedacht, alles muss *comme il faut* sein – von den Dienstboten lässt sie sich mit Exzellenz ansprechen, immer auf Abstand bedacht, auch den Kindern gegenüber. Wenn hoher Besuch kommt, müssen die Kinder am »Katzentisch« essen. Der wilden Marion sind die weißen Spitzenkleider für feine Gelegenheiten ein Graus; sie ist kein adrettes Vorzeigekind, ihre Schwester Maria noch weniger.

Mit der zwei Jahre älteren Maria teilt Marion die ersten Jahre das Zimmer, beide werden von der Kinderfrau Aleh betreut. Maria ist mongoloid und für die wache und neugierige jüngere Schwester keine Gesprächspartnerin – aber eine frühe Erfahrung, dass es Menschen gibt, die »anders« sind und trotzdem zur Gemeinschaft gehören, für die man eine eigene Sprache und viel Geduld braucht.

Vom Vater kann sich Marion auch keine Antworten auf ihre hartnäckigen Fragen mehr holen. Sein Gesundheitszustand hat sich verschlechtert, er stirbt noch im selben Jahr, beunruhigt vom Gang der Dinge nach der Abdankung des Kaisers und der Ausrufung der Republik. Marion hat ihm täglich neue bedrohliche Nachrichten aus den Zeitungen vorgelesen, Wörter, die ihr ein Rätsel geblieben sind: Räterepublik, Dolchstoßlegende, Spartakusaufstand, Generalstreik – und dann die Nachricht vom Tod dieser Frau, dieser Rosa Luxemburg, deren Leiche im Landwehrkanal treibt …

1929

Komtess Dönhoff hat Schloss Friedrichstein mit den täglichen Morgenandachten und den sonstigen gräflichen Ritualen hinter sich gelassen, auch den väterlichen Bücherschrank, der, wie die frühe Zeitungslektüre, ihr Interesse an Geschichte und politischen Zusammenhängen geweckt hat. Sie besucht, nach ihrer Rebellion gegen die Unterbringung in einem Mädchenlyzeum, in Potsdam ein Jungengymnasium. Als einziges Mädchen in einer Klasse mit 18 Jungen macht sie dort Abitur. Zwei Schulkameraden versuchen, sie für die Ideen des immer stärker aufkommenden Nationalsozialismus zu begeistern: eine Verbindung von Nationalismus und Sozialismus – das leuchtet ihr ein, macht sie neugierig. Deshalb fährt sie eines Tages von Potsdam nach Berlin, um Hitler aus der Nähe zu erleben – und ist entsetzt: »Er trat auf, tobte, geiferte und redete, wie ich fand, viel Unsinn. Angewidert kam ich zurück und erklärte den beiden Freunden: ›Ohne mich! Mit denen nie!‹«

Von den Goldenen Zwanzigerjahren in der Reichshauptstadt bekommt sie – abgesehen von gelegentlichen Theater- oder Kneipenbesuchen mit ihren Brüdern – wenig mit, weder vom aufregenden Kulturleben noch von den Arbeitslosen, der Inflation, der brodelnden Stimmung in der Bevölkerung. Sie hat, wie es sich für eine höhere Tochter gehört, nach dem Abitur erst einmal eine Haushaltsschule zu besuchen, um all das zu lernen, was eine spätere Gräfin zur standesgemäßen Führung eines Gutshauses wissen muss. Sie fügt sich erstaunlicherweise dem Willen der Mutter und bringt das Schweizer Jahr pflichtgemäß hinter sich – ohne jegliches Interesse am Kochen, dafür umso mehr am Bergsteigen in den Engadiner Alpen.

Was in Adelshäusern sonst männlichen Familienmitgliedern vorbehalten ist – nach Schule oder Studium erst einmal die Welt zu erkunden –, nimmt die Komtess auch für sich in Anspruch. Mit einer Freundin, einem Cousin und einer »Anstandsdame« reist sie – komfortabel in einem vom Vater der Freundin eigens gemieteten Eisenbahnwagon – kreuz und quer durch die Vereinigten Staaten. Danach besucht sie, nun weniger komfortabel, für drei Monate ihren jüngsten Bruder in Kenia, der als einziger Weißer in einem Reservat der Massai lebt und den Eingeborenen die Herstellung und Verwertung von Milchprodukten beibringt. Hier erlegt die jagderfahrene Besucherin zur Verblüffung der Massai-Jäger ihren ersten und einzigen Leoparden.

Nach Kenia, vor allem nach Südafrika, wird Marion Dönhoff später immer wieder reisen. Leben allerdings könnte sie hier nicht – zu sehr würde ihr Gerechtigkeitssinn gegen die noch herrschende Apartheid rebellieren, die ihr Bruder als gottgegeben hinnimmt.

1939

Viel ist geschehen im vergangenen Jahrzehnt, in Deutschland und im Leben Marion Dönhoffs. Kurz vor Hitlers Machtergreifung hat sie in Frankfurt ein Studium der Volkswirtschaft begonnen. Sie will aus den Erfahrungen der

Wirtschaftskrise in den Zwanzigerjahren »einfach mehr begreifen von den Zusammenhängen, auch für Friedrichstein«. Den Aufmarsch der »Braunen« in der Stadt und vor der Universität erlebt sie als Schock: »In diesem Augenblick stand das Kommende plötzlich deutlich vor mir: Diese Stiefel würden alles zertreten, was ich liebte und achtete.«

Mit ihren Befürchtungen und ihrer Empörung findet sie nur bei den kommunistischen Kommilitonen Widerhall, die »lauwarmen Rechten«, stellt sie fest, sind für offenen Protest nicht zu gebrauchen. Mit einem der Roten klettert sie kühn aufs Dach der Universität, um eine dort flatternde Hakenkreuzfahne herunterzuholen. Die ist jedoch mit Schlössern so gut gesichert, dass die Aktion misslingt und die »rote Gräfin«, wie sie wegen ihrer Kontakte zu den kommunistischen Gruppen bald genannt wird, sich mit dem Verteilen von Flugblättern und dem Herunterreißen von Plakaten begnügen muss, die in knalligen Lettern »Wider den Ungeist« die Säuberung der Universität von allen – namentlich aufgeführten – jüdischen und kommunistischen Professoren fordern. Da die junge Studentin in Frankfurt bereits als »widerständig« aufgefallen ist und eine Relegierung von der Universität befürchten muss, setzt sie sich ins neutrale Ausland, nach Basel, ab.

In Basel lebt nicht nur einer ihrer Brüder, hier ergibt sich auch bald ein enger Kontakt zu einem Kreis antinazistischer Studenten aus Deutschland. In Professor Edgar Salin findet sie einen verständnisvollen Mentor und Doktorvater. Der Ökonom und Sozialwissenschaftler, bei dem sie über Marxismus promovieren möchte, redet ihr diese Idee aus und schlägt vor, stattdessen doch lieber über ein Thema zu arbeiten, von dem sie mehr versteht: über die Entstehung und Verwaltung des Dönhoff'schen Familienbesitzes.

Der Vorschlag kommt ihr nicht ungelegen, gibt er ihr doch die Möglichkeit, in Ostpreußen zu arbeiten, nach dessen Weite sie sich sehnt. So wühlt sie sich denn auf Schloss Friedrichstein durch ungeordnete Aktenberge und vergilbte Briefbündel im Familienarchiv, macht unerwartete Funde, entdeckt zum Beispiel das Kollegheft eines Vorfahren über eine Vorlesung bei Professor Kant in Königsberg und genießt nach staubtrockener Arbeit die Ausritte in die ihr zu jeder Jahreszeit vertraute Natur, unterwegs mit den Störchen, den Kranichen und Wildgänsen ...

In *Kindheit in Ostpreußen* hat sie dieses Glücksempfinden beschrieben: »Erst wenn es Stoppelfelder gibt, Kilometer von Stoppelfeldern, über die man galoppieren kann, dann beginnt die große Zeit des Jahres. Dann muss man einen Trakehner haben, und im Herbst muss es ein Schwarzbrauner sein. Niemand hat die wirklichen Höhepunkte des Lebens je erlebt, der das nicht kennt, dieses Hochgefühl vollkommener Freiheit und Schwerelosigkeit im Sattel. Die Welt liegt einem zu Füßen ...«

In Berlin liegt die Welt – noch nicht die ganze Welt – einem anderen zu Füßen, einem, der die Arbeitslosen von den Straßen holt und einen Führerstaat errichtet. Auf Schloss Friedrichstein ist davon noch nicht viel zu spüren. Marion Dönhoff schließt 1935 ihre Doktorarbeit in Basel ab und Professor Salin bewertet sie mit *summa cum laude*.

Erst 1937, nach ausgedehnten Reisen, kehrt sie auf das elterliche Schloss zurück und arbeitet sich in die Verwaltung der umfangreichen Familiengüter ein. Das kommt ihr zwei Jahre später zugute, als sie die alleinige Verantwortung für die Dönhoff'schen Besitzungen übernehmen muss. Anfang September 1939 marschiert Hitler in Polen ein. Der Zweite Weltkrieg hat begonnen. Die beiden älteren Brüder werden eingezogen, der jüngste lebt im fernen Afrika; die Schwestern kommen für eine Gutsverwaltung auch nicht in Frage, so hängt alles an Marion, der jungen Gräfin, die nun nicht mehr Komtess genannt wird. Adelstitel sind ohnehin abgeschafft, man hat sich mit »Heil Hitler« zu begrüßen. Doch auf Friedrichstein ist alles ein bisschen anders, nur die Sekretärin ist eine glühende Nationalsozialistin – und könnte vielleicht gefährlich werden. Der Schweizer Historiker Carl Jacob Burckhardt, der als Hochkommissar des Völkerbundes in Danzig sitzt, hat die Gräfin zur Vorsicht ermahnt: »Es gibt ein Nachher, und in diesem Nachher wird Ihnen eine große Aufgabe zufallen.«

1949

Das Nachher hat sich Gräfin Dönhoff anders vorgestellt. Sie ist es gewohnt, Verantwortung zu tragen, zu organisieren und zu bestimmen, was gemacht wird. Nun sitzt sie in Hamburg in einem kleinen Redaktionszimmer im obersten Stock eines noch halb zerbombten Pressehauses als Mitarbeiterin des 1946 gegründeten, noch bescheidenen Wochenblattes *Die Zeit*. Schlecht bezahlt. Auf einen Vertrag allerdings legt sie keinen Wert – sie will, freiheitsgewohnt, jederzeit wieder aussteigen können.

Die *Zeit*-Macher sind gleich 1946 auf sie aufmerksam geworden, als ihnen ein Memorandum in die Hände fiel, das die wach und kritisch beobachtende junge Gräfin für einen Offizier der britischen Besatzungsmacht verfasst hatte. Es enthielt konstruktive Vorschläge zur politischen Gestaltung des Landes, die dem Redaktionsteam gefielen. Die unbekannte Verfasserin wurde zu einem Vorstellungsgespräch

353

nach Hamburg eingeladen und auf der Stelle engagiert. Im Protokoll ist festgehalten: »Trotz ihrer mangelnden journalistischen Erfahrung hatte die promovierte Volkswirtin Beachtliches einzubringen. Sie war schon vor dem Kriege durch Amerika und Schwarzafrika gereist, sie beherrschte die westlichen Sprachen, sie bewegte sich wie selbstverständlich in einem internationalen Netz von Beziehungen … die sich für die *Zeit* würden nutzen lassen.«

Damit beginnt das zweite Leben der Gräfin Dönhoff. Ihre ersten journalistischen Beiträge befassen sich mit Themen, die sie auch später nie loslassen werden: Verlust der Heimat, Erfahrungen im Widerstand, Wunsch nach Frieden und Versöhnung. Die eindrucksvolle Reportage »Ritt gen Westen« schildert ihre abenteuerliche Flucht aus Ostpreußen vor den anrückenden Russen und ihre Ankunft im westfälischen Schloss Vinsebeck. Ähnliches haben viele Menschen erlebt – wenn auch die meisten kein Reitpferd zur Verfügung hatten und nicht in Schlössern von Freunden oder Verwandten Zwischenstation machen konnten.

Die Ereignisse jener eisigen Aufbruchtage im Januar 1945 mit ihrem treuen Hengst Alarich bis zum Eintreffen an dem Ort, von dem aus ihre Vorfahren vor sieben Jahrhunderten gegen Osten gezogen sind, spulen sich in ihrem Kopf noch einmal ab, langsam wie ein Film im Zeitlupentempo. Etwa der letzte Ritt über die Nogat, später festgehalten in *Namen, die keiner mehr nennt*: »Seit Tagen war ich in der großen Kolonne der Flüchtlinge, die sich von Ost nach West wälzte, mitgeritten. Hier in der Stadt Marienburg nun war der Strom offenbar umgeleitet worden, jedenfalls befand ich mich plötzlich vollkommen allein vor der großen Brücke. War dieser gigantische Auszug von Schlitten, Pferdewagen, Treckern, Fußgängern und Menschen mit Handwagen, der die ganze Breite der endlosen Chausseen Ostpreußens einnahm und der langsam, aber unaufhaltsam dahinquoll wie Lava ins Tal, schon gespenstisch genug, so war die plötzliche Verlassenheit fast noch erschreckender ... Mich kroch plötzlich der ganze Jammer der Menschheit an ...«

Sie hat viel verloren durch diesen Krieg: Schloss Friedrichstein, das die Russen 1945 mit all seinen Kunstschätzen niedergebrannt haben. Das Familiengut Quittainen, auf dem sie die letzte Zeit vor ihrer Flucht gelebt hat. Familienangehörige, die gefallen sind, wie ihr Lieblingsbruder Heinrich und zwei ihrer Neffen, für die sie die elterliche Obhut übernommen hatte. Die jüdischen Freunde, die in Lagern umgekommen sind. Die Freunde aus dem Kreisauer Kreis, die nach dem 20. Juli 1944 von den Nazis hingerichtet wurden – eine doppelt schmerzende Wunde: In die Trauer über den Verlust dieser Freunde mischt sich die bittere Enttäuschung darüber, dass der todesmutige Einsatz der Verschwörer von vielen Deutschen, vor allem aber von den Siegermächten in keiner Weise gewürdigt wird. Für Churchill handelte es sich um »Ausrottungskämpfe unter den Würdenträgern des Dritten Reiches«.

Mit Axel von dem Bussche, dessen Attentatsversuch gegen Hitler misslungen ist, und mit Richard von Weizsäcker, der als Offizier dem Kreis um Graf Stauffenberg nahestand, fährt Marion Dönhoff im Oktober 1945 zu den Nürnberger Prozessen – und wird auch hier von den Alliierten enttäuscht: »In Nürnberg wollten sie die Guten von den Schlechten trennen. Da sie den deutschen Widerstand leugneten, gab es für sie keine Guten – und so geriet die ganze Veranstaltung zu einer Art Vernichtung der Deutschen.« Ihr Fazit zum 20. Juli lautet: »Für die politische Geschichte mag entscheidend sein, dass das Attentat miss-

355

lang. Für das deutsche Volk und seine geistige Geschichte ist wichtig, dass es diese Männer gegeben hat.«

Über ihre eigene aktive Rolle im Widerstand geht sie mit preußisch-hanseatischem Understatement hinweg. Doch wie viel Kraft und Umsicht muss dieses Doppelleben während der NS-Zeit erfordert haben, das Entschlüsseln konspirativer Briefe unter dem zur Tarnung aufgehängten Hitlerporträt ... Die nach außen verschlossen und distanziert Wirkende hat die Fähigkeit, Gefahren intuitiv zu erspüren: »Ich konnte in einem Raum voller Menschen sofort sehen, wer ein Nazi war und wer nicht.«

In der Kreisauer Widerstandsgruppe ist sie die einzige Frau, die aktiv zu Kurierdiensten eingesetzt wird. Sie hält die Verbindung zwischen Ostpreußen und Peter Graf Yorck in Berlin aufrecht und nutzt ihre guten Beziehungen zur Schweiz, um über den Diplomaten Carl Jacob Burckhardt Informationen an ausländische Gewährsleute weiterzugeben. Der *Zeit*-Mitarbeiter Haug von Kuenheim schreibt dazu: »Detaillierte Aktionspläne bleiben ihr zwar verschlossen, aber sie weiß, dass ihre Freunde die Beseitigung Hitlers planen ... Den 20. Juli, den Tag des Attentats auf Hitler, übersteht sie mit Glück und Geschick. Ein Verhör durch die Gestapo verläuft glimpflich.« Doch Erleichterung empfindet sie nicht. »Nichts konnte schlimmer sein, als alle Freunde zu verlieren und allein übrig zu bleiben«, schreibt sie.

1959

Die Zeit hat sich aus bescheidenen Anfängen zu einem auch im Ausland beachteten Wochenblatt entwickelt, das Gehalt der Redakteurin Dönhoff wurde aufgestockt, die promovierte Volkswirtschaftlerin sollte das Wirtschaftsressort übernehmen – doch ihr brannten andere Fragen auf den Nägeln, Fragen um die geistige und politische Erneuerung: »Wie soll das neue Deutschland aussehen? Was müssen wir tun? Welche Ziele anvisieren?« Ihre Beiträge und Kolumnen sind politischer Art, Orientierungshilfen – nicht immer ganz ausgewogen, etwa wenn es um ihren »liebsten Feind« Adenauer geht, dem sie mangelndes Interesse an der Ostpolitik vorwirft. Ein Kulturkampf zwischen dem katholischen Rheinland und dem protestantischen Preußen. Der gängige, negativ besetzte Begriff »Adenauer-Ära« stammt von ihr. Die zur Leiterin des politischen Ressorts Aufgestiegene tut ihre Meinung unmissverständlich kund, räumt aber in ihrer liberalen und toleranten Art auch anderen Gesinnungen Platz ein und scheut sich nicht vor politischen Visionen.

Den Aufstand vom 17. Juni 1953 kommentiert sie mit Stolz und Zorn: »Als Demonstration begann's und ist eine Revolution geworden! Die erste wirkliche deutsche Revolution, ausgetragen von Arbeitern, die sich gegen das kommunistische Arbeiterparadies empörten, die unbewaffnet, mit bloßen Händen, der Volkspolizei und der Roten Armee gegenüberstanden und die jetzt den sowjetischen Funktionären ausgeliefert sind ...« Und sie fordert, dieser denkwürdige Tag sollte bei uns »jetzt schon zum Nationaltag des wieder vereinigten Deutschland proklamiert werden«. – Wem außer ihr hätte damals die Wiedervereinigung so auf den Nägeln gebrannt?

Ein Jahr später kracht es in der Redaktion, die Gräfin räumt ihren Schreibtisch – sie ist ja nicht an einen Vertrag gebunden – und geht als freie Journalistin nach Amerika. Während ihres Irlandurlaubs war im politischen Teil der

Zeit ohne ihr Wissen in großer Aufmachung ein Artikel des NS-Staatsrechtlers Carl Schmitt erschienen. Der zuständige Chefredakteur – und das ärgerte sie am meisten – reagierte auf ihre Empörung mit Unverständnis.

Von New York aus schreibt sie nun für die *Welt* Berichte über Amerika, geht dann für ein halbes Jahr zum *Observer* nach London und schließlich nach Paris – bis der Verleger Bucerius sie zur *Zeit* zurückholt.

1969

Ein unruhiges Jahrzehnt ist vergangen: erst der Bau der Mauer mitten durch Berlin im August 1961, dann, 1968, die Studentenrevolte. Beide Ereignisse haben die Gräfin (wie sie von allen in der Redaktion respektvoll, gelegentlich auch etwas süffisant genannt wird) stark berührt.

Als am 13. August die Berliner Bauarbeiter damit beginnen, die Mauer hochzuziehen und Fenster zuzumauern, setzt sie sich mit ihrem jungen Mitarbeiter Theo Sommer in den nächsten Flieger nach Berlin und es gelingt den beiden, mit einem gemieteten VW-Käfer gerade noch in den Ostteil zu kommen. Sie erleben die Bestürzung und Ratlosigkeit der Menschen, sind selbst bestürzt und ratlos, und Marion Dönhoff schreibt in ihrem *Zeit*-Kommentar: »Wir sind dem Abgrund ein gut Stück näher gerückt.« Sie setzt sich nun verstärkt für eine aktive Ostpolitik, ein Nichtabreißen der Kontakte zur DDR ein und hält ihre Erfahrungen in dem Band *Reise in ein fernes Land* fest.

Entsetzt über den Vietnamkrieg und unzufrieden über verknöcherte Strukturen in der Bundesrepublik sympathisiert sie einige Jahre später mit den rebellierenden Studenten, die dem »Muff von tausend Jahren unter den Talaren« den Garaus machen wollen. Aber als Pflastersteine und faule Tomaten fliegen, missliebige Professoren verhöhnt und tätlich angegriffen werden, verurteilt sie diese Auswüchse. Für die Revoluzzer ist sie deshalb eine »Scheißliberale«, für viele Bürgerliche immer noch die »rote Gräfin«. Doch die rote Gräfin der Frankfurter Studentenzeit muss nicht, wie damals, Sanktionen befürchten: Sie sitzt fest im Sattel, Verleger Bucerius hat sie 1968 zur Chefredakteurin gemacht.

In dieser neuen Position hat sie noch mehr Gestaltungsspielraum und Einfluss, und was sie an Disziplin und Arbeitseinsatz vorlebt, erwartet sie auch von ihren Mitarbeitern. Ihr »Ziehsohn« Sommer erinnert sich: »Ich hatte am Anfang Heidenrespekt vor ihr. Sie kann auch sehr harsch bis streng sein und neigt zur Ungerechtigkeit … Geizig kann sie sein. Halsstarrig. Und nachtragend. Wenn sie einem vor drei Jahren ein Buch gegeben hat, liegt eines Tages ein Zettel auf dem Tisch: ›Wo bleibt die Rezension?!‹«

1979

Theo Sommer sitzt nun selbst auf dem Stuhl des Chefredakteurs, Gräfin Dönhoff firmiert im Impressum der *Zeit* seit 1973 als Herausgeberin. Sie hat beharrlich Stufe um Stufe der Karriereleiter erklommen, wobei es ihr nie um Prestige, Statussymbole oder materielle Anreize ging, wohl aber um Einfluss, um Unabhängigkeit, um Gestaltungsmacht. Ihre Blickrichtung nach Osten hat sich nicht verändert, nach wie vor ist die Ostpolitik, die Aussöhnung mit Polen vor allem, für sie ein zentrales Thema.

Sie setzt ihre ganze Hoffnung auf Willy Brandt. Doch als dieser sie 1970 bittet, ihn – gemeinsam mit Günter Grass, Siegfried Lenz und Henri Nannen – zur Unterzeichnung des Warschauer Vertrags nach Polen zu begleiten, lehnt sie nach anfänglicher Zusage kurzfristig ab: »Zwar hatte ich mich damit abgefunden, dass meine Heimat Ostpreußen endgültig verloren gegangen ist, aber selber zu assistieren, während Brief und Siegel darüber gesetzt werden, und dann ein Glas auf den Abschluss des Vertrags zu trinken, das erschien mir plötzlich mehr, als man ertragen kann.« Bundeskanzler Brandt respektiert ihren Entschluss.

Im Jahr darauf wird ihr Engagement für Frieden und Versöhnung mit den osteuropäischen Ländern durch den Friedenspreis des Deutschen Buchhandels gewürdigt. Ihr zu Ehren und als Zeichen der Verständigung zwischen Deutschland und Polen trägt im ehemals ostpreußischen Nikolaiken, dem heutigen polnischen Mikolajki, eine Schule ihren Namen: das Lyzeum Marion Dönhoff, dessen Schülern sie »nachahmenswertes Vorbild« sein soll.

Während sie die Welt bereist und mit Politikern und Staatsoberhäuptern Gespräche über europäische und globale Fragen führt, tobt in Deutschland der Kampf um den § 218. Die Neue Frauenbewegung mit dem Flaggschiff *Emma* ruft zu Demos und Unterschriftenaktionen auf. Frauenzeitschriften und Illustrierte, allen voran der *Stern*, nehmen sich des Themas ausgiebig an, Gräfin Dönhoff jedoch hält sich zum Bedauern ihrer Biografin Alice Schwarzer auf Distanz. Sie hat sich nie zu Frauenthemen geäußert, sie ist in eine Männerwelt hineingewachsen und hat sich darin behauptet, Emanzipationsprobleme kennt sie nicht. Auf die Frage der *Emma*-Redakteurin, ob sie, wäre sie zur APO-Zeit 20 gewesen, für die Frauenbewegung gekämpft

360

hätte, antwortet sie ohne Zögern: »Das kann ich mir gar nicht vorstellen, dass ich in einer Gruppe von nur Frauen gekämpft hätte …«

Immer hatte sie es mit Männern zu tun, auf der Schule, bei der Jagd, beim Studium, im Widerstand, in der Redaktion … Gab es in dieser langen Zeit jemals den Einen, den Partner, mit dem sie sich ein Zusammenleben hätte vorstellen können? Ihre Aufzeichnungen schweigen sich darüber aus. Hartmut von Hentig, ein häufiger Gast bei den Dönhoffs, deutet an, dass es da einmal einen Oberst der Kavallerie gegeben habe …

1989

Die Zeit wird immer umfangreicher, das Redaktionsteam unübersichtlicher. Die Herausgeberin, die noch täglich an ihrem Schreibtisch im sechsten Stock des Pressehauses sitzt, denkt wehmütig an die Zeiten zurück, als das Blatt noch dünn war und die Mitarbeiter trotz kontroverser Ansichten eine verschworene Gemeinschaft bildeten. Sie träumt von einer kleinen »Zeitschrift der Autoren, ohne Werbung«, aber der Konkurrenzkampf duldet keine Träume, Wirtschaftlichkeit hat Priorität.

»In wirtschaftspolitischen Fragen war ihr das Soziale allemal wichtiger als die Marktwirtschaft«, schreibt Ralf Dahrendorf in seiner Bucerius-Biografie und schildert die ständigen, nicht nur politischen Auseinandersetzungen der Gräfin mit ihrem Verleger, dem sie vorhält: »Früher, als Sie nichts hatten, waren Sie viel unbesorgter. Wie oft haben Sie uns angefeuert, auf Inserenten keine Rücksicht zu nehmen. Jetzt, wo Ihre Millionen viele Nullen haben, werden Sie

361

mit einem Mal unsicher.« Die beiden gehen aber immer wieder aufeinander zu, und die Millionen mit den Nullen kommen auch Marion Dönhoff zugute: Nach ihrem Ausscheiden als Chefredakteurin übereignet ihr Bucerius kurzerhand das verwunschene Haus Am Pumpenkamp, in dem sie seit Langem zur Miete wohnt, als Schenkung. Sie ist verblüfft über das generöse Geschenk und über sich selbst, dass sie, die nie eine Beziehung zu Eigentum hatte, nun über den Besitz so beglückt ist.

Zum Genießen ihres Refugiums hat sie allerdings noch nicht die nötige Muße: Auf dem Schreibtisch in der Redaktion stapeln sich Briefe und Manuskripte, sie ist häufiger als früher zu Vorträgen und Lesungen unterwegs, Reisen sind noch immer ihre Leidenschaft. Zur Niederschrift ihrer Bücher zieht sie sich am liebsten auf einen Familiensitz der Dönhoffs auf Ischia zurück. Hier, im Gemäuer des alten Weingutes mit dem verwilderten Garten, fühlt sie sich nach Friedrichstein zurückversetzt, hier gräbt sie im Sommer 1987 ihre *Kindheit in Ostpreußen* aus der Erinnerung hervor.

Wenig später holt die Gegenwart sie wieder ein. In ihrer Dankesrede zur Verleihung des Heinrich-Heine-Preises der Stadt Düsseldorf kritisiert sie 1988 das gegenseitige Töten von Arabern und Israelis in den von Israel besetzten Gebieten und ruft damit Empörung beim Zentralrat der Juden in Deutschland hervor. Man wirft ihr »Mangel an Sensibilität« vor – ausgerechnet ihr, die sich immer einfühlsam um menschliche Schicksale gekümmert hat – allerdings mit dem Bemühen um Objektivität und Offenheit nach beiden Seiten.

1999

Im Rückblick auf das letzte Jahrzehnt rundet sich ein Lebenswerk, das in die Zukunft weist, in der Gegenwart verankert ist und sich aus der Vergangenheit speist. Die Vergangenheit heißt Ostpreußen, heißt 20. Juli.

1992 wird in Kaliningrad, dem ehemaligen Königsberg, das neue Kant-Denkmal eingeweiht. Vom alten, in den Kriegswirren verschollenen Monument existierte nur noch eine kleine Kopie. Eine von Marion Dönhoff unter den *Zeit*-Lesern initiierte Spendensammlung ermöglichte den neuen Bronzeguss in Originalgröße. Bei der feierlichen Enthüllung zitiert die Ostpreußin aus Deutschland die Worte eines russischen Dichters: »Kant gehört nicht euch und er gehört nicht uns – er gehört der Welt.«

Am nächsten Tag lässt sich die 83-Jährige mit einem russischen Taxi noch einmal – ein letztes Mal – nach Friedrichstein fahren, an den Ort, den es längst nicht mehr gibt, von dem nur noch die Bilder im Kopf unauslöschlich vorhanden sind. Schon vor drei Jahren hat sie nach fast einem halben Jahrhundert zum ersten Mal wieder alten Dönhoff'schen Boden betreten, aber ein Heimatgefühl ist dabei nicht aufgekommen, nur Wehmut: »Das riesige Schloss ist wie vom Erdboden verschluckt, nichts ist davon geblieben, nicht einmal ein Trümmerhaufen … Vom Rasenplatz, den Hecken, den Wegen ist nichts mehr zu sehen. Die alte Mühle – einfach weg, der lange Pferdestall – weg auch er. Alles ist überwuchert von Sträuchern, Brennnesseln, heranwachsenden Bäumen. Ein Urwald hat die Zivilisation verschlungen.«

1994 erscheint das Buch *Um der Ehre willen* – eine persönliche Aufarbeitung der Geschehnisse um das gescheiterte

Attentat vom 20. Juli 1944. Auch ein Stück Geschichte, eine Hommage an die hingerichteten Freunde. Die Autorin ist die letzte Überlebende aus dem Verschwörerkreis, die letzte Zeitzeugin eines wahnwitzigen Geschehens, das sich nie wiederholen darf.

Sie ist eine Mahnerin – nicht nur mit Worten und Appellen, sie setzt handfeste Zeichen der Verständigung zwischen Menschen und Völkern. Ihre sämtlichen Honorare aus Büchern, Vorträgen und Preisverleihungen fließen in eine 1988 gegründete Stiftung. Diese Marion Dönhoff Stiftung soll »die Entwicklung freundschaftlicher Beziehungen zwischen Deutschen und Bürgern in Osteuropa, insbesondere in Polen und Ungarn, sowie in den Nachfolgestaaten der Sowjetunion fördern und somit zur dauerhaften Verständigung und Friedenssicherung beitragen«.

Für ihre internationalen Verständigungs- und Versöhnungsbemühungen erhält Gräfin Dönhoff 1999 den Bruno-Kreisky-Preis und die Ehrendoktorwürde der Universitäten Birmingham und Kaliningrad. Die Stadt Hamburg macht sie im selben Jahr zur Ehrenbürgerin. Die Urkunden häufen sich, die Ehrendoktorhüte ebenfalls – kein Grund für die Gräfin, die Hände in den Schoß zu legen. In den letzten Jahren treibt sie die Frage um, wie dem Werteverfall in unserer Gesellschaft Einhalt geboten werden könnte. Gemeinsam mit Richard von Weizsäcker hat sie das Manifest »Weil das Land sich ändern muss« initiiert, an dem sich Prominente quer durch die Parteien beteiligt haben. Sorge macht ihr vor allem die mangelnde Verantwortung der Bürger für das Gemeinwesen, die Zunahme der Gewaltbereitschaft unter Jugendlichen und die Fixierung der Gesellschaft auf materielle statt geistige Güter. *Zivilisiert den Kapitalismus* heißt eines ihrer letzten Bücher.

2009

Am 2. Dezember 2009 ist im Kalender vermerkt: 100. Geburtstag Marion Gräfin Dönhoff. Lange sah es so aus, als ob sie mit ihrer Vitalität und Zähigkeit diesen Tag hätte erleben können. Doch dann kam der Krebs: drei Brustoperationen, ständige Schmerzen im rechten Arm, Lähmung der Schreibhand. Alles tapfer und klaglos ertragen. Auf die Frage ihres Großneffen kurz vor ihrem Tod, ob sie an ein Leben danach glaube, antwortet sie: »Ich habe mir nie konkrete Vorstellungen gemacht. Ich gehe aber davon aus, dass da etwas kommt. Das habe ich immer getan … Ich denke, dass alles seine Zeit und seinen Platz hat. Warum soll ich versuchen, mich vorher da einzumischen?« – Sie hat einen leisen, sanften Tod. In den frühen Morgenstunden des 11. März 2002 stirbt Marion Gräfin Dönhoff auf Schloss Crottorf bei ihren Verwandten.

Tage später die große offizielle Trauerfeier in Hamburg: Dicht an dicht drängen sich die Menschen in der Hauptkirche St. Michaelis. Bundespräsident Rau erinnert an das unbeirrbare Eintreten der Verstorbenen für Menschlichkeit und Toleranz, Altbundeskanzler Schmidt hebt ihre innere Unabhängigkeit, ihre Zivilcourage und ihren Weitblick hervor – Worte, die mehr als Worte sind.

Die Beerdigung im westfälischen Friesenhagen, nahe Schloss Crottorf, findet im engsten Familien- und Freundeskreis statt. Der schmucklose Eichensarg wird unter einer alten Buche beigesetzt, die an den Park von Friedrichstein erinnert. Zwei Geschwister der Gräfin liegen hier schon begraben. Keine großen Worte mehr am offenen Grab, nur einige Verse, gelesen von Karl Dedecius: »Die Bäume mögen für Euch rauschend trauern …«

Wie könnte es weitergehen?

Sieben Jahre später, zum hundertsten Geburtstag Gräfin Dönhoffs, kommen die Verwandten und Freunde im Gedenken an die Verstorbene noch einmal auf Schloss Crottorf zusammen. Henry Kissinger ist aus Amerika angereist, Lord Dahrendorf aus England. Es ist viel geschehen in den sieben Jahren: Helmut Schmidt berichtet vom Ausbau des Dönhoff'schen Hauses Am Pumpenkamp – nicht zu einem Museum, nein, zu einem Treffpunkt für Stipendiaten der Marion Dönhoff Stiftung. Die neuen Preisträger des Marion-Dönhoff-Preises für Projekte, die sich der Versöhnung widmen, stellt der Hausherr Graf Hatzfeld vor, während Hartmut von Hentig, der oft auf Friedrichstein weilte, die Pläne für ein Begegnungszentrum auf dem Gelände des alten Schlosses entrollt. Siegfried Lenz präsentiert die zwölfbändige Dönhoff-Gesamtausgabe, und Michael Naumann legt die Bewerbungen für den Gastlehrstuhl an der Universität Hamburg vor, der im Sinne der Ehrensenatorin Dönhoff für die Erforschung des Widerstands im Dritten Reich ausgeschrieben wurde ...

Ja, es könnte viel geschehen sein in den sieben Jahren nach dem Tod der Gräfin. Sie hatte Visionen. Einige davon mögen sich erfüllen.

Ist die Zukunft weiblich?

Margarete Mitscherlich

(*1917)

> Die freie Frau wird eben erst geboren …
> Die Zukunft steht weit offen.
> *Simone de Beauvoir*

Als Anfang der Fünfzigerjahre Simone de Beauvoirs 700-Seiten-Werk *Das andere Geschlecht* auf den Markt kam, machte es – lange bevor sich die Neue Frauenbewegung zu formieren begann – weltweit Furore. Noch nie hatte jemand so schonungslos und historisch schlüssig die jahrtausendealte Männerherrschaft mit all ihren Machtritualen und Privilegien infrage gestellt. Noch nie hatte jemand den Frauen so anschaulich die eigene Lage vor Augen geführt und so praxisnahe weibliche Selbstbehauptungs- und Selbstentfaltungsstrategien entwickelt wie diese französische Feministin.

Margarete Nielsen – spätere Mitscherlich – war damals 34 Jahre alt, neun Jahre jünger als die Beauvoir, frisch promoviert und Mutter eines zweijährigen Sohnes. Sie kannte all die Fußangeln weiblicher Entfaltung aus eigener Erfahrung: Studium mit Kind, auf Männerbedürfnisse zugeschnittener Hochschulbetrieb, gesellschaftliche Missbilligung einer Partnerschaft ohne Trauschein. Und immer trafen die Benachteiligungen die Frau, nie den Mann. War es da nicht naheliegend, sich Gedanken über eine Änderung dieser eingefahrenen Strukturen zu machen?

Margarete Mitscherlich

Ein konsequenter,
aber nicht militanter Feminismus

Margarete Mitscherlich nennt sich Feministin, aber sie gehörte nie zu den Radikalfeministinnen, die Männer aus dem öffentlichen Leben eliminieren oder gar, wie Valerie Solanas, in Reservate abschieben wollten. Ihr geht es nicht darum, das überständige Patriarchat durch ein ebenso dominierendes Matriarchat zu ersetzen, sie strebt eine gleichberechtigte Partnerschaft an, die selbstbewusste Frauen und auf Machogehabe verzichtende Männer voraussetzt. Anders als viele Feministinnen ist sie nicht durch persönliche Frustrationen zu ihren Einsichten gelangt, sondern über den Weg der Psychoanalyse, die damals noch als verfemte Halbwissenschaft galt.

Für die junge Medizinerin, die sich in Zürich zum ersten Mal mit der Psychoanalyse auseinandergesetzt hat, nimmt dieses im Dritten Reich unterdrückte Wissensgebiet eine immer zentralere Rolle ein. Um sich fachärztlich fortzubilden, geht sie nach Stuttgart an das psychotherapeutische Institut. Von 1951 an steht sie als Assistentin in der psychosomatischen Klinik Heidelberg ihrem späteren Mann Alexander Mitscherlich zur Seite. Keine einfache Beziehung: Er ist ihr Chef und – was in der Klinik nicht allgemein bekannt ist – Vater ihres Sohnes Mathias. Zusammenwohnen dürfen die beiden offiziell nicht, das verstößt in der konventionellen Heidelberger Gesellschaft gegen die Moral.

1954 geht sie als erste deutsche Psychoanalytikerin nach dem Krieg für ein Jahr zur Weiterbildung nach London, in die Exilstadt Sigmund Freuds, in der seine Tochter Anna Freud die Lehre des Vaters, etwas modifiziert, weiter vertritt. Margarete Mitscherlich ist von ihrer Persönlichkeit und ihrem Wirken tief beeindruckt, aber sie setzt sich auch mit den Thesen ihrer Gegenspielerin Melanie Klein auseinander. Erstaunlich, wie stark Frauen ins Freud'sche Lehrgebäude eindringen konnten, das ja in seinen Grundaussagen die Frau eher als Mängelwesen sieht.

Dass Freuds Weiblichkeitstheorie heute so nicht mehr haltbar ist, steht für Margarete Mitscherlich außer Frage. Im Sammelband *Psychoanalytische Diskurse über die Weiblichkeit von Freud bis heute* schreibt sie: »Wo Freud noch im Penisneid und der damit verknüpften Hinwendung des Mädchens zum Vater den Angelpunkt der weiblichen Entwicklung sah, wird heute die Rolle des Loslösungs- und Individuationsprozesses für die Entwicklung der weiblichen Identität betont und der Einfluss insbesondere der Mutter auf die Entwicklung des Mädchens hervorgehoben.« Sie fordert eine Erweiterung der Freud'schen auf Sexualität konzentrierten psychoanalytischen Forschung durch Einbeziehung gesellschaftlicher Faktoren und Sozialisationsprozesse.

Auch wenn sie einräumt, dass Freuds Theorie von Männlichkeitsfantasien durchdrungen ist, sieht sie in seiner Lehre doch einen der wesentlichsten geistigen Impulse des letzten Jahrhunderts. Mit der Gründung des Sigmund-Freud-Instituts in Frankfurt im Jahre 1960 hat Alexander Mitscherlich die Grundlage für eine Wiederaufnahme der 1933 in Deutschland jäh unterbrochenen Psychoanalyse-Forschung geschaffen.

Im Gespräch mit der Biografin Felizitas von Schönborn begründet Magarete Mitscherlich diesen Schritt: »Wer sich mit den Theorien Freuds und seiner Nachfolger beschäftigt und sie mit anderen psychologischen Richtungen vergleicht, dem fällt auf, welche vielfältigen und langjährigen

Erfahrungen vom Menschen der Freud'schen Psychoanalyse zugrunde liegen – was in der menschlichen Seele vorgeht, welche Ängste und Symptome die Menschen bewegen, welche Konflikte und Abwehrmechanismen unsere Feindbilder hervorrufen.« Aber sie sieht auch die Gefahr der zu starken Fixierung auf den Meister: »Die Psychoanalyse darf nicht zum Dogma werden. Sie muss selbstkritisch und offen bleiben – ganz besonders, wenn es um die Psychologie der Frau geht.«

Diese Psychologie der Frau hat die Analytikerin zeitlebens in all ihren Facetten interessiert: die weibliche Selbstwahrnehmung, das Verhältnis zum Mann, die Stellung der Frau in der Gesellschaft. Margarete Mitscherlichs wissenschaftliche Analysen gehen häufig einher mit moralisch politischen Appellen. Bei ihrem Versuch, von der klassischen Lehre Freuds eine Brücke zum Feminismus zu schlagen, hat sie sich Feinde und Feindinnen in beiden Lagern geschaffen, bei den dogmentreuen Freudianern und bei dem Teil der Feministinnen, die in Freud nur den Frauenverächter sehen. Alice Schwarzer, Kristallisationsfigur des deutschen Feminismus, bescheinigt ihr denn auch ein besonderes Talent, »sich mit Schwung zwischen die Stühle zu setzen« – keine schlechte Voraussetzung für den weiblichen Diskurs.

In ihrem 1985 erschienenen Buch *Die friedfertige Frau* – der Titel ist ironisch gemeint – kämpft sie gegen die »falsche« weibliche Friedfertigkeit, gegen die Opferhaltung und Larmoyanz vieler Frauen, die sich scheuen, gesellschaftliche Verantwortung und Macht zu übernehmen. Doch sie sieht das weibliche Geschlecht nicht nur in der Opferecke: »Im Grund ihrer Seele sind Frauen nicht weniger aggressiv, aber sie äußern ihre Aggressionen anders.« Da

Frauen ein großes Bedürfnis hätten, geliebt zu werden, gingen sie oft Auseinandersetzungen aus dem Wege.

Die streitbare Psychoanalytikerin plädiert für eine Konfliktkultur, auch in der Partnerschaft. Absolute Harmonie der Geschlechter ist für sie keine erstrebenswerte Tugend. Nur in der Auseinandersetzung mit dem Partner, nicht in der symbiotischen Verschmelzung, sieht sie die Chance, den eigenen Horizont zu erweitern. In Abwandlung des Heraklit-Zitats vom Krieg als dem Vater aller Dinge, möchte sie den Konflikt an diese Stelle gesetzt sehen. In ihrer Ehe mit Alexander Mitscherlich, dem eigenwilligen bajuwarischen Querdenker, hat sie gelernt, sich im Konflikt zu behaupten. Aber wie viele Frauen verfügen über eine so ausgeprägte Diskursfähigkeit und wie eignen sich die übrigen eine Selbstbehauptungsstrategie an?

Die Schrift mit dem provozierenden Titel *Die Zukunft ist weiblich* kommt 1987 heraus, und die Verfasserin fügt gleich – noch provozierender – hinzu: »Die Zukunft ist weiblich oder sie ist nicht.« Ihre Begründung fällt, bewusst einseitig, holzschnittartig aus: Es sind die Männer, die seit Jahrtausenden die Kriege geführt, die Welt zerstört, die Frauen unterdrückt haben, und sie werden das weiter tun, wenn ihnen nicht durch weibliche Gegenkräfte Einhalt geboten wird. Als wichtigste weibliche Gegenkraft sieht sie dabei die Einfühlsamkeit, auch die Frauen von jeher anerzogene Fürsorglichkeit, die eher zum Hegen als zum Zerstören neigt. Dass auch Frauen aggressiv sind, bestreitet sie nicht, sie hält Aggressivität, wenn sie sich nicht gegen Schwächere richtet, für durchaus notwendig, zum Beispiel im Durchsetzungskampf gegen die Herrschaft der Männer. Margarete Mitscherlichs Pazifismus ist kein absoluter, aber sie lehnt Auseinandersetzungen mit Waffengewalt ab. Das unterscheidet sie von Simone de Beauvoir, die für Frauen die absolute Gleichberechtigung, also auch das Recht, mit der Waffe zu kämpfen, fordert.

Die Rolle der Frau in der Gesellschaft ist für die Feministin Mitscherlich das eine zentrale Thema ihrer Forschung, die Aufarbeitung der NS-Vergangenheit das andere. Beide Themen hängen, auch wenn es auf den ersten Blick nicht so scheinen mag, unmittelbar zusammen.

Trauerarbeit

Der Männlichkeitswahn der NS-Ideologie führte zu einer Verherrlichung von Kraft und Überlegenheit, von Heldentum und Heroenkult. Frauen waren daran, wie Margarete Mitscherlich ausführt, nicht unbeteiligt. Sie bewunderten am Manne Stärke und Kampfesmut und jubelten in nicht geringer Zahl dem Führer zu, dessen Feindbilder sie kritiklos oder nur mit leise geäußerten Vorbehalten übernahmen.

Nach dem Zusammenbruch des Dritten Reiches gingen die meisten Deutschen nicht daran, ihr Verhalten in jener Zeit zu überdenken und hinterfragen, sondern es setzte ein großer Verdrängungsprozess ein. Man stürzte sich in den Wiederaufbau und überdeckte mit Wirtschaftswunder und Wohlstand alte Wunden und aufkeimende Zweifel. Die Fragen, die Margarete Mitscherlich umtrieben, schienen nicht von allgemeinem Interesse zu sein: Wie ist es möglich, dass eine bedeutende Kulturnation plötzlich ins Barbarentum zurückfallen kann? Und: Warum gibt es kaum Anzeichen von Trauer und Scham in diesem Land?

Im Band *Trauer ist der halbe Trost* schreibt sie über ihre eigenen Erfahrungen: »Diese Jahre haben mein Leben und

Denken geprägt wie keine anderen. Seit dieser Zeit bin ich mir der tödlichen Gefahr von Vorurteilen und Projektionen, von falschen Idealen, auch bei mir selber, voll bewusst. Aber der Wahn nimmt kein Ende. Das Ethnische, das Rassistische, das Denken in Freund-Feind-Kategorien beherrscht uns von neuem. Aus der Vergangenheit zu lernen, ist uns offenbar nur selten möglich.«

Gemeinsam mit Alexander Mitscherlich hat sie 1967 das Buch *Die Unfähigkeit zu trauern* herausgegeben, das die Grundlagen kollektiven Verhaltens untersucht. Der Band wurde sofort zum Bestseller, der Titel zum viel zitierten Schlagwort – eigentlich ein Widerspruch zur These, die Deutschen seien nicht zur Auseinandersetzung mit der Vergangenheit bereit.

Das Schlusskapitel trägt die Überschrift: Konsequenzen – bei offenem Ausgang der Konflikte. Ein Fazit, das die Mitscherlichs darin ziehen, könnte aktueller nicht sein: »Es ist uns nicht gelungen, … das erworbene Wissen zu einer Stärkung unseres kritischen Bewusstseins zu benützen. Speziell die heute noch die Macht verwaltenden politischen Gremien verraten kaum je ein Problembewusstsein auf dieser Ebene. Stattdessen besteht die Gefahr einer doppelten Korruption psychologischen Wissens. In der Konsumgesellschaft wird es zur Steigerung der Abhängigkeit von den Konsumgütern verwendet, in der Politik zum Konsum politischer Ideologien, die über präparierte Imagines das Publikum erreichen.«

Das Wort »Trauerarbeit« ist ein sehr deutsches Wort, nicht adäquat übersetzbar in andere Sprachen, und es ist noch ungewiss, wie die junge, nicht mehr in nationalen Kategorien denkende Generation Margarete Mitscherlichs Trauer über die versäumte Trauerarbeit nachvollziehen kann und will. Vielleicht neigen die Jungen eher der nüchternen Feststellung zu, die Marie Luise Kaschnitz im Gedicht *Jeder* trifft: »Vaterländer und die alten / Schuldgefühle haben ausgespielt.«

Für die Analytikerin aus Frankfurt haben Schuldgefühle noch lange nicht ausgespielt. Sie fühlt sich als Deutsche, als Mitglied dieser belasteten Nation, wie hinderlich das für ihr Selbstwertgefühl auch sein mag. Zur Auseinandersetzung mit dieser Problematik gehört auch die Frage, warum nach dem Fall der Mauer ein Zusammenwachsen der beiden Teile Deutschlands so schwierig ist. *Wir sind ein Volk* hält sie für eine trügerische Satzung. In dem 1991 erschienenen Buch *Wir haben ein Berührungstabu,* das sie gemeinsam mit der ostdeutschen Schriftstellerin Brigitte Burmeister geschrieben hat, versucht sie Hintergründe und Folgen der gegenseitigen Berührungsängste zu analysieren.

Als Zeitzeugin sagt sie dazu im Gespräch mit Wilfried Hoffer: »Die Westdeutschen verlangten zum Teil Trauerarbeit von den Ostdeutschen, die sie selber gar nicht geleistet haben …« Und immer wieder, wie schon bei der Aufarbeitung der NS-Zeit, geht es um Aggressionen: »Ich denke, man darf nicht aufhören, darüber nachzudenken, wie so eine kollektive Aggression entsteht, darf nicht aufhören, immer wieder auch zurückzugehen zum Individuum und zu erkennen, wie im Individuum Kränkungen entstehen, wie seine Selbstachtung zerstört wird und es anfängt, diese kollektiven Aggressionen zu entwickeln.« Für bedenklich hält sie die Gewaltbereitschaft von Jugendlichen, die in einer orientierungslosen Umgebung aufwachsen, um die sich niemand kümmert in einer gleichgültigen Gesellschaft. Wie wichtig das Umfeld für die Persönlichkeitsentwicklung ist, hat die in Deutschland wohl bekannteste Psychoanalytikerin in ihrem eigenen Leben erfahren.

Gute Bedingungen für die berufliche Entfaltung

Ihre heutige Stellung hat sich Margarete Mitscherlich mit
Intelligenz, Energie und Zähigkeit erarbeitet. Doch kamen
glückliche Umstände dazu: eine emanzipierte Mutter und
ein politisch geprägtes Elternhaus; ein befriedigendes, neue
Welten aufschließendes Doppelstudium und ein zu wissenschaftlicher Zusammenarbeit bereiter Partner; Ausweitung
des Horizonts durch prägende Freundschaften und Vertie-
fung menschlicher Kontakte bei der Arbeit mit Patienten.

Dass sich nicht alles im Leben auf einen Nenner bringen
lässt, hat die am 17. Juni 1917 im deutsch-dänischen Graasten geborene Margarete Nielsen schon als Kind erfahren. Ihr
Vater war Arzt, ein national gesinnter, nicht deutschfreund-
licher Däne, der trotzdem eine Deutsche geheiratet hat, eine
ihr Deutschtum betonende Bismarck-Verehrerin. Das musste in dem bis 1920 von Preußen besetzten Gebiet zu Span-
nungen führen. Die Mutter sprach zu Hause deutsch, die
Umgebung dänisch. Das Kind identifizierte sich viel stärker
mit der Mutter als mit dem viel beschäftigten, kränkelnden
Vater.

Da es in Graasten keine höhere Schule gab, kam Margarete 1932, mit 15 Jahren, nach Flensburg. Sie wohnt bei
einer Pastorenwitwe und später in der Familie ihrer Schul-
freundin. Sie hat Heimweh. Heimweh nach der Mutter
und nach der freundlicheren Atmosphäre der dänischen
Kleinstadt. Erst allmählich nimmt sie wahr, wie sich ihre
Umgebung verändert, wie Lehrer an der Schule stramme
Nazis werden und andere, nicht linientreue, verdrängen.
Um zum Studium zugelassen zu werden, muss sie einen
Arbeitsdienst absolvieren, sie tut es mit Widerwillen, aber
sie will studieren, geht, wie viele andere, Kompromisse ein.

Nach dem Abitur, 1937, zieht sie von Flensburg nach München und beginnt ein Philologie- und Psychologiestudium, wechselt dann aber zur Medizin über, da dieses Fach ideologisch weniger befrachtet ist. Den Kriegsausbruch und die Besetzung Dänemarks erlebt sie in Kiel, wo sie ihr Studium, um näher bei der kranken Mutter zu sein, fortsetzt. Ihr Bruder gehört zum dänischen Widerstand und die Mutter macht keinen Hehl aus ihrer Verachtung für die Nationalsozialisten. Dass die Tochter, die 1944 in Heidelberg ihr medizinisches Staatsexamen besteht, es eines Tages mit der Gestapo zu tun bekommt, verwundert nicht. Sie hört heimlich Feindsender, vor allem BBC, wird wegen Wehrkraftzersetzung angezeigt, verwarnt, aber nicht verurteilt.

Nach dem Zusammenbruch des Dritten Reiches und nach einer zerbrochenen Freundschaft geht sie 1947 in die Schweiz, ans Goetheanum nach Dornach, da sie sich für die Anthroposophie Rudolf Steiners interessiert. Im Tessin trifft sie Alexander Mitscherlich wieder, den sie von Heidelberg her kennt. Er führt sie in die Psychoanalyse ein – der Beginn einer langen, fruchtbaren, aber auch spannungsreichen Zusammenarbeit. Alexander Mitscherlich hat in Heidelberg mit Unterstützung der Rockefeller Foundation eine psychosomatische Klinik aufgebaut und holt sie als seine Assistentin zu sich. Da er noch verheiratet ist, wissen nur Vertraute um ihr Verhältnis. Ihren gemeinsamen Sohn Mathias bringt sie während der Zeit ihrer Weiterbildung in London bei der Mutter in Dänemark unter – ein Schritt, den ihr der Sohn heute noch verübelt, obwohl die Großmutter ihn liebevoll betreut hat.

Die Mutter bleibt für Margarete Mitscherlich zeitlebens Vorbild: eine emanzipierte Frau, Leiterin einer höheren Töchterschule, politisch interessiert, mit festen Grundsätzen, aber großer Toleranz Andersdenkenden gegenüber. Sie hat der Tochter nie Vorhaltungen gemacht wegen ihrer Ehe ohne Trauschein, moralische Werturteile liegen ihr fern, und doch freut sie sich, vor allem um des Kindes willen, dass sich Margarete und Alexander Mitscherlich nach dessen Scheidung im Jahre 1955 trauen lassen. Sie nehmen den nun sechsjährigen Sohn zu sich nach Heidelberg. Diese Heidelberger Zeit sieht Margarete Mitscherlich im Rückblick als ihre glücklichste: endlich ein gemeinsames Heim, Treffpunkt auch für ihre zahlreichen Freunde. Ihr Institut wird mehr und mehr zum Zentrum des wissenschaftlichen Austauschs, sowohl für emigrierte Analytiker wie auch für den deutschen und ausländischen Nachwuchs. Nur an der Universität, an der zum Teil noch die alten Professoren aus der NS-Zeit lehren, sind die Vorbehalte gegen den »Nestbeschmutzer« Mitscherlich groß.

Als 1960 in Frankfurt das Sigmund-Freud-Institut gegründet wird, ist Alexander Mitscherlich froh, an den Main wechseln zu können, in den wissenschaftlich und politisch pointierten Kreis um Max Horkheimer und Theodor W. Adorno. Diese beiden prominentesten Vertreter der Frankfurter Schule, denen sich später Jürgen Habermas zugesellte, bildeten schon vor dem Krieg den Kern des Frankfurter Instituts für Sozialforschung, das 1933 nach Los Angeles verlegt werden musste.

Margarete Mitscherlich bleibt in Heidelberg wohnen, bis ihr Sohn Abitur macht. Zweimal wöchentlich fährt sie nach Frankfurt ins Institut ihres Mannes. Als Frau des Chefs kann sie jedoch keine reguläre Stelle beanspruchen, sondern arbeitet ehrenamtlich. Auch ihre Tätigkeit als Leiterin der psychoanalytischen Ausbildung für ganz Deutschland bringt ihr zwar viel Ehre, aber keinen Verdienst ein. Der

Geldsegen kommt unverhofft und aus nicht vermuteter Quelle: Das Buch *Die Unfähigkeit zu trauern* wird Bestseller. Es erscheint 1967, im selben Jahr erhält ihr Mann – endlich, mit fast 60 – einen Lehrstuhl an der Frankfurter Universität und sie zieht nach Frankfurt. Doch die gemeinsamen Jahre und die wissenschaftliche Zusammenarbeit sind von seiner Krankheit mehr und mehr überschattet. Nach seinem Tod im Jahre 1982 führt sie die von ihm gegründete Zeitschrift *Psyche* mit wechselnden Mitarbeitern und nicht ohne Komplikationen weiter.

Sie hat nun wieder mehr Zeit zum Schreiben. Bücher und wissenschaftliche Abhandlungen erscheinen in dichter Folge. Als praktizierende Psychoanalytikerin führt sie täglich vier bis fünf Gespräche mit Patienten, wobei sich längst nicht alle auf die seit Freud berühmte Couch legen. Angst ist das Hauptthema der Hilfe suchenden Menschen, früher die Angst vor der Sexualität, Schuldgefühle im sexuellen Bereich, heute ist es die Angst, nirgends dazuzugehören, die Angst vor der Beziehungslosigkeit.

Diese therapeutischen Gespräche führen an den Nerv der Zeit. Sie zeigen mit aller Deutlichkeit auf, wo die Krankheitsherde in unserer Gesellschaft liegen. Die Analyse ist ein erster Schritt. Patienten können in ihrer Psyche stabilisiert werden, aber auf das gesellschaftliche Umfeld hat der Therapeut keinen Einfluss. Das ist nicht zuletzt Sache der Politik. Wenn Margarete Mitscherlich gelegentlich vorgeworfen wird, sie habe die Psychoanalyse politisiert, liegt in dieser Politisierung eine logische Konsequenz. Wer verändern will, muss da ansetzen, wo Veränderungen, wenn auch in winzigen Schritten, möglich sind.

Der Traum von einer menschlicheren Welt

Die Analytikerin hat sich Zeit ihres Lebens mit Aggressionsforschung beschäftigt, sei es mit dem Geschlechterverhältnis oder mit politischen Machtstrukturen. Für sie steht dahinter immer die Frage, wie Aggressionen so eingebunden werden können, dass sie nicht zu Unterdrückung und Zerstörung führen und das menschliche Zusammenleben unmenschlich machen – das Zusammenleben im Kleinen, in der Familie, am Arbeitsplatz, wie im Großen, unter Völkern, Rassen, Religionsgemeinschaften.

Ob es diese menschlichere Welt je geben wird? Wenn ja: Wird sie weiblich sein?

In einem Interview antwortet die lebenserfahrene Feministin auf die Frage, was sie sich für die Frauen wünsche: »Was ich mir wirklich für sie wünsche, ist, dass sie die bestehenden Wertvorstellungen kritisch ansehen und ihre eigenen Unwertgefühle und Selbstwertunsicherheiten prüfen, sich fragen, wie sie dazu gekommen sind. Und dass sie dann Frauenloyalität entwickeln, die nicht ohne gegenseitige Kritik sein sollte ... Das Ziel heißt: neue Werte finden, über die ständig nachgedacht werden muss. Für mein Gefühl kann nur so eine menschlichere Gesellschaft aufgebaut werden.«

Werte sind in letzter Zeit häufig beschworen und ebenso häufig hinterfragt worden, und man könnte mit Christa Wolf die Frage stellen: Was bleibt?

Margarete Mitscherlich vermeidet es, Wertvorstellungen zu entwickeln, die ins Religiöse oder Metaphysische reichen. Ihr sind die ganz realen Dinge wichtig, die menschliches Zusammenleben erleichtern: Hinhören können auf andere, Einfühlungsvermögen, Hilfsbereitschaft. Sie hat sich in den letzten Jahren häufiger mit dem Alter und dem Altern befasst und möchte gern, wie es ihre Mutter bis ins 99. Lebensjahr getan hat, in Würde und Weisheit altern, ohne die innere Lebendigkeit zu verlieren.

Die betagte »grande dame« der Psychoanalyse lebt in ihrer Dachetage im Frankfurter Westend mit dem Blick ins Grüne und abgeschirmt von der Öffentlichkeit, aber nicht weltabgewandt. Vor allem über das nahe gelegene Sigmund-Freud-Institut ist sie weiter mit einem großen Kreis von Wissenschaftlern und Fachkollegen verbunden. Sie ist noch immer äußerst diskursfreudig, sie schreibt und liest, Bücher gehören zu den unverzichtbaren Dingen, die ihr Leben bereichern. Kraft und Hoffnung schöpft sie auch aus der Natur und aus den Gesprächen mit ihren Enkeln. Das Dasein könne nur den Sinn haben, den wir ihm zu geben vermögen, sagt sie, und: »Wer geliebt worden ist und geliebt hat, kann sagen, dass er in seinem Leben Glück gehabt hat.«

Sophie Scholl

Antigone im Dritten Reich

Sophie Scholl

(1921–1943)

Universität München, Donnerstag, 18. Februar 1943

Morgens kurz vor Vorlesungsbeginn verteilen die Geschwister Hans und Sophie Scholl hastig Flugblätter in den Gängen der Universität und vor den Türen der Hörsäle. Flugblätter der studentischen Widerstandsgruppe »Die Weiße Rose«. Die Zeit drängt, schon kommen ihnen die ersten Studenten entgegen. Da kippen sie den restlichen Inhalt ihres Koffers über die Brüstung im zweiten Stockwerk. Die Flugblätter flattern hinunter in die Halle. Der aufgeschreckte Hausmeister lässt alle Eingänge abriegeln und alarmiert die Gestapo. Unter den Studenten herrscht große Unruhe; jeder weiß, dass auf solch einer wagemutigen Widerstandshandlung die Todesstrafe steht. Auch die Gestapo ist beunruhigt und nervös. Die hektisch eingesammelten Flugblätter mit der Überschrift »Kommilitoninnen! Kommilitonen!« sind nicht die ersten, die ihr in die Hände fallen. Die Blätter der Weißen Rose tauchen überall in der Stadt auf, stecken in Briefkästen und an Gartentoren, Hausfassaden werden über Nacht mit Parolen bemalt, allein in der Ludwigstraße lesen die Münchner auf dem Weg zur Arbeit siebzigmal »Nieder mit Hitler!«, und an der Universität prangt in Ölfarbe unübersehbar das Wort »Freiheit«.

Hans und Sophie Scholl werden nach ihrer Verhaftung in das berüchtigte Gefängnis im Wittelsbacherpalais gebracht.

Dass der Vorsitzende des Volksgerichtshofs, Roland Freisler, überstürzt aus Berlin anreist, um das Schnellverfahren gegen die Geschwister und ihren ebenfalls an der Aktion beteiligten Freund Christoph Probst zu leiten, zeigt die Angst und Verunsicherung des Regimes. Schon am 22. Februar verkündet Freisler im Schwurgerichtssaal des Justizpalastes mit hysterisch sich überschlagender Stimme das Urteil gegen die drei Studenten: Todesstrafe wegen Vorbereitung zum Hochverrat und Feindbegünstigung.

Die Angeklagten sind der Tat überführt, sie zeigen keine Reue und Demutshaltung, versuchen nur, die anderen nicht zu belasten.

Mit leiser, aber sicherer Stimme entgegnet Sophie dem tobenden Freisler: »Was wir sagten und schrieben, denken ja so viele. Nur wagen sie nicht, es auszusprechen.« Die drei bekennen sich zu den Texten der selbst verfassten und vervielfältigten Flugblätter, zu Texten wie dem folgenden:

»In einem Staat rücksichtsloser Knebelung jeder freien Meinungsäußerung sind wir aufgewachsen. HJ, SA und SS haben uns in den fruchtbarsten Bildungsjahren zu uniformieren, zu revolutionieren, zu narkotisieren versucht ... Es gibt für uns nur eine Parole: Kampf gegen die Partei! ... Heraus aus den Hörsälen der SS-Unter- und Oberführer und Parteikriecher!«

Das Flugblatt, das wie die vorangegangenen Blätter der Weißen Rose von der Partei zu Recht als höchst brisanter Zündstoff angesehen wird, endet mit dem optimistischen Satz: »Unser Volk steht im Aufbruch gegen die Verknechtung Europas durch den Nationalsozialismus, im neuen gläubigen Durchbruch von Freiheit und Ehre.«

Wie viele Studenten und Professoren haben den ketzerischen Aufruf gelesen? Vor allem: Wie viele haben sich davon infizieren lassen? Die Universität als Keimzelle eines Bazillus, der sich schnell und lautlos in der Stadt verbreitet, der, wie weitere Festnahmen zeigen, Wirkung weit über München hinaus hat … Ein mächtiges, durchorganisiertes System, das scheinbar alles im Griff hat, gerät durch die Widerstandsaktionen einiger Studenten so aus der Fassung, dass man die Gefahr nur durch eine sofortige Hinrichtung der Beteiligten zu bannen glaubt.

Der Tod schreckt die Angeklagten nicht. Dem Pflichtverteidiger, einer Parteimarionette, erklärt Sophie ruhig: »Wenn mein Bruder zu Tode verurteilt wird, so darf ich keine mildere Strafe bekommen, denn ich bin genauso schuldig wie er.« Überraschend gelingt es den Eltern, die Kinder kurz vor der Hinrichtung noch einmal zu sehen. Die Mutter erinnert sich: »Sophie ging aufrecht und gelassen … Es war eine ungewöhnliche Lebensbejahung bis zum Schluss.« Sophie hatte sich Sorgen gemacht, wie die Mutter den Tod gleich zweier ihrer Kinder verkraften würde, und sie ist sehr beruhigt, als sie die Eltern so gefasst sieht.

Die drei Angeklagten werden sofort nach der Urteilsverkündung ins Vollstreckungsgefängnis Stadelheim überführt und noch am selben Tag durch das Beil hingerichtet. Ein Gefängniswärter berichtet später, wie Sophie als Erste abgeführt wird. »Sie ging, ohne mit der Wimper zu zucken. Wir konnten alle nicht begreifen, dass so etwas möglich war. Der Scharfrichter sagte, so habe er noch niemanden sterben sehen.« Zurück in der Zelle bleibt die Anklageschrift. Auf die hintere Seite hat Sophie ihre letzte Botschaft geschrieben: »Freiheit«. Hans hat auf der weißen Zellenwand eine Gedichtzeile Goethes hinterlassen, die ein Familienmotto der Scholls war: »Allen Gewalten/zum Trutz sich erhalten«.

Die Beerdigung auf dem Perlacher Friedhof geht rasch und in aller Stille vor sich. Mit dreißig Zeilen im *Völkischen Beobachter* unter dem Titel *Gerechte Strafe gegen Verräter an der kämpfenden Nation* glauben die Machthaber, die Aktion Weiße Rose endgültig zu den Akten legen zu können. Als Warnung für subversive Kreise, vielleicht auch als Beruhigung für die verunsicherte Bevölkerung werden brandrote Plakate an Litfaßsäulen angeschlagen:

»Wegen Hochverrats wurden zum Tode verurteilt:
der 24-jährige Christoph Probst
der 25-jährige Hans Scholl
die 22-jährige Sophie Scholl.
Das Urteil wurde bereits vollstreckt.«

Prozesse gegen weitere Universitätsangehörige und auch gegen Oberschüler folgen. Der Mentor des Kreises, der Philosophieprofessor Kurt Huber, und die beiden Freunde Willi Graf und Alexander Schmorell werden ebenfalls hingerichtet, die anderen Angeklagten verschwinden im Zuchthaus. Damit, so hoffen die Nationalsozialisten, werde in München wieder Ruhe einkehren. Aber die Nachricht von den Widerstandsaktionen der Weißen Rose verbreitet sich wie ein Lauffeuer in den Gefängnissen und Konzentrationslagern, bei den Emigranten im Ausland. Sie gibt den Verzagten neue Hoffnung und neuen Mut.

In ihrem holländischen Versteck hört die deutsche Emigrantin Grete Weil eines Tages über BBC und Radio Oranje vom Widerstand der Geschwister Scholl. Sie weint vor Erregung. Nun hat sie die Gewissheit: Es gibt doch ein anderes Deutschland. Nicht das ganze deutsche Volk gehört zu den Jubelrufern. – In den Amsterdamer Exiljahren hat sie sich immer wieder mit der Gestalt der Antigone befasst, die sie liebt und wegen ihres Mutes zum Neinsagen und zum Widerstand bewundert. Dass sich heute, gegen diesen Feind mit seinem alles durchdringenden Machtapparat eine Antigone erheben könnte, hielt sie für ausgeschlossen. Nun, nach dieser Radiomeldung begreift sie plötzlich: »Sophie Scholl, das war sie, die Neinsagerin, die Antigone unserer Tage«, und sie wünscht sich, dass ihr Name weiterstrahlen möge bis in ferne Zeiten.

Sophie Scholl – eine moderne Antigone?

Zunächst weist wenig in der Biografie des Mädchens, das am 9. Mai 1921 im württembergischen Forchtenberg als Bürgermeisterstochter zur Welt kommt, auf die spätere mutige Rolle im Widerstand hin. Sophie hat allerdings das Glück, in eine intakte Familie hineinzuwachsen, im Kreis der vier Geschwister früh Anpassung, aber auch Widerstand zu lernen, Ich-Stärke und Kritikfähigkeit zu entwickeln. Der ältere Bruder Hans, zu dem Sophie eine besonders enge Bindung hat, ist begeisterter Fähnleinführer beim Jungvolk. Sie spürt wohl, wie das den Vater, einen entschiedenen Nazigegner, der Hitler als Rattenfänger von Hameln bezeichnet, betrübt. Aber sie spürt auch das Vertrauen des Vaters, das dieser all seinen Kindern entgegenbringt, auch wenn sie nicht seinen Weg gehen.

Auf dem Ulmer Mädchengymnasium unterscheidet sich Sophie weder in ihren Neigungen noch in ihren Schwärmereien von den Mitschülerinnen – höchstens vielleicht in ihrem Hang zu grundsätzlichen Fragestellungen und in der Beharrlichkeit, mit der sie alles zu Ende führt, was sie begonnen hat. Sie treibt viel Sport, am liebsten draußen in der Natur, unternimmt mit ihren Geschwistern oder einem Freundeskreis aus der Bündischen Jugend Radwanderungen und Skitouren, begeistert sich an Naturstimmungen und Kunstschätzen, spielt leidlich Klavier und zeichnet mit Hingabe.

Mit ihrem um vier Jahre älteren Freund Fritz Hartnagel geht sie auf Fahrt an die Nord- und Ostsee. Sie ist von der norddeutschen Landschaft und den Bildern Paula Modersohns tief beeindruckt und malt tagelang im Freien. »Ein Gefühl der Berufung oder so etwas ähnliches habe ich nicht«, schreibt sie und knüpft gleich grundsätzlichere Überlegungen an: »Aber wenn man Künstler werden will, muss man wohl vor allen Dingen zuerst Mensch werden. Durch das Tiefste empor. Ich will versuchen, an mir zu arbeiten. Es ist sehr schwer.«

In der Obersekunda kommt sie zum ersten Mal mit der Gestapo in Berührung. Bruder Hans, der sich inzwischen von der Hitlerjugend abgewandt und einen eigenen, an der verbotenen Bündischen Jugend orientierten Freundeskreis um sich gesammelt hat, werden »illegale bündische Umtriebe« vorgeworfen. Nun rückt die Familie enger zusammen, wird, wie die ältere Schwester Inge es später beschreibt, »zu einer kleinen, festen Insel in dem unverständlichen und immer fremder werdenden Getriebe«.

Als der Krieg beginnt, steht Sophie kurz vor dem Abitur. Ihr Freund leistet seinen Dienst in einer Nachrichteneinheit in Calw ab. Ihm schreibt sie am 5. September 1939: »Ich kann es nicht begreifen, dass nun dauernd Menschen in Lebensgefahr gebracht werden von anderen Menschen. Ich kann es nie begreifen und finde es entsetzlich. Sag nicht, es ist für's Vaterland.«

Noch ist Krieg für die meisten eine abstrakte Vokabel, noch greift das Kriegsgeschehen nicht in den Alltag ein. Sophie denkt – und das ist für eine 18-Jährige nicht die Regel – der Zeit voraus.

Im Übrigen ändert sich wenig an ihrem Tagesablauf. Sie illustriert die Geschichte von Peter Pan für ein Bändchen, das ein Freund der Familie herausbringen will; sie beschäftigt sich mit Carossas Buch *Führung und Geleit;* sie spielt Klavier und Orgel. »Ich sehe nicht ein, warum man im Krieg nur die grausig ernstesten Dinge tun darf«, schreibt sie ihrem Freund Fritz Hartnagel. An ein rasches Ende des Krieges glaubt sie nicht, sie lässt sich, bestärkt durch Gespräche am Familientisch und unter Freunden, von keinen Parteiparolen einlullen.

Sie sehnt sich nach ihrem Freund, schreibt ihm aber gleichzeitig: »Du weißt es wohl auch, es gibt Stunden des Alleinseins, die wiegen alle Tage auf, in denen man sich gesehnt hat nach einem Menschen. Dann erscheint das Rücksichtslose (versteh das Wort nicht falsch) als das Wahre und Mitleid als Schwäche.« Sie braucht die Bindung, aber sie braucht auch die Distanz zu Dingen und Menschen. Im gleichen Brief vom 9. November 1939 schreibt sie: »Es ist schön, wenn zwei miteinander gehen, ohne sich zu versprechen, wir treffen uns da und da wieder, oder wir wollen immer beieinander bleiben.«

Im Frühling 1940 legt sie in Ulm die Reifeprüfung ab. Sie möchte so rasch wie möglich in München mit einem Studium der Biologie und Philosophie beginnen – eine Fächerkombination, die sie besonders reizt. Aber ohne Ableistung eines halben Jahres Reichsarbeitsdienst ist eine Immatrikulation ausgeschlossen. So meldet sie sich für eine Ausbildung als Kindergärtnerin am Fröbel-Seminar in Ulm an.

Sie macht sich Sorgen um ihren älteren Bruder und ihren Freund an der Front. Deutsche Truppen sind inzwischen nicht nur in Dänemark und Norwegen, sondern auch in Holland, Belgien und Frankreich einmarschiert. Sie schreibt an Fritz Hartnagel: »Ich denke oft an Euch, die Ihr im Felde seid. Dann habe ich besonders um Hans immer Angst. Er ist so empfindlich. Aber ich glaube kaum, dass ihm der Krieg etwas anhaben kann.« Obwohl sie zu allen Geschwistern ein gutes Verhältnis hat, fühlt sie sich Hans in besonderer Weise verbunden. Sie schreibt ihm ausführliche Briefe und lässt ihn an ihrem Leben und ihren Unternehmungen teilhaben. Trotz aller Sorgen bricht dabei immer wieder ihr Humor, ihre Zuversicht durch, etwa, wenn sie von einer Radtour mit Schwester Inge in den Illerwald berichtet: »Wir kamen uns vor wie höhere Beamte des lieben Gottes, die ausgeschickt waren, um zu prüfen, ob die Erde noch gut sei. Und wir fanden sie sehr gut.«

Die ungewohnte Beschäftigung mit einer Schar von Kindern im Praktikum und dann in einem Kindersanatorium in Bad Dürrheim beglückt sie zwar, aber reibt sie auch auf. Sie könnte diesen Beruf kaum auf die Dauer aushalten, schreibt sie in nüchterner Selbsteinschätzung. Sie ist nicht nur die Selbstlose, die sich für andere aufopfert, und zu der sie oft stilisiert wird, sie hat – wie Antigone – auch ihre durchaus von der eigenen Person ausgehenden Bedürfnisse. So äußert sie sich ihrem Freund gegenüber zur Rolle, die man einem Mädchen in der Gesellschaft zugesteht: »Sie soll ihre weiblichen Gefühle bestimmen lassen über ihr Denken. Vor allem das Mitleid. Ich aber finde, dass zuerst das Denken kommt, und dass Gefühle oft irreleiten, weil man über dem Kleinen, das einen vielleicht unmittelbar betrifft, vielleicht am eigenen Leib, das Große kaum mehr sieht.« Der

Satz des französischen Schriftstellers Jacques Maritain »Il faut avoir un esprit dûr et le cœur tendre« (Man muss einen harten Geist und ein weiches Herz haben) findet sich mehr als einmal in ihren Aufzeichnungen.

Mit zwanzig Jahren, im Frühjahr 1941, ist Sophie Scholl ausgebildete Kindergärtnerin. Den Reichsarbeitsdienst muss sie trotzdem ableisten, im Lager Krauchenwies bei Sigmaringen. Mit dem Lagerbetrieb in der nicht freiwillig zusammenlebenden Gruppe kann sie sich nur schwer abfinden. Sie schreibt ihrer Freundin Lisa Remppis, sie sei entsetzt, unter den achtzig Mädchen nicht eines zu finden, das etwas Kultur habe: »Es sind wohl Abiturientinnen darunter, die den Faust aus Pietät dabeihaben … aber alles ist so sehr durchsichtig, so etwas wie ihre Frisur, ihrer eigenen Person zum Schmuck.«

Sie liest Thomas Mann, Stellen im *Zauberberg*. Sie sehnt sich – am Karfreitag – nach religiöser Rückbindung, nach einem Gang in die Kirche, »nicht in die evangelische, wo ich kritisch den Worten des Pfarrers zuhöre. Sondern in die andere, wo ich alles erleide, nur offen sein muss und hinnehmen«. Sie geht mit einem der Arbeitsdienstmädchen verstohlen zum Orgelspiel in die Kirche. Vierhändig versuchen sie sich an Händel und Bach.

Ihr religiöses Bedürfnis, ja, ihre Sehnsucht nach einem Leben im Glauben steigert sich noch während ihrer Tätigkeit in einem NSV-Kindergarten in Blumberg, einem kleinen Dorf nahe der Schweizer Grenze. Erst jetzt eigentlich versucht sie, konsequent an sich zu arbeiten, erst jetzt nähert sie sich dem Bilde, das sich die Nachwelt von ihr macht. In ihrem Tagebuch überwiegen nun geistliche Meditationen, sie liest Augustinus und Pascal und nimmt deren Gedanken in ihren Alltag hinein. An Lisa Remppis schreibt sie im Dezember 1941: »Ich finde das Leben trotz allem noch so reich und gut, nur mögen es die Menschen nicht im Guten gebrauchen … Vielleicht muss man erst entdecken, dass man ein Herz hat.«

Im Mai 1942 erhält sie endlich die Zulassung zum Studium und übersiedelt kurz vor ihrem 21. Geburtstag nach München. Sie wohnt zunächst bei einem alten Freund der Familie, dem Herausgeber der Zeitschrift *Hochland,* Professor Carl Muth in Solln. In seinem Haus findet sie, wonach sie sich lange gesehnt hat, Gespräche über Philosophie, Religion, Ethik – auch über Politik. Wer sich hier trifft, gehört zum inneren Widerstand.

Gedanken über Vergänglichkeit finden sich nun in den Aufzeichnungen der 21-Jährigen. Jeder Mensch müsse dauernd damit rechnen, im nächsten Augenblick von Gott zur Rechenschaft gezogen zu werden. »Weiß ich denn, ob ich morgen früh noch lebe?«, fragt sie im Tagebuch.

Nach Semesterende im Sommer 1942 wird sie zu einem Einsatz in der Rüstungsindustrie herangezogen. Von der monotonen und sie belastenden Arbeit erholt sie sich auf einer mehrtägigen Bergwanderung. An ihren Vater schreibt sie in diesen Tagen: »Beim Anblick der stillen Großartigkeit dieser Berge und ihrer Schönheit wollen einem die Gründe, die die Menschen für ihre unheilvollen Taten vorbringen, lächerlich und verrückt erscheinen, und man bekommt den Eindruck, sie wären gar nicht mehr Herr über sich und ihre Taten, sondern würden von einer bösen Macht getrieben.«

Dass ihr Bruder Hans im November 1942 von einem Einsatz in Russland, den alle Medizinstudenten abzuleisten hatten, nach München zurückkommt, in ihre kleine gemeinsame Wohnung in der Franz-Joseph-Straße 13, erfüllt sie mit Freude, aber auch mit Sorge: »Die Unsicherheit, in der wir heute dauernd leben, die uns ein fröhliches Planen für den morgigen Tag verbietet und auf alle die nächsten kommenden Tage ihren Schatten wirft, bedrückt mich Tag und Nacht«, schreibt sie an Fritz Hartnagel. Sie ist traurig, dass das Vertrauen zu anderen Menschen der Vorsicht und dem Misstrauen weichen muss, doch dann siegt wieder ihr Lebensmut: »... diese Nichtigkeiten werden doch nicht Herr über mich werden können, wo ich ganz andere unantastbare Freuden besitze.«

Bewusst versucht sie, gegen ihre Angst anzuleben, anzuschreiben. Das Wissen um die Flugblattaktionen, in die sie der Bruder auf ihr Drängen hin eingeweiht hat, lastet schwer auf ihr. Sie gehört nun zum engsten Kreis der Weißen Rose. Das Wort »Widerstand« ist ihr aus nächtlichen Diskussionen und aus den Vorlesungen des Philosophieprofessors Kurt Huber längst vertraut. Aber zwischen dem theoretischen Postulat und dem praktischen Handeln klafft ein Graben, der übersprungen werden muss. Widerstandsparolen auf Flugblätter zu drucken und diese zu verteilen, erfordert nicht nur Mut, sondern auch äußerste Wachsamkeit. Deshalb soll der Kreis der Eingeweihten möglichst klein bleiben, neben Hans Scholl und Christian Probst gehören Willi Graf und Alexander Schmorell dazu, später auch Professor Huber, der erst im Dezember 1942 in die Flugblattaktionen einbezogen wird. Von ihm stammt das letzte der Flugblätter.

Sophie trägt nicht nur schwer an der Last ihres Wissens, sie sorgt sich auch um ihren Freund Fritz Hartnagel. Anfang Januar 1943 hat er ihr aus Russland geschrieben, sein Bataillon sei aufgerieben, er erwarte nur noch Gefangenschaft oder Tod. Im Februar endlich erhält sie die Nachricht, Fritz sei in Stalino im Lazarett, ihm wurden ein paar erfrorene Finger abgenommen, aber er sei gerettet.

Zwei Tage später gibt das Oberkommando der Wehrmacht die Kapitulation der deutschen Truppen in Stalingrad bekannt. Nun muss – darauf hoffen die Mitglieder der Weißen Rose – die Absurdität dieses Krieges doch der ganzen Bevölkerung bewusst werden. »Hitler kann den Krieg nicht gewinnen, nur noch verlängern! Seine und seiner Helfer Schuld hat jedes Maß unendlich überschritten«, heißt es in einem der letzten Flugblätter. Sophie und Hans verbringen mit ihren Freunden Nacht für Nacht am Vervielfältigungsapparat im Versteck. Sie arbeiten in fieberhafter Eile und immer in der Angst, entdeckt und denunziert zu werden. Niemand weiß, wie viel Anhänger und Mitarbeiter der Widerstandskreis der Weißen Rose hat, das macht seine Stärke aus. Wenn plötzlich überall in München Flugblätter auftauchen, auch in anderen Städten, selbst im fernen Hamburg, dann fassen vielleicht mehr und mehr Menschen Mut, sich dem passiven Widerstand anzuschließen. Eine Kette unsichtbarer, doch realer Solidarität soll geschaffen werden. Eine Kette, die in der Münchner Universität beginnt, und die nicht endet an jenem 18. Februar 1943, an dem die Flugblätter in die Halle flattern und die Geschwister Scholl festgenommen werden. Die Verhaftungen, die Hinrichtungen gehen weiter, aber es mehren sich auch die Zeichen der Hoffnung.

Kurz nach Kriegsende, im November 1945, sagt Romano Guardini in einer ersten Gedenkfeier für die Hingerichteten der Weißen Rose, ihre Tat – vom realistischen Standpunkt aus gesehen ohnmächtig, vielleicht sogar töricht – sei zu einem Symbol menschlichen Adels geworden.

Der Platz vor der Münchner Universität heißt heute Geschwister-Scholl-Platz. Sophie Scholl überlebt als Antigone unserer Tage – nicht nur im Roman der Grete Weil, die über Antigone, über Sophie Scholl schreibt:

»Beides Menschen, die bis an die Grenze gehen, die nicht nach dem Erfolg fragen, nur nach der eigenen Notwendigkeit. Unbequeme, die uns zum Denken zwingen.

Erreicht haben sie beide nichts, nichts hat sich geändert in Theben, nichts in Deutschland, aber wieviel ärmer wäre unsere Welt ohne Antigone, ohne Sophie.«

Friederike Mayröcker

Mitten im Ozean meines Zimmers

Friederike Mayröcker

(*1924)

Soiree im Palais Auersperg

*Die Pracht feudaler Vergangenheit von Kronleuchtern in mildes
Licht getaucht. Vorn auf dem Podium des Kuppelsaales als
Kontrast ein modernes Designerpult, grelle Leselampe. »Die schöne Kunst des Lesens« soll hier zelebriert werden. Publikum strömt
herein, sucht gute Sichtplätze, wagt sich nicht in die erste Reihe.
Gedämpfte Gespräche, fast nur Frauenstimmen, junge und alte.
Plötzlich Stille, zaghafter Applaus. Vertraute Blicke auf die
schwarze Frauengestalt, die leicht vornübergebeugt mit zwei
schwarzen Taschen und einer roten Plastiktüte zum Podium
strebt, Taschen und Tüte auf das Pult stellt, umständlich Manuskripte herauskramt, sich setzt, Lampe, Mikrofon, Selterglas
zurechtrückt, die Blätter bündelt und auf der viel zu kleinen Pult-
fläche auslegt. Alles in Zeitlupe. Das Publikum nimmt geduldig
Anteil an dieser Inszenierung, die keine Inszenierung ist, sondern
eine Live-Veranstaltung der traditionellen Wiener »Literatur im
März«. Die Poetin Friederike Mayröcker liest aus neueren Werken.*

Es könnte genauso gut eine Bühneninszenierung sein. Eine
Schauspielerin in der Rolle der Mayröcker, mit tonloser
und doch prägnanter Stimme Texte lesend, abgehoben
vom Alltag und von der alltäglichen Sprache. Wortbilder,
Klangsätze, die sich einprägen, ohne dass sich der Sinn

397

sofort erschlösse: »eine purgatorische Zeilenlandschaft«, »ein Scherenschleiferhimmel und Schneegewitter«, »zum Essen einen Teller mit Weihrauchgerichten«. – »Sprache als Anarchie«, sagt die Schauspielerin, die doch Friederike Mayröcker ist, und die Gedichtzeilen liest, als stammten sie aus einem unbekannten Textbuch. Staunen ob der eigenen Sprache. Verzauberung durch das Wort. Gespannte Stille im Saal. Den Sätzen hinterherhorchen. Den Wortrhythmus nachklingen lassen, andächtig, mit gesenktem Kopf.

Eine Gemeinde. Eine ritualisierte Handlung. Warum stellt sich diese Christa-Wolf-Assoziation ein, die der Schriftstellerin auf dem Podium wahrscheinlich nicht behagen würde? Nein, Friederike Mayröcker hat keine Botschaft zu vermitteln, keine Kommentierung des Weltgeschehens. Nur Sprache, nichts als Sprache, abgeklopft auf Haltbarkeit, auf tragende Elemente, Fundstücke für Neukonstruktionen. Die Zuhörer scheinen mit den Regeln dieses Sprechspiels vertraut zu sein, mit den unvermittelten Übergängen von realen Beschreibungen zu surrealen Kopfgeburten. »Also suche ich überall nach verlorenen Wortträumen«, hören sie und sehen, wie die Lyrikerin die Texte, die sie lesen will, mit Wäscheklammern zusammengesteckt hat. Sie knicke beim Lesen Eselsohren in die Seiten, sagt sie, deshalb könne sie nie Bücher ausleihen. Eigenheiten, die das Publikum – bei Arno Schmidt war's ähnlich – als charakteristische Marotten auslegt und schätzt.

Friederike Mayröcker liest aus dem 1994 zu ihrem 70. Geburtstag erschienenen Band *Lection*, in dem sich Erlebnisse und Empfindungen, Erinnerungen und Gespräche, Träume und Fantasien zu einem poetischen Kosmos zusammenfügen. Leitmotiv ist dabei der mühselige und gleichzeitig lustvolle Vorgang des Schreibens, das »wühlmausartige« Vordringen in noch unerschlossene Schichten der Sprache. Bilder von präziser Anschaulichkeit, Anleihen bei der bildenden Kunst, bei Max Ernst, Dalí, Magritte, aber auch bei Caspar David Friedrich. Reihungen, die sich wie ein Pfauenrad entfalten und die Sinne betören. »Solches ist ihre Absicht, uns abhängig zu machen von sich, süchtig nach ihren Bestandsaufnahmen«, schreibt Jürg Laederach in der Zeitschrift *du*. Aber diese Wortverführungen geschehen nicht vorsätzlich, sie stellen sich ein bei dem, der sich auf sie einstellt.

Zum Abschluss ein Frühlingsgedicht für die in Wien lebende Malerin Angelika Kauffmann: »Im Wind knarren die Flügel des Frühlings …« Lang anhaltender Beifall. Geduldiges Signieren aufgeschlagener Bücher. Zusammenkramen von Manuskripten und Taschen. Überwerfen des schwarzen Mantels. Unauffälliges Verschwinden durch die schwere Tür des Hauptportals Richtung U-Bahn.

Sie muss diese unauffällige, in sich zurückgenommene Art schon als Kind gehabt haben. »Ein scheues, ein ängstliches Kind. Eines, das ohne Freundschaften aufgewachsen ist. Es träumt vor sich hin und fühlt sich paradiesisch im Innenhof des Hauses«, so charakterisiert sich Friederike Mayröcker rückblickend. Spielfreunde sind die Blumen im Garten, ein Salamander, Schmetterlinge, die Birnbäume vor dem Haus, eine Schaukel im Schuppen. Allein und selbstvergessen sitzt das Kind mit einer kleinen Mundharmonika auf den Stufen zum Ziehbrunnen, abgeschirmt von den andern Kindern draußen auf der Straße. Die am 20. Dezember 1924 geborene Friederike, »ein Christvögelein beinahe Weihnachtsstern«, ist ein Einzelkind, ein Kind, das nach einer frühen Gehirnhautentzündung anfällig geblieben ist, um dessen Gesundheit die Eltern ständig bangen müssen. Sie schicken es nicht in den Kindergarten, nicht in die öffentliche Volksschule, sondern in eine Privatschule zu den Englischen Fräulein in der Nikolsdorfergasse.

Diese Schule hinterlässt wenig prägende Erinnerungen. Dafür ist im Werk der Mayröcker immer wieder vom Landhaus in Deinzendorf die Rede, dem geliebten Sommerdomizil über viele Jahre. Hier hat der Vater Pfeifen aus Uferweiden geschnitzt, hier hat sich das Kind einen großen Hund als Begleiter herbeigedacht: »dürres Weidengezweig, das ich nachzog«. Friederike Mayröcker sieht die Abgeschlossenheit dieser Kindheitsjahre als »eine Art Dunkelkammer, in der alles schon voraus entwickelt wurde«, und die Familie als Netz, in dem sie sich gefangen und gleichzeitig geborgen fühlt. In dieser ruhigen, abgeschirmten Umgebung gibt es keine spektakulären Ereignisse, außer, dass das Deinzendorfer Haus eines Tages verkauft werden muss wie der Laden der Großmutter in Wien, in dem es nach Honig und Gewürzen roch. Ein herber Verlust, die vertrauten Nischen und Gerüche, »dieser Fliederbaum und alles übrige, was mich damals in meinen ersten dörflichen Frühlingen und Sommern umgeben hatte und mich für mein weiteres Leben glücklich konditioniert haben mochte, vielleicht gerade, indem ich davon Abschied nehmen musste …«. Das Landhaus in Deinzendorf hätte Friederike Mayröcker später gerne zurückgekauft, aber es war zu teuer; so kann sie sich dieses Kindheitsparadies nur schreibend erhalten.

Einzelgängerin bleibt Friederike auch als Heranwachsende. Wie eine Tarnkappe empfindet sie das von Kindheit an tief ins Gesicht fallende Haar mit den langen Stirnfransen. Ein Visier. – Durch die Welt zu gehen, ohne gesehen zu werden, eine Form der *Unsichtbarkeit* anzunehmen, wünscht

sie sich in Gisela von Wysockis Studie über das menschliche
Gesicht. Nur sie selber möchte diejenige sein, die alles erkennt, erkundet, erforscht. Mit 15 wird ihr schlagartig die
Fähigkeit bewusst, sich schreibend auszudrücken: »Ich,
ahnungslos aus einer hermetischen Kindheit, ohne besondere Vorzeichen oder Vorzüge, entdecke eines Tages, wie unvorstellbar, wie ungeheuerlich, wie unglaublich: ich schrei-
be meine eigene Poesie.« In diesem Jahr 1939 entstehen, am
Rande des politischen Weltgeschehens, ihre ersten drei
Gedichte. »Die Soldaten sangen das Lied vom Wagen/ der
wieder rollt./ Ich notierte auf einem grünseidenen Kana-
pee/ mein erstes Gedicht«, erinnert sie sich im Gedicht
Hammerklaviere.

Ernst Jandl, der spätere Lebensgefährte, über die Schreib-
anfänge der Schülerin, die ein Album mit Schauspielerfotos
zum Notizheft umfunktioniert hat: »Im November 41 ist die
letzte Stelle beschrieben. Von hier an läuft die Produktion
ohne Unterbrechung weiter, von den Stilübungen der
Fünfzehnjährigen zu den Gedichten, an denen sich zeigt,
dass eine eigene Art zu schreiben gefunden ist, fünf Jahre
später.« 1946 also, ein Jahr nach Kriegsende in dieser zer-
schlissenen Stadt, die von den Siegermächten in vier Zonen
aufgeteilt wurde. Die Mayröcker'sche Wohnung ist ausge-
bombt, Mutter und Tochter finden bei Bekannten Unterschlupf. Angst vor den russischen Besatzungssoldaten prägt
Frauenalltag in Wien. – »Im Walde von Katyn/ dort wo die
Vöglein sangen …« lässt die junge Lyrikerin ein Gedicht
beginnen.

Vom Krieg und von der schweren Nachkriegszeit ist bei
Friederike Mayröcker wenig die Rede. Sie habe die Kriegs-
jahre 1942–45 »wie hinter einem Schirm, der alle Wirklichkeit abdeckte« verbracht, schreibt sie, »vertieft in meine

englischen Lehrbücher, in melancholische Tagträume, in die Lektüre ...«. Sie schwebt in einem »subjektiven Luftraum«, ohne Kontakte zur Außenwelt, Romain Rolland wird ihr erstes großes Leseerlebnis. – Die Wirklichkeit ist weniger poetisch: ab 1942 drei Jahre als Luftwaffenhelferin im »Luftgaukommando« in der Elisabethstraße, daneben Vorbereitung auf die Staatsprüfung in Englisch. Nach dem Krieg arbeitet sie ohne große Begeisterung als Englischlehrerin an einer Wiener Hauptschule. 23 Jahre lang fast täglich Heftstapel nach Hause schleppen, Zeit fressende, sich wiederholende Korrekturarbeiten, mieser Lehrerlohn. Ein hartes Brot.

Daneben das Schreiben. Ein Schreibzwang geradezu, ohne Gewissheit, jemals etwas gedruckt zu sehen. Aber das Glück, zur richtigen Zeit auf Otto Basil, den Herausgeber der avantgardistischen Nachkriegszeitschrift *Plan* zu stoßen, der – neben Paul Celan und Erich Fried – der 22-Jährigen eine Chance zur Publikation gibt. Einige Jahre später veröffentlicht der einflussreiche Kritiker Hans Weigel Mayröcker-Texte in der *Weltpresse* und Andreas Okopenko entdeckt sie für die Zeitschrift *Neue Wege*. Okopenko bringt sie auch in Kontakt mit der Wiener Gruppe um Artmann und Rühm. In diesen experimentellen Gefilden lernt sie 1954 auf einer Jugendkulturwoche in Innsbruck den Autor Ernst Jandl kennen, Englischlehrer auch er, aber – weniger nervenaufreibend – an einem Gymnasium. Beide sind sie mehr vom Wort, von der Sprache besessen als vom pädagogischen Drang, Halbwüchsigen englische Grammatik beizubringen, doch beide brauchen sie einen Brotberuf, um sich nebenher umso intensiver der brotlosen Poesie widmen zu können.

1956 erscheint Friederike Mayröckers erstes Prosabändchen *Larifari, ein konfuses Buch*, in einem kleinen Wiener

Verlag: kein Aufhorchen der Presse, kein Widerhall in der Öffentlichkeit. Enttäuschend für die Autorin, aber sie steht nicht allein. Auch Jandl hat mit seinen Texten noch nicht Fuß gefasst. Man ordnet die beiden Einzelgänger unbesehen der experimentellen Wiener Gruppe zu, die mit Happenings nach Dada-Art die Bürger verschreckt und Verlage kopfscheu macht. Jandl versucht deshalb in den Sommerferien 1963, die eigenen und die Mayröcker'schen Manuskripte in der Tasche, sein Glück in der Bundesrepublik. In Stuttgart kann er Max Bense, den Herausgeber der Buchreihe *rot* für ihre Texte gewinnen, in Berlin Walter Höllerer mit dem neu gegründeten Literarischen Colloquium. Der Durchbruch gelingt, wenn auch zögerlich. Von Friederike Mayröcker kommt 1965 der Gedichtband *metaphorisch* heraus, ein Jahr später *Tod durch Musen* mit einem Nachwort Eugen Gomringers, der das Neuartige der Mayröcker'schen Montage- und Assoziationstechnik hervorhebt und sie damit wieder auf das experimentelle Feld eingrenzt.

Einer breiteren Öffentlichkeit bekannt wird das schreibende Paar Mayröcker/Jandl durch das Hörspiel *Fünf Mann Menschen*, das den beiden 1968 den begehrten »Hörspielpreis der Kriegsblinden« einbringt. Weitere gut bezahlte Arbeiten für den Rundfunk machen ein bescheidenes Leben ohne den belastenden Brotberuf möglich. Friederike Mayröcker quittiert 1969 den Schuldienst und kann sich nun ungeteilt größeren Prosawerken und weiteren Hörspielen widmen. Sie ist, auch wenn ihre Texte auf Leser gelegentlich den Eindruck des spontan »Hingeworfenen« machen, eine harte und beharrliche Arbeiterin am Material Sprache. »Man muss lange korrigieren, feilen, Korrekturen von Korrekturen machen, aber vor allem muss man sehr geduldig sein: so ein Stück Text arbeitet ja nach der Fertigstellung weiter bis zum Augenblick seiner endgültigen Reifung, ein paar Tage, ein paar Wochen, ein paar Monate lang, ganz für sich allein«, schreibt sie in den *Magischen Blättern.*

Morgens um fünf, spätestens um sechs setzt sie sich an ihre »Hermes Baby« und bringt ihre »Bewusztseinsmaschine« in Gang, indem sie Erinnerungspunkte aus der Vergangenheit heraufholt, sie in neue, verfremdende Zusammenhänge und Umgebungen stellt und ihnen so ein Eigenleben gibt. Bei ihrer alten Schreibmaschine, die sie sich 1946 aus ihrem ersten Lehrergehalt gekauft hat, fehlte das ß und musste durch sz ersetzt werden. Diese Angewohnheit, ihr Erkennungszeichen, hat sie auch später beibehalten.

Die Zusammenarbeit mit Ernst Jandl beschränkt sich auf vier Hörspiele. Lyrik und Prosatexte entstehen getrennt, doch Jandl liest die fertigen Arbeiten seiner Gefährtin als Erster. Er bringt Kritik sehr behutsam an. Ein subtiler Umgang mit dem Wort, ein subtiler Umgang auch mit den Gefühlen und Eigenheiten des andern. Das Paar wohnt getrennt, ein paar Straßen auseinander. Ein Fußweg von gut 20 Minuten, eine kurze Taxistrecke als tägliche Schranke zwischen die Begegnungen gelegt. »Alone together« – Sartre und Simone de Beauvoir haben ein solches Lebensmuster praktiziert. Auch Mayröcker/Jandl können sich kein Arbeiten in der Enge einer gemeinsamen Wohnung vorstellen. Ihre Sprachbesessenheit ist von einer Radikalität, die Familienalltag, Kinderbetreuung ausschließt. Beide haben sie schon eine Ehe und die Erfahrung ihrer Eheuntauglichkeit hinter sich. Friederike Mayröcker war drei Jahre mit einem Lehrer verheiratet. Nach der Scheidung hat sie ihren Mädchennamen wieder zurückgekauft und damit ihre Unabhängigkeit.

Ein Zusammenleben mit Jandl gibt es nur unterwegs. Im Urlaub oder auf Lesereisen: Amerika, Frankreich, Italien. Zwei Jahre haben sie gemeinsam in Berlin verbracht. Interessante Jahre mit neuen Erfahrungen, neuen Menschen. Aber das Schreiben längerer Texte gelingt ihnen nur zu Hause in Wien, in der Isoliertheit ihrer Wohngehege. Da entstehen aus der Distanz und dem nicht abgeschliffenen Gefühl der Nähe auch Liebesgedichte von großer Eindringlichkeit. Bei Jandl heißt es im Gedichtband *lechts und rinks*:

ich liege bei dir, deine arme
halten mich, deine arme
halten mehr als ich bin.
deine arme halten, was ich bin
wenn ich bei dir liege und
deine arme mich halten.

Und bei Friederike Mayröcker in *Tod durch Musen*:

Manchmal bei irgendwelchen zufälligen Bewegungen
streift meine Hand deine Hand deinen Handrücken
oder mein Körper der in Kleidern steckt lehnt fast
ohne es zu wissen
einen Augenblick gegen deinen Körper in Kleidern
diese kleinsten beinahe pflanzlichen Bewegungen
sein abgewinkelter Blick und dein Auge absichtlich ins
Leere wandernd
deine im Ansatz noch unterbrochene Frage wohin
fährst du im Sommer
was liest du gerade
gehen mir mitten durchs Herz

und durch die Kehle hindurch wie ein süszes Messer
und ich trockne aus wie ein Brunnen in einem heiszen
Sommer

Eine enge Beziehung, die aus der Distanz lebt. Keiner habe
die Einsamkeit des andern angetastet, sagt Friederike Mayröcker. – Voraussetzung sicherlich für die über vier Jahrzehnte bis zu Jandls Tod im Juni 2000 während Verbindung zweier so hochsensibler Partner, Widerlegung des
Jandl'schen Satzes: »Wir sind bis heute eng verbunden, aber
wir leben nicht zusammen, denn ich verstand es nicht,
etwas an Glück dauerhaft zu machen.« – Er hat es sehr wohl
verstanden.

»Alchimistin des Worts« oder »Paradiesvogel der Avantgarde« nennen Literaturkritiker die Mayröcker. Sie selber
sagt von sich, sie lebe ganz bewusst in einem Poesie-Reser-
vat, übe sich in der »Askese der Maßlosigkeit« und versuche
immer wieder »in den Sog jenes Rhythmus zu kommen,
der einem wunderbarerweise das Schreiben zum Leben
macht und das Leben zum Schreiben«.

In das Leben ist auch der Traum einbezogen, die Über-
gänge sind fließend: Tagträume, Nachtträume, Traum-
schwere, Traumleichtigkeit, Impressionen aus dem Grenz-
bereich. »Ich legte meinen Körper hin und ging weg« – ein
bezeichnendes Bild aus dieser schwebenden Welt. Oder im
Gedicht *Der Aufruf*:

plötzlich aufgerufen bei meinem Namen
steh ich nicht länger im windstillen Panorama
mit den bunten schimmernden Bildern
sondern drehe mich wie ein schrecklich glühendes
Rad einen steilen Abhang hinunter

aller Tabus und Träume von gestern entledigt
auf ein fremdes bewegtes Ziel gesetzt

In ihren Studien über die Bedeutung des Traumes in der
Mayröcker'schen Prosa zeigt Daniela Riess-Beger, den
Einsichten Freuds folgend, wie hier Prozesse des Unbe-
wussten im Schreiben transparent gemacht werden. Und
Gisela Lindemann fragt in einem Mayröcker-Aufsatz, was
Leser eigentlich daran hindere, sich auf das Niemandsland
des Unbewussten und des Traumes einzulassen, das dieses
Werk durchzieht. Sie vermutet, es habe etwas zu tun mit
der Angst vor einer »unabsehbaren Unordnung«, mit der
Angst auch, »unabsehbar auf sich selbst zurückgeworfen
zu sein beim Lesen von Texten, die Mitarbeit verlangen,
sprich Beisichselberbleiben, sprich schmerzliche Vereinze-
lung, sprich notgedrungenes Selbstbewusstsein«.
Die Mayröcker'schen Texte sind von Leitmotiven und
Klangfarben durchsetzt, von Wortreihungen und Laut-
wiederholungen, die an Rosenkranzperlen oder Litanei-
en in den Maiandachten katholischer Kirchen erinnern. In
vielen Bildern ist die katholische Kindheit präsent: Fron-
leichnam, die Himmelfahrtstage in Deinzendorf, Taufe,
Kommunion und Firmung, Weihwasser, der rätselhafte
»Ohrenbeichtvater«, die kleine heilige Theresa in der Mau-
ernische des Pfarrhofs. Mit dieser Nothelferin gegen Gehemmtheit der Zunge fühlt sich die heranwachsende Friederike besonders verbunden: »Das Ausnutzen von Nischen
und Buchten liegt meinem Wesen, ist mir eigentlich an-
geboren: so rücke ich bei Personenansammlungen, auch
geselligen, meist beiseite nämlich mich aussparen wollend
in eine Ecke des Raums«, schreibt sie rückblickend und
verallgemeinernd. Symbole, Rituale als Erinnerungsmeta-

phern. Vielleicht auch das kleine Kreuz, das sie an einem Goldkettchen um den Hals trägt? Sie nenne den Heiligen Geist als Quelle ihrer Inspiration, sagt Ernst Jandl und fügt an: »Es gibt für sie, in ihrer Kunst etwas, das von außen kommt, und zwar von oben, während ich nicht sicher bin, wo oben ist.«

Die kirchlichen Riten, die das Jahr gliedern und Böses bannen, sind an Kindheit und Jugend festgemacht, für das Alter, das bedrohlich näher rückende, gibt es keine Halt gebenden Fixpunkte mehr, nur anatomische Veränderungen, die der Spiegel schonungslos bloßlegt. »In vorgerücktem Alter spürt man immer schon seinen Totenkopf, dann, wenn man die Hände zum Gesicht führt«, lässt Gisela von Wysocki in ihren Betrachtungen über das menschliche Gesicht die nun über 70-jährige Dichterin sagen, die bedauert, dass Frauen weniger würdevoll altern als Männer, vermutet, dies könnte an den Frauen selbst liegen: »Weil sogar in der altgewordenen Frau die Suche nach dem Effekt noch immer weiterarbeitet. Und genau das zerstört die Schönheit eines alten Gesichts.« Die Gesichter von Nelly Sachs, Gertrude Stein, das seien wunderbare Möglichkeiten zu altern.

»Das Bleibende sehen im Vergänglichen« möchte Friederike Mayröcker bei Menschen und Dingen. Im *Versuch einer Selbstbeschreibung* wünscht sie sich für die ihr noch verbleibende Lebenszeit, »sie mit schreiben, lesen, schauen und schweigen verbringen zu können: der Omnipotenz des Ekels, der Leere, der Verzweiflung, der Angst zu entgehen«. Angst vor Schlaganfällen, Spielarten des Todes, »die Sprache des Jenseits ist schwer zu erlernen«, notiert sie in den *Magischen Blättern.*

Das Bleibende im Vergänglichen: Was wird von Friederike Mayröcker bleiben? Sie hat kein Bäumchen gepflanzt, kein Haus gebaut, kein Kind zur Welt gebracht. Aber Bücher, Bücher. Weit über 70 Publikationen insgesamt. Sie ist, wie früher Ingeborg Bachmann, eine Schlüsselfigur für jüngere Lyriker. Die 1962 geborene Ulrike Draesner adaptiert in ihrem ersten Gedichtband *gedächtnisschleifen* beispielsweise die lyrischen Stimmen ihres Vorbilds, den typischen »Mayröcker-Sound«. Und die Berliner Autorin Elke Erb, von Friederike Mayröcker für den hoch dotierten Erich-Fried-Preis ausgewählt, lebt seit Jahren im »Zauberzirkel« Mayröcker'scher Verse, viele ihrer Gedichte folgen den Spuren der Wiener Lyrikerin oder tragen ein Mayröcker-Motto. – Wie mag sich Friederike Mayröcker so »bedichtet« fühlen? Sie, die am liebsten unsichtbar durch die Welt gehen möchte?

An Öffentlichkeit hat sie sich gewöhnen müssen im Laufe der Zeit, an Lesungen, an Interviews, an Preisverleihungen. Mehr als ein Dutzend Literaturpreise. 2001 der renommierte Büchner-Preis. – Bei der Verleihung des Hölderlin-Preises an Friederike Mayröcker ging Beatrice von Matt in der Laudatio dem Element des Feuers nach, das im Werk der Preisträgerin wie in dem Hölderlins eine zentrale Rolle spielt. »Aus meinen Köpfen sprießt das Feuerwerk der Träume«, heißt es bei Mayröcker, von einem Feuer, »angezündet in der Seele der Dichter«, ist bei Hölderlin die Rede. Ohne dieses Feuer gäbe es nichts, schließt die Laudatio, aber erst die Kunst, es zu hüten und zu überwachen, habe »das ganze großartige Werk dieser Dichterin mit seinen Entwicklungen und Steigerungen über viele Jahrzehnte hin möglich gemacht«.

Eigentlich müsste eine mit den Elementen der Natur so verbundene Dichterin in einer weiten, lichten Landschaft leben, menschenfern, himmelnah. Doch Friederike Mayrö-

cker wohnt mitten in Wien, im vierten Stock eines Miets-
hauses, Blick auf den Supermarkt gegenüber, Häuserzeilen
und einen Streifen Himmel. Zentagasse, 5. Bezirk, keine
vornehme Gegend. Seit 1951 wohnt sie hier, also fast ein
halbes Jahrhundert, sie liebt Veränderung nicht und hängt
an ihrer »Schreibhöhle«. Das Gedicht *Horizont* aus der frühen Zentagassen-Zeit beginnt sehr realistisch:

Ich hänge an meinem Elendsquartier
hier eine Treppe vor dem Dachboden
inmitten von Hurrikanen aus Staub und
miszgünstigem Gekläff
der Geruch von gekochtem Kohl steigt
wie eine beklemmende Riesenpflanze
vom Erdgeschosz bis zum Dachboden …

Die Mayröcker'sche Wohnung ist oft beschrieben worden:
als Faszinosum, als Kuriosum, als stilisiertes Chaos. Von
»absichtsvoller Verlotterung« spricht die Biografin Gerda
Marko. Und die Wohnungsinhaberin liefert prächtige Vokabeln zur Untermalung der Lotterlegende, die surreale
Elemente und realen Notstand vermischen: »Wespen
schaukeln im Zimmer haben ihre Nester gebaut in meinen/
Papieren« oder: »Reißzwecken und Wäscheklammern halten mein Leben mein Schreiben zusammen« oder: »ein trei-
bender Schreibtisch mitten im Ozean meines Zimmers …«
    Der treibende Schreibtisch im Ozean des Zimmers – ein
Bild, das sich im Kopf festsetzt, überprüft werden möchte.
In der Zentagassenrealität gibt es nichts Treibendes, Fluten-
des, da hat das Chaos eine solide Statik. Zwei Dutzend
Klingelknöpfe unten an der Haustür, zwei Dutzend Na-
mensschilder oder mehr: Mayröcker 4. Stock, 40. Tür. Das

Treppenhaus, Jahrgang 1906, hat einen undefinierbaren Geruch und ein schwarz verschnörkeltes Eisengeländer. Die Steinstufen nehmen kein Ende. Oben, schwarzer Schatten vor weißer Wand, Friederike Mayröcker, geduldig wartend. Die rechte Hand eingebunden, Fingerverletzung. Jede Handreichung ist mühselig: einen Haken für den Mantel freiräumen, dann einen Stuhl, ein Eckchen für das Selterglas. Das Chaos des Zimmers übertrifft alle Vorstellungen. Jetzt nur nicht die übliche Besucherfrage stellen: Finden Sie hier jemals etwas wieder? – Natürlich findet sie nichts wieder, jedenfalls nicht, was sie sucht, die Zahnarztrechnung, den Deckel der Teekanne oder das Farbband für die Hermes Baby. Dafür macht sie in Kisten und Kästen neue Funde, die ihre »Bewusztseinsmaschine« ankurbeln, kühne Konstrukte aus dem Papier wachsen lassen.

Irgendwo unter den bedrohlich schiefen Bücherstapeln, den Manuskriptbündeln und papiergefüllten Waschkörben muss ein Flügel verborgen sein, Gedichte und Interviews berichten davon, vielleicht ist es auch nur eine Legende wie der kleine heilige Antonius neben dem Transistorradio, der sich bedeckt hält. Friederike Mayröcker liebt es, mit Musik zu arbeiten, Brahms, Schubert, Bach vor allem, Glenn Goulds *Goldberg-Variationen*. Briefe, mit Wäscheklammern an die Lampenkette geheftet, sehen wie tibetische Gebetsfähnchen aus. Lasker-Schüler-Landschaft. Die Heimatlose würde sich hier wohlfühlen.

Noch eine andere Assoziation stellt sich ein: die Gräberschluchten des Jüdischen Friedhofs in Prag. Im zugewucherten Zimmer lagert Sediment auf Sediment. Arbeit aus Jahrzehnten. Leben. Es soll nicht aus dem Raum, aus der Erinnerung verschwinden, wie die Juden ja ihre Toten auch nicht nach 20 Jahren exhumieren, sondern später Verstorbene in Erdschichten darüber betten, Vergangenheit und Gegenwart eins werden lassen, beschwert von den Kieselsteinen des Gedenkens auf den Grabplatten.

Worüber reden in dieser bildgesättigten Atmosphäre? Über die Biografielosigkeit als Lebenshaltung. Über die augenblickliche Lektüre: Breton, Michaux, die modernen Franzosen, ein russischer Lyriker mit nie gehörtem Namen, immer wieder Jean Paul. Und Arno Schmidt? Nein, nicht mehr. »Ich lese alles an, aber nur weniges zu Ende«, sagt sie. Es ist ein leises Gespräch, Notizblock und Aufnahmegerät bleiben in der Tasche. Friederike Mayröckers Tag beginnt immer noch morgens um fünf, wenn der Himmel sich aufhellt und die Gegenstände Konturen annehmen, Gedichtzeilen sich formen, Traumwörter aus dem Halbbewussten festgehalten werden. Gegenwärtig entstehen nur Gedichte. »Eine Gedichtphase«, sagt sie. Im Grunde lesen sich alle ihre Texte wie Poesie. Ihre Arbeitsintensität hat sich nicht verändert im Laufe der Zeit, doch legt sie häufiger Pausen ein als früher.

Arbeiten und leben kann sie nur in Wien. Nur in dieser Stadt fühlt sie sich zu Hause: »ich ruhe in ihr, ich vertraue ihr und ich vertraue darauf, dass sie mich hält wie sie mich schon immer gehalten hat, also will ich auch ruhen da, später wenn ich nicht mehr leben kann, darf«, schreibt sie in *wienumschlungen*. Und ihr Wien-Bekenntnis endet mit einer Schattengeschichte:

»an einem Wintertag geht mir mein Schatten lange voran, und ich frage meinen Schatten wohin er geht … ich gehe in Wien in Angst, sagt der Schatten, ich lasse die Sonne in meinem Rücken, ich habe Angst aber ich laufe in Wien davon, ich laufe immer davon aber ich bleibe in Wien, hier allein kann ich sein, auch mit der Angst. Die

Angst wird dann meine Gedankenschrift, je mehr Angst, desto mehr Gedankenschrift, manchmal hebe ich ab, der Himmel ist hier am schönsten.«

Anne Frank

Chronik eines kurzen Lebens

Anne Frank

(1929–1945)

> Schreibend den Rückzug
> der Angst betreiben
> *Christa Wolf*

Anne Frank – der Name steht weltweit als Synonym für Holocaust. Das Tagebuch der 15-Jährigen wurde in annähernd sechzig Sprachen übersetzt, millionenfach verkauft, in allen Schulen gelesen, als Bühnenstück aufgeführt und verfilmt. Über ein halbes Jahrhundert haben sich Menschen vom Schicksal des im KZ Bergen-Belsen umgekommenen Mädchens anrühren lassen.

Was sich vom Juni 1942 bis zum August 1944 in dem Amsterdamer Hinterhaus an der Prinsengracht abspielte, hat Anne Frank als Betroffene und als genaue Beobachterin der übrigen Versteckten in ihrem Tagebuch und auf Notizzetteln festgehalten – auf holländisch. Die deutsche Sprache ihrer frühen Kindheit hat sie aus gutem Grund vergessen oder verdrängt.

Im Tagebuch findet sich nur ein knapper Hinweis auf ihre Geburtsstadt Frankfurt am Main, die sie als Vierjährige mit ihren Eltern und ihrer Schwester verlassen musste und die sie nie wieder gesehen hat. An die fiktive Briefpartnerin Kitty, ihre Tagebuchfreundin, schreibt sie über ihre Familie: »Als meine Eltern heirateten, war mein Vater 36, meine Mutter

25 Jahre alt. Meine Schwester Margot ist im Jahre 1926 in Frankfurt am Main geboren, am 12. Juni 1929 folgte ich. Als Juden emigrierten wir im Jahre 1933 nach Holland ...«

Vier Jahre Frankfurt also. Wie sah diese frühe Kindheit Annes zu Beginn der Dreißigerjahre aus? Wie kam es zu der vom Vater mit Bedacht geplanten Emigration? Was geschah in den Amsterdamer Jahren bis zum Beginn der Tagebuchaufzeichnungen? Und was danach?

Fakten, Aufzeichnungen – Spuren einer Kindheit, einer Jugend, die nicht gelebt werden konnte:

1929

Am 12. Juni bringt Edith Frank, geborene Holländer, in der Frankfurter Klinik des Vaterländischen Frauenvereins ihre zweite Tochter zur Welt, Annelies Marie, genannt Anne. Der Säugling ist, im Gegensatz zur drei Jahre älteren Schwester Margot, nicht pflegeleicht, weint viel und braucht besondere Zuwendung.

Die Mutter notiert im *Merkbuch für unser Baby,* das sie für Anne gewissenhaft führt: »Schreit sechs Wochen die ganze Nacht durch«. Eine Nervensäge – oder liebevoller ausgedrückt: ein willensstarkes, durchsetzungsfähiges Kind. Schwester Margot dagegen ist das sanfte Engelchen der Familie.

Otto Frank, Inhaber des elterlichen Bankhauses Michael Frank, ist zwar ein liebevoller Vater, kann sich aber nur wenig um die Kinder kümmern. Seine Geschäfte stehen schlecht, der New Yorker Börsensturz ist vor allem für die kleinen Frankfurter Banken mit Auslandsgeschäften ein schwerer Schlag.

1930

Die schlichte Doppelhaushälfte am Marbachweg, die das junge Paar gemietet hat, entspricht nicht dem Lebenszuschnitt wohlhabender jüdischer Familien, wie es die Franks und die Holländers sind. Doch Otto und Edith Frank legen mehr Wert auf einen kinderfreundlichen Garten im Grünen als auf Prestige und setzen sich bewusst vom jüdischen Großbürgermilieu ab. In der Stadtrandsiedlung der kleinen Beamten und Angestellten hoffen sie Anschluss ans »normale« Leben zu finden. Sie kochen nicht koscher, halten sich nicht an jüdische Riten, auch wenn Edith Frank ab und zu die Synagoge besucht. Otto Frank fühlt sich zwar als Jude, aber mehr noch als national gesinnter Deutscher. Er hat im Ersten Weltkrieg als Leutnant an der Westfront gedient und wurde mit dem Eisernen Kreuz Erster Klasse ausgezeichnet.

Mit der Integration in den Siedlungsalltag klappt es trotzdem nicht. Der Nachbar und Hausbesitzer, ein Lehrer mit NSDAP-Parteibuch, hat seine Lektion von den reichen Juden, die Arbeiter ausbeuten und an der Arbeitslosigkeit schuld sind, gelernt. Die Franks gehören nicht zu den Reichen, sie haben durch die Inflation ihre Ersparnisse verloren, das Bankhaus musste von der vornehmen Neuen Mainzer Landstraße in ein schlichteres Quartier verlegt werden – aber sie sind Juden, das genügt.

Bei den Reichstagswahlen im September müssen die bürgerlichen Parteien schwere Stimmenverluste hinnehmen, Gewinner sind die Kommunisten, vor allem aber die Nationalsozialisten, deren Mandatsanteil von 12 auf 107 steigt – parallel zum Anstieg der Arbeitslosen: 4,4 Millionen am Jahresende, Arbeiter, kleine Angestellte. Jüdische Mitbürger scheinen von der Arbeitslosigkeit seltener betroffen zu sein, das schürt Neidgefühle.

1931

Um Anfeindungen zu entgehen, sind die Franks von der Stadtrandsiedlung am Marbachweg ins weniger politisierte und aufgehetzte »Dichterviertel« umgezogen, in die Ganghoferstraße. Hier wohnen Juden und Christen, liberale Intellektuelle, die sich nicht zur nationalsozialistischen »Volksgemeinschaft« zählen. Aber Otto Frank bleibt wachsam, er hat Hitlers *Mein Kampf* gelesen, er ahnt, dass es diesem Mann mit den großmauligen Parolen von den jüdischen Volksschädlingen ernst ist.

Die Familie lässt er möglichst wenig von seinen geschäftlichen Sorgen und politischen Befürchtungen spüren, die Kinder sollen unbeschwert aufwachsen. Von der zweijährigen Anne gibt es ein Sandkastenfoto: ein schalkhaft und herausfordernd lächelndes Kleinkind in blütenweißem Spitzenkleid, herausgeputzt wie ein Püppchen – vielleicht von den Großmüttern, die häufig zu Besuch kommen. Beide sind Witwen. Oma Holländer aus Aachen, in deren Haus noch koscher gekocht wird, verwöhnt die Enkelinnen, die sanfte Margot scheint ihr eher nachzuschlagen als die ungebärdige Anne. Diese hat mehr Ähnlichkeit mit der Oma Frank, einer resoluten und beherzten Frau, die das Bankhaus nach dem Tod ihres Mannes allein weitergeführt hat, bis die vier Kinder erwachsen waren und Sohn Otto die Geschäfte übernehmen konnte.

Zum Haushalt gehört auch Kati, die von den Kindern geliebte Haushälterin, die selbstverständlich mitfährt, wenn

418

die Familie verreist. Kleine Reisen nur, meist nach Bad Soden, und auch die haben einen geschäftlichen Hintergrund. Die Brunnenverwaltung gehört zum Frank'schen Bankhaus, ebenso ein Betrieb, der Bad Sodener Halspastillen herstellt. Beides marode Unternehmen. Bedrückend für Otto Frank, der nicht nur für seine Familie, sondern auch für seine Mutter und die Geschwister sorgen muss.

1932

Die Arbeitslosenzahl in Deutschland übersteigt die 6-Millionen-Grenze, die Lage spitzt sich zu. Während 1928, noch vor der Wirtschaftskrise, die Nationalsozialisten nur drei Prozent der Stimmen erhielten, sind es bei den Reichstagswahlen im Juli 1932 über 37 Prozent. Ein Warnsignal für Otto Frank. Er beginnt sich nach Emigrationsmöglichkeiten umzusehen, während die meisten jüdischen Bürger noch an ein vorübergehendes Phänomen Hitler glauben und sich in Frankfurt in Sicherheit wähnen.

Otto Frank hat immer vorausschauend und mit kühlem Kopf gehandelt, möglichst unauffällig bereitet er die Liquidation seines Bankhauses vor, ohne die Familie zu beunruhigen. Den Kindern, die ihn freundschaftlich »Pim« nennen, erzählt er abends ausgedachte Geschichten von der guten und der bösen Paula. Sein Fabuliertalent begeistert Anne, die Erfahrung, dass man sich mit Fantasie eine Welt schaffen kann, prägt sich ihr früh ein und wird ihr kurzes Leben begleiten.

1933

Das letzte Foto Annes aus Frankfurt, im März 1933 vor der Hauptwache geknipst: eine Vierjährige in weißem Paradekleidchen, trotzig blickend, an der Hand ihrer Mutter, auf der anderen Seite die große, vernünftig wirkende Schwester Margot, nachdenklich, als ob sie ahnt, dass sie sich bald von ihren Schulfreundinnen und von ihrer vertrauten Umgebung trennen muss.

Am 30. Januar hat Hindenburg Adolf Hitler zum Reichskanzler berufen. Die Franks sind an jenem Tag bei Bekannten eingeladen und hören die Nachricht im Radio. Im Hintergrund Jubel der Berliner Bevölkerung bei einem Fackelzug der SA durch die Stadt. Dann die hämmernde Stimme Hitlers: Gebt mir vier Jahre Zeit … Den Franks läuft es kalt über den Rücken, doch der Gastgeber meint: Lasst uns doch einmal sehen, was der Mann kann.

Im März tritt das »Ermächtigungsgesetz zur Behebung der Not von Volk und Reich« in Kraft. Otto Frank weiß, was das bedeutet. Er bringt seine Familie ins elterliche Haus zu seiner Mutter, löst die Bank und die Wohnung in der Ganghoferstraße »aus wirtschaftlichen Gründen« auf und bereitet die Emigration in die Niederlande vor. Das Angebot zum Aufbau einer Firma, der Niederländischen Opekta, erleichtert ihm die Entscheidung. Nach dem Reichstagsbrand und den Reichstagswahlen mit einem Stimmenanteil von 44 Prozent für die NSDAP sieht er sich in seiner Skepsis bestätigt: Hitler wird nicht so schnell wieder verschwinden.

Auch die Frankfurter Israelitische Gemeinde erkennt nach dem Boykott aller jüdischen Geschäfte am 1. April und zunehmenden Diskriminierungen den Ernst der Lage.

In einem Aufruf an die Frankfurter Gemeindemitglieder heißt es: »Nichts kann uns die tausendjährige Verbundenheit mit unserer deutschen Heimat rauben ... Wenn keine Stimme sich für uns erhebt, so mögen die Steine dieser Stadt für uns zeugen, die ihren Aufschwung zu einem guten Teil jüdischer Leistung verdankt, in der so viele Einrichtungen vom Gemeinsinn der Juden künden ...«

Im August übersiedelt Otto Frank nach Holland, seine Familie hat er zur Schwiegermutter nach Aachen gebracht. Im Dezember zieht die Mutter mit Margot nach Amsterdam, in eine Wohnung am Merweideplein im Süden der Stadt, wo die meisten Emigranten aus Deutschland leben. Anne bleibt noch bei der Großmutter in Aachen.

1934

Im Februar holt die Mutter auch die nun fünfjährige Anne nach Holland. An Freunde in Deutschland schreibt sie: »Seit Dezember haben wir eine kleine Wohnung in Amsterdam. Margot kam Weihnachten, Anne jetzt. Sie war gerade ein Jahr in Aachen gewesen. Beide sind vergnügt. Anne ein kleiner Komiker.«

Von den bedrohlichen Entwicklungen in Deutschland ist in Amsterdam wenig zu spüren. Nach dem Tod Hindenburgs sind die Befugnisse des Reichspräsidenten an Adolf Hitler übergegangen, der sich nun, seiner Machtfülle bewusst, »Führer und Reichskanzler« nennt.

Edith Frank fährt mit den Kindern in den Sommerferien ans Meer, Anne lernt schwimmen. Im Herbst wird sie in die Montessori-Schule aufgenommen, und die Mutter berichtet nach Deutschland: »Sie ist weniger brav und in der

Schule nicht so fleißig wie Margot.« Originell, temperamentvoll, unangepasst gibt sich die kleine Anne, kein Vorzeigekind wie ihre Schwester.

1935–1941

In Deutschland sind auf dem Reichsparteitag im September
1935 die Nürnberger Gesetze verkündet worden. Das »Gesetz zum Schutz des deutschen Blutes und der deutschen
Ehre« verbietet Ehen mit Juden, für jede öffentliche Anstellung muss in Zukunft ein Ariernachweis erbracht werden.
Das hat eine jüdische Auswanderungswelle zur Folge, Amsterdam ist ein begehrtes Ziel.

Noch geht das Leben seinen gewohnten Gang. Anne
besucht ohne besondere Begeisterung die Montessori-
Schule. Sie ist eine neugierig fragende, fantasiebegabte
Schülerin, die sich Geschichten und Theaterszenen aus-
denkt, spannend und lustig erzählen kann, gern die Hauptrolle spielt und andere zum Mitmachen zu motivieren
weiß. Frühreif manchmal, und manchmal – wenn sie für
Filmstars schwärmt oder von Hollywood träumt – noch
ganz kindlich. Von den politischen Ereignissen bekommen
die Kinder kaum etwas mit, auch nicht von Diskriminierungen, sie fühlen sich in ihrer Familie, im Umfeld der
Schule und in ihrem Freundeskreis geborgen.

Otto Franks Geschäfte laufen zufriedenstellend, er kann
neben seiner Opekta-Fabrik das Zweigwerk Pectacon in
der Prinsengracht einrichten. Doch den Holländern werden die deutschen Emigranten – nicht wenige haben sich
eine neue Existenz aufgebaut – allmählich zu dominierend,
1938 lässt die Regierung die Grenzen für jüdische Flücht-

linge schließen. Das trifft vor allem die Juden, die noch an ein baldiges Ende des Hitler-Spuks geglaubt haben und erst nach der Reichskristallnacht im November 1938 entsetzt und in Panik Deutschland verlassen wollen.

Die Korrespondenz der Franks mit Freunden, Verwandten und Geschäftspartnern in Deutschland wird von 1938 an immer knapper und versiegt im Herbst 1939, nach Einführung der Briefzensur, völlig. Kein Risiko eingehen, heißt die Parole. Mit dem Einmarsch deutscher Truppen in Polen hat der Zweite Weltkrieg begonnen. Die politischen Ereignisse überstürzen sich nun: Im Mai 1940 werden die Niederlande besetzt. Auf Befehl von Reichskommissar Seyß-Inquart müssen sich alle jüdischen Betriebe registrieren lassen, zum Jahresende werden Juden aus den staatlichen und öffentlichen Ämtern entlassen.

Anne und Margot haben die Schule wechseln müssen, jüdische und holländische Kinder dürfen nicht mehr gemeinsam unterrichtet werden. Der Lebensraum der jüdischen Bevölkerung, auch der Kinder, wird systematisch eingeengt. Verbote überall. Anne hat ein besonderes Geschick, den zunehmenden Beschränkungen auch etwas Positives abzugewinnen. Sie findet in der neuen Schule, dem Jüdischen Lyzeum, rasch Freundinnen und auch die ersten Freunde. Zum Erdbeereis treffen sie sich in der »Oase« einem der wenigen Cafés, die für Juden noch zugänglich sind.

Otto Frank hat die Zuspitzung der Lage vorhergesehen und – umsichtig wie immer – nach einem geeigneten Versteck für die Familie gesucht. Das Hinterhaus seiner Firma an der Prinsengracht 263 scheint ihm geeignet zu sein, und er beginnt mit nur wenigen Eingeweihten einen späteren Umzug vorzubereiten.

423

1942

Auf der Wannseekonferenz in Berlin wird im Januar 1942 die »Endlösung der Judenfrage« organisatorisch durchgeplant: Transporte in den Osten, weiterer Ausbau der KZs, Arbeits- und Vernichtungslager. Betroffen sind elf Millionen Juden in ganz Europa, gut 160 000 in Holland. Zu ihrer Isolierung und Brandmarkung wird im April das Tragen des gelben Judensterns auf der Kleidung angeordnet. Mit diesem Makel Behaftete dürfen keine öffentlichen Verkehrsmittel benutzen und nachts das Haus nicht mehr verlassen, Parks und Spielplätze, Kinos, Sportstätten und Lokale sind ihnen verboten, ihr Telefon wird gesperrt. »Ich traue mich nichts mehr zu machen, ich habe Angst, dass es nicht mehr erlaubt ist«, schreibt Anne ins Tagebuch.

Das Tagebuch hat sie von ihrem Vater zum 13. Geburtstag geschenkt bekommen, an jenem 12. Juni 1942 beginnen auch ihre Eintragungen, die Gespräche mit der ausgedachten Brieffreundin Kitty: »Ich hoffe, dass ich Dir alles anvertrauen kann, wie ich es bisher noch niemals konnte, und ich hoffe, dass Du mir eine große Stütze sein wirst.« Ein paar Tage später gesteht sie Kitty ihre Einsamkeit inmitten ihrer Familie, ihrer Schulkameradinnen, ihrer Verehrer: »Ich habe keine Freundin! ... niemand begreift, dass ein dreizehnjähriges Mädchen sich so allein fühlt.«

Sie vertraut dem Tagebuch nicht nur ihre eigenen Gefühle an, sie versucht sich auch in andere hineinzudenken. Am 5. Juli schreibt sie: »Vater ist in letzter Zeit viel zu Haus, seitdem er nicht mehr ins Geschäft gehen kann. Es muss ein scheußliches Gefühl sein, sich plötzlich überflüssig zu fühlen ... Als wir vor ein paar Tagen spazieren gingen, hat Vater mit mir über ›Untertauchen‹ gesprochen. Er meinte, dass es uns sehr schwer werden würde, so von der Welt abgeschnitten zu leben.« Auf Annes ängstliche Frage nach dem Zeitpunkt dieses Untertauchens erhält sie die Antwort: »Das hörst du noch früh genug. Genieße noch deine Freiheit, solange es möglich ist.«

Es ist nicht mehr lange möglich. Als die 16-jährige Margot sich Anfang Juli bei der Auffangstelle für das Sammellager Westerbork zum Arbeitseinsatz im Osten melden soll, wissen die Franks als ständige Hörer des Feindsenders BBC, was das bedeutet. Adolf Eichmann plant, »in täglich verkehrenden Sonderzügen zu je 1000 Personen zunächst etwa 40 000 Juden aus dem besetzten französischen Gebiet, 40 000 Juden aus den Niederlanden und 10 000 Juden aus Belgien zum Arbeitseinsatz in das Lager Auschwitz abzubefördern …« Vor allem Kinder, Frauen, Alte und nicht Arbeitsfähige sollen sogleich von der Ankunftsrampe zum »Baden« in die Gaskammern geschickt werden.

Am nächsten Tag macht sich die Familie frühmorgens auf in das vorbereitete Versteck an der Prinsengracht, zu Fuß und schwer bepackt, Fahrräder dürfen Juden nicht mehr benutzen. Anne schildert den Umzug: »Wir zogen uns alle vier so dick an, als ob wir im Kühlschrank übernachten sollten. Aber wir wollten doch noch möglichst viel Kleidung mitnehmen. Kein Jude unserer Situation konnte wagen, mit einem schweren Koffer über die Straße zu gehen.« Anne hat in der Hast des Aufbruchs ihre Schultasche vollgestopft mit Büchern, alten Briefen, unnötigem Kram und mit dem Wichtigsten: dem Tagebuch. Das Allerwichtigste muss sie zurück lassen, Moortje, ihren kleinen Kater.

Das Leben im »Achterhuis« beginnt. Acht Personen, zusammengesperrt auf 50 Quadratmetern – für ein paar Wochen? Monate? Niemand wagt weiterzudenken. Den knappen Raum teilen sich die Franks mit einem Ehepaar und dessen Sohn Peter, später kommt noch ein weiterer »Untertaucher«, ein Zahnarzt, dazu. Ein verschiebbares Bücherregal steht zur Tarnung vor dem Eingang zum Hinterhausverlies. Alle Fenster werden sorgsam abgedichtet, kein Laut, auch nicht das Geräusch der Toilettenspülung, darf nach außen dringen. Die Eingeschlossenen werden von ehemaligen Angestellten Otto Franks versorgt mit Esswaren, Büchern, Zeitungen und allem Notwendigen. Die Helfer riskieren dabei ihr Leben, die deutsche Sicherheitspolizei und holländische Spitzel haben ihre Augen überall, nachts finden regelmäßig Razzien statt. Polizisten erhalten für jeden gestellten »Fluchtjuden« 7 Gulden 50 Cents.

Viele Holländer müssen trotzdem Juden versteckt haben, denn der deutsche Gesandte Bene schreibt im August ans Auswärtige Amt: »Nachdem die Judenschaft dahintergekommen ist und weiß, was bei dem Abtransport bzw. bei dem Arbeitseinsatz im Osten gespielt wird, treten sie zu den wöchentlichen Transporten nicht mehr an. Von 2000 für diese Woche Aufgerufenen erschienen nur ca. 400. In ihren Wohnungen sind die Aufgerufenen nicht mehr zu finden. Es macht also Schwierigkeiten, die beiden Züge zu füllen ...«

Anne, quicklebendig und neugierig, gewöhnt sich allmählich an den Dauerarrest ohne Auslauf, ohne neue Eindrücke. Ihr Sinn für Komik, ihr reiches Fantasieleben helfen ihr über die Eintönigkeit der Tage hinweg. Sie kommt sich wie in »einer etwas merkwürdigen Pension« vor, bemalt die Wände bunt und schmückt sie mit Postkarten und Fotos von Filmstars, die der Vater ins Achterhuis hinübergerettet hat. – Zwei Lebenskünstler. Mutter und Schwester tun sich schwerer mit dem Eingewöhnen, es gibt oft Reibereien und Streit um Kleinigkeiten, während sich draußen in der Stadt die wirklichen Dramen abspielen: Verhaftungen, Deportationen nach Auschwitz.

»Wie gut haben wir es hier«, schreibt Anne Ende November ins Tagebuch, »wie gut und ruhig ... wenn wir nicht immer in Angst und Sorge wären um alle, die uns teuer sind und denen wir nicht helfen können ... Und alles, weil sie Juden sind!«

1943

Die Schlacht um Stalingrad hat den Mythos von den unbesiegbaren Deutschen zerstört. Die Untergetauchten schöpfen Hoffnung: Der Krieg wird bald vorüber sein. Anne, Margot und Peter lernen für die Zeit danach, sie wollen den Anschluss an ihren Schuljahrgang nicht verlieren. Täglich büffeln sie Englisch, Französisch, Stenografie und sonstige »Tagtotschulfächer«, Otto Frank hört Vokabeln ab.

Hinter der scheinbaren Normalität lauert die Angst vor Entdeckung. Jeder Kontakt mit der Außenwelt kann zur Falle werden: die Kontrolle der Feuerlöscher, eine Dachreparatur, ein Lichtschimmer durch den Vorhangspalt, die Hausbesichtigung eines Architekten. Dann die Angst vor Bomben, kein Platz im Luftschutzkeller für Menschen, die eigentlich gar nicht mehr existieren, die längst – wie man sich erzählt – in die Schweiz geflohen sind ... Und die vernünftige Anne schreibt im Januar ins Tagebuch: »Es bleibt uns nichts anderes übrig, als ruhig und gefasst das Ende dieser Notzeit abzuwarten.«

Am 17. Februar die hoffnungsvolle Eintragung: »Wir erwarten täglich die Invasion.« Am 1. Mai nüchterner: »Heute wurde wieder furchtbar geschossen, besonders nachts. Ich habe meine wichtigsten Habseligkeiten zusammengerafft und am Tage einen ›Fluchtkoffer‹ gepackt mit den nötigen Sachen. Aber Mutter sagt sehr richtig: ›Wohin willst du flüchten?‹ ... Es wurde Belagerungszustand verhängt ...«

Annes Gedanken flüchten durch das Dachlukenfenster in die Ferne, ins Grüne: »Von meinem Lieblingsplatz auf dem Fußboden sehe ich ein Stück vom blauen Himmel, sehe den kahlen Kastanienbaum, an dessen Zweigen kleine Tropfen schillern ...« Und etwas später: »Unsere Kastanie ist schon ziemlich grün, und hie und da sieht man eine kleine Kerze.«

Miep, die treue Seele aus Wien, eng verwachsen mit der Firma und der Familie, schleppt Tag für Tag frisches Gemüse, Milch, Medikamente, Brot trotz fehlender Brotmarken und vor allem Bücher und Zeitungen ins Hinterhaus. Die Abfälle müssen sorgfältig verbrannt werden, in der Mülltonne könnten sie Nichteingeweihten auffallen. Immer die Angst vor Spitzeln, die Angst vor dem Entdecktwerden, die alle bis in die Träume verfolgt. Das Zusammenleben wird mehr und mehr zur Hölle. Anne beobachtet die aufkommenden Konflikte mit scharfem, auch selbstkritischem Blick: »Es ist verdammt schwer, sich gegen Menschen, die Du doch nicht ausstehen kannst, gut zu benehmen.«

Meldung des Auswärtigen Amtes vom 25. Juni 1943: »Von den ursprünglich in den Niederlanden gemeldeten 140 000 Volljuden ist nun der 100 000. Jude aus dem Volkskörper entfernt worden.« Bei einer Großaktion in Amsterdam sind an einem Tag noch einmal 5500 Juden »erfasst« worden, die vollständige »Entjudung« schreitet zügig voran. Miep und die anderen Getreuen berichten täglich von neuen »Überstellungen« und »Sonderbehandlungen«, die deutschen Besatzer haben ein eigenes beschönigendes Vokabular eingeführt.

Annes Stimmung schwankt zwischen Dankbarkeit über das sichere Versteck und Wut über das immer unerträglichere Eingesperrtsein in engster Tuchfühlung mit Menschen, die ihr gleichgültig sind, mit einer Mutter, die sie nicht versteht. Pim, der Vater, ist ihr einziger Rückhalt, ihm allein fühlt sie sich verwandt. Er nimmt als Einziger ihr langsames, auch sexuelles Erwachen zur Kenntnis. Peter, der in der Dachkammer haust, ist ihr – noch – gleichgültig.

Am 24. Dezember schreibt sie: »Gerade jetzt in der schönen Ferienzeit zu Weihnachten und Neujahr sitzen wir hier wie Ausgestoßene. Wenn jemand von draußen kommt, noch mit dem typischen frischen Windgeruch in den Kleidern und mit rotgefrorenen Backen, möchte ich meinen Kopf unter die Decke wühlen, um nicht immer wieder daran denken zu müssen: Wann endlich werden wir wieder hinaus dürfen in Luft und Freiheit!«

1944

In der Nacht vor dem Neujahrsfest sind allein in Amsterdam noch einmal 10 000 Juden aus den Häusern geholt und deportiert worden. Die Kontrollen werden immer schärfer, das Netz zieht sich zusammen, ein Entkommen gibt es nicht, das wissen die Untergetauchten, auch wenn sie nicht darüber sprechen. Bleibt nur die Hoffnung auf die Zerschlagung der deutschen Armee. Jede Niederlage, jeder Rückzug, den BBC meldet, wird mit Erleichterung registriert.

Für Anne gibt es neben den politischen Aufregungen etwas, was ihr Innenleben noch stärker aufwühlt: die aufkeimende Liebe zu Peter, dem stillen Hausgenossen, den sie früher als langweilig und fad empfunden hat. Erstaunlich hellsichtig analysiert sie ihre Empfindungen und Peters Reaktionen: »Auf seinem Gesicht stand seine ganze Unsicherheit und Hilflosigkeit und doch gleichzeitig ein Anflug vom Bewusstsein seiner Männlichkeit. Diese Verlegenheit ließ mich ganz sanft werden und immer wieder seine Augen suchen.«

Sie verschließt nun ihr Tagebuch wachsamer vor neugierigen Blicken. »Liebe, was ist Liebe?«, fragt sie Kitty Anfang März und gibt gleich die Antwort: »Liebe ist, jemanden zu verstehen, ihn gern zu haben, Glück und Unglück mit ihm zu teilen. Und dazu gehört auf die Dauer auch die körperliche Liebe.« Sie sehnt sich nach einem Kuss und wünschte sich ihren Freund leidenschaftlicher.

Immer wieder macht sie sich selbst Mut, und es scheint nicht der Mut der Verzweiflung zu sein, wenn sie sich zuruft: »Denke an all das Schöne, das noch in Dir und um Dich ist und sei glücklich!« Oder: »Wer Mut und Vertrauen hat, wird im Unglück nicht untergehen!« – Erwachsenenweisheiten. Vielleicht der Versuch, sich mit »vernünftigen« Sprüchen in dieser absurden Situation ein Stück Normalität zu schaffen: »Ja, Kitty, Anne ist verrückt, aber ich lebe auch in einer verrückten Zeit und unter noch verrückteren Umständen.«

Ihren Wunsch, später einmal zu schreiben, Journalistin oder Schriftstellerin zu werden, drückt sie immer deutlicher aus, ermuntert auch von einem Aufruf im Oranje-Sender, Tagebücher und Briefe aufzuheben, damit diese nach dem Krieg als Zeitdokumente publiziert werden können: »Stell

430

Dir vor, wie interessant es wäre, wenn ich einen Roman vom ›Hinterhaus‹ veröffentlichen würde ... Wird es nicht Jahre nach dem Krieg, vielleicht nach 10 Jahren, unglaublich erscheinen, wenn wir erzählen, wie wir Juden hier gelebt, gesprochen, gegessen haben?« Der Gedanke, später als Zeitzeugin von dem Unfassbaren zu berichten, beflügelt sie, sie beginnt ihre persönlichen Eintragungen anzureichern mit Schilderungen ihres Verstecks, Beobachtungen ihrer Mitbewohner, Nachrichten von draußen, Hoffnungen, Befürchtungen.

»Wenn Gott mich am Leben lässt«, heißt nun eine ihrer Redewendungen. »Wenn Gott mich am Leben lässt, werde ich mehr erreichen als Mutter je erreichte. Ich werde nicht unbedeutend bleiben. Ich werde in der Welt und für die Menschen arbeiten!« Zukunftsvisionen, Hoffnung auf ein Danach: »Einmal wird dieser schreckliche Krieg doch vorbeigehen, einmal werden wir doch wieder Menschen und nicht nur Juden sein!«

Das Radio läuft ständig und ständig sitzt jemand davor, gibt Nachrichten weiter. Politische Aufregungen mischen sich mit Alltagsärger über ungerechte Verteilung der schmalen Butterrationen. »Einnahme von Rom durch die fünfte Armee ... Wenig Gemüse und Kartoffeln. Wetter schlecht. Anhaltende schwere Bombardements auf Pas de Calais und die französische Küste.« Mit der Landung der Alliierten Anfang Juni in der Normandie scheint die Befreiung in unmittelbare Nähe gerückt.

Annes 15. Geburtstag am 12. Juni feiert die kleine Runde mit zwei Flaschen Joghurt, einem Glas Jam und einem Pfefferkuchen in Vorfreude auf das baldige Ende der nun zweijährigen Isolation. Peter hat für seine Freundin einen Pfingstrosenstrauß herbeigezaubert. »Manchmal denke ich, dass mein heftiges Sehnen nach ihm übertrieben ist«, schreibt Anne selbstkritisch. Es ist nicht nur das körperliche Verlangen, das sie an Peter bindet, es ist auch das gemeinsam Erlebte und Erträumte: »Wir beide haben unsere Denkjahre im Hinterhaus verbracht, wir sprechen oft über Vergangenheit, Gegenwart und Zukunft.«

Das Attentat vom 20. Juli auf Hitler weckt neue Hoffnung, aber die Vernichtungsmaschinerie läuft weiter. Am selben Tag meldet SS-Brigadeführer Bene ans Auswärtige Amt: »Die Judenfrage kann für die Niederlande als gelöst betrachtet werden ... Von den untergetauchten Juden werden fast täglich einige ausgehoben und in Lager verbracht.«

Anne schreibt gegen die Horrormeldungen im Radio an, sie will mit den Eintragungen im rotkarierten Tagebuch sich selbst und den Mitbewohnern Mut machen – vielleicht auch späteren Lesern ihren Durchhaltewillen beweisen: »Es ist ein Wunder, dass ich all meine Hoffnungen noch nicht aufgegeben habe ... Doch ich halte daran fest, trotz allem, weil ich noch stets an das Gute im Menschen glaube.«

Die letzte Tagebucheintragung stammt vom 1. August 1944. Während draußen die Welt aus den Fugen geht, macht sich Anne Gedanken darüber, warum es ihr nicht gelingt, »so zu werden wie ich so gern sein möchte ...«.

Vier Tage später dringen SS-Offiziere mit ihren holländischen Helfershelfern in das Hinterhaus ein, suchen nach der geheimen Tür hinter dem Bücherregal und nehmen die acht Untergetauchten, die nach den Lageberichten von BBC nicht mehr mit einer Verhaftung gerechnet haben, fest. Sie sind verraten worden ...

Miep Gies, die beherzte Helferin, beschreibt ihr Entsetzen, als sie ein paar Tage später den verlassenen Unterschlupf im Achterhuis betritt: »Alles war umgestürzt und durchwühlt. Auf dem Boden lagen Kleider, Papiere, Briefe und Schulhefte … Und zwischen den Papieren auf dem Boden lag ein rot-kariertes Buch. Ich hob es auf und erkannte Annes Schrift auf den Seiten …« Miep nimmt das Tagebuch und herumliegende von Anne beschriebene Blätter an sich, ohne zu ahnen, wie wichtig diese Aufzeichnungen später sein werden. Die SS-Leute haben alles mitgenommen, was sie für wertvoll hielten – das Tagebuch gehörte nicht dazu.

Die Verhafteten werden aus dem Amsterdamer Gefängnis ins Durchgangslager Westerbork überstellt, ein Wettlauf mit der Zeit beginnt: Am 23. August befreien die Alliierten Paris, die Auflösung der Lager muss unmittelbar bevorstehen. Doch am 3. September werden die Häftlinge mit dem allerletzten Transport aus Holland nach Auschwitz verfrachtet. 1000 Häftlinge in einem langen Güterzug, je 75 in einen Waggon gepfercht.

Während der Häftlingszug durch Deutschland rollt, befreien die Alliierten Antwerpen und Brüssel. In Auschwitz geht die Vernichtung weiter. Familien werden auseinandergerissen, Männer rechts, Frauen links. Für Anne bedeutet das Trennung von den zwei Menschen, die ihr am nächsten stehen, von ihrem Vater und ihrem Freund Peter. Anne und den anderen weiblichen Häftlingen werden im Frauenlager Auschwitz-Birkenau die Haare geschoren: kriegswichtiges Material zur Rohrdichtung in U-Booten …

Ende Oktober werden Anne und Margot in einem Viehwagen ins KZ Bergen-Belsen geschafft, die entkräftete Mutter müssen sie in Auschwitz zurücklassen. Die Stimmung unter den Häftlingen ist gedrückt und resignativ, zur Auflehnung fehlt die Kraft. Anne gehört zu den wenigen, die sich nicht aufgeben, die an ein Danach glauben wollen.

Im Dezember scheitert die Ardennen-Offensive der deutschen Wehrmacht – für Anne wieder ein Hoffnungsfunke: Die Befreier rücken näher.

1945

Annes Mutter erlebt die Befreiung nicht mehr, sie stirbt Anfang Januar 1945 in Auschwitz-Birkenau. Drei Wochen später erreicht die Rote Armee Auschwitz. Otto Frank wird befreit und überlebt als Einziger der Familie.

Für Anne und Margot müssen die Monate in Bergen-Belsen die Hölle gewesen sein: verseuchtes Wasser, kein Essen, harte Arbeitseinsätze am Verbrennungsplatz: eine Schicht Leichen, eine Schicht Bahnschwellen, Benzin darüber …

Die hungernden Häftlinge sterben massenweise an Typhus. Margot liegt nach einem Ohnmachtsanfall tagelang im Koma. Ihren Tod versuchen die Mithäftlinge der schwer kranken Schwester zu verheimlichen, doch Anne lässt sich nicht täuschen. Sie stirbt wenige Tage später, Anfang März 1945, wahrscheinlich auch an Typhus oder, wie eine Mitgefangene sagt, am Tod der Schwester: »Es lässt sich schrecklich leicht sterben, wenn man allein im KZ ist.« Die Schwestern werden, wie unzählige Häftlinge, in einem Massengrab verscharrt.

Am 12. April befreien englische Truppen die entkräfteten Überlebenden von Bergen-Belsen – ein paar Wochen zu spät für Anne und Margot. Annes Freund Peter stirbt am 5. Mai im KZ Mauthausen, drei Tage vor der Kapitulation der deutschen Wehrmacht – der letzte verlorene Kampf gegen die Zeit.

Nachgetragenes

Zwei Jahre nach Kriegsende wird Anne Franks Tagebuch unter dem Titel *Het Achterhuis* in Holland veröffentlicht – ein Verdienst von Miep Gies, die Annes Aufzeichnungen gerettet und dem Vater übergeben hat. Otto Frank hat vor der Drucklegung einige Tagebuchseiten, die von Familienstreitereien und pubertären erotischen Wünschen handeln, herausgetrennt. Das Bild Annes soll für die Nachwelt makellos erhalten bleiben.

Eine zweite Tagebuchfassung, die Anne 1944 mit der Absicht einer späteren Veröffentlichung überarbeitet hat, sorgt für Verwirrung. Welches ist – wenn überhaupt – die echte Version? Der Fälschungsverdacht, bei Erfolgsbiografien rasch zur Hand, wird durch Experten entkräftet – im Gegensatz zu den von der Kritik hochgelobten Kindheitserinnerungen des Binjamin Wilkomirski, dessen Holocaust-Erlebnisse als Fälschungen entlarvt wurden. Eine kritische Ausgabe der Frank-Tagebücher, die beide Fassungen und auch die von Otto Frank zurückgehaltenen Seiten enthält, hat Mirjam Pressler 1988 in deutscher Sprache zugänglich gemacht.

Den Lesern in aller Welt sind die Querelen um die Rechte am Text und der Person Anne Frank unwichtig, auch die Rivalitäten der verschiedenen Stiftungen in Amsterdam, New York und Basel. Wichtig ist ihnen Anne Frank als Identifikationsfigur, als Verkörperung des guten Menschen wie Mutter Teresa oder Albert Schweitzer. Das Anne-Frank-Haus in der Amsterdamer Prinsengracht ist zur Wallfahrtsstätte geworden – und das hat nicht nur mit der geschickten Vermarktung einer Kultfigur zu tun, sondern auch mit dem Bedürfnis, an einem Einzelschicksal etwas über den Holocaust zu erfahren, ohne sich der ganzen Brutalität der Massenvernichtung, die unsere Vorstellungskraft übersteigt, aussetzen zu müssen. Millionen Opfer bleiben abstrakt, einzelne Schicksale, ob aus dem Film *Schindlers Liste* oder aus der Fernsehserie über Janina Davids Gettokindheit *Ein Stück Himmel,* werden emotional nachvollziehbar.

In Frankfurt gibt es eine Anne-Frank-Schule und eine Anne-Frank-Siedlung, eine Tafel am ehemaligen Wohnhaus der Franks in der Ganghoferstraße erinnert an das junge Holocaust-Opfer. Warum die Stadt sich mit großen Gedenkfeiern eher zurückhält, erläuterte Ignatz Bubis, der frühere Vorsteher der Jüdischen Gemeinde Frankfurts, in einem Interview: Von den knapp 6000 in Frankfurt lebenden Juden seien die meisten Überlebende des Holocaust, und: »Es gibt kaum jemanden in der heutigen Jugend Frankfurts, der nicht in der eigenen Familie einen Fall Anne Frank ohne Tagebuch gehabt hätte.«

Anne Frank – kein Einzelschicksal. Das ist die traurige Wahrheit. Dass uns diese Wahrheit berührt und erschreckt, bewirken – mehr als jede Statistik – die kindlich hoffnungsvollen Tagebuchzeilen:

»Oh ja, ich will nicht umsonst gelebt haben wie die meisten Menschen. Ich will den Menschen, die um mich herum leben und mich doch nicht kennen, Freude und Nutzen bringen. Ich will fortleben, auch nach meinem Tod.«

Das Eis der Seele spalten

Dorothee Sölle

(1929–2003)

Ein Traum, ein Traum ist unser Leben
Auf Erden hier.
Wie Schatten auf den Wegen schweben
Und schwinden wir.
Und messen unsre trägen Tritte
Nach Raum und Zeit;
Und sind (und wissens nicht) in Mitte
Der Ewigkeit.
Johann Gottfried Herder

27. April 2003. In den Abendnachrichten die bestürzende Meldung vom Tod Dorothee Sölles: Herzinfarkt auf einer Tagung in Bad Boll. Am frühen Morgen ist sie in einem Göppinger Krankenhaus gestorben. Sie hatte die Tagung mit Gedanken über »Gott und das Glück« eröffnet. Es war ihr letzter Vortrag.

»Mitten im Leben sind wir vom Tod umfangen« – dies war Dorothee Sölle immer bewusst. Sie sprach oft über den Tod, nahm ihn hinein in die Fülle des Lebens. Dass er so schnell, so unerwartet kommen würde, wird sie kaum geahnt haben. Vielleicht hätte sie ihn sich nicht anders gewünscht: Es war ein Abschied mitten aus der Arbeit heraus, aus der »Seelsorge«, wie das altmodisch treffende Wort heißt.

Dorothee Sölle

Ein nicht beendetes Gespräch

Im Computer der noch unfertige, zu lange hinausgezögerte Sölle-Text. Es gab noch offene Fragen, die in einem Gespräch geklärt werden sollten. Drei Daten für ein weiteres Treffen im Terminkalender angekreuzt – mit Fragezeichen. Die viel Beschäftigte konnte sich noch nicht genau festlegen – Reisen, Seminarveranstaltungen, dringliche Publikationen standen an, aber dazwischen würde sich eine ruhige Stunde für ein Gespräch finden …

Nun müssen Daten und Fragezeichen aus dem Kalender gestrichen werden. Es kann kein Treffen mehr geben. Zu spät. Die Fragen auf dem Notizblock werden unbeantwortet bleiben. Der Text des Sölle-Porträts muss umgeschrieben werden: Vergangenheit statt Gegenwart. Ihre Vitalität, ihre Pläne, ihre Neugier auf Unbekanntes – Vergangenheit. Die auf Zukunft ausgerichteten Eingangsverse von Rose Ausländer passen nicht mehr, wären ein Widerspruch zur Realität – aber ist nicht vieles im Leben Dorothee Sölles widersprüchlich gewesen? Darüber hätte man sprechen müssen. Zu spät.

Bleibt nur die Erinnerung an den Besuch bei ihr zu Hause. Der Taxifahrer hat Mühe, das Haus am Roosens Weg in Hamburg-Othmarschen zu finden. Ein naturbelassener Garten – selten in dieser gepflegten Gegend –, ein voll gepackter Flur, ein geräumiges Arbeitszimmer, das nach Arbeit aussieht und nach Enkeln, mit bunten Zeichnungen, Fotos und einem alten Pferdchen auf Rädern. Vom Biedermeiersofa aus geht der Blick über Bücherwände hinaus ins Grüne.

Dorothee Sölle nimmt sich Zeit für das Gespräch – kein übliches Frage-und-Antwort-Interview, sondern ein Er-

zählen aus der Fülle der Erfahrung, das Positionen klärt, auf
Verständnisschwierigkeiten eingeht, zum Beispiel auf den
provozierenden Buchtitel *Atheistisch an Gott glauben*, eine
»Theologie nach dem Tode Gottes«, die Gottes Mensch-
werdung nicht als abgeschlossenen Vorgang, sondern als
weiterwirkenden Prozess versteht. Auf die Frage nach den
Konsequenzen für uns Menschen antwortet die Theologin,
man könne nicht Gott ins Jenseits verlegen und die Liebe als
das »nur« Menschliche sehen, denn: »Es gibt keine andere
Transzendenz als die Liebe.« Diesen letzten Satz könnte
auch der rebellische Katholik Drewermann geschrieben
haben; aber die rebellische Protestantin möchte sich mit
Eugen Drewermann nicht identifizieren, er ist ihr zu psy-
chologisierend, zu sehr heilsverkündend. Beide jedoch
denken nicht daran, aus ihrer Kirche auszutreten, obwohl
sie eher für eine »Kirche außerhalb der Kirche« stehen, für
eine Kirche nahe am Menschen.

Dass die Theologin Sölle nah am Menschen bleibt, dafür
sorgen, neben den Lehrerfahrungen in Amerika, die Fragen
der eigenen Kinder: »Wo war Gott in Auschwitz?« Eine
Frage wie ein Hammerschlag – wer könnte sie ungeduldi-
gen Jugendlichen kurz und bündig beantworten? Die Kinder sind kirchenkritisch geblieben, zehren aber vom religiösen Fundus, der mit biblischen Geschichten und Ritualen
im Elternhaus gelegt wurde. Die jüngste Tochter Mirjam,
heute Juniorprofessorin in Lüneburg, hat sich zwar der
Konfirmation verweigert und nicht kirchlich geheiratet,
aber ihr Töchterchen Charlotte taufen lassen. Sohn Martin,
»dem Existenzialisten und Skeptiker«, der als Buchhändler
in Köln lebt, hat die Mutter das Buch *Gegenwind* gewidmet.

Das Engagement Dorothee Sölles für die Befreiungstheologie hängt nicht zuletzt mit den Besuchen bei ihrer Toch-

ter Caroline in Bolivien zusammen, die dort als Ärztin tätig ist und die Unterdrückung einer »Kirche von unten« durch die römische Amtskirche miterlebt. Überall in Lateinamerika gab es Priester und Bischöfe, die sich mit dem von Diktatoren unterdrückten Volk solidarisierten und dafür aus dem Amt gejagt, gefoltert oder ermordet wurden. Rom sah in diesen mutigen Kämpfern für Gerechtigkeit eher rote Rebellen als Märtyrer und verhielt sich der ganzen Befreiungsbewegung gegenüber reserviert. Dabei könnten hier, davon ist Dorothee Sölle überzeugt, der Kirche neue, starke Kräfte erwachsen – Gläubige, die das Evangelium ernst nehmen und bereit sind, Zeugnis davon abzulegen.

Sie hat selbst Gemeinden in El Salvador und Guatemala besucht, hat Kontakte geknüpft zu Befreiungstheologen, hat erfahren, welch starken Widerhall die Namen von Ernesto Cardenal, Leonardo Boff oder Oscar Romero im gläubigen Volk hervorrufen. Nach Romero ist in Luzern ein Haus der Begegnung benannt, in dem die evangelische Theologin und ihr Mann, Professor Fulbert Steffensky, Religionspädagoge und ehemaliger Mönch des Klosters Maria Laach, oft und gern zu Gast waren.

Gemeinsam mit ihrem Mann hat Dorothee Sölle das Buch *Nicht nur Ja und Amen: Von Christen im Widerstand* geschrieben. Wenn es um Erneuerung der Kirche, um spirituelle Fragen geht, liegen die beiden auf einer Linie. Bei so banalen Dingen wie dem leiblichen Wohl kann die Ehefrau, der Kochen stets ein Graus war, jedoch nicht mithalten. Pünktlich um eins bittet Professor Steffensky zu Tisch in der großen, sehr kreativ eingerichteten Wohnküche. Er hat einen herrlichen Gemüseeintopf gezaubert aus allem, was Garten und Kühlschrank hergaben, und der Kreation einen klangvollen südamerikanischen Namen gegeben, passend zum Landwein in den irdenen Bechern. Dazu entwickelt der Wein- und Menschenkenner eine eigene Philosophie oder Psychologie des Trinkens: Aus dem Weingenuss seiner Gäste zieht er Rückschlüsse darauf, ob er einen asketischen Protestanten oder einen trinkfreudigen Katholiken vor sich hat. Seine Kochkünste hat er sich »aus Notwehr« angeeignet: Wenn seine Frau kocht, gibt es angeblich immer nur Fischstäbchen ... Zum Nachtisch kommt ein rustikaler Korb mit Obst auf den Tisch, aus biologischem Anbau, versteht sich: knurzelig anzuschauen, aber schmackhaft. Da ist das Gespräch gerade bei Karl Barth angelangt, dem Theologen der »Gott ist tot«-Schockthese. Zu einer Aufschlüsselung des rätselhaften Satzes und zu einem Espresso reicht die Zeit nicht mehr. Das Taxi wartet.

Ein Vermächtnis

Auf dem Schreibtisch liegt die letzte Sölle-CD: *Verrückt nach Licht.* Die Widmung läuft mit krakeliger Schrift schräg über das beiliegende Textheft: »schwesterlich ...« Viele Frauen waren ihr Schwestern, auch wenn Gespräche nicht immer in Harmonie verliefen. Vielleicht gerade dann.

Diese CD, die in Zusammenarbeit mit der südamerikanischen *Grupo Sal* entstanden ist, lag ihr besonders am Herzen. Die Musik dieser Band – Querflöte, Quena, Bass, Percussion und Gesang – entspreche ihrem Lebensgefühl, sagte sie: Trauer und Glück, Klage und Fröhlichkeit. Dazwischen ihre Texte: Gedichte, eine Talmudgeschichte, Sozialkritisches übers Reichwerden und die Ausbeutung der Indios, über Gewalt und gewaltlosen Widerstand, zum Schluss ein Brief an ihre Kinder. – Das ganze Vermächtnis der radikalen Christin, eingebrannt in eine dünne blanke Scheibe: die Nähe zum Judentum, zum Talmud und zum Alten Testament. Die Kritik an einer Gesellschaftsordnung, in der die Reichen immer reicher, die Armen immer ärmer werden. Die Solidarisierung mit den Latinos und die Unterstützung der Befreiungstheologie. Der Einsatz für die Friedensbewegung und die Ächtung von Waffen. Schließlich die Botschaft an die vier Kinder, in ein Märchen gekleidet: »Vergiss das Beste nicht!«

Was aber ist das Beste? – »Von allem, was ich Euch gern mitgegeben hätte in die Feindschaft, mit der das Leben Euch beutelt und beuteln wird, ist dies am schwersten zu vermitteln«, sagt sie. »Es ist, als hätten wir Eltern kein bewohnbares Haus der Religion anzubieten, nur ein verfallenes. Vielleicht habe ich mich darum gescheut, Euch ins Christentum zu locken …« Da ist kein sicherer Steg, über den sie die Kinder führen könnte, keine Gewissheit – nur der Wunsch, sie möchten alle »ein bisschen fromm werden«, nicht kirchenfromm, doch Gott in ihr Leben einbeziehen, ihm hier und da danken, ihn loben mit einem Halleluja oder dem großen Om der indischen Religion. Und sie legt ihnen Meister Eckhart ans Herz, den großen Mystiker des Mittelalters.

Den Himmel erden

Die andere Dorothee Sölle, die unbekanntere: nicht die aktionistische, kämpferische, die soziale Gerechtigkeit und Achtung der Menschenrechte auf dieser Welt einfordert, sondern die kontemplative, der Mystik verhaftete, die das

Jenseits zu »erden« versucht. Eines ihrer Bücher trägt denn auch den Titel *Den Himmel erden*. Immer wieder und mit immer neuen Mitteln versucht sie, Menschen – heutige Menschen – ein Stück Weges zu begleiten ins Ungewisse, ins Abenteuer Glauben. Sie ist eine Missionarin, aber keine von der penetranten und selbstgewissen Art, die den einzig richtigen Weg genau kennt. Sie ist selbst eine Suchende, eine, die mit Zweifeln lebt und deshalb die Zweifel der anderen verstehen kann. Auch wenn die Kirchen sich leeren und viele Menschen sich in den zu Gottes Ehre gebauten Häusern nicht mehr zu Hause fühlen, bleibt doch – davon ist die Theologin Sölle überzeugt – die Sehnsucht und Suche nach etwas, das über den Alltag und die kleinkreisige Gegenwart hinausweist.

Es muss doch mehr als alles geben – ein Buchtitel der Sölle, der bewusst zum »Nachdenken über Gott« herausfordert, jenen Gott, dessen Nähe man vielleicht nicht mehr spürt, der einem eines Tages zusammen mit dem Kinderglauben abhanden gekommen ist und zu dem man jetzt keinen Zugang mehr findet. Hier versucht Dorothee Sölle, pädagogisch geschickt und anschaulich, Brücken zu bauen. Sie unterscheidet drei Phasen der religiösen Entwicklung, wie sie für einen noch vom Christentum geprägten Lebensraum typisch sind. In die erste Phase, die sie die »dörfliche« nennt, wachsen Kinder ganz selbstverständlich hinein, übernehmen Werte und Normen aus dem Elternhaus oder dem kirchlichen Umfeld und orientieren sich an Vorbildern und Traditionen. Viele Menschen verharren ihr Leben lang in diesem Hort absoluten Vertrauens, andere hinterfragen eines Tages den naiven Kindheitsglauben, rebellieren, werfen alle verinnerlichten Gottesbilder über Bord und stehen mit leeren Händen da. Unbehaust leben sie in dieser zweiten Phase »als nach-christliche Bürger in der säkularen Stadt«.

Hier beginnt die dritte Phase, die Suche nach religio, Rückbindung; Dorothee Sölle sieht darin eine Hoffnung, selbst in unserer säkularisierten Welt: »Wer zu einer kritischen Bejahung des Glaubens gekommen ist, nach einer intensiven Auseinandersetzung in der zweiten Phase, der kämpft nun auch um die Entwicklung neuer Lebensformen der Religion.« Diese Lebensformen sieht die evangelische Theologin nicht nur innerhalb der abendländisch-christlichen Horizonte, auch Sufimeister oder fernöstliche Gurus können Wege weisen. Doch näher liegt uns als Vorbild und Lehrer ein »zum Klischee erstarrter, aber ganz unbekannter Meister«: Jesus. Seine Botschaft auf unkonventionelle, oft provozierende Weise weiterzugeben, hat sich Dorothee Sölle ihr Leben lang bemüht – und sich damit eine begeisterte Gemeinde und ein erbittertes Lager von Gegnern geschaffen.

Ihre Streitlust hat sie nie bezähmt, auch wenn sie ihr zum Nachteil gereichte und sie sich damit Karrierechancen verbaute. Unbegreiflich etwa für amerikanische Professorenkollegen, dass die promovierte und habilitierte, wissenschaftlich ausgewiesene Theologin in Deutschland auf keinen Lehrstuhl berufen wurde. Für Kenner deutscher Verhältnisse durchaus begreiflich: eine Frau ohne Respekt vor Amtsautoritäten und starren Lebensnormen, Sympathisantin einer »Kirche von unten«, Feministin, Pazifistin, dazu gefährliche Konkurrentin als Bestsellerautorin – das konnte nur außerhalb offizieller Gleise gut gehen.

Die Rebellin

Dorothee Sölle war kein Arbeiterkind, das sich nach oben durchbeißen musste, sie gehörte nicht zu einer unterprivilegierten und verfolgten Minderheit, sie entstammte der angesehenen Kölner Intellektuellenfamilie Nipperdey. Allerdings musste sie sich gegen drei ältere, dominierende Brüder behaupten, was ihre Findigkeit und Schlagfertigkeit beförderte. Klein und schmächtig war sie in der Schule, die Lehrerin nannte sie »Streichhölzchen«, nur mit Worten war sie ihren Mitschülerinnen überlegen. Groß und kräftig wäre sie gern gewesen, am liebsten ein Junge, der »für Deutschland reitet«. Die Faszination des Mythos Deutschland wirkte auf die 15-Jährige stärker als die nüchterne Skepsis des Elternhauses allem Nationalsozialistischen gegenüber. Dass ihr Vater Vierteljude war, blieb ein Familientabu. »Luftschutzkeller« und »Hamsterfahrten« sind Schlüsselwörter jener Tage. Mit Hamstern hatten die Nipperdey-Kinder kein Glück, für Bücher und Opernpartituren rückte niemand eine Speckseite heraus. »Ich fror in den abgetragenen Mänteln meiner Brüder«, schreibt Dorothee Sölle in ihren Erinnerungen. 1944 brannte das Elternhaus aus und der Mythos Deutschland verbrannte mit.

Die Evakuierung nach Thüringen folgt. In Jena am 3. Mai 1945 Eintrag ins Tagebuch: »Der große Krieg geht seinem Ende zu. Der Führer ist an der Spitze der restlichen Truppen in Berlin im Kampf gegen den Bolschewismus gefallen ... Ich bemühe mich, nicht daran zu denken. Ich lese und lerne Hölderlin, Shakespeare und Sophokles.« Aber Hölderlin ist kein Beruhigungsmittel. Die 16-Jährige empört sich über die Entnazifizierung und politische Erziehung der Sieger – und schreibt erste Protestbriefe.

Sie entdeckt Heidegger und berauscht sich an dem Satz: »Dasein ist das Hineingehaltensein in das Nichts.« Dann hört sie Sartre: »Ich bin meine Freiheit!« Neugierig-hilflose Suchbewegungen: »Niemand hatte mir geholfen, die deutsche Katastrophe als die deutsche Befreiung zu begreifen. Im Zusammenbruch war nicht nur das Dritte Reich zusammengestürzt, sondern auch die Welt, die es nicht aufhalten oder hindern konnte, die Welt des deutschen Bürgertums.«

Am 9. Juni 1948 fragt sie im Tagebuch: »Sind wir nicht immer, alle, ›draußen vor der Tür‹? Da schlägt man wie ein Irrsinniger gegen die Tür, aber sie ist zu. Es gibt keine Antwort.« Weder das Studium der klassischen Philologie noch der Philosophie in Köln und Freiburg geben diese Antwort: »Der Nihilismus jener Jahre hatte mich hungriger gemacht. Aus einer Krise erwachend, fing ich endlich an, eine andere Form des Lebens zu suchen. Ich studierte Theologie, um ›die Wahrheit herauszubekommen‹. Man hatte sie mir lang genug vorenthalten. Langsam nistete sich ein radikales Christentum in mir ein.«

Sie liest Kierkegaard und Bonhoeffer. Doch: »Was mich eigentlich in die Theologie gebracht hat, war Christus.« 1954 schließt sie ihr Theologie- und Germanistikstudium in Göttingen mit dem Staatsexamen ab, schreibt noch im selben Jahr bei Wolfgang Kayser eine literaturwissenschaftliche Dissertation und heiratet den Maler Dietrich Sölle. Sechs Jahre lang unterrichtet sie Religion und Deutsch an einem Kölner Mädchengymnasium. In diese Zeit fällt die Geburt des Sohnes Martin und der Tochter Michaela. Vor der Geburt des dritten Kindes, Caroline, gibt sie die Schule auf und arbeitet freiberuflich für Rundfunk und Zeitschriften weiter.

Ihre eigentliche politische Zeit beginnt: Dass die SPD mit dem Godesberger Programm einer Wiederbewaffnung zustimmte, hat ihr einen Schock versetzt. Sie beteiligt sich an den Ostermärschen und knüpft Kontakte zu christlichen Widerstandsgruppen. Als Studienrätin im Hochschuldienst lehrt sie ab 1964 an der Universität Köln – nur zwei Tage die Woche, aber an diesen zwei Tagen wird Tochter Michaela regelmäßig krank, sodass sie stets mit schlechtem Gewissen aus dem Haus geht. Ihre Künstlerehe wird nach zehn gemeinsamen und doch nicht gemeinsamen Jahren geschieden. Sie ist nun alleinerziehende Mutter mit drei kleinen Kindern: ein psychologisches und ein logistisches Problem, das Flexibilität und vollen Einsatz erfordert.

Trotzdem nimmt sie sich noch Zeit für politische Aktionen. 1968, auf dem Höhepunkt der Studentenrevolte und des Vietnamkrieges, initiiert sie mit einigen evangelischen und katholischen Freunden ein ökumenisches Nachtgebet, geleitet von der Überzeugung, dass sich die Kirchen nicht aus den politischen Entwicklungen heraushalten dürfen, dass sie zum Protest gegen Krieg und Menschenrechtsverletzungen verpflichtet sind. Das von Kölner Laien und Theologen ausgehende und bald in anderen Städten übernommene »Politische Nachtgebet« beschäftigt sich mit aktuellen Problemen: Vietnam, Santo Domingo, DDR, autoritäre Strukturen in der Kirche, Frauendiskriminierung, Entwicklungshilfe, Strafvollzug – lauter heiße Eisen, bewusste Provokationen, die Gegenreaktionen herausfordern.

Kardinal Frings verbietet Nachtgebete in der katholischen Kirche St. Peter, der Schriftsteller Heinrich Böll reagiert auf dieses Verbot empört, nennt den Vorwurf, Politik gehöre nicht in die Kirche, eine »geradezu absurde Frechheit«. Die beiden großen Kirchen verhalten sich nach Ansicht der Initiatorin Sölle »bemerkenswert einmütig«: Raumverbote, Druck auf die Massenmedien, Versetzung oder Nichteinstellung von beteiligten Pfarrern, Hetzkampagnen, die in einigen Fällen sogar zu Telefonterror führen. Ihre Kinder müssen sich anhören, die Mutter sei eine »Kommunistensau«.

Bei der Vorbereitung der Politischen Nachtgebete arbeitet Dorothee Sölle mit dem Benediktinermönch Fulbert Steffensky zusammen, den sie zwei Jahre zuvor auf einer Tagung in Jerusalem kennengelernt hat und dem sie beim gemeinsamen Besuch des Grabes von Martin Buber nähergekommen ist. Aus dem politischen und weltanschaulichen Gleichklang erwächst eine enge persönliche Beziehung; nach der Laisierung Steffenskys heiratet das Paar 1969. Im Jahr darauf wird die Tochter Mirjam geboren.

Neben Säuglingsbetreuung und Vorbereitung auf die Habilitation geht die politische Arbeit in der Friedensbewegung, vor allem der »Kampf gegen den Atomtod«, weiter. Der Dialog zwischen Christen und Marxisten, der 1968 durch den Einmarsch sowjetischer Truppen in Prag ein jähes und brutales Ende fand, verlagert sich in die Dritte Welt, nach Lateinamerika. Der Befürchtung, Christen machten sich zu »nützlichen Idioten« der Kommunisten, widerspricht Dorothee Sölle: »Die Christen wurden keineswegs im Dienste einer sich allwissend glaubenden Ideologie instrumentalisiert, eher umgekehrt: Christen benutzten die brauchbaren Instrumente der Befreiung, welche die marxistische Theorie bereitstellte.«

Hochschulerfahrung

Der erste Versuch der unangepassten Wissenschaftlerin, sich an der philosophischen Fakultät der Universität Köln zu habilitieren, scheitert: Sie fällt – vor 60 ausschließlich männlichen Fakultätsangehörigen – durch das mündliche Prüfungsgespräch. Das hat es seit 1945 in Köln nicht gegeben. Ihr ironischer Kommentar: »Ich hatte die einfachsten Regeln der deutschen Universität nicht gelernt: Wenn du schon das Unglück hast, eine Frau zu sein, dann musst du dich anpassen, unterordnen. Die Themen, die du auswählst, müssen absolut wissenschaftlich sein; die Methoden, die du brauchst, müssen sich den herrschenden angleichen.« Sie aber sucht eine andere Art des Schreibens und Lehrens: »Ich wollte meine Bücher nicht durch unnötige Fußnoten belasten. Ich wollte nicht mein Wissen dokumentieren, sondern meinen Denkprozess.«

Das gelingt ihr in Amerika. Nach dem zweiten, geglückten Anlauf zur Habilitation und nach einem Lehrauftrag an der Theologischen Fakultät der Universität Mainz wird sie 1975 auf den Lehrstuhl für Systematische Theologie am Union Theological Seminary in New York berufen. Mit Mann und zwei Kindern – die anderen beiden sind schon flügge – und einer Menge kultursnobistischer Vorurteile macht sie sich in die Neue Welt auf – und sieht ihre Klischeevorstellung enttäuscht. Sie erlebt Offenheit, Entgegenkommen, Neugier. Während deutsche Studenten in den Vorlesungen nach Schwachstellen suchen, wo Kritik ansetzen könnte, empfindet sie die pragmatische Haltung in Amerika wie ein heilsames Kontrastprogramm: »Hier fragte man: Du hast uns also einen Schlüssel mitgebracht, welche Türen können wir denn damit aufschließen?« Sie empfindet

450

bei Studenten und Professoren weniger Konkurrenzdruck als in Deutschland und eine geringere »Entfremdung« vom Leben durch das Studium.

Auch in der amerikanischen Friedensbewegung fühlt sie sich vom ersten Augenblick an zu Hause: Während in Deutschland die pazifistisch-bürgerrechtliche Bewegung und das Christentum oft weit voneinander entfernt sind und sie sich unter Sozialisten entschuldigen muss, Theologin zu sein, ist in Amerika die politische Radikalität aus dem Christentum erwachsen und geht mit ihm zusammen.

Und wie steht Sölle zum Feminismus, wie sie ihn vor allem in Amerika kennengelernt hat? Zum Missfallen deutscher Radikalfeministinnen, die Ehe und Feminismus für unvereinbar halten, ist ihre Position klar: »Bei aller Kritik am Patriarchat ist mein Feminismus nicht separatistisch, was die Männer angeht.« Sie hält den Separatismus für eine Übergangsphase, die für die Selbstfindung der Frauen wichtig sein kann, aber danach müssten »die menschheitlichen Aufgaben wieder gemeinsam mit Männern angegangen werden«. Die von Feministinnen abgelehnte Abhängigkeit von einem Partner stört Dorothee Sölle nicht – im Gegenteil, zu ihrem Menschenbild gehört gegenseitiges Angewiesensein im sexuellen, geistigen und emotionalen Bereich: »Das Leben in Ganzheit und der Wunsch nach Vereinigung oder Hingabe sind Vorteile bei der Vermenschlichung.« Und sie fragt provokativ, was denn aus dem Feminismus werden soll, wenn die Frauen sich – die andere Hälfte der Menschheit ausschließend – wie Rassisten verhielten?

Zwölf Jahre amerikanische Hochschulerfahrung, ein Jahr Gastprofessorin in Kassel, ein Jahr in Basel. Ehrendoktorin der Faculté Protestante von Paris und der Episcopal Divinity School in Cambridge, Massachusetts, 1994 Ehrenprofessur in Hamburg – dies sind die Stationen ihrer Karriere. Doch keine Berufung als ordentliche Professorin auf einen deutschen Lehrstuhl. Woran liegt's? Nicht an der wissenschaftlichen Qualifikation, die hat sie durch etliche theologische Fachpublikationen zur Genüge bewiesen. Auch nicht an der Frage, ob sie sich vor einem großen Auditorium behaupten kann, das zeigen ihre Kirchentagspredigten. Ebenso wenig am internationalen Renommee, besonders in Amerika. Nein, die Nichtberufung, so darf vermutet werden, hat politische Gründe, staatspolitische, kirchenpolitische, hochschulpolitische: Dorothee Sölle ist eine Unruhestifterin, eine Frau, die als »Missionarin des Friedens« nach Nordvietnam und Nicaragua reist, die nach Sitzblockaden in Mutlangen und Fischbach wegen »Nötigung« und »versuchter Nötigung« verurteilt wird. Eine Frau, die einen »anderen Protestantismus« fordert und kirchenkritische Aktionen initiiert. Eine Frau, die Fakultätsgrenzen aufweicht und »unwissenschaftliche« Methoden in die Universität einschleppt. Und – dies eine besondere Provokation – eine Frau, die mit Sachbuchbestsellern Auflagenhöhen erreicht, von denen die meisten Professoren und Politiker nur träumen können …

Mystik des Todes

Nach akademischen Ehren strebt Dorothee Sölle in den letzten Jahren nicht mehr. Das Bücherschreiben ist ihr wichtiger: nicht nur theologische Abhandlungen, zunehmend auch meditative Texte und Lyrik. Der Gattung der Politpoesie, die sie bei Bert Brecht und ihrem Freund Erich Fried so schätzte, stellt sie die »Theopoesie« zur Seite. Ihr großes Vorbild ist Ernesto Cardenal, der Dichter und Priesterrebell aus Nicaragua, in dessen Psalmen sich Himmel und Erde spiegeln. Auch sie möchte mit ihren Texten die Menschen anrühren, versteinerte Herzen aufbrechen, »das Eis der Seele spalten«, wie eines ihrer Bücher heißt.

Immer schon waren ihr die Mystiker nahe, Meister Eckhart vor allem. Nach schwerer Krankheit im Winter 1993/94 hat sie sich noch intensiver mit deren Werken befasst. So geht es auch in ihrem letzten Vortrag, wenige Tage vor ihrem Tod, um den mystischen Weg zum Glück, um das staunende Entdecken der Welt und um das Loslassenkönnen, die mystische Erfahrung, die »hauslos« macht – und frei. Über die Mystik des Todes wollte sie noch ein Buch schreiben, über die heitere Kunst des Loslassenkönnens. Der Gedanke an den Tod hat sie nie geschreckt. Sie sah sich als Teil der Natur, wie ein Blatt, das fällt und vermodert: »Und dann wächst der Baum weiter, und das Gras wächst, und die Vögel singen, und ich bin ein Teil dieses Ganzen. Ich bin zu Hause in diesem Kosmos ...«

Einem ihrer Bücher hat Dorothee Sölle den Spruch vorangestellt, der auf dem Grabstein des jüdischen Religionsphilosophen Martin Buber steht und der auch ihr Zuversicht gab:

Und doch bleibe ich stets bei Dir,
meine rechte Hand hast Du erfasst.
Mit Deinem Rate leitest Du mich,
und danach nimmst Du mich in Ehre hinweg.

(Psalm 73, 23–24)

Christa Wolf

Der geteilte Himmel

Christa Wolf

(*1929)

Den Himmel wenigstens können sie nicht zerteilen ...

Den Himmel? Dieses ganze Gewölbe von
Hoffnung und Sehnsucht, von Liebe und Trauer?
Christa Wolf, Der geteilte Himmel

Schauplatz Berlin. Westberlin, kurz vor dem 13. August
1961. Eine Fahrt mit der S-Bahn von einem Teil der Stadt
zum andern ist noch möglich, die Mauer hat den Menschen
Entscheidungen noch nicht abgenommen. Entscheidungen
über Karriere und Existenz, menschliche Bindungen und
Trennung. Der Diplomchemiker Manfred H., beruflich
enttäuscht von den Entfaltungsmöglichkeiten im Sozialismus, hat seine Entscheidung getroffen, hat sich in den
Westen abgesetzt. Seine Freundin Rita, Studentin und
Arbeiterin in einer Waggonfabrik, besucht ihn in Westberlin. Sie liebt ihn, möchte ihn nicht verlieren, aber sie fühlt
sich auf dieser Seite der Stadt »auf schreckliche Weise in der
Fremde«. Sie spürt, dass sie hier nicht leben kann. Schmerzlicher Abschied unter wolkenverhangenem Abendhimmel,
und in die Stille die spöttische Stimme Manfreds: »Den
Himmel wenigstens können sie uns nicht zerteilen.« –
»Doch«, antwortet sie leise, »der Himmel teilt sich zualler-
erst.« – Das Bahnhofsgewühl erspart ihnen weitere Be-

455

kenntnisse. »Sie muss dann wohl durch die Sperre und die Treppe hinaufgegangen sein. Sie muss mit einer Bahn gefahren sein, die sie zum richtigen Bahnhof brachte.« – Zum richtigen Bahnhof, Ankunft im Sozialismus, Rückkehr zum Vertrauten im Roman *Der geteilte Himmel* – und in der Wirklichkeit? Christa Wolf ist nie eine einfache Parteigängerin gewesen. Sozialistin, ja, aber mit hohen menschlichen und moralischen Ansprüchen, die sie im »real existierenden Sozialismus« nicht immer verwirklicht sieht. Auch im Roman gibt es keine glatte, ohne Rest aufgehende Lösung. Eine beinahe tödliche Krise der Hauptfigur Rita ist der Preis für die vollzogene Trennung. Nicht ein strahlender sozialistischer Held steht im Mittelpunkt, sondern eine sich mühselig zum richtigen Ziel durchringende Genossin – aber immerhin: die Richtung stimmt. Der Roman, in der DDR 1963 herausgekommen, bringt der Autorin einen Nationalpreis ein und die Aufnahme in die Kandidatenliste des Zentralkomitees der SED. Ein Jahr darauf wird *Der geteilte Himmel* von Konrad Wolf erfolgreich verfilmt, und eine Westausgabe des Buches erscheint. Damit ist der weitere Weg Christa Wolfs zur gesamtdeutschen Schriftstellerin vorgezeichnet.

Was sie zu sagen hat, interessiert die Menschen in Ost und West. Glaubhaft und nachvollziehbar, wie sie den Konflikt einer jungen Frau zwischen Selbstentfaltung und den Ansprüchen der sozialistischen Gesellschaft schildert im Roman *Nachdenken über Christa T.* (1968 in der DDR, 1969 in der Bundesrepublik erschienen). Hier wird kein Ziel mehr erreicht, am Ende steht Ratlosigkeit, Scheitern. Ähnlich in der Erzählung *Kein Ort. Nirgends* (1979), einem fiktiven Zwiegespräch zwischen dem 27-jährigen Heinrich von Kleist und der drei Jahre jüngeren Dichterin Karoline von

Günderode, die sich in ihrer Einsamkeit geistig verwandt fühlen und beide nicht leben können in dieser Welt: »Unlebbares Leben. Kein Ort, nirgends.« – Eine geradezu ketzerische Aussage in einem Staat, der den Menschen ideologische Heimat geben will, auch wenn es sich um historische Figuren handelt. Sie wolle sich der gegenwärtigen Probleme aus dem geschichtlichen Abstand versichern, sagt Christa Wolf in einer Diskussion, und man spürt, wie diese Schriftstellerin sich immer wieder bis an die Grenzen des möglichen Spielraums vorwagt.

Sie handhabt dabei die verschiedensten Stilmittel, um ein Geschehen zu verdeutlichen oder umgekehrt bewusst in der Schwebe zu lassen. Ihre 1974 erschienenen drei »unwahrscheinlichen Geschichten« sind zwar an einem bestimmten Ort festgemacht, an der geschichtsträchtigsten Straße Berlins, und sie heißen auch *Unter den Linden*, aber die berühmte Straße dient nur als Kulisse für einen geträumten Spaziergang, den sie dem Geliebten schildert: »Unter den Linden bin ich immer gerne gegangen. Am liebsten, du weißt es, allein. Neulich, nachdem ich sie lange gemieden hatte, ist mir die Straße im Traum erschienen.« – Der Traum, in den sie sich einspinnt und in dem sie sich wiederfindet, ist der Traum von einer menschlicheren, aufrichtigeren Gesellschaft. Als Motto nimmt sie ein Wort Rahel Varnhagens auf, in dem davon die Rede ist, dass »jeder in dem gekränkt werde, was ihm das Empfindlichste …«. Die Bilanz dieses Spaziergangs Unter den Linden ist gleichzeitig – verschleiert und verschlüsselt hinter den Traumbildern – die Bilanz ihrer Generation, vereinnahmt von einem Sozialismus, der die Menschheit weiterbringen will und dabei dem einzelnen Menschen – so die nur angedeutete Befürchtung – den Lebensraum beschneidet.

Wie wichtig Freiräume gerade für Schriftsteller sind, weiß sie selbst am besten, wenn sie versucht, jüngeren Kollegen und vor allem Kolleginnen Entfaltungsmöglichkeiten zu verschaffen. Sie ist für viele Autorinnen ratende Freundin, Vertraute und Protektorin, die Briefwechsel mit Gerti Tetzner, Brigitte Reimann oder Maxie Wander geben davon Zeugnis. Sie hat damit eine Aufgabe übernommen, die in der Nachkriegszeit die aus dem Exil zurückgekehrte Anna Seghers versah. Christa Wolf fühlte sich allerdings nie der Partei oder dem Staat so unbedingt verpflichtet wie die 1983 verstorbene Altmeisterin. Im Band *Lesen und Schreiben* von 1972 berichtet sie von einem Besuch bei der verehrten Schriftstellerin: »Sie zaubert. Bezaubert«, schreibt Christa Wolf bewundernd, aber es gelingt ihr nicht, diese Verzauberung an den Leser weiterzugeben. Das Gespräch mit der 70-jährigen Lenin-Preisträgerin macht sich an Äußerlichkeiten, Erinnerungen, Arbeitsweisen fest. Die fast 30 Jahre Jüngere registriert »Geborgenheit«, obwohl da auch vom zweifelnden, misstrauischen Blick die Rede ist und von einem spanischen Vers, den Anna Seghers zitiert: Pistolen, die man immer bei sich tragen müsse, um gegebenenfalls aus vier Läufen schießen zu können …

Darf man das Gespräch weiterspinnen? Sich vorstellen, dass da auch gesprochen wurde über die Kritik der Partei an Robert Havemann oder Stefan Heym auf dem II. Plenum des Zentralkomitees, über die zerstörten Hoffnungen des Prager Frühlings nach dem Einmarsch der Truppen des Warschauer Paktes, über die Maßregelungen nicht systemkonformer Schriftsteller wie Sarah Kirsch auf dem Ostberliner Schriftstellerkongress 1969? – Es liegt nicht fern, hinter den immer gefassten Gesichtszügen Christa Wolfs doch Gewissenskonflikte zu vermuten: Dankbarkeit der Gönnerin gegenüber, aber auch Beklemmung über die starr gehandhabte Parteidoktrin. – Die Vermutungen ließen sich fortsetzen: Was sagte Anna Seghers dazu, dass sich Christa Wolf mit ihrer Unterschrift 1976 gegen die Ausbürgerung Wolf Biermanns und anderer missliebiger Schriftsteller aus der DDR ausgesprochen hat? Wurde Christa Wolf selbst nur deswegen geschont, weil ihre mächtige Mentorin es so anordnete, oder war sie einfach schon zu berühmt, um sie öffentlich maßregeln zu können? – Christa Wolf hat es nach wiederholten Versuchen aufgegeben, tiefer in das Leben und Denken der Schriftstellerin Anna Seghers einzudringen: »Manches steht ihm entgegen. Auch natürlich immer noch Ehrfurcht, auch natürlich die Scheu vor der Berührung jener Tabus zwischen Menschen, an die man nicht rühren soll.« – Es sollte auch der Schriftstellerin Christa Wolf zugebilligt werden, dass sie nicht alle ihre Gedanken und Meinungen öffentlich macht.

Die äußeren Fakten ihres Lebens sind rasch erzählt und nicht von besonderer Dramatik: Kindheit im heute polnischen Landsberg an der Warthe, 1945 Umsiedlung nach Mecklenburg. Abitur in Bad Frankenhausen, Germanistikstudium in Jena und Leipzig, 1953 Diplom bei Professor Hans Mayer, Mitarbeiterin im Deutschen Schriftstellerverband, Lektorin, Redakteurin, Arbeit in Betrieben getreu der Bitterfelder Losung, Heirat mit dem Schriftstellerkollegen Gerhard Wolf, zwei Töchter. – Auf die Frage, ob sie sich als Berlinerin fühlt, zögert sie mit der Antwort. Berlinerin? – Sie ist 1963 nach Berlin gezogen, nach Kleinmachnow, sie lebt seither in dieser Stadt, heute mitten im Zentrum, in der Friedrichstraße. Ihr Alltag ist Berliner Alltag, ihre Briefe tragen Berliner Absender – ist sie deshalb Berlinerin? Lässt sie sich überhaupt irgendwo verorten? – Ist es Zufall, dass eins ihrer Bücher *Kein Ort. Nirgends* heißt und von Kleist handelt, der in Berlin lebte und sich hier am Wannsee das Leben nahm? – Wie müsste eine Stadt, ein Land, die Welt beschaffen sein, damit die Bewohner sich darin geborgen fühlen? – Die Bedingungen, unter denen Menschen zu leben haben, heute, gestern, in der Zukunft – das ist eines der zentralen Themen Christa Wolfs. Nie sind ihre Bücher privater Natur, auch wenn sie nur von zwei Menschen und deren Nöten handeln, immer ist Gesellschaft mitgedacht. Im *Kindheitsmuster* die nationalsozialistische Prägung in einer östlichen Kleinstadt, im *Geteilten Himmel* und in *Nachdenken über Christa T.* der Alltag im Sozialismus, bei Kleist und der Günderode das Sich-Ausgrenzen aus den Salons der Romantik und bei Kassandra, der griechischen Seherin, die Warnungen und die Entwürfe in eine Zukunft hinein, die nicht von Kriegen und Machtstreben geprägt ist. »Es kommt darauf an, die Welt einer menschenwürdigen Moral und nicht die Moral der Menschen einer noch wenig menschenwürdigen Welt anzupassen.« – Ein Schlüsselsatz der moralischen Instanz Christa Wolf.

Eine »gesamtdeutsche Heiligenfigur« nannte Horst Krüger sie einmal, das mag mit einem leicht spöttischen Unterton gesagt sein, enthält aber eine nicht zu leugnende Beobachtung. Um ihre Person hat sich in Ost und West eine Gemeinde gebildet, besonders unter den weiblichen Lesern, die ihre Bücher als Botschaften verstehen und darin nach Lebensentwürfen suchen. Der Autorin bringt diese breite Anhängerschaft in beiden deutschen Staaten Vorteile, auch wenn ihr die Kanonisierung peinlich ist. Die höchsten Ehrungen hüben und drüben, Lesungen vor überfüllten Sälen, wo immer sie hinkommt, ungehinderter Grenzübertritt – ein Privileg, das längst nicht alle DDR-Schriftsteller genießen.

So konnte sie als Gastdozentin die schon zu einer literarischen Institution gewordenen Poetikvorlesungen an der Frankfurter Universität im Sommersemester 1982 halten. In den Jahren zuvor hatten Günter Kunert, Uwe Johnson, Adolf Muschg, Peter Rühmkorf und Martin Walser gelesen, jeder neben dem literarischen Anspruch auch auf Originalität bedacht. Christa Wolf legte, wissenschaftlich gegen den Strich gebürstet, einen Reise- und Werkstattbericht vor, die *Voraussetzungen einer Erzählung: Kassandra.* Ihre Auseinandersetzung mit der Figur der Seherin und Priesterin Kassandra, Tochter des Königs von Troja, ging einher mit der Veränderung des eigenen Sehrasters, weg von der »männlich« geprägten Geschichtsbetrachtung, von Höchstleistungen, Kämpfen, Siegen und Vernichtungen, hin zu einer mehr »weiblichen« Sicht, der Utopie einer Gegenwelt, in der nicht Heroismus zählt, sondern Solidarität.

Abends spät im dritten Programm die Fernsehübertragung der Poetikvorlesungen. Das große Auditorium dicht gefüllt mit Studenten und trotzdem atemlose Stille. Schwenk über die Bankreihen: junge Menschen, ernst und konzentriert, die den Weg der Kassandra und der Christa Wolf, diesen vielfach verschlungenen Weg, mitzugehen versuchen: »O dass sie nicht zu leben verstehn. Dass dies das wirkliche Unglück, die eigentliche tödliche Gefahr ist ...« Christa Wolfs Kopf in Großaufnahme, das schwarze strenge Haar, die unbeweglichen, wie versteinerten Gesichtszüge, die ruhige, fast tonlose Stimme: Kassandra.

Die Seherin hält nicht nur schwarze Prophezeiungen bereit, es gibt auch »einen schmalen Streifen Zukunft«: die

Figur des Anchises zum Beispiel, der »uns Jüngere lehrte, wie man mit beiden Beinen auf der Erde träumt«, oder Aineias, der, wie sonst eher die Frauen, für »Licht und Wärme« begabt ist. Entspannung in den Gesichtern, da und dort ein Lächeln. Kameraschwenk zurück zu Christa Wolf vorn am Katheder. Großaufnahme ihrer Hände. »Schreiben ist auch ein Versuch gegen die Kälte.«

Was bleibt?

Der Himmel über Berlin ist nicht mehr geteilt. Alles hat sich verändert, seit im November 1989 die für ewige Zeiten zementierte Mauer fiel und die DDR-Bürger ohne Blutvergießen ihre marode Staats- und Parteiführung entmachteten. Damals waren die Hoffnungen – vor allem der Intellektuellen – auf einen basisdemokratischen Neuanfang, einen »Sozialismus mit menschlichem Antlitz« groß. Auf dem Ostberliner Alexanderplatz beschworen am 4. November prominente Künstler, Schriftsteller und Politiker die über 500 000 demonstrierenden DDR-Bürger, das Land nicht zu verlassen und beim Aufbau eines gerechteren, freiheitlichen Staates mitzuhelfen.

Unter ihnen Christa Wolf. Sie ruft mit ungewohnter Entschlossenheit zu revolutionärer Erneuerung auf: »Für unser Volk.« Und wie aus Erstarrung erwacht, spricht sie wortschöpferisch von opportunistischen »Wendehälsen«, von der Sprache, die aus dem Ämter- und Zeitungsdeutsch herausspringe und sich ihrer »Gefühlswörter« erinnere: »Eines davon ist Traum. Also träumen wir mit hellwacher Vernunft. ›Stell dir vor, es ist Sozialismus, und keiner geht weg‹ …« Sie schließt ihren Aufruf mit dem Satz, der auf trotzig hochgehaltenen Transparenten steht und der von den Demonstranten skandiert wird: »Wir sind das Volk!«

Doch die Verschmelzung der Intellektuellen mit dem Volk will nicht so recht gelingen. Die Abwanderung Richtung Westen, Richtung Wohlstand und Konsum hält an, der Traum von einem selbstständigen sozialistischen Staat scheitert an den politischen Realitäten, Euphorie schlägt um in Ernüchterung und Skepsis. Nicht nur bei Christa Wolf. Der Zusammenbruch der DDR mitsamt ihren subversiven Nischen, die rüde Konfrontation mit dem westlichen Literaturbetrieb, Zukunftsängste und der Umgang mit der eigenen Ostidentität – das sind Themen, mit denen sich auch Autorinnen wie Kerstin Hensel, Angela Krauss oder Monika Maron beschäftigen. Die Ostberliner Schriftstellerin Brigitte Burmeister und die Frankfurter Psychoanalytikerin Margarete Mitscherlich haben 1991 in einem gemeinsamen Band die schwierige Annäherung von Ost und West genau benannt: »Wir haben ein Berührungstabu.«

Christa Wolf hat in der allgemeinen Verstörung nach der Wende einen Text aus der Schublade geholt, den sie zehn Jahre zuvor geschrieben hat und der ihre damalige wochenlange Bespitzelung durch die Stasi schildert. Mit dieser 1990 unter dem Titel *Was bleibt* veröffentlichten Erzählung gerät sie ins Visier der westdeutschen Literaturkritik. Rechtfertigungsversuch und Selbstmitleid wirft man ihr vor, sie sei weniger Opfer als Begünstigte des Systems gewesen. Was zähle schon ihre Überwachung durch ein Stasiauto vor der Tür gemessen an der jahrelangen Haft einiger ihrer Kollegen im Zuchthaus Bautzen … Der sogenannte »deutschdeutsche Literaturstreit«, den Christa Wolf als Hexenjagd empfunden hat, beherrscht die westdeutschen Feuilletons über Wochen und führt zu generellen Fragestellungen: Ist es zulässig, die Situation nicht offen opponierender Schriftsteller im Dritten Reich und in der DDR zu vergleichen? Hat die Stimme der kritisch moralischen Instanz Christa Wolf das System stabilisiert oder untergraben? Stimmt Peter Rühmkorfs Vermutung, man lasse jetzt den Sozialismus entgelten, was man bei den Nazis versäumt habe? Es geht bei den hitzig ausgetragenen Debatten über die Person Christa Wolf hinaus um die Rolle der Intellektuellen im geteilten und im vereinten Deutschland, es geht um Utopieverlust und Siegermentalität, um Gesinnungsästhetik und Moral – und kaum ein namhafter deutscher Kritiker, der dazu nicht seine Meinung kundgetan hätte.

Christa Wolf selbst enthält sich einer Stellungnahme. Ihr kommt die Einladung nach Santa Monica als Stipendiatin des Getty Centers sicher sehr gelegen, um den aufreibenden Disputen in Deutschland zu entgehen. Doch die Politik, genauer ihre DDR-Vergangenheit, holt sie auch im fernen Kalifornien ein. Bei der Offenlegung von Stasikontakten ihres Schriftstellerkollegen Heiner Müller taucht in der Presse auch ihr Name auf. Mutmaßungen über Christa Wolf. Sie tritt, entgegen ihrer sonstigen abwartend vorsichtigen Haltung, die Flucht nach vorn an. Im Januar 1993 bekennt sie sich in der *Berliner Zeitung* zu einer lange zurückliegenden IM-Tätigkeit: drei Jahre nur, von 1959 bis 1962, so belanglos, dass sie den Vorgang vergessen habe, auch ihren damaligen Decknamen Margarete.

Um die Bedeutungslosigkeit ihrer Stasi-Kontakte aufzuzeigen, entschließt sie sich zu einer Veröffentlichung ihrer »Täterakte«: zwei schmale Mappen nur, 130 vergilbte Seiten. Denen stehen über 40 Bände »Opferakten« gegenüber, die beweisen, wie das Ehepaar Wolf unter dem Decknamen »Doppelzüngler« über lange Zeit systematisch bespitzelt

464

wurde. In einem *Zeit*-Interview mit Sigrid Löffler antwortet Christa Wolf auf die Frage, warum sie die ihr seit Monaten bekannten Unterlagen nicht früher publik gemacht habe, der Begriff »IM« sei so dämonisiert, dass sie sich dem zu erwartenden Ansturm nicht gewachsen gefühlt habe. Im Nachhinein sieht sie ihre Befürchtungen bestätigt: »Es gab keine Differenzierung, keine sachliche Berichterstattung über den Sachverhalt, keinen Versuch, diese Episode in den Zusammenhang meiner Biografie zu stellen.« Und sie fährt fort: »Vielleicht ist einmal die Zeit, über die Manipulationen mit diesen Akten zu erzählen …«

In dem noch in Santa Monica geschriebenen Band *Auf dem Weg nach Tabou* reagiert sie auf die geballte Kritikerschelte mit einem Rückzug ins Private – und handelt sich damit prompt wieder bösartige Rezensionen ein. Gustav Seibt rügt in der *FAZ* ihr »zutiefst unpolitisches, fast altdeutsches« Weltverständnis: »Mit dem Untergang der DDR mutierte die Staatsdichterin zur Betroffenheitsautorin.« – Ein westlicher Prägestempel, der eine Klassifizierung besiegelt. Da müssen der Abgehalfterten die Worte gutgetan haben, die der Wittenberger Pastor und Bürgerrechtler Friedrich Schorlemmer zu ihrem 65. Geburtstag in eine launig ironische »Rede an die lieben Westgermanen« gekleidet hat: »Der DDR-Mief hängt uns an – als ein Stallgeruch, viel Erinnerung auch, weil gemeinsam Durchlebtes, Durchstandenes, Durchgehaltenes, auf eine eigentümliche Weise verbindet … Und da hängen nun einige von euch, mit allen Duftwässerchen der großen weiten Welt des Geistes und des Geldes gewaschen, flugs ein Schild an unsere Tür: Nostalgie nennen sie das …«

Der Betroffenheits- und Nostalgievorwurf kränkt Christa Wolf weniger als die in ihren Augen aus der Luft gegriffene Behauptung einiger Kritiker, sie vergleiche ihren Aufenthalt in Kalifornien mit dem Schicksal deutscher Emigranten in der NS-Zeit.

Lauter »Missverständnisse«, die die Autorin so irritieren, dass sie beschließt, aus den beiden Berliner Akademien der Künste auszutreten. Sie hofft mit diesem Schritt – den sie später rückgängig macht –, das seit dem Auftauchen ihrer Stasiakte nicht mehr verstummende Gerede zu beenden. Der Westberliner Präsident Walter Jens und der ostdeutsche Bundestagsabgeordnete Konrad Weiß bedauern ihren Entschluss gleichermaßen. Sie verstehen jedoch ihre tiefe Verletzung und Verstörung, im Gegensatz zu den – wie Weiß es formuliert – »Schreibtischhenkern des deutschen Feuilletons«, für die nicht nachvollziehbar sei, »dass Menschen sich verändern und Schuld und Versagen eingestehen können«.

Um Schuld und Versagen, Macht und Verrat geht es auch in dem 1996 erschienenen Roman *Medea. Stimmen*, den Christa Wolf wieder, wie schon *Kassandra*, in der Antike angesiedelt hat, im östlichen korrupten Kolchis, aus dem Medea ins nicht weniger korrupte westliche Korinth flieht. Die Parallelen zur Gegenwart liegen auf der Hand, doch es geht nicht nur um einen politischen Schlüsselroman in historischem Gewand, es geht um eine kühne Umdeutung der von Euripides geprägten Figur der Kindsmörderin Medea. Basierend auf frühen Quellen zeichnet Christa Wolf Medea weniger als Furie, als »Barbarin aus dem Osten«, denn als Opfer, als Verleumdete und Diffamierte. An ihrer Gestalt und ihrem Schicksal möchte sie die Mechanismen aufzeigen, die eine Frau zum Sündenbock stempeln. Ein feministischer Ansatz, jedoch kein kämpferischer, eher ein resignativer.

Zwar möchte Christa Wolf in der von ihr eigenwillig entworfenen Medea keine Identifikationsfigur sehen, doch scheint ihre Stimmungslage nach all den Nackenschlägen der ihrer Protagonistin zu entsprechen. »Ich bin gelassener geworden, lasse mich nicht mehr so leicht aus den Angeln heben«, sagt sie in einem Interview. Und: »Ich weiß, was ich machen muss. Wenn andere dies verwerfen wollen, müssen sie's halt tun.«

Christa Wolf bleibt, ob sie es möchte oder nicht, Identifikationsfigur einer ganzen Frauengeneration, zumindest in den neuen Bundesländern. Doch auch im Westen wird sie weiter ihre Leserschaft finden – und nicht alle westlichen Kritiker begleiten ihren Weg mit Häme. Peter Demetz bewundert »die Energie, mit welcher sie sich aus den Trümmern des DDR-Staates herauszuarbeiten trachtet«, und er hofft auf ein neues Buch über ihr Lebensmuster: »Nachdenken über Christa Wolf, ganz ohne Selbstzensur.« Und Karl Corino fragt: »Wer soll einst den Niedergang, den jäh sich beschleunigenden Untergang der DDR von innen heraus beschreiben, wenn nicht sie?«

Ja, wer, wenn nicht sie? – Eine gesamtdeutsche Erwartung, die Christa Wolf mit einer Rückschau auf 40 Lebensjahre erfüllt. Der 2003 herausgekommene Band *Ein Tag im Jahr 1960–2000* enthält, festgemacht jeweils an einem bestimmten Tag des Jahres, Tagebuchnotizen, die neben persönlichen Aufzeichnungen punktuell DDR-Geschichte, deutsch-deutsche Zeitgeschichte in Erinnerung rufen. Schon im Jahr davor hat die seismografisch registrierende Chronistin mit der Erzählung *Leibhaftig* in einer kühnen Verquickung von Fieberfantasien und realen Erinnerungspartikeln die Vorwendezeit wieder aufleben lassen.

Dass Christa Wolf auf der Leipziger Buchmesse 2002 für ihr Lebenswerk mit dem Deutschen Bücherpreis, dem von Günter Grass überreichten »Butt« ausgezeichnet wurde, lässt alte Wunden nicht verheilen, die – wie Grass es ausdrückt – ihr »östliche Zensurschneider« und westliche »Scharfrichter« über Jahrzehnte zugefügt haben.

Eines steht fest: Der Himmel über Berlin ist zwar nicht mehr geteilt, aber Schreiben, Schreiben unter den heutigen Bedingungen, ist noch immer »ein Versuch gegen die Kälte«.

Das Abenteuer Leipzig – Karachi

Ruth Pfau

(*1929)

Wohl denen, die gelebt, eh sie starben.
Marie Luise Kaschnitz

Ein trüber Spätherbsttag in Leipzig. Regen peitscht auf das Pflaster vor dem Alten Rathaus. Menschenleer der Markt, nur ein Bauwagen steht verloren auf dem geschichtsträchtigen Platz, der noch bis ins 19. Jahrhundert als öffentliche Hinrichtungsstätte diente. Eine Tür schlägt im scharfen Ostwind, zerschlägt Erinnerungen an fröhliches Markttreiben und Budenzauber.

Es war alles ganz anders gedacht. Auf diesem Platz, vor der Renaissance-Kulisse des Alten Rathauses und der Alten Waage, sollte die Leipzig-Sequenz eines Fernsehfilmes über Ruth Pfau, die in Leipzig geboren und aufgewachsen ist, gedreht werden. Vergangenheitsgesättigte Bilder und bunte Gegenwart wollte der Kameramann einfangen, Kontrast und Ergänzung zu den übrigen Teilen des Films, die in der pakistanischen Hafenstadt Karachi, dem heutigen Lebenszentrum der Lepraärztin, aufgezeichnet wurden.

Nun dieses unwirtliche Wetter. Die verödeten Rathausarkaden grau in grau, ohne Bücherwühlstände, um die sich sonst Touristen und Einheimische drängen. Das Aufnahmeteam beschließt, zum Augustusplatz überzuwechseln, wo der Säulenvorbau der Oper Schutz vor Regen und

Ruth Pfau

Windböen bietet. Die Kamera fängt Leipzigtypisches ein: Gewandhaus, Universitätsturm, Baugerüste. Schwenk zur unauffälligen, fragilen Frauengestalt im schwarzen Lodenmantel vor dem Opernportal. Großaufnahme eines von Anstrengung gezeichneten Gesichts. Ein turbulenter Flug, Zeit- und Klimaumstellung, Schlafmangel haben Spuren hinterlassen. Aber Ruth Pfau ist nicht eitel, braucht kein Make-up, um frischer zu wirken. Ihre Augen sind jung geblieben, ihre Gesten, ihre Stimme. Ob wir es uns denn im »armen« Deutschland leisten könnten, Entwicklungsländer zu unterstützen, fragt die Redakteurin provozierend, und die Angesprochene reagiert, wie zu erwarten, temperamentvoll und impulsiv: Natürlich können wir es uns leisten. Wir könnten uns noch viel mehr Hilfe für die Benachteiligten dieser Welt leisten …

Das Marie Adelaide Leprosy Centre in Karachi, ein Hospital mit 86 Betten, das Ruth Pfau in Jahrzehnten auf- und ausgebaut hat, ist nur ein Tropfen auf den heißen Stein, *ein* Beispiel dafür, wie viel Segensreiches mit Spendengeldern getan werden kann. Die in Karachi gedrehten Sequenzen des Filmes aus dem Arbeitsalltag der Ärztin machen deutlich, worum es ihr geht: das Leid lindern, die Menschenwürde achten.

Den Dreharbeiten schließt sich ein Gespräch in einer ruhigen Nische des *Paulaner* an. Die Filmer verabschieden sich, Ruth Pfau will sich keine Erholungspause gönnen, die Zeit in Deutschland ist knapp bemessen, zwei Tage nur für Leipzig, den Besuch bei Verwandten und bei alten Schulfreundinnen eingeschlossen. Den Kontakt zu ihrer Heimatstadt hat sie über die Jahrzehnte vor allem durch die regelmäßigen Treffen mit ihren Klassenkameradinnen aus der Rudolf-Hildebrandt-Schule gehalten. Der besondere Stil dieses Reformgymnasiums, das gemeinsame Erleben des Auszugs aus dem zerbombten Schulgebäude in eine alte Markkleeberger Villa haben das Zusammengehörigkeitsgefühl der Schülerinnen bis heute, über Zonen-, Landes- und Kontinentgrenzen hinweg, geprägt.

Immer sind für Ruth Pfau die kurzen Aufenthalte in Leipzig mit Erinnerung verbunden. Einzelne Bilder, Begebenheiten aus der Kindheit werden lebendig, auch wenn Daten und Namen sich oft nicht mehr einstellen. Die können bei ihrer Schwester in Wiesbaden, deren Gedächtnis sie bewundert, nachgefragt werden. Einiges hat sie auch niedergeschrieben und in einem – heute vergriffenen – Bändchen veröffentlicht.

Als die Nationalsozialisten an die Macht kamen, war sie vier Jahre alt, konnte nichts begreifen, nahm nur die atmosphärischen Veränderungen, den Einbruch von etwas Unheimlichem wahr. Auf der stillen Märchenwiese vor dem elterlichen Haus in der Gartenvorstadt Marienbrunn war es plötzlich laut geworden: Aufmärsche, Horden junger Männer, Trommelwirbel, raue Gesänge, nachts ein prasselndes Feuer, schwarze Gestalten, die zum Sprung über die Flammen ansetzten ... Der Vater beschwichtigte ihre Ängste, aber sie spürte, dass auch er beunruhigt war. Noch heute hat sie traumatische Angst vor Massenaufläufen, einer emotional aufgeladenen Menge, wie sie sie auch in Pakistan erlebt hat.

Dass sie ihre Kindheit trotzdem nicht als düster bedrohlich empfunden hat, schreibt sie ihrem Vater zu. Er gab allen fünf Töchtern – der einzige Junge ist früh gestorben – Selbstbewusstsein, Zivilcourage und auch Humor mit auf den Weg. Da war zum Beispiel die Geschichte mit der »roten Karte«: ein altes Familienprivileg der Pfaus, das den

Kindern Dinge erlaubte, die Hausbesitzer oder Polizisten oder Lehrer verboten hatten. Natürlich hat es die Karte nie gegeben, aber die Erfahrung, etwas gegen sture Bestimmungen durchsetzen zu können, hat Ruth Pfau im späteren Leben oft weitergeholfen. Noch heute sagt sie: Wenn ich etwas will, will ich es.

Doch sie erinnert sich auch an Augenblicke der Ohnmacht. Wie nach der Reichskristallnacht das einzige jüdische Mädchen in ihrer Volksschulklasse nicht mehr erschien, wie der leere Platz sie beunruhigte, niemand auf ihre Fragen eine Antwort gab, auch der Vater nicht, der sonst aus seiner Abneigung gegen den Nationalsozialismus und »Herrn Hitler«, wie er den Führer ironisch nannte, keinen Hehl machte. Er war – so charakterisiert ihn die Tochter heute – ein versponnener Alternativer und trotzdem ein tüchtiger Geschäftsmann. Der kaufmännische Direktor des Otto Beyer Verlages praktizierte zu Hause das einfache Leben, die Töchter schneiderten ihre Kleider selbst, nach Schnittmusterbögen aus der Zeitschrift *Deutsche Frauenkultur,* die bei Beyer erschien.

Die Eltern gehörten einer kleinen Freikirche an, die es nur in Leipzig gab, der »Freien Evangelischen Gemeinde zur Förderung des Christentums«. Sie versuchten aber nicht, die Töchter religiös zu prägen. Die machten beim BDM mit, auch wenn sie das »Proletenhafte« der Nazis verachteten, schwärmten für ihre Führerinnen und fühlten sich als Elite. Die Ernüchterung kam für die sozial empfindende Ruth jäh, an einem Heimabend über Nietzsche, als die Führerin den unvergessenen Satz aussprach: Die größte Tapferkeit ist, unberührt zuzusehen, wenn ein anderer leidet.

Sollte das Tapferkeit sein? Gemein war das. Für eine andere Art von Tapferkeit konnte sie sich durchaus begei-

stern – der Freude am Heldentum. Und für Heldentaten
gab es in den Kriegstagen reichlich Gelegenheit: Botengän-
ge durch Trümmergelände mit nicht entschärften Bomben,
Granatsplitter sammeln, Feldküchen in einsturzgefährdeten
Notunterkünften organisieren … Dass sie in einem Wehr-
machtsbericht über die »jungen Helden von Leipzig« mit
Namen genannt wurde, las sie mit Stolz.

Aber die heldenhaften Gefühle wandelten sich mit dem
Anwachsen der Not in hilflose Verzweiflung. Restlos über-
fordert waren die jungen Mädchen beim Katastropheneinsatz
im Leipziger Hauptbahnhof und bei der Betreuung ver-
störter Bombenflüchtlinge aus Dresden. Ruth Pfau erinnert
sich an den Zusammenbruch des Tausendjährigen Reiches
und die Übergabe der Stadt von den Amerikanern an die
Russen, die vergeblichen Hamsterversuche auf Schleichpfa-
den an russischen Streifen vorbei. Zu Hause warteten eine
schwer kranke Mutter und ein unterernährter kleiner Bruder. Ohnmächtig erlebten Eltern und Geschwister den Tod
des Jungen – wegen der nächtlichen Straßensperren war kein
Notarzt gekommen.

Dann die Angst der fünf heranwachsenden Mädchen vor
den russischen Soldaten. Die Vorbereitung aufs Abitur in
dem einzigen heizbaren Zimmer, das der siebenköpfigen
Familie als Wohn- und Schlafraum, als Küche und Arbeitsplatz diente. Die Nichtzulassung zum Medizinstudium wegen »bürgerlicher« Herkunft. Dabei war die Abiturientin
für die Lehren des Kommunismus durchaus empfänglich.
Nur die Praxis machte sie nachdenklich, die Tatsache, dass
sich in den Führungspositionen der FDJ genau jene wieder
fanden, die schon beim BDM den Ton angegeben hatten.

Beim Praktikum in einem Krankenhaus lernte sie eine
Oberärztin kennen, deren Sozialengagement ihr imponier-

te. Keine Opportunistin, sondern eine überzeugte Marxistin. Als Ruth Pfau diese bewunderte Ärztin um Rat fragte, ob sie die Chance eines Medizinstudiums im Westen wahrnehmen solle, bekam sie zur Antwort: Gehen Sie ruhig. Ich weiß, Sie werden wiederkommen. Denn nur der Marxismus hat die Wahrheit.

Ruth Pfau kam nicht wieder. Nach der Wahrheit hat sie weiter gesucht. Kurz nach der Währungsreform ging sie – nachts, allein und ohne Ortskenntnis – über die »grüne Grenze« in den Westen. Der Vater, für den es nach der Verstaatlichung des Verlages im kommunistischen Leipzig keine berufliche Möglichkeit mehr gab, hatte sich schon nach Wiesbaden abgesetzt, die Mutter und die jüngste Schwester wurden später durch Fluchthelfer herübergeholt – wobei die Flucht erst beim dritten Versuch klappte.

Das »Abenteuer Westen« beginnt. Ruth Pfau studiert in Mainz und Marburg Medizin. Immer auf der Suche nach Werten, für die es sich zu leben lohnt, kommt die atheistisch Aufgewachsene zur Evangelischen Studentengemeinde und lässt sich mit 22 Jahren taufen. Als politisch wacher Mensch tritt sie dem Sozialistischen Studentenbund bei und wird in die Studentenvertretung gewählt. Sie beschäftigt sich mit Anthroposophie, mit Kierkegaard, mit dem Existenzialismus Sartres, diskutiert nächtelang mit Freunden, aber nichts befriedigt sie richtig, bis sie – über den Philosophen Josef Pieper – zu Thomas von Aquin und zum Katholizismus findet. Pieper verdankt sie Schlüsselerfahrungen für ihr weiteres Leben: Befreiung vom kantischen Rigorismus der Pflicht, Mut, sich Verwundungen auszusetzen, Mut zum Menschsein – auch in der Bejahung des Leiblichen, der eigenen Grenzen und Schwächen.

Nach dem medizinischen Staatsexamen tritt die selbstbewusste und lebensfrohe junge Medizinerin – wahrscheinlich zur Überraschung vieler – in einen katholischen Frauenorden ein. Dessen Mitglieder, *Töchter vom Herzen Mariä,* leben nicht in klösterlicher Gemeinschaft, sondern nach jesuitischen Regeln ohne Ordensgewand mitten unter den Menschen. Sie haben sich freiwillig einem Armuts-, Gehorsams- und Keuschheitsgelübde unterworfen.

Als Novizin geht Ruth Pfau 1957 nach Paris, ein Jahr später absolviert sie ihre internistische Fachausbildung in Köln, danach eine gynäkologische Weiterbildung in Bonn. 1960 bricht sie, immer noch Novizin, nach Karachi auf, zum größten Abenteuer ihres Lebens. *Verrückter kann man gar nicht leben* heißt eines ihrer Bücher, und für verrückt halten viele ihrer Freunde den Entschluss, ein Leben in Armut und Elend einer sicheren Hochschulkarriere vorzuziehen. Was bringt eine junge Ärztin, der alle Türen offenstehen, dazu, sich ausgerechnet für Karachi zu entscheiden, diese Stadt mit dem feuchtschwülen Tropenklima, den Slums, dem Hunger, den Seuchen? Was bringt sie dazu, sich den Ausgestoßenen der Gesellschaft, den »Aussätzigen« zuzuwenden?

Am Anfang, sagt Ruth Pfau rückblickend, war es wohl der Überdruss an der aufblühenden deutschen Wohlstandsgesellschaft. Die Diskussionen im Ärztecasino über Automarken und sonstige Statussymbole, ihre Frage: Das kann doch nicht alles sein? Abenteuerlust kam dazu, die Herausforderung ferner Welten und schwieriger Aufgaben. Ihren eigentlichen Grund, den Willen, diesen von der Gemeinschaft ausgegrenzten Menschen einfach zu helfen, umschreibt sie mit einem biblischen Bild: Neunundneunzig in der Wüste zu lassen, um dem einen nachzulaufen – diese verrückte Mathematik hat mir immer eingeleuchtet.

Sie hat sich auf ein Leben in Armut, mit einer Schale Reis am Tag, eingestellt. Aber was sie in Karachi erwartet, übertrifft all ihre Vorstellungen von Elend: Der medizinische »Behandlungsraum« ist ein Verschlag aus alten Kistenbrettern, es gibt keinen Strom, kein Wasser, dafür eine unerträgliche Hitze und Fliegen, überall Fliegen. Apathische Patienten, Operationen in der Leichenhalle, da Aussätzige nicht in Krankenhausräumen behandelt werden dürfen. Dass sich jemand dieser »Krüppel« annehmen will, stößt auf Unverständnis und Unwillen. Leprakranke werden aus Angst vor Ansteckung gemieden, aus Häusern und Dörfern verbannt und siechen langsam und qualvoll dahin, wenn sie nicht vom Familienclan umgebracht werden.

Schwierigkeiten bei der ärztlichen Versorgung, Unverständnis bei den Menschen, ein mörderisches Klima, Leben in Abwässern nach Monsunüberschwemmungen – wie soll man das durchhalten? In solchen Augenblicken des Zweifels hat Ruth Pfau für sich und ihre Mitarbeiter nur eine Antwort: Es ist unsinnig weiterzumachen; es ist noch unsinniger, nicht weiterzumachen. Also machen wir weiter.

Sie machen weiter, wider jede Vernunft. Und eines Tages geschieht das, was ihr heute noch wie ein Wunder erscheint: 1962 kann sie mit ihrem Team – unterstützt vom deutschen Hilfswerk *Misereor* – in ein kleines, modernes Krankenhaus im Zentrum Karachis umziehen. Allerdings muss der Umzug heimlich geschehen, da niemand neben Aussätzigen wohnen will. Die Nachbarn reichen Klage ein, als sie merken, mit wem sie es Zaun an Zaun zu tun haben. Ein Räumungsbefehl wird angedroht, allerdings nie vollstreckt. Trotz dieser Schikanen denkt Dr. Pfau nicht einen Augenblick daran, das Feld zu räumen. Was für sie zählt, sind nicht die Schwierigkeiten, sondern die Möglichkeiten dieses Projekts: Sie hat nun eine richtige Operationsstation, und ihr Haus, das Marie Adelaide Leprosy Centre, wird als Ausbildungszentrum für einheimische Ärzte und Pfleger anerkannt. Nach und nach entstehen neun Außenstationen, vom Himalaya bis zur indischen Grenze.

Diese flächendeckende Versorgung ist ein ungeheurer Fortschritt in einem Land wie Pakistan, einem Land, in dem kein soziales Netz Kranke und Notleidende auffängt, einem Land, das weder Krankenkassen noch Rentenversicherung kennt. Die dringend benötigten und nie ausreichenden Medikamente werden durch Spendengelder finanziert. Dr. Pfau arbeitet eng mit dem Deutschen Aussätzigen-Hilfswerk zusammen. Es unterstützt ihre Ausbildungsprogramme und fördert auch die Lepraforschung. So konnte eine wirksame neue Kombination von Präparaten entwickelt werden, die Lepra zuverlässig eindämmt. Aber die Inkubationszeit beträgt oft Jahrzehnte, noch immer gibt es schätzungsweise 30 000 Infizierte in Pakistan, das erfordert langfristige Planung. Ausgeheilte Patienten müssen, da Rückfälle nicht selten sind, lebenslang weiterbetreut werden.

Auch wenn Lepra heute medizinisch weitgehend unter Kontrolle ist, sind es die psychologischen Auswirkungen noch lange nicht. Tief sitzt die Angst der Angehörigen vor Ansteckung, Aufklärung ist deshalb ebenso nötig wie die regelmäßige Verteilung von Medikamenten. Einheimische Helfer werden in neun Monaten zu »Lepra-Technikern« ausgebildet, die mit Bus, Motorrad oder Kamel ein- bis zweimal wöchentlich die Leprastationen in ländlichen Provinzen besuchen. Dabei wird auch die Tuberkulose behandelt, die überall beängstigend zunimmt. Sie ist, wie Lepra, eine Krankheit der Armen, die nur durch Verbesserung der Lebensverhältnisse ausgerottet werden kann.

Aber vom maroden, politisch unstabilen pakistanischen Staat kann diese Hilfe nicht kommen. Eher von den noch immer reichen Ländern, die, wie Ruth Pfau zornig sagt, den Armen die meisten Ressourcen der Welt wegfuttern. Die Wut packt sie, wenn Armeegeneräle, unterwegs zum Forellenfischen, im Hubschrauber ihr Hospital überfliegen, es für schwer kranke Patienten aber keine Transportmöglichkeiten gibt. Die Wut packt sie auch, wenn auf dem Flug nach Europa als neue Errungenschaft von Bord aus telefoniert werden kann, zehn Dollar jede angebrochene Minute, während in einer Leprastation für die notwendige Dauerversorgung eines Patienten 500 Rupien im Monat fehlen, das sind zwölf Dollar. Oder wenn in Speyer der Glockenturm des Domes für 30 Millionen Mark restauriert wird und sie ausrechnet, wie viele Leprapatienten mit dieser Summe geheilt werden könnten …

Mit der deutschen Mentalität hat Ruth Pfau, wenn sie auf »Heimaturlaub« ist, ohnehin ihre Schwierigkeiten. Mit all denen, die sich, wie sie meint, selber so furchtbar wichtig nehmen. Vor allem beunruhigt sie die hierzulande grassierende lähmende Angst vor der Zukunft, die Unfähigkeit, sich an der Gegenwart, auch am Wagnis, zu freuen. Sie glaubt, dass die Last der kollektiven Verantwortung für alles die Deutschen daran hindert, das Naheliegende zu tun. Ein Deutscher, schreibt sie, hat ein schlechtes Gewissen, weil in Brasilien der Urwald stirbt. Die Lehre, die er daraus zu ziehen hat, ist doch, dass er sich um das ökologische Wiesenstück vor seiner Haustüre kümmert. Imponiert hat ihr bei ihrem letzten Deutschlandbesuch ein herausfordernder Autoaufkleber: »Tausend Leute sagen, was kann ein Einzelner denn tun?« Und Saint-Exupéry fällt ihr ein, der seinen kleinen Prinzen sagen lässt: »Die Menschen züchten 10 000

Rosen in ihrem Garten und finden doch nicht, was sie suchen. Dabei kann man alles in einer Rose und in einem Schluck Wasser finden.«

Dieser Weisheit begegnet sie in Asien häufiger als bei uns. Dafür hat sie dort mit anderen Schwierigkeiten zu kämpfen: mit Korruption und Stammesdenken, mit Gewerkschaftsdruck und dem Aggressionspotenzial der islamischen Fundamentalisten, vor allem aber mit der Unterdrückung der Frauen. Diese ist nicht im Koran festgeschrieben, sondern entspringt tief verwurzelten patriarchalischen Clanstrukturen. Frauen wird in der Regel nicht erlaubt, im Leprateam mitzuarbeiten – die Ehemänner verlieren sonst an Sozialprestige. Dabei wäre eine bessere Ausbildung der Mädchen gerade für die Leprabekämpfung dringend nötig, um in den Familien, wo Lepra noch als Schuld und persönliches Karma (Schicksal) gilt, Vorurteile abzubauen. Nötig auch, um die häusliche Betreuung Kranker zu ermöglichen.

Die Ausgrenzung der Leprakranken aus der Gemeinschaft ist für die Ordensfrau und Ärztin eine schmerzende Wunde. Es liegt nicht nur an mangelnder Aufklärung, es liegt auch am Egoismus der Menschen, wenn »lästige Esser« abgeschoben werden. »Die größte Krankheit heute ist nicht die Lepra oder die Tuberkulose, sondern vielmehr das Gefühl, unerwünscht zu sein, ohne Fürsorge und verlassen von allen«, hat Mutter Teresa geschrieben, und Ruth Pfau schließt die Frage an: Wie gehen wir Christen denn mit unseren »Aussätzigen« um, den Ausländern, Punks, Obdachlosen, Aids-Patienten, unseren »Unberührbaren« heute?

»Selten habe ich so viel gelebte Nächstenliebe gesehen wie in Ihrem Krankenhaus«, schrieb Christiane Herzog, die Frau des früheren Bundespräsidenten, nach einem Besuch des Marie Adelaide Leprosy Centre an Dr. Pfau. Aber wie

480

begrenzt sind die Möglichkeiten eines einzelnen kleinen Krankenhauses in der 13-Millionenstadt Karachi, wie viel mehr müsste getan werden ... Um das Lebenswerk der Gründerin auch nach ihrem Ausscheiden weiterführen zu können, ist im Rahmen des Deutschen Aussätzigen-Hilfswerks die *Ruth-Pfau-Stiftung* ins Leben gerufen worden, die von der pakistanischen Regierung unterstützt wird, aber hauptsächlich auf Zuwendungen aus Deutschland angewiesen ist. Ruth Pfau ist zuversichtlich: Viele Gruppen in Deutschland, auch in den neuen Bundesländern, tragen ihre Arbeit mit.

Die bescheidene, zierliche, aber resolute Frau, die gar nicht dem landläufigen Klischeebild einer Nonne entspricht, hat in den vier Jahrzehnten ihres Wirkens in Pakistan mehr erreicht, als sie in Deutschland wohl je hätte erreichen können. Dass sie als junge Ärztin, mit dem Selbstbewusstsein, das ihr die imaginäre »rote Karte« der Pfaus gab, illegal in die DDR zurückkehrte und womöglich im Gefängnis gelandet wäre, hat der Orden verhindert. Ob ihre Gedanken hie und da mit der Vorstellung spielen: Was wäre gewesen, wenn ...? – Und dieses Gehorsamsgelübde: Ist es ihrer rebellischen Natur nicht schwergefallen, sich fremden Entscheidungen zu fügen? Gewiss, sagt sie, war es ab und zu schwierig, wenn ihre Sachargumente nicht gebührend gewürdigt wurden. Doch der Glaube, dass ihr Lebensentwurf in Gottes Hand liegt, und das Vertrauen, dass andere Menschen diesen Lebensplan mittragen, geben ihr letztlich immer wieder Sicherheit, Freiheit und Mut zu eigenen Entscheidungen, etwa bei ihrem Engagement in Afghanistan.

Wohlmeinende und politisch begründete Warnungen haben Dr. Pfau nie daran gehindert, den Blick über die pakistanischen Grenzen hinaus auf das vom Krieg zerrüttete Nachbarland Afghanistan zu richten, wo Leprafürsorge wegen der ständigen Unruhen und Machtkämpfe nur unter schwierigsten Bedingungen geleistet werden kann. Mehrfach ist sie unter Lebensgefahr von Kabul aus ins Landesinnere vorgedrungen, um Außenstationen mit Medikamenten zu versorgen und Schwerkranke zu behandeln. Ihre Jeepgefährten hielten es für Leichtsinn, ohne Maschinengewehr loszufahren in diesen unsicheren Gebirgsgegenden. Doch sie fügten sich ihrem Machtwort. Dass sie Allah, nicht Jesus dankten, wenn ein Ziel ohne Zwischenfall erreicht war, störte die Christin nicht, sie will nicht für den christlichen Glauben missionieren – abtrünnige Muslime kämen in Lebensgefahr –, sie will ärztliche Hilfe und mitmenschliche Anteilnahme bringen.

Für ihr Wirken ist sie mit höchsten deutschen und pakistanischen Orden und der pakistanischen Ehrenbürgerschaft ausgezeichnet worden. Die islamische Regierung Pakistans hat sie – äußerst ungewöhnlich für eine Frau und Christin – zur nationalen Beraterin in Gesundheitsfragen ernannt. Sie ist längst im Pensionsalter, aber ihre Rücktrittswünsche haben ihr die Mitarbeiter immer wieder ausgeredet, eine »Mutter« darf die Schützlinge nicht im Stich lassen … So versucht sie sich behutsam Schritt um Schritt zurückzuziehen. Ihr Haus ist gut bestellt, einheimische Ärzte und Lepraassistenten, Novizinnen und Hilfskräfte leisten zuverlässige Arbeit, sodass sie das Hospital beruhigt in pakistanische Hände legen kann – auch, um sich Freiräume zu schaffen für all das, was sie noch tun möchte: Bücher schreiben, Unterrichtskonzepte ausarbeiten, neue Forschungsergebnisse der Lepratherapie an die Praktiker weitergeben, Perspektiven für junge Frauen im Islam entwickeln …

Vor allem leben. Leben ohne Angst vor dem Tod, in der Gewissheit des Aufgehobenseins in der Liebe und der Gnade Gottes. – Bei einem Gang über den Bollschweiler Friedhof hat sie die Inschrift auf dem Grabstein der Dichterin Marie Luise Kaschnitz besonders angerührt: »Wohl denen, die gelebt, eh sie starben.«

Carla del Ponte

In gefährlicher Mission

Carla del Ponte

(*1947)

Der 11. März 2006 – ein schwarzer Tag für Carla del Ponte, die Chefanklägerin des UN-Kriegsverbrechertribunals in Den Haag. An diesem Samstagmorgen geht die Meldung durch die Medien: »Slobodan Milošević tot in seiner Zelle des UN-Gefängnisses aufgefunden. Todesursache ungeklärt«. – Entsetzen bei Anhängern und Feinden des ehemaligen jugoslawischen Präsidenten. Sofort tauchen wilde Gerüchte und Anschuldigungen auf: In den Tod getrieben. Ermordet. Vergiftet. Schuldig das Tribunal. Schuldig die Chefanklägerin, die ihn nicht zu einer Herzbehandlung nach Moskau ausreisen ließ, weil sie fürchtete, er würde nie mehr in seine Zelle zurückkehren und »aus Krankheitsgründen« in Moskau Asyl finden wie seine von der serbischen Justiz angeklagte Frau und sein Sohn. Carla del Ponte, von ihrem Gerechtigkeitssinn angetrieben und auch auf Medienwirkung bedacht, wollte ihm aber in seiner Anwesenheit den Prozess machen, ihn des Völkermords und der schlimmsten Kriegsverbrechen seit dem Zweiten Weltkrieg anklagen und ihn lebenslang hinter Gitter bringen.

An dieser Absicht hat sie nie einen Zweifel gelassen. Der Tod tausender muslimischer Bosnier und das Massaker von Srebrenica mussten gesühnt und die Verantwortlichen zur Rechenschaft gezogen werden. Sie ruhte nicht, bis sie den im Oktober 2000 durch einen Volksaufstand gestürzten Diktator aufgespürt und in einer Nacht- und Nebelaktion nach Den Haag überführt hatte. Er und weitere an den Massenmorden Beteiligte sollten – zur Abschreckung anderer gewalttätiger Regime und zum Gedenken an die Opfer – der Weltöffentlichkeit vorgeführt werden, ähnlich dem Szenario der Nürnberger Kriegsverbrecherprozesse nach dem Zweiten Weltkrieg. Vier Jahre lang hat sie gegen massivsten Widerstand Miloševićs und Drohungen seiner Genossen Beweis um Beweis zusammengetragen und Zeugen verhört, Ende 2006 sollte endlich das Urteil gesprochen werden – und nun dieses jähe Ende. Vier Jahre Arbeit umsonst: Ein nicht rechtskräftig Verurteilter gilt im Sinne des Gesetzes als unschuldig. Die Opfer bleiben ungesühnt. Als ob Milošević, der skrupellose Drahtzieher, noch ein letztes Mal Regie geführt hätte. »Der Tod Miloševićs stellt für mich eine völlige Niederlage dar«, sagt Carla del Ponte. Aber ihre Stimme klingt nicht resigniert, sondern wütend entschlossen, das rollende R macht sie hart.

Es ist nicht die erste Niederlage der Schweizer Juristin. Doch sie hält nichts von dem Sprichwort »Wer sich in Gefahr begibt, kommt darin um.« Niederlagen fordern ihren Stolz und ihren Durchsetzungswillen heraus. Drei Eigenschaften sagt man ihr nach: Energie, Eigensinn und Ehrgeiz. Am bemerkenswertesten jedoch ist ihr Mut, den ihr auch ihre Gegner nicht absprechen. Sie gilt als eine der gefährdetsten Frauen im politischen Geschäft. Zweimal ist sie nur knapp einem Attentat entgangen. Einen dritten Anschlag auf ihr Leben darf es nicht geben, dafür sorgen ihre Leibwächter. Sie wird in einem gepanzerten Wagen zu ihren Einsatzorten gefahren, abgeschirmt von Polizei und Sicherheitskräften, aber absolute Sicherheit kann ihr niemand garantieren, sie macht sich keine Illusionen. Sie kennt die makabre Statistik der erfolgreichen Attentate und der vermeintlich sicher geschützten Opfer und sie weiß, dass ihr Name auf einigen Abschusslisten steht. Die hasserfüllten Anschuldigungen des Milošević-Clans klingen alles andere als beruhigend, doch die »Rächerin der Ermordeten« denkt nicht daran, sich aus dem verminten Feld der Balkanpolitik zurückzuziehen und sich, vielleicht in ihrer Tessiner Heimat, eine geruhsamere, weniger gefahrvolle Aufgabe zu suchen. UNO-Generalsekretär Kofi Annan persönlich hat sie auf den Posten der Chefanklägerin des UN-Kriegsverbrechertribunals berufen, er traut ihr die Bewältigung dieser heiklen Mission zu, das spornt sie an weiterzumachen, auch wenn sie sich im Fall Milošević um den Erfolg betrogen fühlt.

Ihren Mut und ihre eiserne Energie hat sie schon einige Male in ihrer Laufbahn unter Beweis gestellt, fast alle Stationen ihres Lebens sind mit Risiko und extremem Einsatz verbunden. Ihr zäher Durchsetzungswille bringt ihr Respekt und Bewunderung ein, aber auch Feindschaft und Hass. Fanatische serbische und nicht wenige kroatische Nationalisten sähen die »Cruella del Ponte« am liebsten als Hexe auf dem Scheiterhaufen der Inquisition brennen. – Wie wird diese kleine, eher schmächtig wirkende Frau mit all den realen Bedrohungen und den verbalen Schmähungen fertig? Wie kann sie wegstecken, was andere lähmen und in Todesangst versetzen würde?

Sie spielt, danach befragt, ihre Gefährdung und ihre Nervenbelastung herunter: Sie mache nur ihren Job, und den liebe sie, Angst dürfe man eben nicht aufkommen lassen … Mehr Gerechtigkeit zu schaffen, im politischen wie im Wirtschaftsleben, dafür ist sie angetreten, Misserfolge und Anfeindungen werfen sie nicht aus der Bahn. Sie verfolgt ihre »Opfer« mit zäher Zielstrebigkeit und lässt sich von nichts und niemandem einschüchtern, das macht sie zum Hassobjekt für Großkriminelle und korrupte Politiker. Die Zielrichtung hat sich im Laufe ihres Lebens nicht verändert, nur die Dimension ihres Wirkungskreises: von der Stadt zum Kanton und zum Bund, schließlich auf die internationale Ebene.

Wer hat Angst vor Carla del Ponte?

Sie war immer schon gefürchtet, in Ganovenkreisen wie unter bequemen und nachlässigen Kollegen. Schon als junge Tessiner Staatsanwältin hat sie internationalen Geldwäscherringen erfolgreich das Handwerk gelegt und Verflechtungen mit angesehenen Banken aufgedeckt. Wo andere sich nicht die Finger verbrennen wollten, hat sie heiße Eisen mutig angefasst. Und die heißesten Eisen waren im Grenzkanton Tessin von jeher Schmugglerringe, Geldwäsche und Wirtschaftskriminalität. Mafiose Strukturen, aus Italien importiert, hinter gutbürgerlichen Fassaden.

Solche Strukturen bloßlegen, Fährten im Finanzdschungel verfolgen, das ist ihre Leidenschaft. Berufsehrgeiz paart sich mit Neugier und Selbsterprobung. Für pure Lust am Abenteuer ist sie zu nüchtern, kalkuliertes Risiko liegt ihr mehr. 1975 eröffnet sie in Lugano eine eigene Anwalts- und Notariatspraxis – mit 28 und als Frau – ein kalkuliertes Risiko. Ihre Klientel ist zufrieden, aber sie nicht. Es widerstrebt ihr, »schuldige Straftäter zu verteidigen«, also wechselt sie die Front und wird Untersuchungsrichterin, einige Jahre später Staatsanwältin im Kanton Tessin. Hier beginnt ihre eigentliche Karriere. Ihr respektlos forsches Vorgehen gegen die international geschickt und skrupellos agierende Mafia bringt ihr Respekt und Medienruhm weit über die Tessiner Grenzen hinaus ein. Ihre Recherchen sind gründlich und schonungslos. In der »Operation Matto Grosso« geht es um Beteiligung von Polizeiangehörigen an Drogengeschäften, bei der Verfolgung eines Geldwäscherringes scheut sie sich nicht, dubiosen Verbindungen zur Bank des Vatikans nachzuspüren.

Im Kampf gegen Drogen- und Waffenhandel arbeitet sie grenzübergreifend mit dem italienischen Richter Giovanni Falcone zusammen. Die beiden sind Geldwäsche-Machenschaften der sogenannten »Pizza-Connection« auf der Spur. Zur Planung ihres Vorgehens treffen sie sich in Falcones Ferienhaus bei Palermo. Ein gefährliches Domizil, es soll, um sich der lästigen Ermittler zu entledigen, in die Luft gejagt werden. Carla del Ponte ahnt nichts von den 500 Kilogramm Sprengstoff, die zündbereit im Keller lagern. Sie verlässt das Haus zu einem kleinen Spaziergang und entgeht so durch Zufall dem geplanten Anschlag. Ihr Freund und Kollege Falcone kommt bei einem späteren Anschlag ums Leben. Auf einer Autobahnfahrt wird sein Wagen mit der ganzen Familie in die Luft gesprengt. Ein Schockerlebnis, das die so furchtlos Auftretende doch überlegen lässt, ob sich dieser mit Lebensgefahr verbundene berufliche Einsatz lohnt. Sie hat einen Sohn, für den sie verantwortlich ist. Und sie liebt das Leben, auch wenn sie es nicht mehr unbekümmert genießen kann. Auf ihren schnellen Sportwagen muss sie verzichten, auf spontane Reisen ohne Bodyguard ebenfalls, ihr Freiheitsbedürfnis wird mehr und mehr eingeschränkt – aber sie macht weiter.

Verwegen ermittelt sie wegen Geldwäsche und Korruption im engeren Umfeld des früheren russischen Präsidenten Boris Jelzin. Und auch den Bruder des mexikanischen

Ex-Präsidenten Salinas hat sie im Visier. Lauter Prominente. Fordert sie die Attentatsgefahr mutwillig heraus? Eine Jeanne d'Arc im Kampf gegen die Mächtigen? Bei Drogenermittlungen in Kolumbien entgeht sie auf einem Hubschrauberflug zum zweiten Mal nur knapp einem Anschlag. Und wieder kommt ihr der Gedanke: Wäre es nicht besser, ein Buch zu schreiben über ihr Leben und über die Machenschaften der Mafia, statt selber Zielscheibe zu sein?

Aus dem Buch wird nichts, dafür steigt sie auf der Karriereleiter eine Stufe höher. 1993 wird sie zur Bundesanwältin, der obersten Strafverfolgerin der Schweiz, berufen. Das findet in der Öffentlichkeit und in den Medien kein ungeteilt positives Echo. Eine Nestbeschmutzerin sei sie, sie habe dem Finanzplatz Schweiz durch ihr Wühlen in internationalen Bankgeschäften schweren Schaden zugefügt. Damit ist vor allem der Fall »Mabetex« gemeint, Nachforschungen über einen vermuteten groß angelegten Finanzbetrug hoher Kremlbeamter. Boris Jelzin, seine Familie und einige Vertraute sollen von Schweizer Baufirmen hohe Schmiergelder kassiert haben und im Gegenzug mit lukrativen Bauaufträgen im Kreml betraut worden sein …

Mit dem Antritt ihres neuen Amtes in Den Haag bleiben die Nachforschungen der Schweizer Bundesanwältin auf der Strecke: In Russland wird das Verfahren im Dezember 2000 eingestellt. Der neue Präsident Putin hat seinem Vorgänger Jelzin gerichtliche Immunität eingeräumt. Für Carla del Ponte ein immer noch ungeklärter Fall, den sie gerne weiter verfolgen möchte, aber sie kann nicht an allen Fronten kämpfen.

Ihre Gegner sind nicht unglücklich, dass einige der Finanzverflechtungen nun ihrem Zugriff entzogen sind. Sie behaupten, die Anschuldigungen der Bundesanwältin gegen Prominente seien übereifrig, Schaumschlägerei, nur ihrem Geltungsbedürfnis entsprungen. Dabei beschränkt sich die Kritik nicht auf sachliche Argumente. Wie es Frauen, die in Männerdomänen Karriere machen, häufiger passiert, werden Äußerlichkeiten und Emotionen zur Negativbeurteilung herangezogen, die deutsche Bundeskanzlerin Angela Merkel musste das auch erfahren: zu hart, zu männlich, zu wenig charmant, zu ehrgeizig … Das Aussehen Carla del Pontes wird, wie bei keinem Mann, kritisch unter die Lupe genommen: die blondierten Haare, der üppige Goldschmuck, die Brille mit dem Tigerdesign … – Die Medienerfahrene regt sich darüber nicht auf. Sie liebt Schmuck, warum soll sie ihn im Tresor verstecken? Dass sie zwei Ehen hinter sich hat, ist heute keine Besonderheit mehr. Sie bekennt freimütig, eigentlich mit ihrer Arbeit verheiratet zu sein: »Ich war zu wenig Haus- und Ehefrau«. Es sei einer Ehe nicht bekömmlich, wenn die Frau abends später nach Hause komme als der Mann, meint sie. Eine Auffassung, die junge Paare wohl so nicht unbedingt teilen würden.

Katholische Wurzeln

Woher nimmt Carla del Ponte ihre Wertmaßstäbe? Was macht sie so selbstsicher und gegen Kritik gefeit? Die Wurzeln liegen, wie sie selbst vermutet, in ihrer Kindheit. Sie ist in Bignasco aufgewachsen, in der behüteten Atmosphäre eines katholischen Tessiner Dorfes. Für ihre Mutter ist es, entgegen der herrschenden Tradition, keine Frage, dass auch eine verheiratete Frau, gar mit Kindern, berufstätig sein kann. Sie ist Ärztin und Mutter von drei Söhnen und einer Tochter. Dass die Söhne studieren und akademische Berufe ergreifen, ist selbstverständlich, für die Tochter aber – da schlägt doch das traditionelle Muster durch – hält der Vater ein Studium nicht für notwendig. Er ist Gastwirt, Besitzer des *Ristorante della Posta*, wahrscheinlich sähe er seine Tochter lieber in der Gastronomie. Doch erst einmal kommt das begabte, rebellische Mädchen in ein Internat in der deutschsprachigen Schweiz. Bei den Nonnen in Ingenbohl erhält Carla eine solide Allgemeinbildung, aber die Eigenwillige muss sich auch strengen Verhaltensregeln unterwerfen. Sie lernt, wie sie es in ihrer drastischen Sprache ausdrückt, »sich nicht erwürgen zu lassen, sondern mir selbst zu helfen«.

Sich zu behaupten hat sie schon zu Hause im Umgang mit ihren älteren Brüdern gelernt. Und nach den fünf einengenden Internatsjahren hat sie gegen den Willen des Vaters wie ihre Brüder die akademische Laufbahn eingeschlagen. Sie studiert Jura, zuerst in Bern, dann in Genf und zum Schluss in England. Dass sie Deutsch, Französisch und Englisch neben ihrer Muttersprache Italienisch perfekt beherrscht, kommt ihr in ihrer späteren Laufbahn zugute. Die politisch Interessierte spezialisiert sich auf internationales Recht und holt sich nach Abschluss des Studiums praktische Erfahrung in einer Rechtsanwaltspraxis in Lugano. Zielstrebig hat sie ihr Studium durchgezogen, zielstrebig verläuft ihr weiterer Lebensweg: von der Tessiner Staatsanwältin zur Bundesanwältin und schließlich 1999 zum UN-Tribunal, der Krönung ihrer Laufbahn, die nun durch das »Drama Milošević« anders verläuft, als sie sich das vorgestellt hat.

Die Verfolgung des Völkermordes in Ruanda

Der Beginn ihrer Arbeit in Den Haag lässt sich für Carla del Ponte verheißungsvoll an, ganz im Sinne ihrer internationalen Ausrichtung. Sie ist als Chefanklägerin des Internationales Strafgerichtshofs zuständig für die Verfolgung schwerer Verbrechen während des Balkankrieges und auch für die Verfolgung des Völkermordes in Ruanda. Zwei Aufgaben, die kaum von einer einzigen Person zu bewältigen sind. Carla del Ponte traut sie sich zu.

Am 2. September 2002 beginnt im tansanischen Arusha der Mammutprozess des UN-Tribunals gegen Theoneste Bagosora, genannt »Himmler von Ruanda«, und gegen weitere führende Militärs. Sie werden des Völkermordes an annähernd einer Million Menschen, vor allem Tutsis, aber auch oppositioneller Hutus, angeklagt. Mehr als 80 Ermittler haben im Auftrag der Chefanklägerin belastendes Material zusammengetragen, 250 Zeugen sollen vernommen werden, 140 Zeugen hat die Verteidigung aufgeboten. Das Tribunal steht unter Zeitdruck, die Angeklagten wurden schon 1997 verhaftet, Verjährung droht. Carla del Ponte regt sich über Pannen und den schleppenden Gang der Ermittlungen auf. Die Verteidigung versucht das Verfahren geschickt zu verzögern, und die Regierung Ruandas verweigert die Zusammenarbeit. Die Chefanklägerin hat es gewagt, auch gegen regierungsnahe Kreise der Tutsi, nicht nur gegen Verbrechen der Hutu zu ermitteln, eine Ungeheuerlichkeit in der verfilzten Stammeswirtschaft.

Auf Druck der Tutsi-Regierung muss Carla del Ponte ihr nervenzehrendes Amt nach knapp einem Jahr abgeben – ungern. Sie möchte sich und der Welt kein Scheitern eingestehen. Hinter ihrer Abberufung vermutet sie den langen

Arm der amerikanischen Regierung. Für die USA ist Ruanda ein wichtiger afrikanischer Verbündeter und ein Vorgehen gegen die herrschende Tutsi-Regierung käme den Amerikanern höchst ungelegen. UN-Generalsekretär Kofi Annan begründet die Ablösung del Pontes mit deren Arbeitsüberlastung: Sie sei mit dem Jugoslawien-Tribunal mehr als ausgelastet.

In Europa hat der unvorstellbar grausame Völkermord im fernen Ruanda im Jahr 1994, verglichen mit anderen Kriegen und Katastrophen, nur wenig Anteilnahme ausgelöst. Keine Protestdemonstrationen, keine groß angelegten Sammlungen der Hilfsorganisationen – das ist für Carla del Ponte, die das ausgeblutete Land mehrfach besucht hat, eine enttäuschende und ernüchternde Erfahrung.

Ehrung für die »Stimme der Opfer«

Als »Stimme der Opfer« verstand sich Carla del Ponte schon vor ihrem Ruanda-Einsatz. Und als Stimme der Opfer wird sie im Juni 2002 mit dem Westfälischen Friedenspreis geehrt. In Münster, der Stadt, in der 1648 der Westfälische Frieden geschlossen wurde und die im Gedenken an dieses historische Ereignis heutige Friedensbemühungen unterstützen möchte. Der Preis ist mit 25 000 Euro dotiert und wird der furchtlosen Juristin für ihre »couragierte Arbeit« verliehen, die mit Geld allein, das wissen die Stifter, nicht angemessen gewürdigt werden kann. In ihrer Dankrede kritisiert die Preisträgerin die mangelnde Solidarität der USA bei den Bemühungen des Den Haager Tribunals, Schuldige aufzuspüren. Sie selber ist immer wieder durch die Staaten Ex-Jugoslawiens gereist, um die Auslieferung mutmaßlicher

Kriegsverbrecher zu erreichen. Im Fall Milošević hat sich ihre Hartnäckigkeit ausgezahlt, die serbische Regierung hat den Hauptschuldigen an den Massakern nach Den Haag ausgeliefert, damit er hier vor Gericht gestellt werden kann. »Dieser Prozess wird Geschichte machen«, prophezeit Carla del Ponte – sie sollte Recht behalten ...

Im März 2004 nimmt sie eine weitere Ehrung entgegen: den in Basel verliehenen Auslandschweizer-Preis. Diesmal doziert sie nicht über Völkerrecht, sondern schildert in ihrer Dankrede ihre deprimierenden persönlichen Erlebnisse in den Balkanländern. Besonders beeindruckt hat sie eine Psychologin aus Tusla in Bosnien, die überlebende, traumatisierte Frauen und Kinder des Massakers von Srebrenica betreut. Sie zeigt Bilder eines Jungen, der 1995 als 17-Jähriger, gefesselt auf einem Lastwagen, in einer einzigen Nacht die Ermordung von weit über 1 000 Landsleuten mit ansehen musste. Und sie berichtet von den Massenvergewaltigungen – die jüngsten Opfer sind 12 – für die die Täter in Den Haag zur Verantwortung gezogen werden, wenn man sie denn ausfindig macht. Bei diesen Schilderungen kann die sonst so sachlich und nüchtern wirkende Anklägerin ihre Emotionen nicht unterdrücken, und niemand der Anwesenden zweifelt an ihrer Aussage, nicht zu ruhen, bis diese Verbrechen gesühnt sind. Über 3 200 Zeugen sind bisher vernommen worden, in drei Gerichtssälen werden täglich im Schichtbetrieb sechs Prozesse geführt und ein Ende ist nicht abzusehen. Auch ex-jugoslawische Flüchtlinge aus der Schweiz sagen in Den Haag als Zeugen aus.

Immer wieder, und nach dem Milošević-Desaster verstärkt, werden Carla del Ponte die immensen Kosten dieses Mammutprozesses und die ungebührliche Länge des Verfahrens vorgeworfen. Wären kleinere, dezentralisierte Prozesse nicht zweckmäßiger? Sie kontert mit der Frage, ob man regionalen Gerichten in jedem Falle die nötige Kompetenz und Objektivität zutraue. Richter könnten unter Druck gesetzt oder bestochen werden. Zur Dauer des Prozesses sagt sie in einem Interview: »Natürlich wäre es möglich gewesen, die Anklageschrift kurz zu fassen und dort nur die größeren Straftaten aufzulisten. Als Chefanklägerin des UN-Kriegsverbrechertribunals fühle ich mich jedoch für alle Opfer bei diesem Konflikt im ehemaligen Jugoslawien verantwortlich.« Gegen den Wunsch der Richter hat sie die drei Teile des Prozesses – Bosnien, Kroatien, Kosovo – zusammengelegt mit der Begründung: »A big crime needs a big trial«.

In ihrem Büro hängen Fahndungsplakate, so hat sie ihr Ziel immer vor Augen. Von den Serben verlangt sie die Überstellung des bosnischen Serbenführers Radovan Karadžić und dessen Armeechef Ratko Mladić sowie weiterer angeschuldigter Generäle. Dass der vier Jahre lang gesuchte kroatische General Ante Gotovina, der für den Mord an 150 kroatischen Serben verantwortlich gemacht wird, inzwischen in ihrem Gewahrsam ist, kann sie als Erfolg verbuchen. Neben das Bild von Milošević hat sie schon vor einiger Zeit ein Kreuz gemalt, ein blaues, kein schwarzes. Schwarz bedeute Tod, sagt sie, und sie ist gegen die Todesstrafe.

Ende offen nach Miloševićs Tod

Der glorreiche Abschluss des Prozesses gegen den Volkshelden und Kriegsverbrecher Slobodan Milošević wird nun nicht mehr stattfinden. Die gläubige, wenn auch gegen Amtsautoritäten renitente Katholikin del Ponte kann nur auf ausgleichende Gerechtigkeit im Jenseits hoffen. Im irdischen Leben fühlt sie sich von Milošević ausgetrickst. Er sorgt noch im Tod dafür, dass Serbien nicht zur Ruhe kommt und das Ansehen des UN-Tribunals auf dem Balkan beschädigt bleibt.

Der frühere US-Beauftragte auf dem Balkan, Richard Holbrooke, sieht die Arbeit des Tribunals und der Chefanklägerin nicht so negativ: »Obwohl das Verfahren kein formales Urteil erbrachte, hat es doch der Welt wie auch den meisten Serben verdeutlicht, welchen Schaden er in seinem Land und auf dem ganzen Balkan angerichtet hat. Es ist viel wichtiger, Karadžić und Mladić zu erwischen, als sich mit einem Mann von gestern zu beschäftigen.« – Genau dies hat sich Carla del Ponte zum Ziel gesetzt. Mladić soll sich in Serbien aufhalten, Karadžić sich zwischen der Republika Srpska, Serbien und Montenegro bewegen. Sie wird alles daransetzen, die beiden nach Den Haag zu bringen, und sie wird nicht davor zurückschrecken, selbst nach Serbien zu fahren, um den ängstlichen Behörden den Rücken zu stärken. Ein gefährliches Unterfangen. Präsident Zoran Djindjić, der Milošević für das Haager Tribunal freigab, wurde von Anhängern des gestürzten Diktators ermordet.

Zweimal ist »Carla die Kühne«, die mutig wie Karl der Kühne in die Schlachten zog, einem Anschlag entkommen. Auf die Frage, ob ihr dieses anstrengende und risikoreiche Leben nicht zu viel an Opfern abverlange, antwortet sie:

»Ich habe es gewollt, ich habe es angenommen, es macht mir Freude, also geht es nicht um Aufopfern.«

Im Jahre 2010 soll das Tribunal seine Arbeit abgeschlossen haben. – Bleibt abzuwarten, wie das Fazit ausfällt.

Carla del Pontes Zeit in Den Haag ist Ende 2007 abgelaufen. Aber sie wird auch von Argentinien aus, wo sie die Schweiz als Botschafterin vertritt, nicht ruhen, bis die Kriegsverbrechen von Srebrenica restlos gesühnt sind.

Die Autorin

Irma Hildebrandt, 1935 in Hergiswil/Schweiz geboren, hat in Zürich und Bielefeld Germanistik, Soziologie und Pädagogik studiert. Als Autorin und Redakteurin lebte sie mit ihrer Familie lange in Vlotho an der Weser, bevor sie 2007 in die Schweiz, nach Luzern, zurückgekehrt ist. Neben Biografien und Essays zu Frauenfragen hat sie Kurzprosa und Lyrik veröffentlicht, für die sie mehrfach ausgezeichnet wurde.

Bildnachweis

S. 14   SV-Bilderdienst/S.M

S. 32   Ein Rechteinhaber konnte leider nicht ermittelt werden. Für Hinweise sind wir Ihnen dankbar.

S. 48   SV-Bilderdienst/KPA/United Archives/WHA

S. 66   SV-Bilderdienst

S. 76   akg-images

S. 90   SV-Bilderdienst

S. 106   SV-Bilderdienst/Scherl

S. 122   SV-Bilderdienst/Blanc Kunstverlag

S. 132   SV-Bilderdienst/Blanc Kunstverlag

S. 150   SV-Bilderdienst/S.M.

S. 160   SV-Bilderdienst/KPA/United Archives/WHA

S. 182   Johanna Spyri-Archiv, Zürich

S. 200   SV-Bilderdienst/S.M.

S. 214   SV-Bilderdienst/Scherl

S. 224   SV-Bilderdienst/S.M.

S. 246   SV-Bilderdienst/Scherl

S. 266   SV-Bilderdienst/Scherl

S. 276   SV-Bilderdienst

S. 300   SV-Bilderdienst/Scherl

S. 310   VG Bild-Kunst, Bonn 2007

S. 326   SV-Bilderdienst/Rue des Archives

S. 344   SV-Bilderdienst/90060/KPA

S. 368   SV-Bilderdienst/Kruse I.v.

S. 382   SV-Bilderdienst/Geschwister-Scholl-Archiv

S. 396   SV-Bilderdienst/Friedrich B.
S. 414   SV-Bilderdienst/AP
S. 438   SV-Bilderdienst/Friedrich B.
S. 454   SV-Bilderdienst/Dott F.
S. 470   SV-Bilderdienst/AP
S. 484   SV-Bilderdienst/IMO Fotoagentur